एक युवा लड़की की डायरी

ऐनी फ्रैंक
(ANNE FRANK)

ओटो एच फ्रैंक (Otto H. Frank) और
मिर्जम प्रेसलर (Mirjam Pressler) द्वारा संपादित

सुसान मसोटी (Susan Massotty) द्वारा अनूदित

पाठक हो सकता है कि यह ध्यान में रखना चाहते हों कि इस संस्करण का अधिकांश हिस्सा ऐनी की डायरी के बी संस्करण पर आधारित है, जिसे उसने तब लिखा था जब वह लगभग पंद्रह साल की थी। कभी कभी, ऐनी वापस पीछे चली जाती है और उसने पहले जो एक अंश लिखा था उस पर एक टिप्पणी करती है। इन टिप्पणियों को इस संस्करण में स्पष्ट रूप से फुट नोट के रूप में चिह्नित किया गया है। स्वाभाविक रूप से, ऐनी की वर्तनी और भाषाई त्रुटियों को सही किया गया है। अन्यथा, पाठ को उसके मूल रूप में ही रहने दिया गया है, क्योंकि एक ऐतिहासिक दस्तावेज में संपादन और स्पष्टीकरण का कोई भी प्रयास अनुचित होगा।

पुनर्संस्करण: 2025

FiNGERPRINT! HINDI
प्रकाश बुक्स

Fingerprint Publishing
@FingerprintP
@fingerprintpublishingbooks
www.fingerprintpublishing.com

ISBN: 978 81 7599 326 6

परिचय

नीदरलैंड में एक तेरह वर्षीय लड़की को उसके जन्म दिन पर एक डायरी दी गई। दो दिन बाद उसने उस डायरी में लिखना शुरू कर दिया। यह एक ठेठ किशोर लड़की की एक ठेठ डायरी थी, यह १९४२ का जून था। एडोल्फ हिटलर ने तब महाद्वीपीय यूरोप में यहूदियों के खिलाफ अपना आक्रामक अभियान शुरू ही किया था; उसकी सेनाओं ने इस महाद्वीप के अधिकाँश हिस्से पर पहले से ही कब्ज़ा कर रखा था – ऑस्ट्रिया, चेकोस्लोवाकिया, और पोलैंड तास के पत्तों की तरह एक के बाद एक ढह गए थे – और जब जर्मनों ने नीदर लैंड में प्रवेश किया, यह छोटी लड़की भी जो एक यहूदी थी, अपने पिता ओटो फ्रैंक, अपनी माँ एडिथ, बहन मार्गोट, और तीन लोगों के एक और परिवार के साथ उस इमारत की ऊपरी मंजिल में जहां एम्स्टर्डम में उसके पिता काम किया करते थे एक लकड़ी की अलमारी के पीछे छुपे एक सील बंद कमरे में गुप्त स्थान में चली गई थी। वहां वह अन्य लोगों के साथ दो साल तक गुप्त रही जबतक कि उन सभी को धोखा नहीं दिया गया और उसके बाद कब्जा करने वाली जर्मन सेना के सैनिकों द्वारा दूर एक यातना शिविर में भेज दिया गया जहां, वह अंततः सन्निपात के कारण मर जाती है, अगर मात्र दो सप्ताह पहले उसे अन्य लोगों के साथ ब्रिटिश सैनिकों द्वारा मुक्त करा लिया गया होता तो वह खुद को बीमारी से दूर खींचने में कामयाब हो गई होती। ऐनी फ्रैंक पंद्रह साल की थी जब उस बर्गन–बेल्सेन यातना शिविर में मार्च १९४५ के शुरुआती दिनों में उसकी मृत्यु हो गई, उसके छोटे युवा जीवन का एक विकृत उन्मत्त विचारधारा के द्वारा चुटकियों में दुःखद अंत कर दिया गया था।

जून १९२९ में जन्मी, ऐनी फ्रैंक का जीवन शायद अंधकार के गर्त में ही चला गया होता अगर उसकी डायरी को १९४७ में उसके पिता द्वारा प्रकाशित नहीं किया गया होता। वह एक नंबर भर बनी रह गई होती, एक सरकारी फाइल में खो गया द्वितीय विश्वयुद्ध के मानवीय पक्ष के दस्तावेजीकरण का एक अनुमानित अनजाना आंकड़ा। लेकिन, यह तो होना नहीं था। यद्यपि उसने १९४२ की गर्मियों में अपनी डायरी में लिखना शुरू किया था, लेकिन उसने इसे कभी एक यहूदी के रूप में भूमिगत में अपने अनुभवों का एक रिकॉर्ड बनाने के इरादे से नहीं लिखा था। ऐनी की डायरी उसके लिए एक पूरी ईमानदारी और स्पष्टता से

खुद को व्यक्त करने का एक स्थान थी। वह कुछ भी लिखने से हिचकती नहीं थी, डायरी के पन्नों पर उसकी आत्मा सब कुछ खोल कर अनावृत कर देती थी। तथापि, मार्च १९४४ में, ऐनी ने लंदन में निर्वासित डच सरकार के एक सदस्य का एक रेडियो प्रसारण सुना था जिन्होंने डच लोगों के जर्मन शासन के तहत उत्पीड़न के अनुभवों का एक सार्वजनिक अभिलेख तैयार करना चाहने की बात कही थी। उन्होंने लोगों से अपने सभी पत्र, अपनी डायरी, पत्रिकाओं, और तस्वीरों को सुरक्षित रखने के लिए कहा, वे सब उनकी परियोजना के लिए अमूल्य साबित होंगे। उससे प्रेरित होकर, ऐनी ने युद्ध समाप्त हो जाने पर प्रकाशन के लिए प्रस्तुत करने के इरादे से अपनी जर्नल का संपादन करना शुरू किया। उसने जो देखा और जिसे भोगा था उसके बारे में उसने जो लिखा था के प्रति हमेशा सत्य पर रहते हुए उसने लेखन के अपने तरीके से दो साल तक काम किया था।

आज, ऐनी फ्रैंक की डायरी हिटलर के पागलपन के बचे हुए सबसे महत्वपूर्ण दस्तावेजों में से एक है। सरकारी रिकॉर्ड और राजनीतिक प्रवचन एक तरफ, अकेले शिकार और भुक्तभोगी की आवाज से ऐतिहासिक त्रासदियों की एक मानवीय कहानी बुनी जा सकती है, और ऐनी की डायरी सिर्फ यही करती है। जब उसने लेखन शुरू किया वह तेरह वर्ष की थी। उसके पास साबित करने के लिए कुछ भी नहीं था, न तो हासिल करने के लिए कोई छिपा हुआ एजेंडा था, और न ही कुछ प्रचारित करने के लिए था। उसने केवल इसलिए लिखा था क्योंकि वह लिखना चाहती थी। उसने जिस बाल सुलभ मासूमियत और ईमानदारी के साथ लिखा है वह केवल एक बच्चा ही कर सकता है, लेकिन उसने जो लिखा है वह उसके खुद की तरह मासूम नहीं था। उस महाविपदा के चारो ओर सभी विवादों और बहसों के बीच, ऐनी की डायरी, पीड़ितों की ओर से आने वाले दस्तावेजों को सर्वाधिक कुशलता से अनुरक्षित और प्रकाशित करती हुई, महाविपदा का एक प्रतीकात्मक पाठ बन गई है। बच्चे, खुद को परिचित कराने के लिए, कि १९४० के दशक में, एक विशेष रूप से भयानक समय के दौरान, उनकी उम्र की एक लड़की को किस चीज का सामना करना पड़ा था, उस डायरी के संक्षिप्त संस्करण को, अपने शैक्षिक पाठ्यक्रम के एक भाग के रूप में पढ़ते हैं। शिक्षाविदों और इतिहासकारों ने इसे ऐतिहासिक सच्चाई के एक प्रामाणिक स्रोत बिंदु के रूप में इस्तेमाल करते हुए, इस पर केन्द्रित बड़े महत्वपूर्ण काम किये हैं। खुद डायरी के बारे में, डच पत्रकार और इतिहासकार जान रोमेन ने १९४६ में कहा कि यद्यपि 'एक बच्चे की तोतली आवाज में' ही, नूर्नबर्ग के मुकदमे में पेश किये गए फासीवाद की उग्रता के प्रतीक सभी सबूतों को मिला कर भी यह उन से बहुत अधिक है।'

ऐनी की आवाज महाद्वीपों और पीढ़ियों के पार पहुंच रही है। उसकी डायरी ने प्रलय के शिकार लोगों को एक अन्यथा अपरिहार्य गुमनामी में गुम हो जाने से बचाए रखा है। उसने अपनी तरह ही दूसरों को भी एक चेहरा और जीवन दिया है। उसने उन सभी लोगों के लिए इसे सजीव बना दिया है जो लोग उस समय के भुक्तभोगी थे, और उन लोगों के लिए भी जो हमारी तरह उसके बाद आए हैं। यह कहा जाता है कि आत्मा में लगा घाव

कभी भरा नहीं जा सकता। उस घाव को केवल याद रखा और साझा स्मृति में जीवित रखा जाता है, ताकि लोगों को अपनी सच्ची सफाई मिल सके। *एक युवा लड़की की डायरी,* जैसाकि कई बार इसे पढ़ा और इसपर चर्चा की गयी है, जैसाकि कई बार इसने संवाद और ऐतिहासिक बहस को प्रेरित किया है, इस सफाई को करीब लाएगी।

१२ जून १९४२

मैं आशा करती हूं कि मैं तुमको सारी गुप्त बातें बताने में सक्षम हो जाउंगी जैसा मैं किसी अन्य पर विश्वास करने में सक्षम नहीं हूँ, और मैं आशा करती हूं कि तुम आसानी और सहायता[१] के एक बड़े स्रोत बन जाओगे।

रविवार, १४ जून, १९४२

तुम्हें पाने के क्षण से मैं शुरू करूंगी, जिस पल मैंने तुम्हें अपने जन्मदिन के अन्य तोहफों के बीच मेज पर पड़ा देखा। (मैं उस जगह पहुँच गई जब तुम्हें खरीदा गया था, लेकिन उसकी गिनती नहीं है।)

शुक्रवार १२ जून को, मैं छह बजे जाग गई थी, जो आश्चर्य की बात नहीं है क्योंकि यह मेरा जन्मदिन था। लेकिन मुझे उस समय उठने की अनुमति नहीं थी इसलिए मुझे अपनी जिज्ञासा को पौने सात बजे तक नियंत्रित करना था। जब मैं और अधिक समय तक इंतजार नहीं कर सकी, तो मैं खाने के कमरे में चली गई, जहां मोर्त्जे (बिल्ली) ने मेरे पैरों को चाट कर मेरा स्वागत किया।

सात बजे के थोड़ी सी देर बाद मैं पापा और मम्मी के पास और फिर अपने उपहारों को खोलने के लिए बैठक कक्ष में गई, और पहली चीज मैंने तुम्हें देखा था, शायद मेरा एक सबसे अच्छा उपहार। फिर गुलाबों का एक गुलदस्ता, कुछ पिओनी और गमले में लगा एक पौधा। पापा और मम्मी से मुझे एक नीले रंग की ब्लाउज, एक गेम, अंगूर के रस की एक बोतल जिसका स्वाद मेरा मन पसंद है कुछ कुछ शराब की तरह की (आखिर कार शराब अंगूर से ही बनाई जाती है), एक पहेली, कोल्ड क्रीम का एक जार, २.५० गिल्डर और दो पुस्तकों के लिए एक उपहार टोकन मिला था। साथ ही साथ मुझे एक और किताब, *कैमरा ऑब्सक्यूरा* (लेकिन मार्गोट के पास पहले से ही यह है, इसलिए मैंने अपना वाला किसी और चीज से बदल लिया) घर के बने बिस्कुटों की एक थाली (जिसे मैंने खुद ही बनाया था, जाहिर है, चूँकि मैं बिस्कुट बनाने में काफी माहिर बन गई हूँ), बहुत सारी मिठाई और मम्मी की बनाई एक तीखी स्ट्रॉबेरी। और बिलकुल सही समय पर ग्रैमी का एक पत्र, लेकिन निश्चित रूप से यह सिर्फ एक संयोग था।

---

[१] २८ सितम्बर, १९४२ को ऐनी द्वारा जोड़ी गई टिप्पड़ी:
अब तक तुम वास्तव में मेरे लिए आराम का एक बड़ा स्रोत रही हो, और हां किट्टी, जिसे अब मैं नियमित रूप से लिखूंगी। एक डायरी रखने का यह तरीका बहुत अच्छा है, और अब मैं शायद ही उन क्षणों का इंतजार कर सकती हूँ जब मैं तुम में लिखने के लिए सक्षम होऊं।
ओह, मैं खुश हूँ कि मैं तुम्हें भी साथ ले आई!

उसी समय हनेली मुझे लेने आई थी, और हम स्कूल चले गए। छुट्टी के दौरान मैंने अपने शिक्षकों और अपनी कक्षा में बिस्कुट बांट दिया, और फिर काम पर वापस आने का समय हो गया था। पांच बजे तक मैं घर वापस नहीं आती थी क्योंकि मैं बाकी की कक्षा के साथ जिम जाती थी। (मुझे भाग लेने की अनुमति नहीं थी मेरे कंधे और कूल्हे उखड़ जाते हैं।) जैसाकि यह मेरा जन्मदिन था, मुझे अपने सहपाठियों के साथ खेलने के लिए एक खेल चुनने का मौका मिला, और मैंने वॉलीबॉल चुना। बाद में उन सब ने मेरे चारों ओर एक गोल घेरे में नृत्य किया और 'हैप्पी बर्थडे' गाया। जब मैं घर गई, तो शेनी लेंडरमेन वहां पहले से ही थे। इल्सी वैगनर, हनेली गोसलर और जैकलिन वैन मर्सेन जिम के बाद मेरे साथ घर आए थे, क्योंकि हम एक ही कक्षा में हैं। हनेली और शेनी मेरी दो सबसे अच्छी सहेलियां हुआ करती थीं। जो लोग हमें एक साथ देखते थे कहा करते थे, 'ऐनी, हनी और शेनी जाते हैं।' मैंने जब यहूदी लिसेयुम (संस्थान) जाना शुरू किया उसी समय जैकलिन वैन मर्सेन से मेरी मुलाकात हुई थी, और अब वह मेरी सबसे अच्छी दोस्त है। इल्सी, हनेली की सबसे अच्छी दोस्त है और शेनी एक दूसरे स्कूल जाती है और वहाँ उसके कई दूसरे दोस्त हैं।

उन्होंने मुझे एक खूबसूरत किताब दी ***डच धारावाहिक और किंवदंतियां,*** लेकिन गलती से उन्होंने मुझे द्वितीय खंड दिया इसलिए मैंने दो अन्य पुस्तकों का खंड १ से अदलाबदली कर ली। आन्टी हेलेन मेरे लिए एक पहेली, आन्टी स्टेफनी एक प्यारी सी ब्रोच और आन्टी लेनी एक अच्छी किताब लाई थीं: ***डेजी चला पर्वत की ओर***।

आज सुबह जब मैं स्नान कर रही थी तो मैं सोच रही थी कि यह कितना अद्‌भुत होगा अगर मेरे पास रिन टिन टिन जैसा एक कुत्ता होता। मैं भी उसे रिन टिन टिन बुलाती और मैं उसे अपने साथ स्कूल ले जाती जहाँ वह चौकीदार के कमरे में, या जब मौसम अच्छा होता तो साइकिल रैक से बंधा रह सकता है।

सोमवार, १५ जून, १९४२

रविवार दोपहर को मेरी जन्मदिन की पार्टी थी। रिन टिन टिन मेरे सहपाठियों के बीच एक बड़ी हिट फिल्म थी। मुझे दो ब्रोचेज, एक बुकमार्क और दो पुस्तकें मिली।

मैंने अन्य बच्चों से शुरु कर, अपने स्कूल और अपनी कक्षा के बारे में कुछ बातें कह कर शुरूआत की।

बेट्टी ब्लोएमेंदाल बल्कि बहुत बेकार सी लग रही थी, और मुझे लगता है कि वह शायद ऐसी ही है। वह पश्चिम एम्स्टर्डम में एक गुमनाम सड़क पर रहती है और हम में से किसी को भी नहीं पता है कि वह जगह कहाँ है। वह स्कूल में बहुत अच्छा काम करती है लेकिन इसलिए क्योंकि वह बड़ी मेहनत से काम करती है इसलिए नहीं कि वह चालाक है। वह बहुत शांत है।

जैकलिन वैन मर्सेन मेरी सबसे अच्छी दोस्त मानी जाती है, लेकिन एक असली दोस्त

मैने कभी नहीं बनाया है। पहले मैं सोचती थी, जैक्स एक होगा लेकिन मैं बुरी तरह से गलत थी।

डी.क्यू.[२] एक बहुत घबराने वाली लड़की है जो हमेशा चीजों को भूल जाती है, इसलिए शिक्षक उसे दंड के रूप में अतिरिक्त होमवर्क दिए रहते हैं। वह बहुत दयालु है विशेष रूप से जी.जेड. के प्रति।

इ.एस. बहुत बात करती है जो कि मजेदार नहीं होती है। जब वह आपसे कुछ पूछती है, तो वह हमेशा आपके बालों को छूती या आपके बटनों के साथ छेड़ छाड़ करती रहती है। वे कहते हैं कि वह मुझे बर्दाश्त नहीं कर सकती, लेकिन मुझे परवाह नहीं है, क्योंकि मैं उसे अधिक पसंद नहीं करती हूँ।

हेन्नी मेट्स एक हंसमुख स्वभाव की एक अच्छी लड़की है, सिवाय इसके कि वह बहुत जोर की आवाज में बात करती है और जब हम घर से बाहर खेल रहे होते हैं वह वास्तव में बहुत बचकानी बन जाती है। दुर्भाग्य से, हेन्नी की बप्पी नाम की एक लड़की से दोस्ती है जिसका उसपर बुरा प्रभाव पड़ा है क्योंकि वह गंदी और अभद्र है।

जे आर – मैं उसके बारे में एक पूरी किताब लिख सकती हूँ। जे, बहुत घृणित, डरपोक, चिपकू, दोअर्थी गपबाज है जो सोचती है कि वह काफी सयानी हो गई है। वास्तव में उसने जैक्स को अपने जादू के बस में कर लिया है और यह बड़े शर्म की बात है। जे बात बात पर नाराज हो जाती है और जरा सी बात पर आँसू बहाने लगती है, और सबसे बड़ी बात, वह भयानक दिखावा करती है। मिस जे हमेशा सही होना चाहती है। वह बहुत अमीर है और उसके पास बड़े प्यारे कपड़ों से भरी एक अलमारी है जो कि उसके लिए बहुत पुराने पड़ गए हैं। उसे लगता है कि वह अत्यंत खूबसूरत है, लेकिन वह नहीं है। जे और मैं एक दूसरे को बर्दाश्त नहीं कर सकते हैं।

इल्सी वैगनर एक हंसमुख स्वभाव वाली एक अच्छी लड़की है, लेकिन वह बहुत नकचढ़ी है और किसी चीज के बारे में रोने बिलखने में घंटों खर्च कर सकती है। इल्सी मुझे बहुत पसंद करती है। वह बहुत चतुर है, लेकिन आलसी है।

हनेली गोस्लर, या लीस जैसा उसे स्कूल में बुलाया जाता है, कुछ अजीब सी है। वह आमतौर पर शर्मीली बनी रहती है – घर में मुखर, लेकिन अन्य लोगों के साथ संकोची। आप जो कुछ भी उससे कहते हैं वह सब कुछ अपनी माँ को बता देती है। लेकिन वह वही बताती है जो वह सोचती है और हाल ही में मुझे उसकी बहुत बड़ी सराहना करनी पड़ी।

नेनी वैन प्राग्ग –सिगार, छोटी अजीब और समझदार है। मुझे लगता है कि वह अच्छी है। वह बहुत चालाक है। नेनी के बारे में कह सकने के लिए आप के पास कुछ ज्यादा नहीं होता है।

एफजे डी जोंग, मेरी राय में, बहुत बढ़िया है। हालांकि वह केवल बारह साल की है,

---

[२]आद्याक्षर यादृच्छिक रूप से उन व्यक्तियों को आवंटित किया गया है जो गुमनाम रहना पसंद करते हैं।

वह काफी हद तक एक औरत जैसी है। वह मुझसे एक बच्चे की तरह व्यवहार करती है। वह बहुत सहयोगी प्रवृत्ति की है और मैं उसे पसंद भी करती हूँ।

जी.जेड. हमारी क्लास में सबसे सुंदर लड़की है। उसका चेहरा बहुत सुन्दर है, लेकिन वह थोड़ी बेवकूफ है। मुझे लगता है वे उसका एक साल रोकने जा रहे हैं, लेकिन निश्चित रूप से मैंने उसे वह नहीं बताया है।[3]

और जी.जेड. के बगल में बैठी, हम बारह लड़कियों में अंतिम मैं हूँ।

लड़कों के बारे में बहुत कुछ कहा जा सकता है, या शायद इतना सब होने के बाद नहीं।

मौरिस कोस्टर मेरे कई प्रशंसकों में से एक है, लेकिन एक बहुत बड़ा परजीवी है।

सल्ली स्प्रिंगर का मन गंदा है, और उसके सारे काम अफवाहों से चलते हैं। फिर भी, मुझे वह कमाल का लगता है क्योंकि वह बहुत ही विनोदी है।

एमिल बोनेविट जी.जेड. का प्रशंसक है, लेकिन वह कोई परवाह नहीं करती है। वह बहुत उबाऊ है।

रॉब कोहेन भी मुझसे प्यार करता था, लेकिन मैं उसे अब और बर्दाश्त नहीं कर सकती। वह एक अप्रिय लड़का है दोहरे चरित्र का झूठ बोलने वाला, रिरियाने वाला थोड़ा निंदा करने वाला जो भयानक रूप से खुद की राय को सबसे ऊपर रखता है।

मैक्स वैन डे वेल्ड मेदेम्ब्लिक का एक खेतिहर लड़का है, लेकिन जैसा मार्गोट कहेगी, एक सभ्य प्रकार का।

हरमन कोपमन भी एक गंदी मानसिकता वाला है, ठीक जोपिए डी बीयर की तरह, जो एक भयानक इश्कबाज और लड़कियों का पीछा करने वाला है।

लिओ ब्लोम, जोपिये डी बीयर का सबसे अच्छा दोस्त है, लेकिन अपने गंदे दिमाग से बहुत बुरा है।

अल्बर्ट डे मेस्कुइटा मोंटेसरी स्कूल से आया है और एक साल कूद गया है। वह वास्तव में होशियार है।

लिओ स्लागेर भी उसी स्कूल से आया है लेकिन उतना होशियार नहीं है।

आरयू स्टोप्पेल्मों अल्मेलो से आया एक नाटा, नासमझ लड़का है जो वर्ष के मध्य में इस स्कूल में स्थानांतरित हुआ था।

सी.एन. वह सब कुछ करता है जिसकी उससे उम्मीद नहीं होती है।

जैक्स कोसर्नूट हमारे पीछे सी और हमारे (जी और मैं) के बगल में बैठा, अपने आप की मूर्खताओं पर हंसता रहता है।

हैरी स्वाप हमारी क्लास का सबसे सभ्य लड़का है। वह बहुत अच्छा है।

---

[3]एक बाद की तारीख में ऐनी द्वारा जोड़ी गई टिप्पणी:

मुझे बहुत आश्चर्य है कि, जीजेड आखिरकार एक साल बाद वापस आयोजित नहीं था।

वर्नर यूसुफ, भी बहुत अच्छा है लेकिन हाल ही में हो रहे सभी परिवर्तनों ने उसे बहुत चुप बना दिया है, इसलिए वह उबाऊ लगता है।

सैम सॉलोमन शहर के बीहड़ भाग से आने वाले रूखे लोगों में से एक है। एक असली छोकरा। (प्रशंसक!)

अप्पी रिएम बहुत रूढ़िवादी, लेकिन एक बदमाश भी है।

शनिवार, २० जून, १९४२

मेरे जैसे किसी के लिए एक डायरी में लिखना एक बहुत ही अजीब अनुभव है। केवल इसलिए ही नहीं कि मैंने पहले कुछ भी लिखा नहीं है, बल्कि इसलिए भी कि भी मुझे लगता है कि बाद में न तो मुझे और न ही किसी और को एक तेरह वर्षीय छात्रा के चिंतन में रुचि होगी। ओह अच्छा, यह कोई बात नहीं है। मैं महसूस करती हूँ लिखना मुझे पसंद है, और मुझे अपने दिल की सभी प्रकार की बातें रखने की अधिक जरूरत भी है।

'कागज में लोगों की तुलना में अधिक धैर्य होता है।' मैंने उन दिनों इस एक कहावत के बारे में सोचा था, जब मैं थोड़ी उदासी सी महसूस कर रही थी, और, अपनी ठोड़ी को अपनी हथेली पर टिकाये घर में रहने या बाहर जाने के बारे में सोचते हुए घर पर ऊबी हुई और उदास बैठी हुई थी। अंत में मैं वहीं रूकी रह गयी थी जहाँ थी। हाँ, कागज, अधिक धैर्य रखता है और क्योंकि इस कठोर समर्थित नोटबुक को जिसे धूम धाम से एक 'डायरी' के रूप में जाना जाता है, किसी और को पढ़ने के लिए कहने की मैं योजना नहीं बना रही हूँ, जब तक कि मैं कभी भी एक सच्चा दोस्त न ढूंढ लूं, यह शायद जरा सा भी अंतर नहीं बनाएगा।

अब मैं उस मुद्दे पर वापस आती हूँ जिसने मुझे एक डायरी को पहले स्थान पर रखने के लिए प्रेरित किया: मेरा कोई दोस्त नहीं है।

मुझे इसे और अधिक स्पष्ट रूप से कहने दें क्योंकि कोई भी विश्वास नहीं करेगा कि एक तेरह वर्षीय लड़की दुनिया में पूरी तरह से अकेली है। और मैं नहीं हूँ। मेरे प्यारे माता पिता और एक सोलह वर्षीय बहन है, और करीब तीस लोग ऐसे हैं जिन्हें मैं दोस्त कह सकती हूँ। मेरे प्रशंसकों की एक भीड़ है जो अपनी प्रेम भरी आँखें मेरी ओर से बंद नहीं रख सकते और जो कभी–कभी एक टूटी हुई जेबी दर्पण का उपयोग करने के सहारे से कक्षा में मेरी एक झलक पाने की कोशिश करते हैं। मेरा एक परिवार है, प्यारी चाची और एक अच्छा घर। नहीं, नहीं, मेरे एक सच्चे दोस्त को छोड़कर, सतह पर सब कुछ मौजूद लगता है। मैं जिन सब चीजों के बारे में सोचती हूँ, मैं जब दोस्तों के साथ होती हूँ तो उनका एक अच्छा समय चल रहा होता है। मैं अपने आप को रोजमर्रा की लेकिन साधारण चीजों के आलावा और किसी चीज के बारे में बात करने के लिए नहीं प्रस्तुत हो पाती। हम अधिक करीब हो पाने में सक्षम होते हुए नहीं लगते हैं, और यही समस्या है। शायद

यह मेरी गलती है कि हम एक दूसरे में विश्वास नहीं करते। किसी भी स्थिति में, किसी भी तरह वे बस चीजें हैं, और दुर्भाग्य से वे बदलने के प्रति उत्तरदायी नहीं हैं। इसी कारण से मैंने डायरी शुरू कर दिया है।

मेरी कल्पना में इस लंबे समय से प्रतीक्षित दोस्त की छवि सुधारने के लिए, ज्यादातर लोग जिस तरह से करते हैं मैं इस डायरी में तथ्यों को संक्षेप में नहीं लिखना चाहती हूँ, बल्कि डायरी को मैं अपना दोस्त बनाना चाहती हूँ, और मैं इस दोस्त को *किट्टी* नाम से बुलाने जा रही हूँ।

यदि मैं किट्टी को लिखी मेरी कहानियों में पूरी डुबकी लगाऊं, मैं अपने जीवन की एक संक्षिप्त बेहतर रूपरेखा प्रदान करूं, चूंकि कोई इसका एक शब्द भी नहीं समझेगा, जिसे करने से मैं बहुत घृणा करूंगी। मेरे पिता, मैंने जिनको भी कभी देखा है उनमें से सबसे प्यारे पिता हैं, उन्होंने जब मेरी माँ से शादी किया था तब वे छत्तीस साल के और माँ पच्चीस साल की थीं।

मेरी बहन मार्गोट मुख्य जर्मनी में फ्रैंकफर्ट में १९२६ में पैदा हुई थी। मैं १२ जून १९२९ को पैदा हुई थी। मैं चार साल की उम्र तक फ्रैंकफर्ट में रहती थी। क्योंकि हम यहूदी हैं, इसलिए मेरे पिता १९३३ में जब वह डच ओपेक्टा कंपनी, जो जाम बनाने में इस्तेमाल होने वाले उत्पादों का विनिर्माण करती है, के प्रबंध निदेशक बन गये, हॉलैंड में आकर बस गए। मेरी माँ, एडिथ होलान्दर फ्रैंक, सितंबर में उसके साथ हॉलैंड चली गई, जबकि मार्गोट और मुझे हमारी दादी के साथ रहने के लिए आकिन भेज दिया गया। दिसंबर में मार्गोट हॉलैंड चली गई और फरवरी में मैं भी जब मैं मार्गोट के जन्मदिन के तोहफे के रूप में मेज पर पटक दी गई थी।

मैंने उसी समय मोंटेसरी नर्सरी स्कूल जाना शुरू किया था। मैं छह साल की होने तक वहाँ रही, जिस समय मैंने पहली कक्षा में जाना शुरू किया। छठी कक्षा में मेरी शिक्षिका स्कूल की संचालिका श्रीमती कुपेरुस थीं। वर्ष के समाप्ति पर हमें एक शोकाकुल विदाई कहने के लिए हम दोनों की आँख में आँसू थे, क्योंकि मुझे यहूदी लिसेयुम में स्वीकार कर लिया गया था, जहां मार्गोट भी स्कूल जाती थी।

हमारा जीवन, चिंतामुक्त नहीं था क्योंकि जर्मनी में हमारे रिश्तेदार हिटलर के यहूदी विरोधी कानूनों के तहत पीड़ित थे। १९३८ में हुए नरसंहार के बाद मेरे दो मामा (मेरी माँ के भाई) जर्मनी से उत्तरी अमेरिका में सुरक्षित शरण पाने भाग गए। मेरी बुजुर्ग नानी हमारे साथ रहने आ गई थी। उस समय वह तिहत्तर साल की थीं।

मई १९४० के बाद अच्छे समय बहुत कम और काफी अंतराल में थे: पहला युद्ध था: फिर समर्पण और फिर जर्मनों का आगमन, जब यहूदियों के लिए मुसीबत शुरू हो गई थी। यहूदी विरोधी फरमानों की एक श्रृंखला से, हमारी स्वतंत्रता गंभीर रूप से प्रतिबंधित की गई थी; यहूदियों को एक पीला सितारा पहनना आवश्यक था; यहूदियों को अपनी साइकिल पर लिखना आवश्यक था; यहूदियों को ट्राम का उपयोग करने से मना

किया गया था; यहूदियों को यहां तक कि निजी कारों में सवारी करने से मना किया गया था; यहूदियों को अपनी खरीदारी ३.०० और ५.०० बजे के बीच करना आवश्यक था; यहूदियों को अक्सर केवल यहूदी स्वामित्व वाली नाई की दुकान और सौंदर्य सैलून में जाना आवश्यक था; यहूदियों को ८:०० बजे शाम से ६:०० बजे सुबह तक सड़कों पर निकलने से मना किया गया था; यहूदियों को थिएटर, सिनेमा या मनोरंजन के किसी भी अन्य रूपों में जाने से मना किया गया था; यहूदियों को स्विमिंग पूल, टेनिस कोर्ट, हॉकी के मैदानों या किसी अन्य खेल मैदान का उपयोग करने से मना किया गया था; यहूदियों को नौकायन जाने से मना किया गया था; यहूदियों को सार्वजनिक रूप से किसी भी खेल गतिविधियों में भाग लेने से मना किया गया था; यहूदियों को ८.०० बजे के बाद अपने या अपने दोस्तों के अहातों में बैठने से मना किया गया था; यहूदियों को ईसाइयों से अपने घरों में मिलने से मना किया गया था; यहूदियों को यहूदी स्कूलों आदि में भाग लेना आवश्यक था। आप ऐसा नहीं कर सकते और आप वैसा नहीं कर सकते हैं, लेकिन जीवन चल रहा था। जैक्स हमेशा मुझ से कहा करता था, 'मुझमें अब और कुछ करने की हिम्मत नहीं है क्योंकि मुझे डर लगता है कि मुझे यह करने की अनुमति नहीं है।'

१९४१ की गर्मियों में दादी बीमार पड़ गई और उनका एक ऑपरेशन होना था, इसलिए मेरा जन्मदिन बहुत थोड़े से जश्न के साथ गुजर गया। १९४० की गर्मियों में भी हम अपने जन्मदिन पर ज्यादा नहीं कर पाए थे, क्योंकि हॉलैंड में लड़ाई अभी अभी ही समाप्त हुई थी। जनवरी १९४२ में दादी का निधन हो गया। कोई नहीं जानता कि मैं उनके बारे में कितनी बार सोचती थी और अभी भी उसे प्यार करती हूँ। १९४२ में इस जन्मदिन के जश्न को दूसरों के लिए बनाने का इरादा था, और बाकी के साथ दादी की भी मोमबत्ती जलाई गई थी।

हम में से चार अभी भी अच्छा कर रहे हैं और जो मुझे वर्तमान तिथि २० जून १९४२, और मेरी डायरी के पवित्र समर्पण पर लाता है।

शनिवार, २० जून, १९४२

सबसे प्रिय किट्टी!

मैं अभी आरंभ करती हूँ; यह अब अच्छा और शांत है। पिताजी और माँ बाहर हैं और मार्गोट आपने दोस्त ट्रेसी के पास कुछ अन्य युवा लोगों के साथ पिंग–पांग खेलने चली गई है। हाल ही में मैंने खूद अपने आप से बहुत पिंग–पांग खेलती रही हूँ। बहुत बहुत धन्यवाद कि हममें से पाँच लड़कियों ने एक क्लब का गठन किया है। इसे 'लिटिल डिपर माईनस टू' कहा जाता है। सच में एक पागलपन भरा नाम है, लेकिन यह एक गलती पर आधारित है। हम अपने क्लब को एक विशेष नाम देना चाहते थे; और, क्योंकि वहाँ हम में से पांच थे इसलिए हमारे मन में लिटिल डिपर का विचार आया था। हमने सोचा था कि इसमें पांच सितारे शामिल हैं, लेकिन हम गलत निकले। यह सात हैं सप्तऋषि की तरह,

जिसको 'माईनस टू' बताता है। इल्सी वैगनर के पास एक टैनिस सेट है, और वैगन हमें हम जब भी चाहें अपने बड़े से भोजन कक्ष में खेलने देते हैं। चूँकि हम पांच टैनिस खिलाड़ियों को आइसक्रीम बहुत पसंद है, खासकर गर्मियों में, और चूँकि टैनिस खेलते हुए आप गर्म हो जाते हैं, इसलिए हमारे खेल आमतौर पर निकटतम आइसक्रीम पार्लर की एक यात्रा के साथ खत्म होते थे जो कि यहूदियों को अनुमति देता है: या तो ओएसिस या डेल्फी। अपने पर्स या पैसे का हमारे लंबे समय से उपयोग बंद कर दिये जाने के बाद से – ओएसिस में इतना व्यस्त अधिकतर समय जो कि हम कुछ हमारे परिचित या एक प्रशंसक उदार युवा पुरुषों को खोजने में प्रबंधित करते हैं जो हमें इतनी अधिक आइसक्रीम की पेशकश कर सकें जितनी हम एक हफ्ते में खा सकते हैं।

आप शायद मुझे इस एक छोटी उम्र में प्रशंसकों के बारे में बात करते सुनकर थोड़ा हैरान हो रहे होंगे। दुर्भाग्य से, या नहीं, जैसा भी मामला हो सकता है, यह बुराई हमारे स्कूल में बड़े पैमाने पर हो रही दिखती है। जैसे ही एक लड़का पूछता है, क्या वह मेरे साथ साइकिल से घर तक चल सकता है और हम बातें करना शुरू कर देते हैं, दस में से नौ बार मुझे यकीन होता है कि हो सकता है कि वह मौके पर ही आसक्त हो जाएगा और एक पल के लिए भी मुझे अपनी दृष्टि से ओझल नहीं होने देगा। उसकी ललक अंत में ठंडी हो जायेगी, खासकर क्योंकि मैं उसकी भावुक निगाह की उपेक्षा कर दूंगी, और मजे से अपने रास्ते पर चलती रहूंगी। अगर यह इतना बुरा हो जाता है, कि वे 'पिता की अनुमति लेने' के बारे में प्रलाप शुरू कर देते हैं, तो मैं अपनी बाइक थोड़ी सी लहरा देती हूँ मेरी झोली गिरती है, और लड़का अपनी बाइक से उतरने और उसे मेरे हाथ में देने के लिए बाध्य महसूस करता है उसी समय से मैं बातचीत को एक अन्य विषय पर बदल देती हूँ। यह सब बहुत मासूम प्रकार के होते हैं। बेशक, उनमे से बहुत से आप की ओर चुंबन उड़ाने या आपके हाथ पकड़ लेने का प्रयास करते हैं, लेकिन वे निश्चित रूप से गलत दरवाजे पर दस्तक दे रहे होते हैं। मैं बाइक से उतर पड़ती हूँ और या तो मैं आगे से उसके साथ आने से मना कर देती हूँ या अपमानित महसूस होना दर्शाती हूँ, और उन्हें साफ साफ शब्दों में मेरे साथ के बिना घर पर जाने के लिए कह देती हूँ।

तुम यहां हो। अब हमने अपनी दोस्ती का आधार तैयार कर लिया है। कल तक।

तुम्हारी, ऐनी

रविवार, २१ जून, १९४२

सबसे प्यारी किट्टी,

हमारी पूरी कक्षा कांप रही है। कारण, जाहिर है, आगामी बैठक है जिसमें शिक्षक तय करेंगे कि किसे अगली कक्षा में भेजा जायेगा और किसे रोक रखा जाएगा। आधी कक्षा शर्त

लगा रही है। जी.जेड. और मैं हमारे पीछे के दो लड़कों सी.एन. और जाक कोसरनोट की मूर्खता पर आपस में हंस रहे हैं, जिन्होंने छुट्टियों की अपनी पूरी बचत को शर्त में दाँव पर लगा दिया है। सुबह से रात तक, 'तुम पास होने जा रहे हो', 'नहीं, मैं नहीं,' 'हाँ, तुम कर रहे हो,' 'नहीं, मैं नहीं हूँ'। यहाँ तक कि जी की सिफारिश करना और मेरे गुस्से का विस्फोट भी उन्हें शांत नहीं कर सकता। अगर आप मुझसे पूछें, तो पूरी कक्षा में बहुत सारे मुर्ख हैं, लगभग एक चौथाई को रोक लिया जाना चाहिए, लेकिन शिक्षक पृथ्वी पर सबसे अप्रत्याशित जीव होते हैं। हो सकता है कि इस बार वे एक बदलाव की सही दिशा में अप्रत्याशित हो जायेंगे।

मैं अपनी दोस्त और अपने आप के बारे में बहुत चिंतित नहीं हूँ। हम यह कर लेंगे। मैं केवल गणित विषय के बारे में निश्चित नहीं हूँ। वैसे भी, हम केवल इंतजार कर सकते है। तब तक, हम एक दूसरे को हिम्मत न हारने के लिए कह सकते हैं।

मैं अपने सभी शिक्षकों के साथ बहुत अच्छी तरह से मिलती हूँ। उन नौ में से सात पुरुष और दो महिलायें हैं। श्री केसिंग, बूढ़े दकियानूस जो गणित सिखाते हैं, मुझसे काफी समय से नाराज थे क्योंकि मैं बहुत ज्यादा बात करती हूॅ। कई चेतावनियों के बाद, उन्होंने मुझे अतिरिक्त होमवर्क सौंप दिया। 'एक गप्पी' विषय पर एक निबंध लिखना। एक गप्पी, आप इस बारे में क्या लिख सकते हैं? इस बारे में मैं बाद में चिंता करूँगी, मैंने फैसला किया। मैंने शीर्षक अपनी नोटबुक में लिख लिया उसे अपने बैग में डाल दिया और शांत बने रहने की कोशिश की।

उस शाम, अपना बाकी के होमवर्क समाप्त कर लेने के बाद, निबंध के बारे में नोट पर मेरी आँखें गड़ गईं। मैंने अपनी कलम की नोक चबाते हुए इस विषय के बारे में सोचना शुरू किया। कोई भी चकरा और शब्दों के बीच बहुत रिक्त स्थान छोड़ सकता है, लेकिन बात करने की आवश्यकता को साबित करने की तरकीब, तो कायल तर्कों के साथ ही आती है। मैं सोचती रही, और सोचती रही और तब अचानक मुझे एक विचार सूझ गया था। श्री केसिंग ने मुझे जो सौंपा था उसपर मैंने तीन पृष्ठ लिखे और संतुष्ट थी। मैंने तर्क दिया कि बात करना एक महिला की विशेषता है और मैं इसे नियंत्रण में रखने की अपनी पूरी कोशिश करूंगी, लेकिन मैं इस आदत से अपने आप को अलग करने में कभी भी सक्षम नहीं होऊँगी, क्योंकि मेरी मां अगर अधिक नहीं, तो मैं जितना करती हूँ उतनी ज्यादा बात तो करती ही है, और आप विरासती लक्षणों के बारे में ज्यादा कुछ नहीं कर सकते हैं।

श्री केसिंग मेरे तर्कों पर खूब हँस रहे थे, लेकिन जब मैं अगले पाठ पर अपने तरीके से बात करने के लिए बढ़ी, उन्होंने मुझे एक दूसरा निबंध सौंप दिया। इस बार निबंध 'एक असुधार्य गप्पी' पर था। मैंने इसे स्वीकार कर लिया और श्री केशिंग के पास पूरे दो सबक के बारे में शिकायत करने के लिए कुछ भी नहीं था। तथापि, तीसरे सबक के दौरान उनके पास अंतिम रूप से पर्याप्त था। 'ऐनी फ्रैंक, कक्षा में बात करने के लिए सजा के रूप में, एक निबंध लिखो, जिसका शीर्षक होगा "श्रीमती गप्पी ने बोला, 'क्वाक, क्वाक, क्वाक'।"

पूरी कक्षा ठहाके लगाने लगी। मैं भी हंस पड़ी, हालांकि मैं गप्पी के विषय पर अपनी सरलता लगभग समाप्त कर चुकी थी। यह कुछ और सोचने का समय था, कुछ मौलिक। मेरी दोस्त सेनी ने, जो कविता लिकने में अच्छी है मुझे शुरू से अंत तक कविता में निबंध लिखने में मदद करने की पेशकश की। मैं खुशी से उछल पड़ी। केसिंग इस हास्यास्पद विषय के साथ मेरा एक मजाक उड़ाने की कोशिश कर रहे थे, लेकिन मैं सुनिश्चित करना चाहती थी कि यह खुद उनपर ही मजाक था। मैंने, अपनी कविता समाप्त की और यह सुंदर थी! यह तीन बतख बच्चे के साथ एक माँ बतख और एक पिता हंस के बारे में थी जो पिता के द्वारा मार डालने के पीटे गए थे क्योंकि वे बहुत ज्यादा बोलते थे। सौभाग्य से, केसिंग ने मजाक को सही तरीके से लिया। उन्होंने, वह कविता अपनी टिप्पणी जोड़ते हुए कक्षा में और कई अन्य कक्षाओं में भी पढ़ी। तब से मुझे बात करने की अनुमति दे दी गई और कोई अतिरिक्त होमवर्क भी नहीं सौंपा गया। इसके विपरीत, केसिंग इन दिनों हमेशा मजाक करते रहते हैं।

तुम्हारी, ऐनी

बुधवार, २४ जून, १९४२

सबसे प्यारी किट्टी,

आज दिन बहुत ताप रहा है। हर कोई हांफ और डांफ रहा है और इस गर्मी में मुझे हर जगह चलना है। केवल अब मैं महसूस करती हूं कि एक ट्राम कितनी सुखद है, लेकिन हम यहूदियों को अब इस विलासिता का उपयोग करने की अनुमति नहीं दी जाती है; हमारे दो पैर ही हमारे लिए काफी पर्याप्त हैं। बीते दिन खाने के समय पर जान लुयकेनसत्रात पर दंत चिकित्सक के साथ मेरी एक नियुक्ति थी। स्टडस्टीममेर्तुइनेन पर हमारे स्कूल से यह एक लंबा रास्ता है। उस दोपहर को मैं अपनी मेज पर लगभग सो गई थी। सौभाग्य से, लोग स्वतः ही आप को पीने के लिए कुछ प्रस्तावित करते हैं। दंत चिकित्सा सहायक सचमुच दयालू हैं।

परिवहन का एकमात्र साधन जिसे हमारे लिए छोड़ा गया है वह नौका है। जोसेफ इजराएलकेड में मांझी जब हम उसे करने को कहते हैं हमें पार ले जाता है। यह डच लोगों की गलती नहीं है कि हम यहूदी लोग इस तरह का एक बुरा समय बिता रहे हैं।

मैं स्कूल नहीं जाना चाहती थी। ईस्टर की छुट्टियों के दौरान मेरी बाइक चोरी हो गई, और मा की बाइक सुरक्षित रखने के लिए पिता जी ने किसी ईसाई दोस्त को दे दी। धन्यवाद कि गर्मी की छुट्टियों की अच्छाई लगभग आ गई हैं; एक और सप्ताह बीत जायेगा और हमारी पीड़ा खत्म हो जाएगी।

पिछली सुबह कुछ अनपेक्षित हुआ। जब मैं साइकिल रैक से गुजर रही थी, मैंने अपना नाम बुलाया जा रहा सुना। मैं पीछे घूमी और सामने एक प्यारा सा लड़का था मैंने इससे

पहले शाम को अपने दोस्त विल्मा के साथ मुलाकात की थी। वह विल्मा का दूसरा चचेरा भाई है। मैं सोचती हूँ कि विल्मा अच्छी थी जो वह है, लेकिन वह कभी भी जो बात करती है सब लड़कों के बारे में होती है, और वह बोर करता है। वह कुछ हद तक झेंपता हुआ सा मेरे पास आया, और हैलो सिल्बर्बर्ग के रूप में खुद को पेश किया। मैं थोड़ा हैरान थी और यकीन नहीं था कि वह क्या चाहता था लेकिन इसका पता लगाने में मुझे ज्यादा वक्त नहीं लगा। उसने पूछा कि क्या मैं उसे अपने साथ स्कूल तक चलने की अनुमति दूंगी। 'जितनी दूर तक आप को उस रास्ते पर आगे जाना होगा, मैं आपके साथ चलूंगी,' मैंने कहा। और इसलिए हम एक साथ चलने लगे। हैलो सोलह साल का है और सभी प्रकार की मजेदार कहानियों को सुनाने में अच्छा है।

आज सुबह फिर से वह मेरा इंतजार कर रहा था, और मुझे उम्मीद है कि वह आगे भी करेगा।

ऐनी

बुधवार, १ जुलाई, १९४२

सबसे प्यारी किट्टी,

आज तक ईमानदारी से मैं तुम्हें लिखने का समय नहीं निकाल पाई। गुरुवार को पूरे दिन मैं दोस्तों के साथ व्यस्त थी, शुक्रवार को हमारी मंडली चल रही थी और इसी तरह से आज तक बीत गया।

हैलो और मैं पिछले सप्ताह में एक दूसरे को बहुत अच्छी तरह से जानने लगे है, और उसने मुझे अपने जीवन के बारे में बहुत कुछ बताया है। वह गेलसेंकिरचेन से आता है और अपने दादा दादी के साथ रह रहा है। उनके माता–पिता, बेल्जियम में हैं लेकिन वहाँ जाने का उसके पास कोई रास्ता नहीं है। हैलो की उर्सुला नाम की एक प्रेमिका है। मैं उसे भी जानती हूँ। वह पूरी तरह से आकर्षक और पूरी तरह से उबाऊ है। मुझसे उसकी मुलाकात होने के बाद से, हैलो को एहसास हो गया कि वह उर्सुला की तरफ से सो रहा है। तो मैं एक स्फूर्ति टॉनिक की तरह बन गई हूँ। आप कभी नहीं जानते आप किसके लिए अच्छे हैं!

जैक्स ने शनिवार की रात यहाँ बिताई। रविवार की दोपहर वह हनेली के साथ था और मैं बुरीतरह से ऊब गई थी।

उस शाम हैलो के आने की उम्मीद थी, लेकिन लगभग छह बजे उसने फोन किया। मैंने फोन का जवाब दिया, और उसने कहा, 'मैं हेल्मुथ सिल्बेरबेर्ग हूँ। क्या मैं ऐनी से बात कर सकता हूँ?'

'ओह हेलो। मैं ऐनी हूँ।'

'ओह, हैलो, ऐनी। आप कैसी हैं?'

'बहुत अच्छी धन्यवाद।'

'मैं सिर्फ माफी मांगना चाहता था लेकिन मैं आज रात नहीं आ सकता हालांकि मैं आप से कुछ बात करना चाहता हूँ। अगर मैं अभी दस मिनट में आप को अपने साथ ले जाने के लिए आता हूँ तो क्या यह ठीक होगा?'

'हाँ यह ठीक है। अलविदा!'

'ठीक है, मैं अभी आता हूँ। अलविदा!'

मैंने फोन काट दिया, जल्दी से अपने कपड़े बदले और बालों को ठीक किया। मैं बहुत घबरा रही थी मैं उसे देखने के लिए खिड़की से चिपक गई थी। अंत में वह आ गया। चमत्कार का चमत्कार, मैं सीढ़ियों से नीचे भागी नहीं थी, बल्कि चुपचाप उसके घंटी बजाने तक इंतजार करती रही थी। दरवाजा खोलने के लिए मैं नीचे गई, और उसे ठीक सामने पाया।

'ऐनी, आप को नियमित रूप से देखकर मेरी दादी सोचती है कि आप मेरे लिए बहुत छोटी हो। उन्होंने कहा कि मुझे लानबाख के पास जाना चाहिए, लेकिन आप शायद जानती हैं कि मैं उर्सुल के साथ अब और नहीं जा रहा हूँ।'

'नहीं, मैं नहीं जानती। क्या हुआ? क्या आपने अपना एक तर्क बता दिया है?'

'नहीं, ऐसा कुछ नहीं। मैंने उर्सुल को बताया कि हम एक दूसरे के अनुकूल नहीं थे और इसलिए अब एक साथ न रहना हमारे लिए बेहतर था, लेकिन मेरे घर पर उसका स्वागत किया जायेगा और मैंने आशा व्यक्त किया कि उसके घर पर मेरा भी स्वागत किया जाएगा। असल में, मुझे लगता था कि उर्सुल किसी और लड़के के प्रेम में पड़ गई है, और मैंने उसके साथ उसी अनुसार व्यवहार किया था। लेकिन यह सच नहीं था। और फिर मेरे चाचा ने कहा कि मुझे उससे माफी मांगनी चाहिए लेकिन निश्चित रूप से मैंने ऐसा महसूस नहीं किया था और यही कारण है कि मैंने उसका साथ छोड़ दिया। लेकिन वह कारणों में से सिर्फ एक था।'

'अब मेरी दादी मुझे उर्सुल के साथ देखना चाहती है तुम्हारे साथ नहीं, लेकिन मैं इस बात से सहमत नहीं हूँ और मैं नहीं जा रहा हूँ। कभी कभी बूढ़े लोगों के विचार वास्तव में पुराने जमाने के विचार होते हैं, लेकिन इसका मतलब यह नहीं है कि मुझे उनके साथ जाना है। मुझे अपने दादा–दादी की जरूरत है, लेकिन एक निश्चित अर्थ में उनको भी मेरी जरूरत है। अब से मैं बुधवार की शाम से मुक्त हो जाऊंगा। तुम समझ सकती हो, मेरे दादा दादी ने मुझे एक लकड़ी की नक्काशी की कक्षा में डाल दिया है, लेकिन वास्तव में मुझे जिओनिस्ट द्वारा आयोजित एक क्लब में जाना है। मेरे दादा दादी मुझे नहीं जाने देना चाहते हैं, क्योंकि वे जिओनिस्ट विरोधी हैं। मैं एक कट्टर यहूदी नहीं हूँ लेकिन इसमें मेरी रूचि है। वैसे भी, हाल ही में एक ऐसी गड़बड़ हो गई है कि मैं छोड़ने की योजना बना रहा हूँ। तो अगले बुधवार मेरी आखिरी बैठक होगी। इसका मतलब है कि मैं तुमसे बुधवार की शाम, शनिवार की दोपहर, शनिवार शाम, रविवार की दोपहर और शायद उससे भी ज्यादा मिल सकता हूं।'

'लेकिन अगर आप के दादा दादी आप को यह करने देना नहीं चाहते हैं, तो आप को उनके विरूद्ध नहीं जाना चाहिए।'

'प्रेम और युद्ध में सब चलता है।'

ठीक तभी हम ब्लेंकवोर्ट की किताबों की दुकान से गुजरे और पीटर स्चीफ दो अन्य लड़कों के साथ वहां गए हुए थे; अबतक की उम्र में पहली बार उन्होंने मुझसे नमस्ते कहा था और यह वास्तव में मुझे अच्छा लगा था।

सोमवार शाम हैलो पिता और मां से मिलने के लिए आया था। मैंने एक केक और कुछ मिठाई खरीदी थी, और हमने चाय और बिस्कुट लिया था, काम, लेकिन न तो हैलो और न ही मैंने अपनी कुर्सियों पर जमकर बैठने जैसा महसूस किया। इसलिए हम टहलने चले गए और उसने ८:१० बजे तक मुझे मेरे दरवाजे पर नहीं पहुँचाया। पिताजी गुस्से में थे। उन्होंने कहा कि समय पर घर वापस न आना मेरे लिए बहुत गलत था। मुझे भविष्य में ८ बजे से १० मिनट पहले ही घर में होने का वादा करना पड़ा था। मैंने हैलो को शनिवार को मिलने के लिए कहा है।

विल्मा ने मुझे बताया कि एक रात जब हैलो उसके घर पर था, उसने उससे पूछा, 'तुम सबसे ज्यादा किसे पसंद करते हो, उर्सुल या ऐनी को?'

उसने कहा, 'इससे तुम्हें कोई मतलब नहीं है।'

लेकिन जैसे ही वह जाने लगा था (बाकी शाम उन्होंने एक दूसरे से बात नहीं की थी), उसने कहा, 'ठीक है, मैं ऐनी को अधिक पसंद करता हूँ लेकिन किसी को बताना मत। अलविदा!' और हूँश....वह दरवाजे से बाहर था।

हर उस चीज में जो वह कहता है या करता है, मैं देख सकती हूँ कि हैलो मेरे साथ प्रेम में है और यह एक बदलाव के लिए एक तरह से अच्छा है। मार्गोट कहेगी कि हैलो एक सभ्य तरह का है। मुझे भी ऐसा लगता है, लेकिन वह उस से भी अधिक है। माँ भी उसके प्रति प्रशंसा से भरी है: 'एक अच्छा दिखने वाला लड़का है। अच्छा और विनम्र।' मुझे खुशी है कि वह हर किसी के साथ बहुत लोकप्रिय है। मेरी गर्लफ्रेंड को छोड़कर। वह सोचता है कि वे बहुत ही बचकाने हैं और वह इस बारे में सही है। जैक्स अभी भी उसके बारे में मुझे चिढ़ाता है लेकिन मैं उसके साथ प्यार में नहीं हूँ। वास्तव में नहीं। लड़कों को मित्र बनाना मेरे लिए ठीक है। कोई भी परवाह नहीं करता।

माँ हमेशा मुझसे पूछती रहती है जब मैं बड़ी हो जाऊँगी तो मैं किससे शादी करने जा रही हूँ, लेकिन मैं शर्त लगा सकती हूँ वह कभी यह अनुमान नहीं करती होगी कि यह पीटर है, क्योंकि मैंने अपने आप के उस विचार से बाहर, बिना कोई भाव प्रदशित किये, उससे बात की थी। मैंने पीटर को इतना प्यार किया है जितना कि मैंने किसी को कभी भी नहीं किया, और मैंने अपने आप को बताया वह केवल मेरे प्रति अपनी भावनाओं को छिपाने के लिए उन सभी अन्य लड़कियों के चारों ओर घूमता रहता है। शायद वह सोचता

है कि हैलो और मैं एक दूसरे के साथ प्यार में हैं, जो हम नहीं हैं। वह सिर्फ एक दोस्त है या जैसाकि माँ कहती हैं, एक विवाह–प्रस्तावक।

तुम्हारी, ऐनी

रविवार, ५ जुलाई, १९४२

प्रिय किट्टी,

परीक्षा परिणाम की शुक्रवार को यहूदी नाटकघर में घोषणा की गई थी। मेरा रिपोर्ट कार्ड बहुत बुरा नहीं था। मुझे दो बी + और दो बी – को छोड़कर, एक में डी, एक में सी – बीजगणित में और बाकी सब में बी मिला था। मेरे माता–पिता संतुष्ट हैं, लेकिन जब ग्रेड की बात आती है, वे अन्य माता–पिता की तरह नहीं हैं। वे अच्छी या बुरी रिपोर्ट, के बारे में कभी चिंता नहीं करते। जब तक मैं स्वस्थ और खुश हूँ और बहुत ढीठ नहीं होती हूँ, वे संतुष्ट रहते हैं। यदि ये तीन बातें ठीक हैं, बाकी सब खुद का ख्याल रख लेंगी।

मैं ठीक विपरीत हूँ। मैं एक बुरी छात्र नहीं होना चाहती। मैंने यहूदी लिसेयुम को एक सशर्त आधार पर स्वीकार किया था। मैं मोंटेसरी स्कूल में ही रहना चाहती थी लेकिन जब यहूदी बच्चों के लिए यहूदी स्कूलों में ही जाना आवश्यक था, अंत में श्री एलते काफी अनुनय करने पर लीस गोस्लर और मुझे स्वीकार करने के लिए सहमत हुए। इस साल लीस गोस्लर भी उत्तीर्ण हो गई है, हालांकि उसे अपनी ज्यामिति की परीक्षा दोहराना होगा।

बेचारी लीस। उसके लिए घर पर अध्ययन करना आसान नहीं है; उसकी एक बिगडैल छोटी, दो वर्षीय, नवजात बहन, सारा दिन उसके कमरे में खेलती रहती है। अगर गेबी उसके तरीके से नहीं चलता, तो वह चिल्लाना शुरू कर देती है और यदि लीस उस पर ध्यान नहीं देती है तो श्रीमती गोस्लर चिल्लाने लगती हैं। तो लीस को अपना होमवर्क करने के लिए बहुत कम समय मिलता है, और जब तक यह मामला ऐसा ही रहता है, तो उसे जो अतिरिक्त ट्यूशन मिल रहा है वह भी ज्यादा मदद नहीं करेगा। गोस्लर का पूरा घर वास्तव में एक नजारा है। श्रीमती गोस्लर के माता–पिता बगल वाले घर में रहते हैं, लेकिन खाना परिवार के साथ ही खाते हैं। एक काम पर रखी लड़की है, बच्चा है, हमेशा अन्यमनस्क और अनुपस्थित श्री गोस्लर और हमेशा परेशान और चिड़चिड़ी श्रीमती गोस्लर, जो एक और बच्चे की उम्मीद कर रही है। लीस, जिसकी सारी योग्यता, इस तबाही में खो जाती है।

मेरी बहन मार्गोट को भी उसकी रिपोर्ट मिल गई है।

हमेशा की तरह, बहुत खूब। अगर हमारे पास 'सम्मान के साथ' जैसी एक बात थी, तो वह सम्मान के साथ उत्तीर्ण हो गई थी, वह बहुत होशियार है।

हाल ही में पिता जी बहुत ज्यादा घर पर ही रहने लगे हैं। कार्यालय में करने के लिए उनके पास कुछ भी काम नहीं है; आप की जरूरत नहीं हैं महसूस करना बहुत

भयानक होता है। श्री क्लेइमन ने ओपेक्टा, और श्री कुग्लर ने, गिएस एंड कं, जो मसाले और मसाले के विकल्प से संबंधित कंपनी है जो कि १९४१ में स्थापित की गई थी, पर अधिकार ले लिया है।

कुछ दिन पहले, जब हम अपने पड़ोस के चौराहे के आसपास टहल रहे थे, पिता जी भूमिगत हो जाने के बारे में बात करने लगे। उन्होंने कहा कि दुनिया के बाकी हिस्सों से कट कर जीना हमारे लिए बहुत मुश्किल होगा। मैंने उनसे पूछा कि वह अब इसे क्यों ला रहे थे।

'अच्छा, ऐनी,' उन्होंने जवाब दिया, 'तुम जानती हो कि एक साल से अधिक हो चुके हमने अपने कपड़े, भोजन और फर्नीचर अन्य लोगों के पास भेज दिया है। हम अपने सामानों को जर्मनों द्वारा जब्त किया जाना नहीं चाहते। न ही हम खुद उनके चंगुल में पड़ना चाहते हैं। इसलिए हम अपनी स्वयं की मर्जी से चले जायेंगे और घसीटे जाने का इंतजार नहीं करेंगे।'

'लेकिन कब पिताजी?' वह इतने गंभीर लग रहे थे कि मुझे डर लगने लगा।

'तुम चिंता मत करो। हम सब कुछ का ख्याल रख लेंगे। तुम जितना कर सकते हो, सिर्फ अपने चिंता मुक्त जीवन का आनंद लो।'

बस इतना ही था। ओह, शायद ये निराशाजनक शब्द अधिकतम संभव लंबे समय तक हमारे लिए सच न बनें।

दरवाजे की घंटी बज रही है, हैलो यहाँ है, रूकने का समय है।

तुम्हारी, ऐनी

बुधवार, ८ जुलाई, १९४२

सबसे प्यारी किट्टी,

रविवार की सुबह के बाद से यह वर्षों की तरह लग रहा है। इस बीच बहुत कुछ घटित हो गया लगता है मानो पूरी दुनिया अचानक उलट पलट हो गई थी। लेकिन आप देख सकते हैं, की किट्टी और मैं अभी भी जिंदा हैं, और मुख्य बात यही है, पापा कहते हे। मैं जिंदा हूँ ठीक है लेकिन मत पूछो कि कहाँ या कैसे। तुम्हें शायद, मैं आज जो कह रही हूँ उसका एक शब्द भी समझ में नहीं आएगा इसलिए मैं तुम्हें बताते हुए शुरू करूँगी कि रविवार की दोपहर को क्या हुआ था।

तीन बजे (हैलो जा चुका था लेकिन बाद में उसके वापस आने की उम्मीद थी), घर की घंटी बजी। मैंने इसे नहीं सुना था, क्योंकि मैं बालकनी में आराम से धूप में पढ़ रही थी। थोड़ी देर बाद मार्गोट रसोई के दरवाजे में दिखाई दी वह बहुत उत्तेजित दिखाई दे रही थी। 'पिताजी, को एसएस से एक कॉल–अप नोटिस प्राप्त हुआ है' वह फुसफुसाई। 'माँ श्री वैन दान को देखने चली गई थी।' (श्री वैन दान पिताजी के व्यापार भागीदार और एक अच्छे दोस्त हैं।)

मैं दंग रह गई थी। एक कॉल—अप: हर कोई जानता है कि इसका क्या मतलब है। यातना शिविरों और एकांत कोठरियों का दृश्य मेरे सिर में होकर गुजर गया। हम पिता को इस तरह के एक भाग्य के लिए कैसे जाने दे सकते थे? 'बेशक वे नहीं जा रहे हैं' मार्गोट ने घोषित कर दिया कि हम बैठक के कमरे में माँ का इंतजार कर रहे थे। माँ 'श्री वैन दान के पास यह पूछने के लिए गई थी कि क्या हम कल अपने छिपने की जगह पर स्थानांतरित कर सकते हैं। वैन दान हमारे साथ जा रहे हैं। कुल मिलाकर हम सात लोग जायेंगे। चुप्पी। हम बात नहीं कर पा रहे थे। पिता के बारे में सोचना किसी का यहूदी अस्पताल में जाकर मिलना और क्या हो रहा था से पूरी तरह से अनजान, माँ के लिए लंबा इंतजार, गर्मी, रहस्य – इन सब ने हमें चुप रहने तक सीमित कर दिया था।

अचानक घंटी फिर बजी। 'वह हैलो है,' मैंने कहा।

'दरवाजा मत खोलना!' मार्गोट ने मुझे रोकने के लिए कहा। लेकिन यह आवश्यक नहीं था क्योंकि हमने माँ और श्री वैन दान को हैलो से बात करते हुए सीढ़ियों से उतरते हुए सुना, और फिर उनमें से दो अंदर आए और उनके पीछे दरवाजा बंद हो गया। हर बार जब घंटी बजी, या तो मार्गोट या मैं, छिपकर नीचे देखने के लिए जाते थे कि यह पिताजी थे और हम किसी और को अन्दर नहीं जाने दिया। मार्गोट और मुझे कमरे से बाहर भेज दिया गया था, क्योंकि श्री वैन दान माँ से अकेले में बात करना चाहते थे।

जब वह और मैं अपने बेडरूम में बैठे थे, मार्गोट ने मुझे बताया कि कॉल—अप, पिता के लिए नहीं बल्कि उसके लिए था। इस दूसरे सदमे में मैंने रोना शुरू कर दिया। मार्गोट सोलह की है – जाहिरा तौर पर वे उसकी उम्र की लड़कियों को अपने दम पर दूर भेजना चाहते हैं। लेकिन भगवान का शुक्र है वह नहीं जा रही होगी; माँ ने खुद से इतना ही कहा था, जो पक्का पिता के कहने का मतलब था, जब वे हमारे भूमिगत में जाने के बारे में मुझसे बात कर रहे थे। भूमिगत ..... हम कहाँ छुपे होंगे? शहर में? देश में? एक घर में? एक झोंपड़ी में? कब, कहां, कैसे.....? ये तमाम सवाल थे जिन्हें पूछने की मुझे अनुमति नहीं थी, लेकिन वे अभी भी मेरे दिमाग में घूम रहे हैं।

मार्गोट और मैंने एक झोले में अपने सबसे महत्वपूर्ण सामानों की पैकिंग करनी शुरू कर दिया। पहली चीज जो मैंने रखी वह यह डायरी थी, और फिर रंग, रूमाल, स्कूली किताबें, एक कंघी और कुछ पुराने पत्र। गुप्त स्थान में जाने की सोच द्वारा व्यस्त, मैंने बैग में पागलपन भरी चीजें भर दी, लेकिन मैं माफी नहीं मांगती। यादें मेरे लिए कपड़े से अधिक मायने रखती हैं।

अंत में ०५:०० बजे के आसपास पिताजी घर आए थे, और हमने श्री क्लेइमन से यह पूछने के लिए कि क्या वे आज शाम तक आ सकते हैं उनको फोन किया। श्री वैन दान ने विदा ली और मिएप को लेने चले गए। मिएप अपने साथ जूते, कपड़े, जैकेट, अंडरवियर और स्टॉकिंग्स से भरा बैग ले कर आ गई और उस रात बाद में फिर वापस आने का वादा किया। उसके बाद हमारे फ्लैट में पूरी शांति थी; हम में से किसी ने भी

खाने की जरूरत महसूस नहीं किया। अभी भी बहुत गर्मी थी और सब कुछ बहुत ही अजीब था।

हमने अप . ऊपर के बड़े कमरे को अपने तीसवें दशक में एक तलाकशुदा आदमी श्री गोल्डश्मिट को किराए पर दे दिया था, जिनको जाहिर है कि शाम को कुछ भी नहीं करना था, चूँकि हमारे सभी विनम्र संकेतों के बावजूद वह दस बजे तक आस पास लटके रहे।

मिएप और जान जीएस ग्यारह बजे आए थे। मिएप जो १९३३ के बाद से पिताजी की कंपनी के लिए काम कर रही हैं, एक करीबी दोस्त बन गई हैं, और इसलिए उसके पति जान भी। एक बार फिर, जूते, स्टॉकिंग्स, किताबें और अंडरवियर मियेप के बैग और जान की गहरी जेब में गायब हो गए। ११:३० बजे वे भी गायब हो गए।

मैं थक गई थी, और भले ही मैं जानती थी कि मेरे अपने बिस्तर में यह मेरी आखिरी रात होगी, मैं तुरंत सो गई और अगली सुबह ५:३० पर मुझे माँ के बुलाने तक जगी नहीं थी। सौभाग्य से, आज रविवार की तरह गर्मी नहीं थी; दिन भर अच्छी बारिश होती रही। हम में से चार लोग बहुत सारे कपड़े की परतों में लिपटे हुए थे यह ऐसा दिख रहा था जैसे हम एक फ्रिज में रात बिताने के लिए रवाना हो रहे थे, और कि अभी तो हम अपने साथ और अधिक कपड़े ले सकते हैं। हमारी स्थिति में पड़े किसी यहूदी की कपड़े से भरे एक सूटकेस के साथ घर छोड़ने की हिम्मत नहीं होगी। मैंने दो वास्कट, तीन जोड़े पैंट, एक पोशाक, और उस पर एक स्कर्ट, एक जैकेट, एक रेनकोट, स्टॉकिंग्स के दो जोड़े, भारी जूते, एक टोपी, स्कार्फ और भी बहुत कुछ पहने हुए थी। यहां तक कि घर छोड़ देने से पहले मेरा दम घुट रहा था, लेकिन मुझे कैसा लग रहा है पूछने के लिए कोई भी परेशान नहीं था।

मार्गोट ने अपने स्कूली बस्ते को स्कूली किताबों से भर लिया, अपनी साइकिल ली और, मिएप के मार्गदर्शन में सवार हो कर महान अज्ञात में चली गई। किसी भी कीमत पर, मैंने इसके बारे में कितना भी सोचा था, मुझे अब भी पता नहीं था कि हमारे छिपने की जगह कहां थी।

७:३० पर हमने भी अपने पीछे दरवाजा बंद कर दिया; मोर्त्जे, मेरी बिल्ली, ही केवल जीवित प्राणी थी जिसे मैंने अलविदा कहा। हमारे द्वारा श्री गोल्डश्मिट के लिए छोड़े गए एक नोट के अनुसार, उसे पड़ोसियों के पास ले जाया जाना था जो उसे एक अच्छा घर देंगे।

मुड़ी तुड़ी बेड, मेज पर नाश्ते की चीजें, रसोई घर में बिल्ली के लिए आधा किलो मांस – इन सब ने छाप बनाया कि हम जल्दी में चले गए थे। लेकिन हमारी इन छापों में कोई दिलचस्पी नहीं थी। हम तो बस वहाँ से बाहर निकलना और कहीं दूर सुरक्षित अपने गंतव्य तक पहुँचना चाहते थे। और कुछ भी मायने नहीं रखता।

और अधिक कल।

तुम्हारी, ऐनी

गुरुवार, ९ जुलाई, १९४२

सबसे प्यारी किट्टी,

तो हम पिताजी, मा और मैं, हम में से प्रत्येक सबसे जरूरी विविध सामानों से पूरा भरा एक झोला और एक शॉपिंग बैग लिए हुए, घनघोर बारिश में घूम रहे थे। उतनी सुबह काम करने के लिए अपने रास्ते जाने वाले लोग हमें सहानुभूति दिखा रहे थे; उनके चेहरे आप को बता सकते हैं कि वे हमें किसी तरह का परिवहन का प्रस्ताव नहीं कर पाने के लिए खेद जाता रहे थे; विशिष्ट पीला सितारा खुद ही सब कुछ बता रहा था।

केवल जब हम सड़क से नीचे चल रहे थे तब पिता और माँ ने थोड़ा – थोड़ा करके प्रकट किया था कि क्या योजना थी। महीने भर पहले से ही हम अपने जितने अधिक से अधिक फर्नीचर और परिधान अपार्टमेंट से बाहर भेज सकते थे भेज रहे थे। यह सहमति हुई थी कि हम १६ जुलाई को गुप्त स्थान में चले जायेंगे। मार्गोट की काल–अप नोटिस की वजह से, योजना को दस दिन पहले खिसकाना पड़ा था जिसका मतलब है व्यवस्थित करने का हमें कम अवसर मिला है।

छिपने की जगह पिता के कार्यालय की इमारत में स्थित थी। बाहरी लोगों को इसे समझने में थोड़ी सी मुश्किल होगी इसलिए मैं इसकी व्याख्या करूंगी। पिताजी के कार्यालय में कुछ ज्यादा लोग काम नहीं कर रहे थे, सिर्फ श्री कुग्लर, श्री क्लेइमन, मिएप और बेप वोस्कुइज्ल नाम की एक तेईस वर्षीय टाइपिस्ट, इन सभी को हमारे आने की जानकारी दे दी गई थी। बेप के पिता, श्री वोस्कुइज्ल, दो सहायकों के साथ–साथ, गोदाम में काम करते हैं, जिनमें से किसी को भी कुछ भी नहीं बताया गया था।

इमारत का एक विवरण यहाँ है। भूतल पर एक बड़ा गोदाम एक कार्यशाला और गोदाम के रूप में प्रयोग किया जाता है और कई अलग अलग भागों में बांटा गया है, जैसे कि गोदाम और पिसाई रूम, जहां दालचीनी, लौंग और काली मिर्च के एक स्थानापन्न की पिसाई होती है।

गोदाम के दरवाजे के बगल में एक और बाहरी दरवाजा, कार्यालय के लिए एक अलग से प्रवेश द्वार है। बस कार्यालय के दरवाजे से अंदर आते ही एक दूसरा दरवाजा है, और उसके पीछे एक सीढ़ी है। सीढ़ियों के ऊपर एक तुहिनाच्छादित खिड़की के साथ एक और दरवाजा है, जिस पर काले अक्षरों में 'कार्यालय' शब्द लिखा है। यह एक बड़ा फ्रंट ऑफिस है – बहुत बड़ा, बहुत हल्का और बहुत भरा हुआ। बेप, मिएप और श्री क्लेइमन दिन के दौरान वहाँ काम करते हैं। एक सेफ, कपड़ों की एक अलमारी और स्टेशनरी की एक बड़ी अलमारी युक्त एक गुफा से गुजरने के बाद, आप छोटे, अंधेरे, घुटन भरे बैक ऑफिस में आते हैं। इसका श्री कुग्लर और श्री वैन दान द्वारा साझे में इस्तेमाल किया जाता था लेकिन अब श्री कुग्लर अकेले ही इस्तेमाल कर रहे हैं। श्री कुग्लर के कार्यालय में गलियारे से भी होकर पहुंचा जा सकता है, लेकिन केवल अंदर से खोले जा सकने वाले एक कांच के

दरवाजे के माध्यम से लेकिन जिसे बाहर से आसानी से नहीं खोला जा सकता। अगर आप श्री कुग्लर के कार्यालय को छोड़ कर लंबे, संकरे गलियारे में कोयला स्टोर के पीछे से होकर आगे बढ़ते हैं, और चार कदम ऊपर जाते हैं, तो आप खुद को निजी कार्यालय में पाते हैं, जो पूरी इमारत की सजावटी वस्तु है। सुरुचिपूर्ण महोगनी फर्नीचर, गलीचे से ढंका लिनोलियम फर्श, एक रेडियो, एक फैंसी दीपक, सब कुछ प्रथम श्रेणी का। अगले दरवाजे में पानी के एक हीटर और गैस के दो छल्लों के साथ एक विशाल रसोईघर है, और बगल में एक शौचालय है। यही पहली मंजिल है।

नीचे की तरफ जाते गलियारे से लकड़ी की एक सीढ़ी दूसरी मंजिल पर जाती है। सीढ़ियों के शीर्ष पर दोनों तरफ दरवाजे के साथ एक लैंडिंग है। बाईं तरफ का दरवाजा, आप को मसाला भंडारण क्षेत्र, मकान के सामने के हिस्से में अटारी और मचान में ले जाता है। विशिष्ट रूप से डच, बहुत तेज ढाल, टखने मोड़ देती उड़ान वाली सीढ़ियां घर के सामने के हिस्से से सड़क पर खुलने वाले एक और दरवाजे से भी निकलती हैं।

लैंडिंग के दाहिने तरफ का दरवाजा घर के पीछे 'सीक्रेट एनेक्सी' की ओर जाता है। कोई भी कभी भी संदेह नहीं कर साकता है कि सादे ग्रे दरवाजे के पीछे इतने सारे कमरे उपलब्ध थे। दरवाजे के सामने सिर्फ एक छोटी सी पैड़ी भर है, और फिर आप अंदर हैं। आप के आगे सीढ़ियों की एक सीधे खड़ी उड़ान है। बाईं ओर एक कमरे में एक संकरी दलान खुल रही है जो कि फ्रैंक परिवार के बैठक वाले कमरे और बेडरूम के रूप में कार्य करता है। अगला दरवाजा, एक छोटा कमरा परिवार की दो युवा महिलाओं का बेडरूम और अध्ययन कक्ष है। सीढ़ियों के दाहिनी तरफ एक 'बाथरूम' है, सिर्फ एक सिंक के साथ बिना खिड़की का कमरा। कोने का दरवाजा शौचालय में खुलता है और एक अन्य मार्गोट और मेरे लिए एक कमरा है। अगर आप सीढ़ियों से ऊपर जाते हैं और ऊपर का दरवाजा खोलते हैं, तो आप एक पुरानी नहर साइड के इस तरह के एक घर में ऐसे एक बड़े प्रकाशमान और विशाल कमरे को देख कर हैरान हो जायेंगे। इसमें एक गैस कुकर (इस तथ्य के लिए धन्यवाद कि यह श्री कुग्लर की प्रयोगशाला के रूप में प्रयोग हुआ करता था) और एक सिंक रखा हुआ है। यह श्री और श्रीमती वैन दान की रसोई और बेडरूम, साथ ही साथ हम सब के लिए सामान्य बैठक कक्ष, भोजन और अध्ययन कक्ष होगा। एक छोटा किनारे का कमरा पीटर वैन दान का बेडरूम होना है। फिर, इमारत के सामने के हिस्से के रूप में, एक अटारी और एक मचान है। तो तुम वहाँ रहोगे। अब मैंने अपने प्यारे एनेक्सी का पूरा परिचय तुम्हें दे दिया है!

तुम्हारी, ऐनी

शुक्रवार, १० जुलाई, १९४२

सबसे प्यारी किट्टी,

लोगों के प्यार में गिरने के लिए गुरुत्वाकर्षण को जिम्मेदार नहीं ठहराया जा सकता है मैंने शायद हमारे घर के अपने लंबे विवरण से आप को बोर कर दिया है, लेकिन मुझे अब भी लगता है कि आपको पता होना चाहिए कि मैंने कहाँ समाप्त किया है; मैंने यहाँ कैसे समाप्त किया है आप मेरे अपने अगले पत्र से इसे कुछ समझ पाएंगे।

पर पहले, मुझे मेरी कहानी जारी रखने दें, क्योंकि जैसा कि आप जानते हैं, मैंने अभी समाप्त नहीं किया था। हमारे २६३ प्रिन्सेंग्रच्त पर पहुंचने के बाद, मिएप हमें जल्दी से लंबे गलियारे से होकर और अगली मंजिल के लिए लकड़ी की सीढ़ी तक और एनेक्सी में ले कर गई। उसने हमें अकेला छोड़ कर पीछे से दरवाजा बंद कर दिया। मार्गोट अपनी बाइक पर बहुत पहले ही आ गई थी और हमारा इंतजार कर रही थी।

हमारा बैठक कक्ष और अन्य सभी कमरे सामानो से इस पूरी तरह भरे हुए थे कि मुझे उसका वर्णन करने के लिए शब्द नहीं मिल सकता है। पिछले कुछ महीनों में कार्यालय को भेजे गए गत्ते के सभी बक्से फर्श और बेड पर ढेर कर दिए गए थे। छोटा कमरा फर्श से छत तक लिनन से भर गया था। अगर हम रात को ठीक से बने बिस्तर में सोना चाहते थे, तो हमें इस बेतरतीबी को सीधा करना जरूरी था। माँ और मार्गोट अपनी मांसपेशी को हिलाने तक में असमर्थ थे। वे अपने बंधे गद्दे पर थके हारे, दुखी लेट गए और मुझे और कुछ पता नहीं है। लेकिन पिताजी और मैं, परिवार में दो क्लीनर, तुरंत ही शुरू हो गए।

दिन भर हम बक्से खोलते, अलमारी भरते, कीलें ठोकते और बिखरे सामान बांधते साफ करते रहे, जब तक कि हम रात में अपने स्वच्छ बेड में थक कर गिर नहीं गए। हमने पूरे दिन कुछ भी गर्म भोजन नहीं खाया था, लेकिन हमें इसकी परवाह नहीं थी; माँ और मार्गोट भी थक गए थे और, खाने के लिए तनाव की स्थिति में थे और पिताजी और मैं बहुत व्यस्त थे।

मंगलवार की सुबह पिछली रात को हमने जहां छोड़ा था वहीं से काम शुरू कर दिया। बेप और मिएप, हमारे राशन कूपन से खरीदारी करने गई थी पिताजी हमारे अंधकार स्क्रीन पर काम किया, हमने रसोई की फर्स साफ की, और एक बार फिर से सुबह से रात तक व्यस्त थे। बुधवार तक, मेरे पास अपने जीवन में भारी बदलाव के बारे में सोचने का एक भी मौका नहीं था। फिर गुप्त एनेक्सी में हमारे आगमन के बाद से पहली बार, तुम्हें इस सब के बारे में बताने का और मेरे साथ क्या हुआ था और अभी तक क्या करना था उसका एहसास करने का मुझे एक पल मिला।

तुम्हारी, ऐनी

शनिवार, ११ जुलाई, १९४२

सबसे प्यारी किट्टी,

पिता, माता और मार्गोट अभी भी वेस्टेर्टेरिन घड़ी की आवाज का इस्तेमाल नहीं कर सकते, जो हमें हर १५ मिनट के अंतराल पर समय बताती रहती है। मुझे नहीं, मुझे शुरू से ही यह पसंद है; यह विशेष रूप से रात में बहुत आश्वस्त लगता है। कोई संदेह नहीं आप सुनना चाहते हैं जो मैं गुप्त वास की शुरुआत में सोच रही थी। खैर, वह सब कुछ जो मैं कह सकती हूँ वह यह है कि मैं वास्तव में अभी तक कुछ नहीं जानती हूँ। मुझे नहीं लगता कि मैं कभी इस घर में घर जैसा कुछ महसूस कर पाउंगी, लेकिन उसका मतलब यह नहीं है कि मुझे इससे नफरत है। यह कुछ अजीब बोर्डिंग हॉउस में छुट्टी पर होने की तरह है। भूमिगत जीवन को देखने का एक अजीब तरीका जैसा है, लेकिन चीजें इसी तरह होती हैं। एनेक्सी छिपने के लिए एक आदर्श स्थान है। यह नम और असंतुलित हो सकता है लेकिन शायद पूरे एम्सटर्डम में इससे अधिक आरामदायक छिपने की जगह कोई और नहीं है। पूरे हॉलैंड में भी।

अब तक हमारे बेडरूम, अपने खाली दीवारों के साथ, बहुत भद्दे थे। पिताजी को धन्यवाद – जिन्होंने मेरे पूरे पोस्टकार्ड और फिल्म स्टार संग्रह पहले से ही यहां लाये हुए थे – और एक ब्रश और गोंद की एक शीशी भी, मैं चित्रों से दीवारों को सजाने में सक्षम थी। यह बहुत अधिक सुन्दर लग रहा है। जब वैन दान पहुंचेंगे, हम अलमारी और अन्य बेतरतीब चीजों को ठीक ठाक करने और अटारी में लकड़ी के ढेर को साफ करने में सक्षम हो जायेंगे।

मार्गोट और माँ कुछ हद तक स्वस्थ हो गई हैं। कल पहली बार मटर का सूप पकाने में माँ काफी अच्छा महसूस कर रही थी, लेकिन उसके बाद वह नीचे जाने वाली सीढ़ी पर बात कर रही थी और सभी को इसके बारे में भूल गया। मटर झुलस कर काले पड़ गए और पैन में जरा सा भी कुछ बचा हुआ नहीं मिल सका।

पिछली रात हम में से चार नीचे निजी कार्यालय में गए और वायरलेस पर इंग्लैंड की बात सुनी। मैं बहुत डर रही थी कोई इसे सुन सकता था कि मैंने पिताजी से मुझे वापस ऊपर पहुंचा देने के लिए विनती की। माँ मेरी चिंता समझ गई और मेरे साथ चली गई। हम जो भी करते हैं, हमें पड़ोसियों के सुन या देख सकने का बहुत डर रहता है। हम तुरंत पहले दिन से ही पर्दे की सिलाई शुरू कर दिया। असल में, आप शायद ही उन्हें परदे कह सकते हैं, क्योंकि वे आकार, गुणवत्ता और पैटर्न में बहुत भिन्न कपड़े के स्क्रैप के अलावा कुछ भी नहीं थे, जिसे पिताजी और मैंने अकुशल उंगलियों से टेढ़ा मेढ़ा सिले थे। कला के इन कार्यों को खिड़कियों पर लटका दिया गया था, जहां वे हमारे भूमिगत से बाहर आने तक रहेंगे।

हमारे दाहिने तरफ की इमारत पीपा कंपनी, जन्दाम की एक फर्म की एक शाखा है, और बाईं तरफ एक फर्नीचर कार्यशाला है। हालांकि वहां काम करने वाले लोग काम के घंटे के बाद परिसर में नहीं रुकते हैं, हम जो भी आवाज करेंगे दीवारों के माध्यम से फैल

सकती है। हमने मार्गोट को रात को खाँसने से मना कर दिया है जबकि उसे बहुत ज्यादा जुकाम हुआ है, और उसे कोडीन की बड़ी खुराक दे रहे हैं।

मैं वैन दान के आगमन का इंतजार कर रही हूँ, जो मंगलवार के लिए निर्धारित है। उनके आने से बहुत अधिक मजा आयेगा और इतनी चुप्पी भी नहीं होगी। आप समझ सकते हैं, कि शाम और रात के दौरान मौन मुझे बहुत परेशान करता है, और मुझे नींद आने में अपने सहायकों को यहां मैं कुछ भी दे दूंगी।

वास्तव में यहाँ यह बुरा नहीं है क्योंकि हम अपना खाना पका सकते हैं और पिताजी के कार्यालय में रेडियो सुन सकते हैं। श्री क्लेइमन और मिएप, और बेप वोस्कुइज्ल भी, हमें बहुत मदद करते हैं। हमने पहले से ही बहुत अधिक रुबार्ब, स्ट्रॉबेरी और चेरी के फल संरक्षित कर लिया है, इसलिए कुछ समय के लिए मुझे ऊब होने में शक लगता है। हमारे पास पढ़ने की सामग्री की आपूर्ति भी है और हम बहुत सारे खेल भी खरीदने जा रहे हैं। बेशक, हम कभी खिड़की से बाहर देख नहीं सकते या बाहर नहीं जा सकते। और हमें शांत रहने की जरूरत होती है ताकि नीचे के लोग हमें सुन न सकें।

कल हमारे हाथ भरे थे। हमने श्री कुगलर के लिए चेरी के दो बक्से संरक्षित करने के लिए गड्ढे में रख दिया था। हम किताबो की अलमारी बनाने के लिए खाली बक्से का उपयोग करने जा रहे हैं।

कोई मुझे बुला रहा है।

तुम्हारी, ऐनी[४]

रविवार, १२ जुलाई, १९४२

वे सब मेरे जन्मदिन की वजह से एक महीने पहले मेरे प्रति बहुत विनम्र थे, और अभी हर दिन मैं अपने आप को माँ और मार्गोट से दूर जाती हुई महसूस कर रही हूँ। मैंने आज बहुत मेहनत की और उन्होंने केवल पांच मिनट बाद मुझ पर फिर से उठाना शुरू करने के लिए मेरी प्रशंसा की।

जिस तरह से वे मार्गोट के साथ और जिस तरह से वे मेरे साथ व्यवहार करते थे उसमें आप आसानी से अंतर देख सकते हैं। उदाहरण के लिए, मार्गोट ने वैक्यूम क्लीनर तोड़ दिया, और उसकी वजह से हमें बाकी पूरे दिन प्रकाश के बिना रहना पड़ा। मां ने कहा, 'ठीक है, मार्गोट, यह देखना आसान है कि तुमको काम करने की आदत नहीं है; अन्यथा, प्लग बाहर निकलने के लिए तारों से झटका देने की तुलना में तुम्हें बेहतर तरीका पता होता।' मार्गोट ने कुछ जवाब नहीं दिया, और उस कहानी का अंत हो गया।

---

[४] २८ सितंबर, १९४२ को ऐनी द्वारा जोड़ी गई टिप्पणी:

बाहर जाने में सक्षम नहीं होना मुझे उससे अधिक विचलित कर देता है जितना मैं कह सकती हूँ, और मैं घबरा रही हूँ कि हमारी छिपने की जगह खोज ली जाएगी और हमें गोली मार दी जायेगी। यह, बेशक, एक काफी निराशाजनक संभावना है।

लेकिन इस दोपहर, जब मैं माँ की खरीदारी की सूची पर कुछ दोबारा लिखना चाहती थी क्योंकि, उनकी लिखावट को पढ़ना बहुत मुश्किल होता है उन्होंने मुझे नहीं लिखने दिया। उन्होंने मुझे फिर से गुस्सा दिला दिया और पूरा परिवार इसमें शामिल हो गया।

मैं उनके साथ फिट नहीं हूँ और मैंने इसे पिछले कुछ हफ्तों में स्पष्ट रूप से महसूस किया है। वे एक दूसरे के साथ बहुत भावुकतापूर्ण होते हैं लेकिन इसकी बजाय मैं अपने खुद के प्रति भावुकतापूर्ण रहती हूँ। वे हमेशा कहते रहते हैं हम चारो का साथ होना कितना अच्छा होता है, और बिना एक पल भी गंवाए हम एक साथ इतनी अच्छी तरह से रहते हैं, सोचने का तथ्य यह है कि मुझे उस तरह से नहीं महसूस हो रहा है।

केवल एक पिताजी ही हैं जो मुझे समझते हैं, अब और फिर से, हालांकि वह आम तौर पर माँ और मार्गोट का पक्ष लेते हैं। एक और बात जो मैं बर्दाश्त नहीं कर सकती वह उनका बाहरी लोगों के सामने मेरे बारे में बात करना, उन्हें यह बताना कि मैं कैसे रोती हूँ या मैं कितनी समझदारी भरा बर्ताव करती हूँ। यह भयंकर है। और कभी कभी वे मोर्तजे के बारे में बात करते हैं और मैं उसे सहन नहीं कर सकती। मोर्तजे मेरी कमजोर बिंदु है। मैं उसे दिन के हर मिनट याद करती हूँ, और कोई नहीं जानता कि मैं उसके बारे में कितनी बार सोचती हूँ; जब भी मैं उसे याद करती हूँ, मेरी आँखें आँसुओं से भर जाती हैं। मोर्तजे, बहुत प्यारी है और मैं उसे बहुत प्यार करती हूँ मैं सपने देखती रहती हूँ कि वह हमारे पास वापस आ गई है।

मेरे बहुत से सपने हैं लेकिन वास्तविकता यह है कि हमें यहाँ युद्ध खत्म हो जाने तक रहना होगा। हम कभी भी बाहर नहीं जा सकते और हमारे आगंतुकों में केवल मिएप, उसके पति जान, बेप वोसकुइज्ल, श्री वोसकुइज्ल, श्री कुग्लर, श्री क्लेइमन और श्रीमती क्लेइमन ही हैं, हालांकि वे नहीं आते हैं, क्योंकि वे सोचते हैं यह बहुत खतरनाक[1] है।

शुक्रवार, १४ अगस्त, १९४२

प्रिय किट्टी,

मैंने पूरे एक महीने तक आप को खाली छोड़ा हुआ है, लेकिन इतनी कम घटनाएं हुई हैं कि मुझे हर एक दिन से संबंधित कहने बताने लायक कोई आइटम नहीं मिल सका। वैन

---

[1]सितंबर १९४२ को ऐनी द्वारा जोड़ी गई टिप्पणी:

पिताजी हमेशा बहुत अच्छे हैं। वे मुझे पूरी तरह से समझते हैं और मैं चाहती हूँ कभी कभी तुरन्त मेरे आँसू फूट पड़े बिना हम दिल से दिल की बात कर सकें। लेकिन जाहिरा तौर पर वह मेरी उम्र के साथ है। मैं अपना पूरा समय लेखन में खर्च करना चाहती हूँ लेकिन वह शायद उबाऊ हो जाएगा।

अब तक अपने विचारों को मैं केवल अपनी डायरी में गुप्त रखती रही हूँ। अभी भी मुझे मनोरंजक रेखाचित्र लिखने का दौर नहीं मिला है जिसे मैं एक बाद की तारीख में जोर से पढ़ सकती हूँ। भविष्य में मैं भावुकता को कम समय और वास्तविकता को अधिक समय समर्पित करने जा रही हूँ।

दान १३ जुलाई को पहुंचे। हम सोच रहे थे कि वे चौदह को आ रहे थे, लेकिन तेरहवीं से सोलहवीं तक जर्मन दायें और बाएँ कॉल–अप नोटिस भेज रहे थे और यह अशांति का एक बहुत कारण बन गया था, इसलिए उन्होंने फैसला किया कि एक दिन बहुत देर से के बदले एक दिन बहुत सुबह छोड़ना सुरक्षित होगा।

पीटर वैन दान सुबह ९:३० पर पहुंचे (जबकि हम अभी नाश्ता ही कर रहे थे)। पीटर सोलह साल का होने जा रहा, एक शर्मीला, और अजीब सा लड़का है जिसकी बहुत ज्यादा लोगों से दोस्ती नहीं होगी। श्रीमान और श्रीमती वैन दान आधे घंटे बाद आए थे। श्रीमती वैन दान अंदर बड़े चौम्बर पॉट वाला एक हैटबॉक्स लिए हुए थीं, यह हमारे लिए बहुत मनोरंजक था। 'मुझे अपने चौम्बर पॉट के बिना घर घर नहीं लगता है' उन्होंने कहा, और दीवान के नीचे एक स्थायी जगह खोजने वाला यह पहला आइटम था। एक चौम्बर पॉट की बजाय, श्री वैन दान अपने हाथ में एक फोल्डिंग चाय की मेज दबाये हुए थे।

शुरुआत से, हमने अपना भोजन एक साथ खाया और तीन दिन बाद यह महसूस किया कि हमारा सात लोगों का एक बड़ा परिवार बन गया था। स्वाभाविक रूप से, वैन दान के पास पूरे सप्ताह के बारे में बताने के लिए काफी मसाला था हम सभ्यता से दूर कर दिए गए थे। हमारे और श्री गोल्डश्मिट के फ्लैट का क्या हुआ था में हमारी विशेष रूप से रुचि थी।

श्री वैन दान ने हमें बताया: 'सोमवार की सुबह नौ बजे, श्री गोल्डश्मिट ने फोन किया और पूछा कि क्या मैं आ सकता हूँ। मैं सीधे चला गया और श्री गोल्डश्मिट को एक बहुत व्याकुल स्थिति में पाया। उन्होंने मुझे एक नोट दिखाया कि फ्रैंक परिवार ने चुपके से घर छोड़ दिया था। जैसा कि निर्देश दिया गया था, वे बिल्ली पड़ोसियों को देने की योजना बना रहे थे जिससे मैं सहमत हुआ कि वह एक अच्छा विचार था। उन्हें डर लग रहा था कि घर की तलाशी होने जा रही थी, इसलिए हम सभी कमरों में गए यहाँ और वहाँ साफ सफाई की और मेज से नाशते की चीजों को साफ किया। तभी अचानक मैंने श्रीमती फ्रैंक की मेज पर एक नोटपैड देखा, जिस पर मास्ट्रिच का एक पता लिखा हुआ था। भले ही मैं, श्रीमती फ्रैंक का इसे लिख कर छोड़ देने का उद्देश्य जानता था मैंने हैरान और भयभीत होने का नाटक किया और कागज के उस बरामद टुकड़े को जलाने के लिए श्री गोल्डश्मिट से विनती की। मैंने पूरी संभव ताकत से दिखाया कि मैं आपके लापता होने के बारे में कुछ नहीं जानता था, लेकिन उस नोट ने मुझे एक अनुमान दिया था। "श्री गोल्डश्मिट," मैंने कहा, "मैं शर्त लगा सकता हूँ कि मैं जनता हूँ कि यह पता क्या दर्शाता है। लगभग छह महीने पहले एक उच्च अधिकारी कार्यालय में आया था। ऐसा लगता था कि वह और श्री फ्रैंक एक साथ बड़े हुए थे। उन्होंने अगर कभी जरूरी हो गया तो श्री फ्रैंक की मदद करने का वादा किया था। मुझे याद आता है, वे मास्ट्रिच में तैनात थे। मैं सोचता हूँ उस अधिकारी ने अपने शब्द रखा है और किसी भी तरह से उन्हें बेल्जियम की सीमा पार करने और उसके बाद स्विट्जरलैंड जाने की योजना बनाने में मदद की होगी। अगर फ्रैंक्स के कोई मित्र उनके बारे में पूछने आते हैं तो किसी भी मित्र को यह बताने में कोई बुराई नहीं है। बेशक, आप को

मास्ट्रिच के बारे में हिस्से का उल्लेख करने की आवश्यकता नहीं है।" और उसके बाद मैं चला आया। यह कहानी आपके कई दोस्तों को बताई गई है क्योंकि मैंने कई अन्य लोगों से बाद में इसे सुना है।'

हमारे लिए यह अत्यंत हास्यास्पद था लेकिन हम तब बड़ी जोर से हँसे जब श्री वैन दान ने हमें बताया कि कुछ लोगों की कल्पना शक्ति बहुत ज्वलंत है। उदाहरण के लिए, हमारे चौक पर रहने वाले एक परिवार ने दावा किया कि उन्होंने हम सभी चार लोगों को सुबह में अपनी बाइक पर सवार देखा था, और एक अन्य महिला बिल्कुल सकारात्मक थी आधी रात में एक प्रकार के सैन्य वाहन में हम सवार हुए थे।

तुम्हारी, ऐनी

शुक्रवार, २१ अगस्त, १९४२

प्यारी किट्टी,

अब हमारी गुप्त एनेक्सी वास्तव में रहस्य बन गई है। क्योंकि कई घरों में छिपी साइकिल की खोज की जा रही है, श्री कुगलर ने सोचा कि हमारे छिपने की जगह के प्रवेश द्वार के सामने किताबों की एक अलमारी बनाया जाना बेहतर होगा। यह अपने चूलों पर टिका झूलता रहेगा और एक दरवाजे की तरह खुलेगा। श्री वोस्कुइज्ल ने बढ़ईगीरी का काम किया है। (श्री वोस्कुइज्ल को बताया गया है कि हम सात भूमिगत हैं, और वह सबसे अधिक उपयोगी हैं।)

अब हम जब भी नीचे जाना चाहते हैं हमें बतख की तरह चलना और फिर कूदना पड़ता है। पहले तीन दिनों के बाद हम सभी लोग छोटे द्वार से हमारे सिर के टकराने से अपने माथे पर सूजन लिए हुए घूम रहे थे। तब पीटर ने एक तौलिए में लकड़ी की छीलन भर कर दरवाजे के चौखटे में एक तकिये जैसा ठोंक दिया। चलो देखते हैं अगर इससे कुछ मदद मिलती है!

मैं स्कूल का ज्यादा कार्य नहीं कर रही हूँ। सितंबर तक मैंने अपने आप को छुट्टी दे दी है। फिर पिताजी मुझे कुछ पाठ देना शुरू करना चाहते हैं, लेकिन सब से पहले हमें किताबें खरीदनी है।

यहाँ हमारे जीवन में थोड़ा बदलाव हुआ है। आज पीटर के बाल धोए गए थे, लेकिन उसमें कुछ खास नहीं है। श्री वैन दान और मैं हमेशा एक दूसरे के साथ आपस में भिड़े रहते हैं। माँ मेरे साथ हमेशा एक बच्चे की तरह व्यवहार करती है जिसे मैं बर्दाश्त नहीं कर सकती हूँ। बाकी के लिए, चीजें बेहतर जा रही हैं। मुझे नहीं लगता कि पीटर कुछ भी अच्छा मिल गया है। वह एक अप्रिय लड़का है जो पूरे दिन अपने बिस्तर पर के आसपास पड़ा रहता है अपनी झपकी में लौटने से पहले केवल छोटे मोटे बढ़ईगीरी का काम करने के लिए गर्मजोशी दिखाता है। क्या एक थक्का!

आज सुबह मम्मी ने मुझे अपना एक और भयानक उपदेश दिया। हम हर चीज पर विपरीत दृष्टिकोण रखते हैं। पिताजी बहुत प्यारे हैं; वे मुझ पर गुस्सा हो सकते हैं लेकिन वह कभी भी पांच मिनट से अधिक समय तक नहीं रहता है।

बाहर आज एक खूबसूरत दिन है अच्छा और गर्म, और सब कुछ के बावजूद, अटारी में तह बिस्तर लगा कर हमने खूब मौसम बनाया।

तुम्हारी, ऐनी[६]

बुधवार, २ सितम्बर, १९४२

सबसे प्यारी किट्टी,

श्री और श्रीमती वैन दान में एक भयानक तूतू मैंमैं हो गई है। चूँकि माँ और पिता उस तरह से एक–दूसरे पर चिल्लाने का सपना भी नहीं देखा होगा, मैंने ऐसा कुछ कभी भी नहीं देखा था। यह तूतू मैंमैं कुछ इतने तुच्छ आधार पर हुआ था, जिस पर एक भी शब्द बर्बाद करने लायक नहीं मालूम होता था। ओह ठीक है, प्रत्येक का अपना नजरिया है।

बेशक, यह पीटर के लिए बहुत मुश्किल है जो बीच में पकड़ा जाता है, लेकिन कोई भी पीटर को गंभीरता से नहीं लेता क्योंकि वह अतिसंवेदनशील और आलसी है। बीते कल वह खुद के लिए चिंतित था, क्योंकि उसकी जीभ गुलाबी रंग के बजाय नीली थी। यह दुर्लभ घटना जितनी तेजी से आई यह उतनी ही जल्दी गायब भी हो गई। आज वह एक मोटा दुपट्टा लपेटे हुए घूम रहा है क्योंकि उसकी गर्दन में अकड़न हो गई है। महामहिम को कमरदर्द की भी शिकायत हो गई है। उसके दिल, गुर्दे और फेफड़ों में दर्द और पीड़ा भी नियमित कार्यक्रम है। वह एक निरपेक्ष रोग्भ्रमिक है! (यह सही शब्द है, क्या यह नहीं है?)

माँ और श्रीमती वैन दान एक दुसरे से बहुत अच्छी तरह से नहीं मिल पा रही हैं। विवाद के पर्याप्त कारण हैं। आप को एक छोटा सा उदाहरण देने के लिए, श्रीमती वैन दान ने अपने सभी तीन चादरों को हमारे सामूहिक लिनन कोठरी से हटा दिया। वे यह सोच रही हैं कि माँ की चादरें दोनों परिवारों में इस्तेमाल की जा सकती हैं। उन्हें एक बुरा आश्चर्य होगा जब उन्हें पता चलता है कि माँ ने भी उनके दिखाए रास्ते का पालन किया है।

इसके अलावा, श्रीमती वैन दान खफा है क्योंकि हम अपने की बजाय उनके चाईना का उपयोग कर रहे हैं। वे अभी भी यह पता लगाने की कोशिश कर रही हैं कि हमने अपनी प्लेटों का क्या किया है; वे उनकी सोच की तुलना में बहुत करीब हैं वे ओपेटका विज्ञापन

---

[६]२१ सितंबर १९४२ को ऐनी द्वारा जोड़ी गई टिप्पणी:
श्री वैन दान मेरे लिए हाल ही में समोसे की तरह अच्छे रहे हैं। मैंने कुछ भी नहीं कहा है, लेकिन उसकी टिके रहने की अवधि में इसका आनंद ले रही हूँ।

सामग्री के एक खेप के पीछे अटारी में गत्ते के बक्से में हैं। जब तक हम भूमिगत हैं, प्लेट उनकी पहुंच से बाहर रहेगा। क्योंकि मेरे साथ हमेशा दुर्घटनायें होती रहती हैं, यह बस ऐसा ही है! कल मैंने श्रीमती वैन दान के सूप के कटोरे में से एक तोड़ दिया।

'ओह!' उन्होंने गुस्से में कहा। 'क्या तुम थोड़ा ध्यान नहीं रख सकती हो? वह मेरा अंतिम एक बचा था।'

कृपया किट्टी को दिमाग में रखें, कि दो महिलायें घटिया डच बोलती हैं (सज्जनों पर टिप्पणी करने की मेरी हिम्मत नहीं है: उनका अत्यधिक अपमान होगा)। अगर आप उनके किये गए प्रयासों को सुनेंगे, तो आप हंसते हुए लोटपोट हो जायेंगे। हमने उनकी त्रुटियों की ओर इशारा करके छोड़ दिया है, क्योंकि उन्हें सही करना वैसे भी कोई मदद नहीं करता है। जब भी मैं माँ या श्रीमती वैन दान को उद्धृत करूंगीं, उनके भाषण की नकल की कोशिश करने की बजाय मैं उचित डच लिखूंगी।

पिछले हफ्ते हमारे नीरस दिनचर्या में एक संक्षिप्त रुकावट आ गई थी। इसे पीटर — और महिलाओं के बारे में एक किताब द्वारा प्रदान किया गया था। मैं यह स्पष्ट करना चाहूंगी कि मार्गोट और पीटर को श्री क्लेइमन द्वारा हमें प्रदान की गई लगभग सभी पुस्तकों को पढ़ने की अनुमति दी गई है। लेकिन वयस्क इस खास किताब को खुद के पास ही रखना पसंद करते हैं। इसने पीटर की जिज्ञासा को तुरंत चिढ़ा दिया। इसमें कौन सा वर्जित फल है? जब उसकी मां सीढियों पर बैठी बात कर रही थी, वह इसे छिपा कर ले गया, और इसे ले कर अटारी पर चला गया। दो दिनों तक सब कुछ ठीक था। श्रीमती वैन दान को पता था कि वह क्या कर रहा है लेकिन तब तक चुप्पी रखी जब तक कि श्री वैन दान को इसके बारे में पता नहीं चल गया। उन्होंने गुस्सा किया, किताब को हटा दिया और मान लिया कि इस कारोबार का अंत हो या है। तथापि, उन्होने अपने बेटे की जिज्ञासा को संज्ञान में लेने को उपेक्षित कर दिया था। पीटर, अपने पिता की तेज कार्रवाई से जरा भी परेशान नहीं हुआ था, उसने इस बेहद दिलचस्प किताब के बाकी हिस्से को पढ़ने के तरीके के बारे में सोचना शुरू किया।

इस बीच में, श्रीमती वैन दान ने माँ से उसकी राय पूछा। माँ इस विशेष पुस्तक को मार्गोट के लिए उपयुक्त नहीं मानती थी, लेकिन उसे अन्य बहुत सी किताबें पढ़ने देने में कोई बुराई नहीं दिखाई देती थी।

'आप समझ सकती हैं, श्रीमती वैन दान,' मां ने कहा, 'मार्गोट और पीटर के बीच एक बड़ा अंतर है। सबसे पहले मार्गोट, एक लड़की है और लड़कियां लड़कों की तुलना में हमेशा अधिक परिपक्व होती हैं। दूसरा, उसने पहले से ही कई गंभीर किताबें पढ़ रखी हैं और जो अब मना नहीं हैं उनकी तलाश में नहीं जाती है। तीसरा, स्कूल में अपने चार साल की एक उत्कृष्टता के एक परिणाम के रूप में, मार्गोट बहुत अधिक समझदार और बौद्धिक रूप से उन्नत है।'

श्रीमती वैन दान ने उसके साथ सहमति व्यक्त की, लेकिन वे युवाओं को वयस्कों के लिए लिखी गई पुस्तकों को पढ़ने देने को, सिद्धांत के रूप में गलत महसूस करती थीं।

इस बीच, पीटर एक उपयुक्त समय के बारे में सोच रहा था जब किसी की भी उसमें या किताब में रुचि नहीं होगी। शाम ७:३० पर जब पूरा परिवार निजी कार्यालय में रेडियो सुन रहा था, उसने अपने खजाने को चुरा लिया और फिर से अटारी के लिए रवाना हो गया। उसे ८:३० से पहले वापस आ जाना चाहिए था, लेकिन वह किताब में इतना तल्लीन था कि वह समय भूल गया और जब सीढ़ियों से नीचे आ रहा था उसी समय उसके पिता ने कमरे में प्रवेश किया। उसके बाद का दृश्य कोई आश्चर्य की बात नहीं थी: एक थप्पड़ के बाद, खूब धुनाई और उठा पटक, युद्ध जैसा दृश्य, पुस्तक मेज पर रखी थी और पीटर अटारी में था।

परिवार के खाने के समय पर इस तरह से यह मामला खड़ा हुआ था। पीटर ऊपर ही रुका हुआ था। किसी ने भी उसे सोचने का एक पल भी नहीं दिया; उसे खाये बिना ही बिस्तर पर जाना होगा। दुखी और बहुत कम बातें करते हुए, हम खाना जारी रखे हुए थे, तभी अचानक हमने सीटी की एक तीखी आवाज सुनी। हमने अपने कांटे रख दिए और एक दूसरे को देखा हमारे चेहरे पर सदमे का पीलापन स्पष्ट रूप से दिखाई दे रहा था।

फिर हमने चिमनी के माध्यम से पीटर की आवाज सुनी: 'मैं नीचे नहीं आऊंगा!'

श्री वैन दान जोर से उछल पड़े, उनकी नैपकिन फर्श पर गिर गई, उनका चेहरा रक्त की तरह लाल हो उठा और चिल्लाये, 'मैंने बहुत किया!'

जो हुआ हो सकता था पिताजी उससे डर गए थे, उनका हाथ पकड़े हुए दोनो पुरुष अटारी पर चले गये। बहुत संघर्ष करने और लात मारने के बाद, पीटर को उसके कमरे में पहुँचा दिया गया, दरवाजा बंद कर दिया गया, और हम खाने बैठ गये।

श्रीमती वैन दान अपने प्यारे बेटे के लिए रोटी का एक टुकड़ा बचाना चाहती थी, लेकिन श्री वैन दान अड़े हुए थे। 'अगर वह इस मिनट माफी नहीं मांगता है, तो उसे अटारी में सोना होगा।'

हमने विरोध किया कि रात भर खाए बिना रहना पर्याप्त सजा थी। अगर पीटर को ठंड पकड़ लेगी, तो क्या होगा? हम एक डॉक्टर को बुलाने में सक्षम नहीं होंगे।

पीटर ने माफी नहीं मांगी और अटारी में लौट आया। श्री वैन दान ने उसे पूरी तरह से अकेले छोड़ देने का फैसला किया, हालांकि अगली सुबह उन्होंने पीटर को बिस्तर में सोए हुए पाया था। सात बजे पीटर फिर से अटारी में चला गया, लेकिन जब पिताजी ने कुछ मित्रतापूर्ण शब्दों में उससे बात की तो वह नीचे आने के लिए राजी हो गया था। तीन दिनों उदास दिखने और जिद्द भरी चुप्पी के बाद, सब कुछ वापस सामान्य हो गया था।

तुम्हारी, ऐनी

सोमवार, २१ सितम्बर, १९४२

सबसे प्यारी किट्टी,

आज मैं आप को यहाँ एनेक्सी की सामान्य खबरें बताती हूँ। मेरे दीवान बिस्तर के ऊपर एक दीपक रखा गया है ताकि भविष्य में, जब मैं बंदूकों को चलते हुए सुनूँ, तो मैं एक रस्सी खींच कर प्रकाश करने में सक्षम हो जाउंगी। मैं इसे इस समय इस्तेमाल नहीं कर सकती क्योंकि हम अपनी खिड़की को दिन और रात थोडा सा खुला रख रहे हैं।

वैन दान दल के पुरुष सदस्यों ने वास्तविक स्क्रीन युक्त, लकड़ी के रंग की, खाना रखने की एक बहुत ही आसान आलमारी बनाई है। अब तक यह शानदार अलमारी पीटर के कमरे में स्थित थी, लेकिन ताजा हवा आने देने के लिए इसे अटारी में स्थानांतरित कर दिया गया है। जहां यह एक बार पहले खड़ी थी, अब वहां एक शेल्फ रख दी गई है। मैंने पीटर को शेल्फ के नीचे अपनी मेज डालने, एक अच्छा गलीचा बिछाने, और जहां अभी मेज है वहां अपनी अलमारी रखने की सलाह दी। यह उसके छोटे कमरे को और अधिक आरामदायक बना सकता है, हालांकि निश्चित रूप से वहाँ सोना मुझे पसंद नहीं होगा।

श्रीमती वैन दान असहनीय है। मैं जब भी ऊपर होती हूँ, अपनी लगातार बकबक के लिए मैं लगातार डांट खाती रहती हूँ। मैं उनके शब्दों को बस अपने सर के उपर से गुजर जाने देती हूँ! मैडम ने अब अपने हाथ में एक नई चाल पकड़ी है: बर्तन धोने के काम से बाहर निकलने की कोशिश कर रही हैं। अगर बर्तन की तली में थोडा सा भोजन बचा रह गया है, तो वे उसे एक कांच के बर्तन में स्थानांतरित करने की बजाय खराब होने के लिए छोड़ देती हैं। फिर दोपहर में जब मार्गोट सभी बर्तनों की सफाई में जुट जाती है, मैडम कहती हैं, 'ओह, बेचारी मार्गोट, तुम्हें करने के लिए बहुत काम पड़ा है!'

हर दूसरे हफ्ते श्री क्लेइमन मेरे लिए मेरी उम्र की लड़कियों के लिए लिखी गई एक जोड़ी पुस्तकें लाते हैं। मैं *जूप टेर हयूल* श्रृंखला के प्रति बहुत उत्साहित रहती हूँ। मैंने सिस्सी वैन मार्क्सवेल्ट की सभी पुस्तकों का बहुत ज्यादा आनंद लिया है। मैंने जनिएस्ट समर चार बार पढ़ा है, और ऊटपटांग स्थितियां मुझे अभी भी हंसाती हैं।

पिताजी और मैं आज कल हमारे वंशवृक्ष पर काम कर रहे हैं, और वह मुझे प्रत्येक व्यक्ति के बारे में कुछ न कुछ बताते हुए चलते हैं।

मैंने अपना स्कूल कार्य शुरू कर दिया है। मैं हर दिन अपने दिमाग में पांच अनियमित क्रियाओं को रटते हुए फ्रेंच पर कड़ी मेहनत कर रही हूँ। लेकिन मैंने स्कूल में जो सीखा था उसमें से मैं काफी चीजें भूल गई हूँ।

पीटर ने बड़ी अनिच्छा के साथ अपनी अंग्रेजी उठाई है। कुछ स्कूली किताबें अभी अभी आइ हैं, और मैं घर से अभ्यास पुस्तिकाएं, पेंसिल, रबर और लेबल की एक बड़ी आपूर्ति ले कर आयी थी। पिम (यह पिता के लिए हमारा प्यार का नाम है) मुझसे डच पाठ में उसकी मदद कराना चाहते हैं। मैं अपने फ्रेंच और अन्य विषयों में उसकी सहायता के

बदले उसे डच सिखाने के लिए पूरी तरह से तैयार हूँ। लेकिन वह बड़ी बड़ी अविश्वसनीय गलतियाँ करता है!

मैं कभी कभी लंदन से डच प्रसारण सुनती हूँ। राजकुमार बर्नहार्ड ने हाल ही में घोषणा की है कि राजकुमारी जुलिना जनवरी में एक बच्चे की उम्मीद कर रही है, जो मुझे लगता है कि अद्‌भुत है। यहाँ कोई नहीं समझता है कि मैं शाही परिवार में इस तरह की रुचि क्यों लेती हूँ।

कुछ रातों पहले मैं एक चर्चा का विषय बन गई थी और हम सब ने फैसला किया कि मैं एक मूर्ख थी। नतीजतन, अगले दिन मैंने अपने आप को अपने स्कूल कार्य में झोंक दिया, क्योंकि अब भी जब मैं चौदह या पंद्रह साल की हूँ, मेरी पहले फार्म में होने की थोड़ी सी इच्छा है। तथ्य यह है कि मुझे कुछ पढ़ने की मुस्किल से अनुमति मिलती है उस पर भी बहस की जाती हैं। इसी समय, मां ***सज्जनों, पत्नियां और नौकर*** पढ़ रही है, और निश्चित रूप से मुझे इसे पढ़ने की अनुमति नहीं है (हालांकि मार्गोट को है!)। सबसे पहले मुझे मेरी एक बहन की प्रतिभा की तरह, बौद्धिक रूप से और अधिक विकसित होना है। फिर हमने दर्शन, मनोविज्ञान और शरीर विज्ञान की मेरी अज्ञानता पर चर्चा की (मैंने तुरंत शब्दकोश में इन बड़े शब्दों को देखा!)। यह सच है, मुझे इन विषयों के बारे में कुछ भी पता नहीं है। लेकिन हो सकता है अगले साल मैं अधिक सीख जाउंगी!

मैं एक चौंकाने वाले निष्कर्ष पर पहुँची हूँ कि मेरे पास सर्दियों में पहनने के लिए लंबे बाजू की केवल एक पोशाक और तीन कार्डिगन हैं। पिताजी ने मुझे एक सफेद जम्पर बुनने की अनुमति दी; ऊन, बहुत सुंदर नहीं है लेकिन यह गर्म होगा और यही मायने रखता है। हमारे कुछ कपड़े दोस्तों के पास छोड़ दिए गए थे, लेकिन दुर्भाग्य से हम युद्ध के बाद तक उसे प्राप्त करने में सक्षम नहीं होंगे। बशर्ते वे निश्चित रूप से, अभी भी वहाँ उपलब्ध हों।

मैं अभी अभी श्रीमती वैन दान के बारे में कुछ लिख चुकी थी जब वे कमरे में आयीं है। फटाक, मैंने किताब झटके से बंद कर दिया।

'अरे, ऐनी, क्या मैं जरा सा झांक भी नहीं सकती?'

'नहीं, श्रीमती वैन दान।'

'केवल आखिरी पृष्ठ?'

'नहीं, अंतिम पृष्ठ भी नहीं, श्रीमती वैन दान।'

बेशक, मैं तो तकरीबन मर ही गाई थी, क्योंकि उस विशेष पेज में उनका अपेक्षाकृत एक अनाकर्षक विवरण दर्ज था। वहां हर दिन कुछ न कुछ हो रहा है, लेकिन यह सब लिखने में मैं बहुत थक गई और आलस महसूस कर रही हूँ।

तुम्हारी, ऐनी

शुक्रवार, २५ सितम्बर, १९४२

सबसे प्यारी किट्टी,

पिताजी के एक दोस्त है, श्रीमान ड्रेहर, अपनी उम्र के सत्तर के दशक के मध्य में पहुँच चुके एक आदमी, जो बीमार, गरीब और पूरी तरह से बहरे हैं। उनकी तरफ, एक बेकार उपांग की तरह, उनकी पत्नी, उनसे सत्ताईस साल छोटी और समान रूप से गरीब हैं, जिसके हाथ और पैर अधिक समृद्ध दिनों के बचे हुए असली और नकली कंगन और अंगूठियों से भरे हुए रहते हैं। यह श्री ड्रेहर पहले से ही पिता के लिए एक बड़ा सरदर्द रहे हैं, और उन्होंने जिस तरह पुण्यात्मा की तरह के धैर्य के साथ फोन पर इस दयनीय बूढ़े आदमी को संभाला है मैं हमेशा ही उसे प्रशंसित करती रही हूँ। जब हम अभी भी घर में रह रहे थे, माँ, उन्हें सलाह देने के लिए रिसीवर के सामने एक ग्रामोफोन लगाने का उपयोग करती थी, किसी एक को हर तीन मिनट में 'हाँ, श्री ड्रेहर' और 'नहीं, श्री ड्रेहर,' दोहराना होता था, क्योंकि उस बूढ़े आदमी को वैसे भी पिता के लम्बे उत्तरों का एक शब्द भी कभी किसी भी तरह समझ में नहीं आ सकता था।

आज श्री ड्रेहर ने कार्यालय में फोन किया था और श्री कुगलर को आने और उन्हें देखने के लिए कहा। श्री कुगलर मूड में नहीं थे और कहा कि वे मिएप को भेज देंगे लेकिन मिएप ने मुलाकात को रद्द कर दिया। श्रीमती ड्रेहर ने तीन बार कार्यालय में फोन किया, लेकिन चूँकि मिएप कथित तौर पर पूरी दोपहर बाहर थी, उसे बेप की आवाज की नकल करनी पड़ी थी। कार्यालय में नीचे साथ ही साथ ऊपर एनेक्सी में, बड़ा उल्लसित माहौल था। अब हर बार जब फोन की घंटी बजती, बेप कहती 'ये श्रीमती ड्रेहर है!' और मिएप हंसने लगती, तो लाइन के दूसरे छोर के लोग भी एक असभ्य हंसी के साथ स्वागत करते। क्या आप इसकी तस्वीर नहीं खींच सकते हैं? यह पूरी दुनिया में सबसे बड़ा कार्यालय बन गया है। मालिक और कार्यालय की लड़कियां एक साथ इस तरह मजे कर रहे हैं!

किसी किसी शाम मैं एक छोटी सी बातचीत के लिए वैन दान के पास जाती थी। हम 'मोथबाल बिस्कुट' (कीट रोधी बनाये गए एक अलमारी में संग्रहीत किया गया बिस्कुट) खाते और एक अच्छा समय बिताते थे। हाल ही में हुई बातचीत पीटर के बारे में थी। मैंने कहा कि वह अक्सर मुझे गालों पर थपथपा देता है जो मुझे पसंद नहीं है। उन्होंने आम तौर पर एक वयस्क के तरीके से मुझसे पूछा क्या मैं कभी पीटर को एक भाई के जैसा प्यार करना सीख सकती हूँ, क्योंकि वह मुझे एक बहन की तरह प्यार करता है। 'ओह, नहीं!' मैंने कहा, लेकिन मैं यही सोच रहा था, 'ओह, ऊ!' जरा कल्पना करें! मैंने जोड़ा कि पीटर एक सख्त किस्म का है, क्योंकि शायद वह शर्मीला है। लड़के जो लड़कियों के आस पास मडराने के अभ्यस्त नहीं होते हैं ऐसे ही होते हैं।

मुझे यह कहना पड़ रहा है कि एनेक्सी समिति (पुरुष वर्ग) बहुत रचनात्मक है। वह योजना सुनिए जिसे उन्होंने श्री ब्रोक्स, ओपेक्टा कंपनी के एक बिक्री प्रतिनिधि और दोस्त,

जिन्होंने हमारी कुछ चीजों को हमारे लिए चुपके से छिपा दिया हुआ है, के लिए एक संदेश पाने के लिए बनाया है! वे दक्षिणी जीलैंड में एक दुकान के मालिक जो परोक्ष रूप से, ओपेक्टा के ग्राहकों में से एक है, को एक पत्र टाइप करने और उससे फार्म भरने और स्वयं को संबोधित संलग्न लिफाफे में इसे वापस भेजने के लिए पूछने जा रहे हैं। लिफाफे पर पता पिताजी को खुद लिखना होगा। एक बार जीलैंड से पत्र वापस आ जाने पर, प्रपत्र हटाया जा सकता है और इस बात की पुष्टि करते हुए कि पिताजी जीवित हैं एक हस्तलिखित संदेश लिफाफे में डाला जा सकता है। इस तरह श्री ब्रोक्स एक चाल की शक के बिना पत्र पढ़ सकते हैं। उन्होंने जीलैंड का प्रांत इसलिए चुना क्योंकि यह बेल्जियम के करीब है (एक पत्र आसानी से सीमा पार तस्करी किया जा सकता है) और क्योंकि एक विशेष अनुमति के बिना वहाँ की यात्रा करने के लिए किसी को भी अनुमति नहीं है। श्री ब्रोक्स की तरह के एक साधारण विक्रेता को एक परमिट कभी भी नहीं दी जाएगी।

पिछले दिन पिताजी ने एक और अभिनय किया। सोने के साथ मदहोशी, वे ठोकर खा कर बिस्तर पर पड़ गए। उनके पैर ठंडे हो गए थे तो मैंने उन्हें अपने सोने के मोजे पहना दिए। पांच मिनट बाद उन्होंने उसे फर्श पर फेंक दिया। फिर उन्होंने अपने सिर पर कम्बल खींच लिया क्योंकि प्रकाश उन्हें परेशान कर रहा था। प्रकाश बंद कर दिया गया था और वह कातरता से अपने ढंके हुए सिर पर मुक्के मार रहे थे। यह सब बहुत मनोरंजक था। हमने इस तथ्य के बारे में बात करनी शुरू कर दी कि पीटर कहता है मार्गोट एक 'व्यस्त मधुमक्खी' है। अचानक गहराई से पिताजी की आवाज सुनाई दी थी: 'तुम्हारा मतलब है, एक व्यस्त शरीर।'

जैसे जैसे समय बीतता जा रहा है मौसची, बिल्ली, मेरे लिए अच्छी बनती जा रही है, लेकिन मुझे अभी भी उससे कुछ हद तक डर लग रहा है।

तुम्हारी, ऐनी

रविवार, २७ सितम्बर, १९४२

सबसे प्यारी किट्टी,

आज माँ और मेरी एक तथाकथित 'बहस' हुई, लेकिन खिजाऊ बात यह है कि मैं फूट कर रोने लगी। मैं इसमें कुछ नहीं कर सकती। पिताजी हमेशा मेरे साथ अच्छे रहे हैं, और वह मुझे ज्यादा बेहतर समझते हैं। इस तरह के क्षणों में मैं माँ को बर्दाश्त नहीं कर सकती। स्पष्ट है कि मैं उनके के लिए एक अजनबी हूँ; वह तो जानती भी नहीं कि मैं सबसे साधारण चीजों के बारे में क्या सोचती हूँ।

हम लोग नौकरानियों के बारे में बात कर रहे थे और इस तथ्य के बारे में कि इन दिनों आपको इन्हें 'घरेलू मदद' के रूप में देखना चाहिए। वे यह दावा करती हैं कि जब

युद्ध खत्म हो जाएगा, यही पुकारा जाना तो वे चाहेंगी। मैं उसे इस तरह से नहीं देखती। फिर उन्होंने जोड़ा कि मैं अक्सर 'बाद में' के बारे में बात करती हूँ और कि मैं ऐसे व्यवहार करती हूँ मानो मैं ऐसी एक औरत थी, भले ही मैं नहीं हूँ, लेकिन मुझे नहीं लगता हवा में रेत के किले बनाने का काम इतनी भयानक बात है, जब तक कि आप भी इसे गंभीरता से नहीं लेते। किसी भी कीमत पर, पिताजी आमतौर पर मेरे बचाव में आते हैं। उनके बिना मैं यहाँ इसे सहन करने में सक्षम नहीं हो पाती।

मैं मार्गोट के साथ भी अच्छे से मिल कर नहीं रह पाती हूँ। भले ही हमारे परिवार में कभी भी ऐसा आवेग नहीं रहा जैसे उपरी मंजिल वालो का है, मुझे यह खुशी से दूर लगता है। मार्गोट और माँ का व्यक्तित्व मेरे लिए बहुत अजनबी है। मैं अपनी माँ की तुलना में अपनी सहेली को अधिक बेहतर समझती हूँ। क्या यह शर्म की बात नहीं है?

श्रीमती वैन दान एक लंबे समय से नाराज हैं। वह बहुत मूडी हैं और अपने अधिक से अधिक सामान को अलग कर उन्हें ताले में बंद कर रही हैं। यह बहुत बुरा है माँ वैन दान के हर 'गायब कार्यवाही' को फ्रैंक 'गायब कार्यवाही' से नहीं चुकाती।

कुछ लोग, वैन दानों की तरह के, विशेष खुशी प्राप्त करते हुए लगते हैं न सिर्फ अपने बच्चों की परवरिश में बल्कि दूसरों को उनके अपने बच्चों की परवरिश में मदद करने में भी। मार्गोट को इसकी जरूरत नहीं है, क्योंकि वह स्वाभाविक रूप से अच्छी, दयालु, चतुर, और खुद में निपुण है, लेकिन मैं, हम दोनों के लिए पर्याप्त शरारत करती प्रतीत होती हूँ। वैन दान की चेतावनी और मेरे मुखर जवाबों से एक से अधिक बार हवा भर दी गई थी। पिता और माँ हमेशा उग्रतापूर्वक मेरी रक्षा करते हैं। उनके बिना मैं अपने सामान्य धैर्य के साथ मैदान में वापस कूद पाने में सक्षम नहीं हो पाती। वे मुझसे कहते रहते हैं कि मुझे बात कम करनी चाहिए, अपने काम से काम रखना चाहिए और अधिक विनम्र होना चाहिए लेकिन मैं विफलता के लिए अभिशप्त लगती हूँ। यदि पिता इतने धैर्यवान नहीं होते, तो मैंने बहुत पहले ही अपने माता–पिता की काफी उदारवादी उम्मीदों को पूरा करने की उम्मीद छोड़ दी होती।

यदि मैं थोड़ी सी सब्जी लेती हूँ, मैं आलू खाने की बजाय उससे घृणा प्रकट करती हूँ, वैन दान, विशेष रूप से श्रीमती वैन दान इसे भुला नहीं सकती कि मैं कितनी खराब हूँ। 'चलो, ऐनी, कुछ और सब्जियां खाते हैं', वे कहती हैं।

मैं उत्तर देता हूँ 'नहीं, मैम, धन्यवाद'। 'आलू पर्याप्त से अधिक है।'

'सब्जियां तुम्हारे लिए अच्छी हैं; तुम्हारी माँ भी ऐसा कहती हैं। थोडा और लो' वह जोर देकर कहती है, जब तक कि पिता बीच में हस्तक्षेप नहीं करते, और जो सब्जी मुझे पसंद नहीं है उसे मना करने के मेरे अधिकार की पुष्टि नहीं करते।

तब श्रीमती वैन दान वास्तव में गुस्से में हत्थे से उखड़ जाती हैं: 'तुम्हे हमारे घर में होना चाहिये था, जहाँ बच्चों को वैसी ही परवरिश दी जाती है जैसा उन्हें होना चाहिए। मैं इसे एक उचित परवरिश नहीं मानती। ऐनी बहुत खराब है। मैं कभी इसकी अनुमति नहीं देती। यदि ऐनी मेरी बेटी होती.....'

इसी कड़ी निंदा से वह हमेशा बात शुरू और अंत करती: 'यदि ऐनी मेरी बेटी होती तो....' भगवान का शुक्र है मैं नहीं हूँ।

लेकिन बच्चों की परवरिश के विषय पर वापिस आने के लिए, कल श्रीमती वैन दान के छोटे से भाषण के समाप्त होने के बाद एक चुप्पी छा गई। फिर पिता ने उत्तर दिया, 'मुझे लगता है ऐनी की बहुत अच्छी परवरिश हुई है। कम से कम उसने आपके अनन्त उपदेशों का जवाब देना नहीं सीखा है। जहां तक सब्जियों का सवाल है, मुझे बस यही कहना है कि उल्टा चोर कोतवाल को डांटे।'

श्रीमती वैन दान बुरी तरह से हार गई थी। उल्टा चोर कोतवाल को डांटे का मतलब खुद श्रीमती जी से था, वह शाम को सेम या किसी तरह की बंदगोभी नहीं सह सकती क्योंकि वे उसे 'वायु विकार' देते हैं। लेकिन मैं वही कह सकती हूँ। क्या निंदा है, तुम्हें नहीं लगता? किसी भी हालत में, उम्मीद है कि वे मेरे बारे में बात करना बंद कर दें।

यह देखना बहुत मजेदार होता है कि श्रीमती वैन दान कितनी जल्दी लाल हो जाती हैं। मैं नहीं होती, और यह उन्हें गुप्त रूप से बहुत चिढ़ाता है।

तुम्हारी, ऐनी

सोमवार, २८ सितम्बर, १९४२

सबसे प्यारी किट्टी,

कल मुझे रुकना पड़ा, हालाँकि मैं कहीं भी समाप्ति के करीब नहीं थी। मैं तुम्हे हमारी एक और लड़ाई के बारे में बताने के लिए बहुत तड़प रही हूँ, लेकिन ऐसा करने से पहले मैं यह कहना चाहूँगी: मुझे यह अजीब लगता है कि वयस्क अक्सर झगड़ा इतनी आसानी से और इस तरह के छोटे–मोटे मामलों पर करते हैं। अब तक मैं हमेशा सोचती थी झगड़ा ऐसी चीज है जो बच्चे किया करते हैं और इसे पीछे छोड़ देते हैं। बेशक, कभी – कभी झगड़ा करने के लिए एक 'असली' एक कारण होता है, लेकिन यहां होने वाली मौखिक कहा सुनी सिर्फ सादा कलह हैं। मुझे इस तथ्य का आदी हो जाना चाहिए कि ये तू तू मैं मैं रोज होने वाली घटनाएँ हैं, लेकिन मैं नहीं कर रही हूँ और मैं तब तक करूँगी भी नहीं जब तक 'मैं' लगभग हर चर्चा का विषय रहती हूँ। (वे इसे 'झगड़े' की बजाय 'चर्चा' के रूप में देखते हैं, लेकिन जर्मन को यह फर्क पता नहीं है!) वे सब चीजों की आलोचना करते हैं, और मेरा मतलब है सब चीजों की, मेरे बारे में, मेरा व्यवहार, मेरा व्यक्तित्व, मेरे शिष्टाचार के बारे में; मेरे हर इंच के बारे में, सिर से पाँव तक और फिर वापिस, गपशप और बहस का विषय होता है। कठोर शब्द और चीखें लगातार मेरे सिर पर पटकी जा रहीं हैं, हालाँकि मैं बिलकुल भी इसकी आदी नहीं हूँ। महान लोगों के अनुसार, मुझे मुस्कुराना और इसे सहन करना चाहिए। लेकिन मैं नहीं कर सकती! उनके अपमान को स्वीकारने का

मेरा कोई इरादा नहीं है। मैं उन्हें दिखा दूँगी कि ऐनी फ्रैंक कल पैदा नहीं हुई है। वे उठ बैठेंगे और ध्यान देंगे और बड़े अपने मुंह बंद रखेंगे जब मैं उन्हें दिखाऊँगी कि उन्हें मेरे शिष्टाचार की बजाय अपने शिष्टाचार पर ध्यान देना चाहिए। उनकी हिम्मत कैसे हुई इस तरह व्यवहार करने की! यह पूरी तरह से बर्बरता है। मैं इस तरह की अशिष्टता पर बार – बार चकित होती हूँ और सबसे ज्यादा ऐसी मूर्खता पर (श्रीमती वैन दान की)। लेकिन जैसे ही मैं विचार करने की आदी हो जाती हूँ, और इसमें ज्यादा समय नहीं लगना चाहिए, मैं उनके साथ वैसा ही व्यवहार करुँगी जैसा वे मेरे साथ करते हैं, और फिर वे अपने विचार बदल देंगे! क्या मैं वास्तव में इतनी अशिष्ट, हठी, जिद्दी, अति महत्वकांक्षी, मूर्ख, आलसी आदि, आदि हूँ, जैसा कि वैन दान कहती हैं मैं हूँ? नही बेशक नही। मैं सब जानती हूँ मुझमें गलतियाँ और कमियां हैं, वे उन्हें बढ़ा कर अधिक गंभीरता से कहते हैं! काश तुम्हे पता होता, किट्टी, मैं कितने क्रोध से खौलती हूँ जब वे मुझे डांटते हैं और चिढ़ाते हैं। मुझे गुस्सा उतारने में ज्यादा समय नहीं लगेगा।

लेकिन काफी हुआ। मैंने काफी समय से अपने झगड़ों से तुम्हे उबा दिया है, और अभी भी मैं अपनी एक बेहद दिलचस्प रात के खाने की बातचीत बताने से अपने को रोक नहीं पा रही हूँ।

किसी तरह हम पिम की चरम विनम्रता के विषय पर आये। उनकी विनम्रता एक सर्वविदित तथ्य है, जिस पर कोई बेवकूफ से बेवकूफ भी प्रश्न उठाने की बात नहीं सोचेगा। अचानक श्रीमती वैन दान, जो हर बातचीत में खुद को लाने की जरूरत महसूस करती हैं, ने टिपण्णी की, “मैं बहुत विनम्र हूँ और शर्मीली भी, अपने पति से काफी अधिक!”

क्या आपने कभी इतना हास्यास्पद कुछ सुना है? यह वाक्य स्पष्ट रूप से दिखाता है कि वह बिलकुल वो नहीं है जिसे आप विनम्र कहते हैं!

श्री वैन दान, जिन्होंने खुद को “अपने पति से काफी अधिक” की व्याख्या करने के लिए बाध्य महसूस किया, ने शांति से जवाब दिया, ‘विनम्र और शर्मीला होने की मेरी कोई इच्छा नहीं है। मेरे अनुभव से, आप महत्वकांक्षी बनकर बहुत कुछ पाते हैं!’ और मेरी ओर घूमते हुए उन्होंने जोड़ा, ‘विनम्र और शर्मीली मत बनना ऐनी। यह तुम्हे कहीं नहीं ले जायेगा।’

माँ इस दृष्टिकोण से पूरी तरह से सहमत हुई। लेकिन, हमेशा की तरह, श्रीमती वैन दान को अपनी दो बेकार बातें जोड़नी थीं। इस बार तथापि, मुझे सीधे संबोधित करने की बजाय वह मेरे माता पिता की ओर मुड़ीं और कहा, ‘ऐनी से यह कहने में सक्षम होने के लिए जीवन पर आपका अवश्य ही एक अजीब दृष्टिकोण होना चाहिए। जब मैं बड़ी हो रही थी तब हालात अलग थे। हालाँकि आपके आधुनिक परिवार को छोड़कर, तब से उनमें शायद ज्यादा कुछ बदला नहीं है!’

यह माँ के बच्चों की परवरिश के आधुनिक तरीकों पर सीधा प्रहार था, जिसका उसने कई मौकों पर बचाव किया था। श्रीमती वैन दान बहुत परेशान हो गई थीं उनका चेहरा स्पष्ट

रूप से लाल हो गया था। वे लोग जिनका चेहरा लाल हो जाता है, आसानी से उत्तेजित हो जाते हैं जब वे खुद को कॉलर के नीचे गर्म होता महसूस करते हैं, और जल्दी ही वे अपने विरोधियों से हार जाते हैं।

गैर उत्तेजित माँ, जो अब मामले को जितना जल्दी हो सके पूर्ण तथा समाप्त कर देना चाहती थी, उत्तर देने से पहले सोचने के लिए एक पल रुकी, 'ठीक है श्रीमती वैन दान, मैं सहमत हूँ कि अच्छा होता यदि कोई अति विनम्र नहीं होता। मेरे पति, मार्गोट और पीटर सभी असाधारण रूप से विनम्र हैं। तुम्हारे पति, ऐनी और मैं, हालाँकि एकदम विपरीत नहीं है, खुद को इधर उधर धकेले जाने नहीं दे सकते हैं।'

श्रीमती वैन दान: 'ओह, लेकिन श्रीमती फ्रैंक, मैं आपका मतलब नहीं समझी! ईमानदारी से, मैं बेहद विनम्र और शर्मीली हूँ। आप कैसे कह सकती हैं कि मैं अति महत्वकांक्षी हूँ?'

माँ: 'मैंने नहीं कहा कि आप अति महत्वकांक्षी हैं, लेकिन कोई भी आपको 'शर्मीले स्वभाव' का नहीं कहेगा।'

श्रीमती वैन दान: 'मैं जानना चाहूंगी कि मैं किस तरह से अति महत्वकांक्षी हूँ! यदि यहाँ मैं खुद के लिए सावधान न रहूँ, तो कोई और भी नहीं रहेगा और जल्द ही मैं भूखी मरूंगी, लेकिन इसका यह मतलब नहीं है कि मैं आपके पति जितनी विनम्र और शर्मीली नहीं हूँ।'

माँ के पास इस हास्यास्पद आत्मरक्षा पर हंसने के आलावा कोई चारा नहीं था, जिसने श्रीमती वैन दान को चिढ़ा दिया। ठीक–ठीक जन्म जात विवादी नहीं, उसने मिश्रित जर्मन और डच भाषा में अपना लाजवाब स्पष्टीकरण जारी रखा, जब तक कि वह खुद अपने कहे शब्दों में उलझ नहीं गई, अंततः अपनी कुर्सी से उठीं और जाने ही वाली थी कि उसकी नजर मुझ पर पड़ी। काश तुमने उन्हें देखा होता! जैसा किस्मत में था, जिस पल श्रीमती वैन दान मुड़ी मैं दया और व्यंग्य के संयोजन में अपना सिर हिला रही थी। मैं यह किसी उद्देश्य से नहीं कर रही थी, लेकिन मैं उनकी कड़ी निंदा को इतनी उत्सुकतापूर्वक समझ रही थी कि मेरी प्रतिक्रिया पूरी तरह से अनैच्छिक थी। श्रीमती वैन दान झटके से मुड़ीं और मुझे कड़ी फटकार लगाई: सख्त, जर्मन में, गन्दी और अशिष्ट, बिलकुल एक मोटी, लाल चेहरे वाली मछली वाली की तरह। यह देखना आनंददायक था। यदि मैं चित्रित कर पाती, मैं उसका वैसा चित्र बना चुकी होती जैसी वो उस समय दिख रही थी। उन्होंने मुझे बेहद हास्यास्पद रूप से प्रभावित किया, वह मूर्ख थोड़ी अविवेकी! मैंने एक बात सीखी है: आप एक व्यक्ति को केवल एक झगड़े के बाद ही जान पाते हैं। आप केवल उसके बाद ही उसके असली चरित्र को पहचान पाते हैं!

तुम्हारी, ऐनी

मंगलवार, २९ सितम्बर, १९४२

सबसे प्यारी किट्टी,

आपके साथ सबसे ज्यादा अजीब चीजें तब होती हैं जब आप गुप्त स्थान में होते हैं! इस तस्वीर को सोचने की कोशिश करें। क्योंकि हम नहाते नहीं हैं, हम खुद को एक दिन टब में धोते हैं, और क्योंकि कार्यालय में केवल गर्म पानी होता है (जिस से मेरा मतलब है पूरी निचली मंजिल) हम सातो बारी – बारी से इस महान अवसर का फायदा उठाते हैं। परन्तु चूंकि हम में से कोई भी एक जैसा नहीं हैं और हम सभी भिन्न–भिन्न शीलता से ग्रस्त हैं, परिवार के प्रत्येक सदस्य ने नहाने के लिए एक अलग जगह का चयन किया है। पीटर कार्यालय के रसोई घर में स्नान करता है भले ही इसका दरवाजा कांच का है। जब पीटर के स्नान का समय होता है, वह हम में से प्रत्येक के पास जाता है और घोषणा करता है कि हमें अगले आधे घंटे तक रसोई की ओर नहीं जाना चाहिए। वह इस उपाय को पर्याप्त समझता है। श्री वैन दान यह तर्क देकर कि उन सीढ़ियों से गर्म पानी ऊपर ले जाने की कठिनाई से ज्यादा कमरे की सुरक्षा महत्वपूर्ण है, ऊपर स्नान लेते हैं। श्रीमती वैन दान का स्नान लेना अभी बाकी है; वह सबसे अच्छी जगह देखने का इंतजार कर रही है। पिताजी निजी कार्यालय में नहाते हैं और माँ फायर गार्ड के पीछे रसोई में, जबकि मार्गोट और मैंने सामने वाले कार्यालय को अपने स्नान का स्थान होने की घोषणा की है। चूंकि शनिवार की दोपहर पर्दे हटा लिए जाते हैं हम खुद को अँधेरे में नहलाते हैं, जबकि जो स्नान में नहीं होता है वो एक पर्दे की दरार से खिड़की से बाहर देखता है और बेहद मनोरंजक लोगों को आश्चर्य से घूरता है।

एक हफ्ते पहले मैंने फैसला किया कि मुझे ये जगह पसंद नहीं है और अधिक आरामदायक जगह की तलाश करने लगी। यह पीटर था जिसने मुझे विशाल कार्यालय के शौचालय में मेरी स्नान टब स्थापित करने का विचार दिया था। मैं बिना किसी की मदद के, देखे जाने के डर के बिना, बैठ सकती हूँ, लाइट जला सकती हूँ, दरवाजा बंद कर सकती हूँ, पानी डाल सकती हूँ। मैंने रविवार को पहली बार अपने प्यारे बाथरूम का इस्तेमाल किया और, यह अजीब लग सकता है कि मुझे यह जगह किसी भी अन्य जगह से ज्यादा पसंद है।

बुधवार को नीचे प्लम्बर पानी के पाइप और नालियों को कार्यालय के शौचालय से हटा कर गलियारे में ले जाते हुए काम पर था, ताकि सर्दियों के दौरान पाइप जम न जायें। प्लम्बर का दौरा बिलकुल सुखद नहीं था। हमें न सिर्फ दिन में पानी चलाने की मनाही थी, बल्कि शौचालय भी सीमा से बाहर था। इस समस्या को हमने कैसे संभाला मैं आपको बताती हूँ; आपको मेरा इस बात को उठाना अनुचित लग सकता है, लेकिन मैं इस तरह के मामलों के बारे में इतनी पाखंडी नहीं हूँ। हमारे आगमन के दिन, पिता और मैंने इस उद्देश्य से एक संरक्षण जार का त्याग करके उसे तात्कालिक मूत्रपात्र के रूप में प्रयोग किया था। प्लम्बर के दौरे के दौरान, दिन के समय प्रकृति की पुकार हेतु संरक्षण जारों की सेवा ली

गई। जहाँ तक मेरा सवाल था, यह सारे दिन स्थिर हो कर बैठे रहने और एक भी शब्द न कहने से आधा भी मुश्किल नहीं था। आप कल्पना कर सकते हैं कि श्रीमती क्वेक, क्वेक, क्वेक के लिए यह कितना मुश्किल था। आम दिनों में हमें फुसफुसा कर बात करनी पड़ती है; बात न कर पाना और न हिल पाना दस गुना ज्यादा बुरा है।

लगातार तीन दिनों तक बैठे रहने के बाद, मेरी पीठ अकड़ गई थी और दर्द कर रही थी। रात में हलके व्यायाम ने मदद की थी।

तुम्हारी, ऐनी

गुरुवार, १ अक्टूबर, १९४२

प्रिय किट्टी,

कल मैं बुरी तरह डर गई थी। आठ बजे अचानक घंटी बज उठी। मैं कुल मिलाकर बस यही सोच सकती थी कि कोई हमें पकड़ने आ रहा है, आपको पता है मेरा मतलब किससे है। लेकिन जब हर किसी ने विश्वास दिखाया था कि यह कोई मजाक करने वाला या डाकिया होगा तो मैं शांत हो गई।

यहाँ दिन बहुत शांत होते हैं। एक छोटे से यहूदी रसायनज्ञ, श्रीमान लेविंसन, रसोई घर में श्रीमान कुग्लर के लिए कुछ प्रयोग कर रहें हैं। चूंकि वह पूरी इमारत से परिचित है, हम निरंतर भय में रहते हैं कि, जहाँ प्रयोगशाला हुआ करती थी, वहां जाने की और उसे देखने की बात वे सोचेंगे। हम चूहों के बच्चों जितने शांत रहते हैं। तीन महीने पहले किसने सोचा होगा कि एक अस्थिर ऐनी को एक कोने में इतना चुपचाप घंटों बैठे रहना होगा, और इससे ज्यादा क्या होगा जो वह कर सकती थी?

उनतीस को श्रीमती वैन दान का जन्मदिन था। हालाँकि हमारा उत्सव बड़ा नहीं था, उन्हें फूल, सामान्य तोहफे और अच्छे भोजन से सराबोर कर दिया गया था। जाहिरा तौर पर पति की तरफ से लाल गुलनार परिवार की एक परंपरा है।

श्रीमती वैन दान के विषय पर एक पल रुकिए, आपको बता दूँ कि पिता के साथ इश्कबाजी करने के उसके प्रयास मेरे लिए जलन का एक निरंतर स्रोत है। वह उनके गाल और सिर पर थपथपाती है, अपनी स्कर्ट ऊपर खींचती है और पिम का ध्यान आकर्षित करने के प्रयास में तथाकथित मजाकिया टिपण्णी करती हैं। सौभाग्य से, वह उन्हें न तो सुंदर पाते हैं और न ही आकर्षक, इसलिए वह उनकी आशिक मिजाजी का जवाब नहीं देते हैं। जैसा कि तुम जानती हो, मैं काफी ईर्ष्यालु हूँ, और मैं उनका यह व्यवहार सहन नहीं कर सकती। आखिरकार, माँ श्रीमान वैन दान से इस प्रकार व्यवहार नहीं करती, और यही मैंने श्रीमती वैन दान को सीधे उनके मुंह पर कह दिया था।

समय–समय पर पीटर बहुत मनोरंजक हो सकता है। उसमें और मुझमें एक बात समान

है: हमें ऐसी पोशाकें पहनना पसंद है जो हर किसी को हंसाती हैं। एक शाम हमने अपना रूप बनाया, पीटर ने अपनी माँ की त्वचा कसी हुई पोशाक पहनी और मैंने उसका सूट। उसने एक टोप पहना था; मैंने एक टोपी पहनी थी। वयस्क दिल खोलकर हंसे, और हमने भी जितना हो सका हर तरह से आनंद लिया।

बेप ने बिजेंकोर्फ से मार्गोट और मेरे लिए नया स्कर्ट खरीदा था। कपड़ा बहुत डरावना है, उन बोरियों जैसा, जिनमें आलू आयें हों। उसी प्रकार की चीज जिसे विभागीय भंडार पुराने दिनों में बेचने की हिम्मत नहीं करते, अब २४.०० गिल्डर (मार्गोट की) और ७.७५ गिल्डर (मेरी) की लागत के हैं।

हमें दुकान में आनंद आ रहा है: बेप ने मार्गोट, पीटर और मेरे लिए आशुलिपि में एक पत्राचार पाठ्क्रम का आदेश दिया है। तुम बस प्रतीक्षा करो अगले साल इस समय तक हम सटीक आशुलिपि लेने में सक्षम हो जायेंगे। किसी भी मामले में, इस प्रकार का एक गुप्त कोड लिखना सीखना सचमुच दिलचस्प है।

मेरी तर्जनी (मेरे बाएं हाथ की) में भयानक दर्द हो रहा है, तो मैं इस्त्री नहीं कर सकती। क्या किस्मत है!

श्री वैन दान मेज पर अपने बगल में मुझे बिठाना चाहते हैं, क्योंकि मार्गोट उनके अनुरूप होने के हिसाब से पर्याप्त नहीं खाती। मेरे लिए यह सही है, मुझे बदलाव पसंद है। यार्ड के आसपास एक छोटी सी काले रंग की बिल्ली हमेशा घूमती रहती है, और यह मुझे मेरे प्रिय मूर्त्जे की याद दिलाती है। मेरे बदलाव पसंद करने का दूसरा कारण यह है कि माँ हमेशा मुझमें छोटे छोटे नुक्स निकालती रहती है, विशेष रूप से मेज पर। अब मार्गोट को इसका खामियाजा उठाना पड़ेगा। या फिर ना उठाये, चूंकि माँ उस पर इस तरह की व्यंग्यात्मक टिप्पणी नहीं करती है। नैतिकता के उस नमूने को नहीं! इन दिनों मैं हमेशा मार्गोट को नैतिकता का नमूना होने के लिए चिढाती रहती हूँ और वह इससे नफरत करती है। शायद यह उसे नेकी का दम ना भरने वाला बनना सिखा दे। उसके सीखने का यही समय है।

खबर के इस गोलमाल को खत्म करने के लिए: श्रीमान वैन दान के द्वारा एक मनोरंजक चुटकुला कहा गया:

वह क्या है जो निन्यानबे बार खट–खट करता है और एक बार खड़ करता है?

पादविकृति वाला एक कनखजूरा।

अलविदा,

ऐनी

शनिवार, ३ अक्टूबर, १९४२

प्रिय किट्टी,

कल मुझे हर किसी ने काफी छेड़ा क्योंकि मैं श्री वैन दान के बिस्तर के बगल के बिस्तर पर लेट गई थी। 'तुम्हारी उम्र में! चौंकाने वाला!' और उन पंक्तियों के साथ अन्य टिप्पणियाँ। बेवकूफ, बेशक। उनका जो भी मतलब है, मैं श्री वैन दान के साथ कभी सोना नहीं चाहूँगी।

कल माँ और मेरा एक और झगड़ा हो गया और उन्होंने वास्तव में इसका बतंगड़ बना दिया। उन्होंने पिताजी को मेरे सारे पापों को बताया और रोना शुरू कर दिया, जिसने मुझे भी रुला दिया, और मेरे सिर में तो पहले से ही भयानक दर्द था। अंततः मैंने पिताजी को बताया कि मैं उनसे माँ की तुलना में अधिक प्यार करती हूँ, जिस पर उन्होंने कहा कि यह सिर्फ एक कहने की बात है, लेकिन मुझे ऐसा नहीं लगता। मैं बस माँ को बर्दाश्त नहीं कर सकती, और मुझे हर समय अपने आप को उनकी तस्वीर बनने के लिए मजबूर करना होता है, और शान्त रहना पड़ता है, जबकि मैं उसके चेहरे पर थप्पड़ मारना चाहती हूँ। मुझे नहीं पता कि मैं उसे इस भयानक तरह से क्यों नापसंद करती हूँ। पिताजी कहते हैं जब माँ की तबियत ठीक ना हो या सिरदर्द हो तो, मुझे स्वेच्छा से उनकी मदद करनी चाहिए, लेकिन मैं ऐसा करने वाली नहीं हूँ क्योंकि मैं उसे प्यार नहीं करती और ऐसा करने में मुझे मजा नहीं आता है। मैं माँ की किसी दिन मरने की कल्पना कर सकती हूँ, लेकिन पिताजी की मृत्यु की कल्पना नहीं हो पाती है। यह मेरी गन्दी सोच है लेकिन मैं ऐसा ही महसूस करती हूँ। मैं उम्मीद करती हूँ कि माँ इसे या मैंने और भी जो कुछ लिखा है *कभी नहीं* पढ़ेगी।

मुझे हाल ही में अधिक वयस्क किताबें पढ़ने की अनुमति दी गई है। निको वैन सिक्लैन द्वारा लिखी गई *ईवा के युवा* वर्तमान में मुझे व्यस्त रखे हुए हैं। मुझे नहीं लगता इसमें और किशोर लड़कियों के लिए किताबों में कोई खास अंतर है। ईवा ने सोचा बच्चे सेबों की तरह पेड़ों पर उगते हैं, और जब वे पक गए तो सारस ने उन्हें तोडा और माओं के लिए ले आये। लेकिन उसकी एक सहेली की बिल्ली के बच्चे पैदा हुए थे और तब ईवा ने उन्हें बिल्ली के शरीर से बाहर आते देखा, तो उसने सोचा बिल्लियां, मुर्गियों की तरह अंडे देती हैं और उन्हें सेती हैं, और ये कि जो माएं बच्चा चाहती हैं वे भी अंडा देने और उन्हें सेने का समय आने से कुछ दिन पहले ऊपर के कमरे में चली जाती हैं। बच्चों के पहुंच जाने के बाद, मातायें उकडूं बैठे रहने से बहुत कमजोर हो जाती थीं। एक समय ईवा भी एक बच्चा चाहती थी। उसने एक ऊनी दुपट्टा लिया और जमीन पर बिछा दिया ताकि अंडा उस पर गिर सके, और फिर वह उकडूं हो कर बैठ गई और जोर लगाने लगी। वह इंतजार करते हुए कुड़कुड़ाई लेकिन कोई अंडा बाहर नही आया। अंत में, काफी लंबे समय तक बैठे रहने के बाद कुछ बाहर आया, लेकिन अंडे की जगह यह सॉसेज था। ईवा शर्मिंदा हो गई थी। उसने सोचा कि वह बीमार है। मजेदार बात है, है कि नहीं? ईवा की जवानी के भी कुछ हिस्से हैं जिनमें महिलाओं का गलियों में, भारी रकम के लिए अपने शरीर को बेचने का

जिक्र होता है। ऐसे किसी आदमी के सामने मैं शर्मिंदा हो जाती। इसके अलावा, इसमें ईवा के मासिक धर्म का भी उल्लेख होता है। ओह, मैं अपना मासिक धर्म पाने के लिए तरस रही हूँ – फिर मैं सच में बड़ी हो जाउंगी।

पिताजी फिर बड़बड़ा रहे हैं और मेरी डायरी ले जाने की धमकी दे रहे हैं। ओह, भयावहता का आतंक! अब से, मैं इसे छिपाने जा रही हूँ।

ऐनी फ्रैंक

बुधवार, ७ अक्टूबर, १९४२

मैं कल्पना करती हूं कि......

मैं स्विट्जरलैंड गई हूँ। पिताजी और मैं एक कमरे में सोते हैं, जबकि लड़कों[७] के अध्ययन कक्ष को बैठक कक्ष में बदल दिया गया है, जहाँ मैं मेहमानों का स्वागत कर सकती हूँ। एक आश्चर्य के रूप में, वे मेरे लिए नया फर्नीचर लाये हैं जिसमें एक चाय की मेज, एक मेज, आरामकुर्सी और एक दीवान शामिल है। सब कुछ बस अद्‌भुत है। कुछ दिनों के बाद पिताजी मुझे १५० गिल्डर देते हैं – हां, स्विस पैसे में परिवर्तित, बेशक, लेकिन मैं उन्हें गिल्डर कहती हूँ – और मुझे वह सब खरीदने को कहते हैं जो मुझे लगता है कि मुझे जरुरत पड़ेगी। (बाद में, मुझे एक गिल्डर हर सप्ताह मिलता है जिसे मैं जो भी लेना चाहती हूँ, उसपर खर्च कर सकती हूँ) मैं बर्न्ड के साथ प्रस्थान करती हूँ और खरीदती हूँ:

३ सूती बनियान ०.५० प्रति एक = १.५०

३ सूती निक्कर ०.५० प्रति एक = १.५०

३ ऊनी बनियान ०.७५ प्रति एक = २.२५

३ ऊनी निक्कर ०.७५ प्रति एक = २.२५

२ पेटीकोट ०.५० प्रति एक = १.००

२ ब्रा (सबसे छोटे आकार का) ०.५० प्रति एक = १.००

५ पजामें १.०० प्रति एक = ५.००

१ हल्का ड्रेसिंग गाउन २.५० प्रति एक = २.५०

१ एक मोटी ड्रेसिंग गाउन ३.०० प्रति एक = ३.००

२ बिस्तर जैके ०.७५ प्रति एक = १.५०

१ छोटा तकिया १.०० प्रति एक = १.००

१ जोड़ी हलके चप्पल १.०० प्रति जोड़ा = १.००

१ जोड़ी गर्म चप्पलें १.५० प्रति जोड़ा = १.५०

[७]ऐनी के चचेरे भाई बर्नहार्ड (बर्न्ड) और स्टीफन एलियास।

१ जोड़ी गर्मियों के जूते (स्कूल) १.५० प्रति जोड़ा = १.५०

१ जोड़ी गर्मियों के जूते (सर्वोत्तम) २.०० प्रति जोड़ी = २.००

१ जोड़ी सर्दियों के जूते (स्कूल) २.५० प्रति जोड़ी = २.५०

१ जोड़ी सर्दियों के जूते (सर्वोत्तम) ३.०० प्रति जोड़ी = ३.००

२ एप्रन ०.५० प्रति एक = १.००

२५ रूमाल ०.०५ प्रति एक = १.२५

४ जोड़ी रेशम के मोजे ०.७५ प्रति जोड़ा = ३.००

४ जोड़ी घुटने के मोजे ०.५० प्रति जोड़ा = २.००

४ जोड़ी मोजे ०.२५ प्रति जोड़ा = १.००

२ जोड़ी मोटे मोजे १.०० प्रति जोड़ा = २.००

३ लच्छे सफेद ऊन (अंडरवियर, टोपी) = १.५०

३ नीले रंग के धागे (स्वेटर, स्कर्ट) = १.५०

३ तरह – तरह धागे (टोपी, स्कार्फ) = १.५०

स्कार्फ, बेल्ट, कॉलर, बटन = १.२५

साथ ही स्कूल की २ पोशाक (गर्मियों की), स्कूल की २ पोशाक (सर्दियों की), २ अच्छी पोशाक (गर्मियों की), २ अच्छी पोशाक (सर्दियों की), १ गर्मियों की स्कर्ट, एक अच्छी सर्दियों की स्कर्ट, एक स्कूल की सर्दियों की स्कर्ट, १ बरसाती कोट, १ गर्मियों का कोट, १ सर्दियों का कोट, २ टोपी, २ टोपियां कुल १०८.०० गिल्दर्स में।

२ हैंडबैग, एक आइस स्केटिंग पोशाक, स्केट्स की एक जोड़ी, एक डिब्बा (पाउडर, त्वचा क्रीम, नींव क्रीम, सफाई क्रीम, सनटैन लोशन, रूई, प्राथमिक चिकित्सा किट, लाली, लिप्स्टिक, भौं पेंसिल, स्नान लवण युक्त, स्नान पाउडर, इ ए यू डे कोलोन, साबुन, पाउडर पफ)।

साथ ही ४ स्वेटर १.५०, के, ४ ब्लाउज १.०० के, विविध वस्तुयें १०.०० की और किताबें, ४.५० के तोहफे।

शुक्रवार, ९ अक्टूबर, १९४२

सबसे प्यारी किट्टी,

आज मेरे पास देने के लिए और कुछ नहीं बल्कि खराब और निराशाजनक खबर है। हमारे कई यहूदी मित्रों और परिचितों को झुण्ड में दूर ले जाया जा रहा है। गेस्टापो उनके साथ बहुत बुरा व्यवहार कर रही है और उन्हें जानवरों वाले ट्रकों में वेस्टरबोर्क ले जा रही हैं, ड्रेंथी में एक बड़ा शिविर जहाँ वे सभी यहूदियों को भेज रहे हैं। मियेप ने हमें किसी के बारे में बताया जो वहां से भागने में कामयाब हो गया था। वेस्टर बोर्क में यह भयानक होता

होगा। लोगों को खाने के लिए लगभग कुछ भी नहीं मिलता है, पीने के लिए भी काफी कम, पानी दिन में केवल एक घंटे के लिए आता है और कई हजार लोगों के लिए केवल एक शौचालय और हौदी है। पुरुष और महिलायें एक ही कमरे में सोते हैं, महिलाओं और बच्चों के सिर अक्सर मुंडवा दिए जाते हैं। भागना लगभग असंभव है; कई लोग यहूदी दिखते है, और उन्हें कतरे सिरों की छाप लगा दी जाती है।

यदि यह हॉलैंड में इतना बुरा है तो उन दूर और असभ्य स्थानों में क्या होता होगा जहाँ जर्मन उन्हें भेज रहे हैं? हम मानते हैं कि उनमें से ज्यादातर की हत्या की जा रही हैं। अंग्रेजी रेडियो कहता है कि उन्हें गैस से मारा जा रहा है। शायद यह हत्या करने का सबसे तेज तरीका है।

मैं डर महसूस करती हूं। मिएप के घृणा के ये विवरण बहुत मर्मभेदी हैं और मिएप भी बहुत परेशान है। उदहारण के लिए एक दिन जब वे एक कार खोजने के लिए रवाना हो रहे थे, गेस्टापो ने मिएप के दरवाजे पर एक बुजुर्ग, अंगहीन यहूदी महिला को पकड़ लिया, बूढी महिला चमकदार खोजबत्तियों और सिर के ऊपर अंग्रेजी विमानों पर बंदूकों से गोलीबारी से डरी हुई थी। फिर भी मिएप ने उसे अंदर आने देने की हिम्मत नहीं की। कोई भी नहीं करता। जब सजा की बात आये तो जर्मनी काफी उदार होते हैं।

बेप भी बहुत बुझी हुई है। उसके प्रेमी को जर्मनी भेजा जा रहा है। हर बार जब ऊपर विमान उड़ते हैं, वह डर जाती कि वे अपने सारे बम बर्तस के सिर पर गिराने वाले हैं। 'ओह, चिंता मत करो वे सब उस पर नहीं गिर सकते हैं, या इसके लिए एक ही बम लगता है, जैसे चुटकुले इस स्थिति में उपयुक्त नहीं हैं। बर्तस जर्मनी में काम करने के लिए मजबूर किये जाने वाला अकेला नहीं है। युवा पुरुषों से भरी रेलगाड़ियाँ रोज रवाना होती हैं। किसी छोटे स्टेशन पर जब ट्रेन रूकती है तो उनमें से कुछ ट्रेन से निकलने की कोशिश करते हैं, लेकिन केवल कुछ ही किसी के ध्यान में आये बिना बच निकलने में सफल होते हैं और छिपने के लिए जगह ढूंढ पाते हैं।

लेकिन यह मेरे विलाप का अंत नहीं है। क्या आपने कभी 'बंधक' शब्द सुना है? आतंकियों के लिए यही नवीनतम सजा है। यह सबसे भयानक बात है जिसकी आप कल्पना कर सकते हैं। प्रमुख नागरिकों – निर्दोष लोगों – को फांसी के इंतजार के लिए बंदी बना लिया जाता है। यदि गेस्टापो को विध्वंसकारी नहीं मिल पाते है तो वे बस पाँच बंधकों को पकड़ते हैं और उन्हें दीवार के खिलाफ पंक्ति में खड़ा कर दिया जाता है। आप उनकी मौत की घोषणा अखबार में पढ़ते हैं जहाँ उन्हें 'घातक दुर्घटनाओं' के रूप में दिखाया जाता है।

मानवता के बढ़िया नमूने, वे जर्मन, और सोचना कि मैं वास्तव में उनमें से एक हूँ! नहीं, यह सच नहीं है, हिटलर ने बहुत पहले हमारी राष्ट्रीयता छीन ली थी। और इसके अलावा, जर्मनों और यहूदियों से बड़ा पृथ्वी पर कोई दुश्मन नहीं हैं।

तुम्हारी, ऐनी

बुधवार, १४ अक्टूबर, १९४२

प्रिय किट्टी,

मैं बहुत व्यस्त हूँ। कल मैंने *ला बेले निवेर्नैस* से एक अध्याय का अनुवाद करना और शब्दावली के शब्दों को लिखना शुरू किया। फिर मैंने गणित की एक *भयानक* समस्या पर काम किया और इसके अलावा फ्रेंच व्याकरण के तीन पृष्ठों का अनुवाद किया। आज, फ्रेंच व्याकरण और इतिहास। मैंने बस हर दिन मनहूस गणित करने से मना कर दिया। पिताजी सोचते है यह भी भयानक है। मैं उनकी तुलना में इसपर लगभग बेहतर हूँ वास्तव में, हालांकि हम में से कोई भी बहुत अच्छा नहीं है, इसलिए हमें मदद के लिए हमेशा मार्गोट को बुलाना पड़ता है। मैं अपनी आशुलिपि में भी काम कर रही हूँ जिसमें मुझे आनंद आता है। हम तीनों में से, मैंने सबसे अधिक प्रगति की है।

मैंने *तूफान परिवार* पढ़ा है। यह काफी अच्छा है, लेकिन *जूप टेर हयूल* से तुलना नहीं है। वैसे भी, दोनों पुस्तकों में एक ही प्रकार के शब्द पाए जा सकते हैं, जो समझ में आता है क्योंकि वे दोनों एक ही लेखक द्वारा लिखे गए हैं। सिसी वैन मार्क्सवेल्ट एक भीषण लेखिका हैं। मैं निश्चित रूप से अपने बच्चों को उनकी किताबें भी पढ़ने दूंगी।

इसके अलावा, मैंने कोर्नर के बहुत से नाटकों को भी पढ़ा है। वह जिस तरह से लिखते हैं मुझे बहुत पसंद है। उदाहरण के लिए, *हेडविग, ब्रेमेन से चचेरा भाई, अध्यापिका, ग्रीन डोमिनोज*, आदि।

माँ, मार्गोट और मैं एक बार फिर से दोस्त बन गए हैं। वास्तव में उस तरह से यह बहुत अच्छा है। कल रात मार्गोट और मैं मेरे बिस्तर में कंधे से कंधा मिलाकर लेटे हुए थे। यह अविश्वसनीय रूप से बहुत तंग था लेकिन इसी ने इसे मजेदार बना दिया। उसने पूछा क्या वह एक बार मेरी डायरी पढ़ सकती है।

'उसका भाग,' मैंने कहा, और उसकी डायरी के बारे में पूछा। उसने भी अपनी डायरी पढ़ने की मुझे अनुमति दे दी।

बातचीत का विषय बदल कर भविष्य हो गया, और मैंने पूछा कि वह बड़ी होकर क्या बनना चाहती थी। लेकिन उसने यह नहीं बताया और इस बारे में काफी रहस्य बना रह गया था। जितना मैं जानती हूँ यह शिक्षण करने जैसा कुछ था; बेशक, मैं बिल्कुल यकीन से नहीं कह सकती हूँ लेकिन मुझे संदेह है यह उन पंक्तियों पर कुछ है। मुझे वास्तव में इतना दखलंदाज नहीं होना चाहिए।

आज सुबह मैं पीटर को पहले खूब दौड़ाने के बाद उसके बिस्तर पर लेट गई। वह गुस्से में था, लेकिन मुझे उसकी परवाह नहीं थी। वह शायद मेरे प्रति समय समय पर थोड़ा अधिक दोस्ताना होने के बारे में सोच सकता है। आखिरकार, कल रात मैंने उसे एक सेब दिया था।

एक बार मैंने मार्गोट से पूछा था कि क्या वह सोचती है कि मैं बदसूरत हूँ। उसने

कहा कि मैं ठीक ठाक थी और मेरी आँखें अच्छी थीं। यह थोड़ा अस्पष्ट है, क्या तुम्हें नहीं लगता?

खैर, अगली बार तक!

ऐनी फ्रैंक

पश्च–लेख: आज सुबह हम सभी का वजन लिया गया है। मार्गोट का वजन इस समय ९ स्टोन ६ पाउंड, माँ का ९ स्टोन १० पाउंड, पिताजी का ११ स्टोन १ पाउंड, ऐनी ६ स्टोन १२ पाउंड, पीटर १० स्टोन १ पाउंड, श्रीमती वैन दान ८ स्टोन ५ पाउंड, श्री वैन दान ११ स्टोन ११ पाउंड है। इन तीन महीनों में जब से मैं यहाँ आई हूँ मेरा वजन १९ पाउंड बढ़ा है। बहुत है न?

मंगलवार, २० अक्टूबर, १९४२

सबसे प्यारी किट्टी,

मेरे हाथ अभी भी कांप रहे हैं हालांकि हमारे डरजाने के बाद से, दो घंटे बीत चुके है। मुझे स्पष्ट करना चाहिए कि इमारत में पाँच आग बुझाने के यंत्र हैं। कार्यालय के कर्मचारी मूर्खतावश हमें सचेत करना भूल गए कि बढ़ई, या जो कुछ भी उसे कहा जाता है, बुझाने वाले यंत्रों को भरने आ रहा था। नतीजतन, जब तक कि मैंने सीढ़ियों पर (किताबों की अलमारी के उस पार से) हथौड़े की आवाज नहीं सुनी, हम चुप हो कर बैठने के झंझट में नहीं पड़े। मैंने तुरंत मान लिया कि यह बढ़ई था और, बेप जो दोपहर का भोजन खा रही थी, को सचेत करने चली गई कि वह नीचे वापस नहीं जा सकती। पिता और मैंने खुद को दरवाजे पर तैनात किया ताकि हम सुन सकें कि आदमी कब चला गया। लगभग पन्द्रह मिनट तक काम करने के बाद, उसने अपना हथौड़ा और कुछ अन्य उपकरण हमारी किताबों की अलमारी पर रख दिया (या हमने ऐसा सोचा!) और हमारे दरवाजे पर टक्कर मारी। हम डर के मारे सफेद पड़ गए। क्या उसने आखिरकार कुछ सुन लिया था और अब इस रहस्यमय दिखने वाली किताबों की अलमारी की जाँच करना चाहता था? ऐसा ही लग रहा था, क्योंकि वह इस पर दस्तक देना, खींचना, धक्का देना और मरोड़ना जारी रखे था।

मैं बहुत डर गई थी हमारे अद्भुत छिपने की जगह की खोज करने का प्रबंध कर रहे इस पूरे अजनबी के बारे में सोच कर मैं लगभग बेहोश हो गई थी। मैं मन में बस अपने दिनों को गिने जा रही थी, तभी हमने श्री क्लेइमन की आवाज को कहते सुना, 'खोलिए, यह मैं हूँ।'

हमने एक बार में ही दरवाजा खोल दिया। क्या हुआ था? किताबों की अलमारी का बन्धन हुक, फंस गया था जिसकी वजह से कोई भी बढ़ई के बारे में हमें सचेत करने में सक्षम नहीं हो पाया था। आदमी के जाने के बाद, श्री क्लेइमन, बेप को लेने आए थे लेकिन किताबों की अलमारी खोल नहीं सके थे। मैं आपको बता नहीं सकती मुझे कितनी राहत

मिली थी। मेरी कल्पना में, मैंने सोचा वह आदमी गुप्त एनेक्सी के अंदर आने की कोशिश कर रहा था वह बड़ा और बड़ा होता जा रहा था जब तक कि वह न केवल विशाल हो गया था बल्कि वह दुनिया का क्रूरतम फासिस्ट भी बन गया था। वाह। सौभाग्य से, सब कुछ ठीक ठाक काम कर रहा था, कम से कम इस बार।

हम सोमवार को बहुत मजा आया था। मिएप और जान ने हमारे साथ रात बिताई। मार्गोट और मैं रात भर के लिए पिता और माँ के कमरे में सोए ताकि गिएस (एक जर्मन उपनाम) हमारे बिस्तर में सो सकें। उनके सम्मान में मेनू तैयार किया गया था, और भोजन बहुत स्वादिष्ट था। जब पिताजी के लैम्प में एक शॉर्ट सर्किट हो गया तो यह उत्सव थोड़ा बाधित हो गया और हम अचानक अंधेरे में डूब गए थे। हमें क्या करना था? हमें फ्यूज लगाने की जरूरत थी लेकिन फ्यूज बॉक्स, अंधेरे गोदाम के पीछे था जिसने इसे रात को एक विशेष रूप से अप्रिय काम बना दिया। फिर भी, लोग आगे बढ़े, और दस मिनट बाद हम मोमबत्तियां लगाने में सक्षम हो गए थे।

मैं आज सुबह बहुत जल्दी उठ गई थी। जान पहले से ही तैयार हो गए थे। उन्हें ८:३० पर जाना था, वह ऊपर आठ बजे से नाश्ता खा रहे थे। मिएप तैयार होने में व्यस्त थी, और जब मैं अन्दर आई तो उसको बनियान में पाया। जब वह साईकिल चलाती है मेरी तरह ही लम्बा अंडरवियर पहनती है। मार्गोट और मैंने भी अपने कपड़े बदल लिए और सामान्य से पहले ही ऊपर आ गए थे। एक सुखद नाश्ते के बाद, मिएप नीचे आ गई। बाहर मूसलाधार बारिश हो रही थी और वह खुश थी कि उसे काम करने के लिए साईकिल नहीं चलानी थी। पिताजी और मैंने बिस्तर ठीक किया, और उसके बाद मैंने पांच अनियमित फ्रेंच क्रियाएँ सीखा। काफी मेहनत का काम है, क्या तुम्हें नहीं लगता?

दीवान पर मार्गोट के बगल में शर्मिंदा हो कर बैठी मौसची के साथ, मार्गोट और पीटर हमारे कमरे में पढ़ रहे थे। अनियमित फ्रेंच क्रियाओं के बाद, मैं भी उनके साथ शामिल हो गई और *द वुड्स आर सिंगिंग फॉर आल इटरनिटी* पढ़ा। यह एक काफी खूबसूरत लेकिन बहुत ही असामान्य किताब है। मैं लगभग समाप्त कर रही हूँ।

अगले सप्ताह रात बिताने की बारी बेप की है।

ऐनी फ्रैंक

गुरुवार, २९ अक्टूबर, १९४२

मेरी सबसे प्यारी किट्टी,

मैं बहुत चिंतित हूं। पिताजी बीमार हैं। ऊँचे तापमान के साथ उनका पूरा शरीर चकत्तों से ढंक गया है। यह खसरा की तरह लग रहा है। जरा सोचो, हम एक डॉक्टर को फोन भी नहीं कर सकते! पसीना बाहर आने के साथ बुखार उतर जाने की उम्मीद में, माँ उन्हें पसीना लाने का उपाय कर रही है।

आज सुबह मिएप ने हमें बताया कि वैन दान के जुइडर–अम्स्टलान के अपार्टमेंट से फर्नीचर हटा दिया गया है। हमने अभी तक श्रीमती वैन दान को नहीं बताया है। हाल ही में उन्हें बहुत ज्यादा 'तंत्रिका अवसाद'[८] हो गया था, और हम सभी सुंदर चाईना और प्यारी कुर्सियों के बारे में, जिन्हें उनको पीछे छोड़ना पड़ा था, उन्हें फिर से विलाप करते और कराहते सुनना नहीं चाहते हैं। हमने भी अपनी अच्छी चीजों में से अधिकांश का परित्याग किया था। लेकिन अब इसके बारे में बड़बड़ाने से क्या फायदा है?

पिताजी मुझसे चाहते हैं कि मैं हेबबेल और अन्य प्रसिद्ध जर्मन लेखकों की किताबें पढ़ना शुरू करूँ। मैं अब काफी अच्छी तरह से जर्मन पढ़ सकती हूँ, सिवाय इसके कि मैं आमतौर पर शब्दों को चुपचाप खुद के मन में पढ़ने की बजाय उनको बुदबुदाती हूँ। लेकिन यह सब चलता है। पिताजी ने किताबों की बड़ी अलमारी से गेटे और शिलर के नाटकों को चुना है और हर शाम मेरे लिए उसे पढ़ने की योजना बना रहे हैं। हमने *डॉन कार्लोस* के साथ शुरू कर दिया है। पिताजी के अच्छे उदाहरण से उत्साहित हो कर माँ ने मेरे हाथों में अपनी प्रार्थना की पुस्तक रख दिया। सिर्फ विनम्रता के नाते मैंने जर्मन में कुछ प्रर्थनायें पढ़ीं। वे निश्चित रूप से, सुंदर ध्वनित होती हैं लेकिन मेरे लिए उनका बहुत कम मतलब है। वे मुझे क्यों इतना धार्मिक और भक्त बनाने पर कार्य कर रही है?

कल हम पहली बार स्टोव जलाने जा रहे हैं। चिमनी की काफी समय से झाड़ पोंछ नहीं किया गया है, तो कमरा धुएं से भरने के लिए बाध्य है। आशा करते हैं, बात बन जायेगी!

तुम्हारी, ऐनी

सोमवार, २ नवम्बर, १९४२

प्रिय किट्टी,

बेप शुक्रवार शाम को हमारे साथ रही। यह मजेदार था, लेकिन वह ठीक से सो नहीं पाई थी क्योंकि उसने थोड़ी सी शराब पी लिया था। बाकी के लिए, रिपोर्ट करने के लिए कुछ खास नहीं है। कल मेरे सिर में भयानक दर्द था और बिस्तर पर जल्दी चली गई। मार्गोट फिर से खीझ रही है।

आज सुबह मैंने कार्यालय के सूचकांक कार्ड फाइलों की छँटाई शुरू किया, क्योंकि यह गिर गया था और सभी आपस में मिल गए थे। काफी समय पहले से मैं झक्की हो गई थी। मैंने मार्गोट और पीटर को मदद करने के लिए कहा था लेकिन वे आलसी थे इसलिए मैंने उनको हटा दिया। मैं यह सब अपने आप से करने के लिए काफी सनकी नहीं हूँ!

ऐनी फ्रैंक

---

[८]व्यग्र

पश्च–लेख। मैं एक महत्वपूर्ण खबर का उल्लेख करना भूल गई मुझे शायद माहवारी शुरू होने जा रही है। मैं यह बता सकती हूँ क्योंकि मुझे अपनी पैंटी में एक सफेद धब्बा दिख रहा है, और माँ की भविष्यवाणी है कि यह जल्द ही शुरू होगा। मुझसे इंतजार नहीं हो सकता। यह इस तरह के एक महत्वपूर्ण घटना है। बहुत बुरा है मैं स्वच्छता तौलिए का उपयोग नहीं कर सकती हूँ, लेकिन आपको वह अब और नहीं मिल सकता और मम्मी के टैम्पोन का केवल उन महिलाओं द्वारा ही उपयोग किया जा सकता है जिनको एक बच्चा हुआ है।[१]

गुरुवार, ५ नवम्बर, १९४२

प्रिय किट्टी,

आखिरकार ब्रिटिश ने अफ्रीका में कुछ एक सफलताएँ हासिल की और स्टेलिनग्राद अभी तक नहीं गिरा है, इसलिए लोग खुश हैं और आज सुबह हमने कॉफी पी। बाकियों के लिए, बताने को कुछ खास नहीं।

इस सप्ताह मैं पढती अधिक और काम कम करती रही हूँ। चीजों को इसी तरह से होना चाहिए। निश्चित ही यही सफलता का रास्ता है।

माँ और मेरे सम्बन्ध हाल ही में थोड़े बेहतर हो रहे हैं, लेकिन हम कभी भी करीब नहीं होंगे। पिताजी अपनी भावनाओं के बारे में बहुत खुले नहीं है, लेकिन वे वही प्यारे इन्सान हैं जो हमेशा रहे हैं। हमने कुछ दिन पहले स्टोव जलाया था और पूरा कमरा अभी भी धुएं से भरा है। मैं मध्यम गर्मी पसंद करती हूँ और शायद मैं ही एकमात्र नहीं हूँ। मार्गोट एक बदमाश है (इसके लिए कोई अन्य शब्द नहीं है) सुबह, दोपहर और रात, चिढ़ का एक निरंतर स्रोत।

ऐनी फ्रैंक

---

[१] २२ जनवरी १९४४ को ऐनी द्वारा जोड़ी गई टिप्पणी:

मैं अब उस तरह की बात लिखने में सक्षम नहीं हुंगी।

अब जब मैं अपनी डायरी डेढ़ साल के बाद फिर से पढ़ रही हूँ, मैं अपनी बचकाना मासूमियत पर हैरान हूँ। असलियत में मुझे पता है मैं कभी फिर से वैसी निर्दोष नहीं हो सकती तथापि मैं वैसी होना बहुत चाहती हूँ। मैं मनोदशा में बदलाव और मार्गोट, माता और पिता के बारे में टिप्पणी को समझ सकती हूँ जैसे कि मैंने कल ही उन्हें लिखा था, लेकिन मैं अन्य मामलों के बारे में इतने खुले तौर पर लिखने की कल्पना नहीं कर सकती। विषयों के फलकों को पढ़ कर निपटने के साथ यह मुझे बहुत असमंजस में डाल देता है जो कि मुझे उनके वास्तविक रूप की तुलना में अच्छी तरह याद था। मेरे वर्णन बहुत असभ्य हैं। लेकिन उस के लिए पर्याप्त हैं।

मैं अपने घर से बाहर रहने से पैदा खिन्नता और मोर्तृजे के लिए तरस को भी समझ सकती हूँ। मैं यहाँ रहने के पूरे समय मैंने अनजाने में इंतजार किया है – और कई बार जानबूझकर – विश्वास के लिए, प्रेम और शारीरिक स्नेह। यह लालसा, तीव्रता में परिवर्तित हो सकती है लेकिन यह हमेशा नहीं है।

शनिवार ७ नवम्बर, १९४२

सबसे प्यारी किट्टी,

माँ का धैर्य बिलकुल सीमा पर है, और यह मेरे लिए शुभ संकेत नहीं है। क्या यह सिर्फ संयोग है कि माँ और पिता मार्गोट को कभी नहीं डांटते और हर चीज के लिए हमेशा मुझे ही दोष देते है? उदहारण के लिए कल रात, मार्गोट सुंदर चित्रों वाली एक किताब पढ़ रही थी; वह उठी और किताब को बाद में पढने के लिये एक तरफ रख दिया। मैं कुछ भी नहीं कर रही थी, तो मैंने इसे उठाया और चित्रों को देखना शुरू कर दिया। मार्गोट वापस आई मेरे हाथों में 'अपनी' किताब देखी, भौंहें चढ़ाई और बुरी तरह से किताब वापस मांगी। मैं थोड़ा और अधिक देखना चाहती थी। मार्गोट मिनट भर में आगबबूला हो गई, और माँ ने टांग अड़ाई: 'मार्गोट वह किताब पढ़ रही थी; उसे वापस दो।'

पिता अंदर आए, और यहां तक कि क्या चल रहा है यह जाने बिना ही, देख लिया कि मार्गोट के साथ नाइंसाफी हो रही है, और मुझ पर जमकर बरसे: 'मैं देखना चाहूँगा कि तुम क्या करती यदि मार्गोट तुम्हारी किताब देख रही होती'।

मैंने तुरंत किताब नीचे रख दी और उनके अनुसार, 'आवेश में आ कर' कमरे से निकल गई, मैं न तो आवेश में थी और ना ही चिढ़ी, बल्कि केवल दुःखी थी।

पिताजी का मामले को जाने बिना फैसला देना ठीक नहीं था। मैंने अपने आप ही और बहुत जल्दी, मार्गोट को किताब दे दी होती, यदि पिता और माँ ने हस्तक्षेप नहीं किया होता और उसका पक्ष लेने की जल्दी नहीं दिखाई होती, मानो मार्गोट कितना अन्याय सह रही है।

बेशक, माँ ने मार्गोट का पक्ष लिया; वे हमेशा एक दूसरे का पक्ष लेते हैं। मैं इसकी इतनी आदी हूँ कि मैं पूरी तरह से माँ की फटकार और मार्गोट के चिड़चिड़ेपन के प्रति उदासीन हो चुकी हूँ। मैं उन्हें प्यार करती हूँ, लेकिन सिर्फ इसलिए क्योंकि वे माँ और मार्गोट हैं। मैं लोगों के रूप में उनमें कोई जोश नहीं दिखाती हूँ। जहां तक मेरा सवाल है, वे कहीं भी जा कर डूब सकते हैं। पिता के साथ अलग है। जब मैं उन्हें मार्गोट के लिए पक्षपाती होते, मार्गोट की हर कार्रवाई का अनुमोदन करते, उसकी तारीफ करते, उसे गले लगते देखती हूँ, तो मैं अंदर एक कचोटने वाला दर्द महसूस करती हूँ, क्योंकि मैं उनके लिए पागल हूँ। मैं पिता के जैसे खुद को तैयार करती हूँ, और मैं उनसे अधिक प्यार दुनिया में किसी से नहीं करती हूँ। उन्हें यह अहसास नहीं है कि वे मार्गोट से मुझसे अलग व्यवहार प्राप्त करते हैं: मार्गोट सबसे अधिक दयालू, चतुर, सुंदर और अच्छी है। लेकिन मेरे पास भी गंभीरता से लिये जाने का अधिकार है। मैं हमेशा से परिवार की जोकर और शरारत निर्माता रही हूँ; मुझे हमेशा मेरे पापों के लिए दुगुना भुगतान करना पड़ा है: एक बार डांट से और फिर मेरी खुद की निराशा की भावना के साथ। मैं अब और अर्थहीन स्नेह या गंभीर समझी जाने वाली बातों से संतुष्ट नहीं होती हूँ। मैं पिता की तरफ से कुछ इच्छा रखती हूँ जो कि वह देने में असमर्थ हैं। मैं मार्गोट से ईर्ष्या नहीं करती; मैंने कभी नहीं की है। मैं उसके दिमाग

या उसकी सुंदरता से जलती नहीं हूँ। बस इतना है कि मैं महसूस करना चाहूंगी कि पिता मुझसे प्यार करते हैं, इस कारण नहीं कि मैं उनकी बेटी हूँ, लेकिन क्योंकि 'मैं' मैं हूँ, ऐनी।

मैं पिता से जुड़ी हुई हूँ क्योंकि माँ के लिए मेरी अवमानना प्रतिदिन बढ़ रही है और यह सिर्फ उनकी बदौलत है कि मैं परिवार भावना जिसे मैं छोड़ चुकी हूँ, की अंतिम कतरे को बनाए रखने में सक्षम हूँ। वे समझते नहीं हैं कि कभी–कभी मुझे माँ के प्रति भावनाओं को बाहर निकालने की जरूरत पड़ती है। वे इस बारे में बात नहीं करना चाहते, और माँ की किसी भी कमजोरी की चर्चा से वे बचते हैं।

और फिर भी माँ, उसकी सब कमियों के साथ, मेरे साथ बर्ताव में भारी पड़ती है। मैं नहीं जानती मुझे किस तरह व्यवहार करना चाहिए। मैं उसकी लापरवाही, उसके व्यंग्य और उसकी कड़ी हार्दिकता के साथ उसका सामना बहुत अच्छी तरह नहीं कर सकती, फिर भी मैं सब बातों के लिए दोष लेना जारी नहीं रख सकती।

मैं अपनी माँ के विपरीत हूँ तो बेशक हमारी भिडंत होगी ही। मेरा मतलब उन्हें आंकना नहीं होता, मुझे वह अधिकार नहीं है। मैं उन्हें बस एक माँ के रूप में देखती हूँ। वह मेरे लिए एक माँ नहीं है – मुझे खुद माँ की तरह अपनी देखभाल करनी है। मैंने अपने आप को भटकते हुए उन लोगों से काट दिया है। मैं अपनी खुद की रणनीति अपना रही हूँ, और हम देखेंगे यह मुझे कहाँ ले जाता है। मेरे पास कोई विकल्प नहीं है, क्योंकि मैं कल्पना कर सकती हूँ कि एक पत्नी और एक माँ क्या होनी चाहिए और मेरा किसी औरत में इस तरह का कुछ भी ढूंढ पाना प्रतीत नहीं होता, जिसे मुझे माँ कहना चाहिए।

मैं अपने आप को बार – बार माँ के बुरे उदाहरण अनदेखा करने के लिए कहती हूँ। मैं उसकी केवल अच्छी बातें देखना चाहती हूँ, और स्वयं के अंदर देखना चाहती हूँ कि उसमे क्या कमी है। लेकिन यह काम नहीं करता, और सबसे बुरी बात यह कि पिता और माँ अपनी स्वयं की अयोग्यता और मुझे नीचा दिखाने के लिए मैं उन्हें कितना दोष देती हूँ का अहसास नहीं करते हैं। क्या ऐसे माँ बाप हैं जो अपने बच्चों को पूरी तरह से खुश कर सकते हैं?

कभी कभी मैं सोचती हूँ भगवान मुझे परखने की कोशिश कर रहा है, वर्तमान और भविष्य दोनों में। मुझे अपने दम पर एक अच्छा व्यक्ति बनना होगा, एक आदर्श के रूप में सेवा करने वाले के या मुझे सलाह देने वाले के बिना, लेकिन यह अंत में मुझे मजबूत बना देगा।

मेरे आलावा और कौन इन पत्रों को कभी पढ़ने जा रहा है? मेरे आलावा और किसे मैं आराम से बदल सकती हूँ? मुझे बारम्बार सांत्वना की जरूरत होती है, मैं अक्सर कमजोर महसूस करती हूँ, और आधे से अधिक बार, मैं अपेक्षाओं को पूरा करने में विफल रहती हूँ। मैं यह जानती हूँ, और हर दिन मैं बेहतर करने का निश्चय करती हूँ।

मेरे लिए वे अपने व्यवहार में अटल नहीं हैं। एक दिन वे कहते हैं ऐनी एक समझदार लड़की है और सब कुछ जानने की हकदार है, और अगले दिन कि ऐनी एक अल्पबुद्धि

है जो कुछ नहीं जानती और फिर भी कल्पना करती है वह सब सीख चुकी है जो भी उसे किताबों से सीखने की जरूरत है! मैं अब कोई बच्ची और खराब छोटी प्यारी नहीं हूँ जिसकी हर बात पर हंसा जा सकता है। मेरे अपने उपाय हैं, विचार हैं, योजनायें हैं, और आदर्श हैं, लेकिन मैं अभी तक उन्हें स्पष्ट करने में असमर्थ हूँ।

ओह अच्छा। जब मैं अकेली होती हूँ, रात में मेरे दिमाग में बहुत कुछ आता है या दिन के दौरान जब मैं ऐसे लोगो को बर्दाशत करने के लिए बाध्य होती हूँ जिन्हें मैं सहन नहीं कर सकती हूँ या सर्वदा मेरे इरादों का गलत अर्थ निकालते हैं। इसीलिए मैं हमेशा अपनी डायरी के पास वापस आती हूँ – मैं शुरू करती हूँ और खत्म करती हूँ क्यूंकि किटी हमेशा धैर्यवान होती है। मैं उससे वादा करती हूँ कि किसी भी बात के बावजूद, मैं लगी रहूंगी, मैं अपना रास्ता खोज लूंगी और अपने आंसुओं को पी जाउंगी। काश कुछ परिणाम देख सकूँ या, सिर्फ एक बार, किसी ऐसे से प्रोत्साहन पा जाऊं जो मुझे प्यार करता हो।

मेरी निंदा मत करो, लेकिन ऐसे व्यक्ति के रूप में मेरी कल्पना करो जो कभी–कभी फटने के बिंदु पर पहुँच जाता है!

ऐनी फ्रैंक

सोमवार, ९ नवम्बर, १९४२

सबसे प्यारी किट्टी,

कल पीटर का सोलहवां जन्मदिन था। मैं आठ बजे तक ऊपर थी, और पीटर और मैंने उसके तोहफों को देखा। उसे एकाधिकार की एक गेम मिली थी, एक उस्तरा और एक धुम्रपान लाइटर। इसलिए नहीं कि वह बहुत धूम्रपान करता है, बिल्कुल नहीं, यह बस असाधारण दिखता था।

सबसे बड़ी आश्चर्य की बात श्रीमान वैन दान की ओर से आई, उन्होंने एक बजे सूचना दी कि अंग्रेज ट्यूनिस, अल्जीयर्स, कैसाब्लांका और ओरान में उतर गए थे।

हर कोई कह रहा था, 'यह अंत की शुरुवात है', लेकिन ब्रिटिश प्रधान मंत्री 'चर्चिल', ने, जिन्होंने इंग्लैंड में दोहराई जा रही एक ही बात को अवश्य सुना होगा, घोषित किया। 'यह अंत नहीं है, यह अंत की शुरुआत' भी नहीं है। लेकिन शायद यह शुरुआत का अंत है'। क्या आपने फर्क देखा? हालांकि, आशावाद के लिए कारण है। स्टेलिनग्राद, एक रूसी शहर जिस पर तीन महीने से हमले हो रहे हैं, अब भी जर्मन हाथों में नहीं गया है।

उपभवन की सच्ची भावना में, मुझे खाने के बारे में आप से बात करनी चाहिए। (मुझे समझना चाहिए कि सबसे उपरी मंजिल पर वे वास्तविक पेटू हैं।)

श्रीमान क्लिमन के एक दोस्त, एक बहुत अच्छे नानबाई के द्वारा रोज रोटी वितरित की जाती है। बेशक, हमें उतनी नहीं मिलती जितनी घर पर मिलती थी, लेकिन यह काफी

है। हम काले बाजार से राशन किताबें भी खरीदते हैं। कीमतें बढती रहती हैं; यह पहले ही २७ से ३३ गिल्दर्स तक बढ़ गई है। और वो भी मात्र कागज के मुद्रित पत्र के लिए!

खुद को पोषण का एक स्रोत उपलब्ध करने के लिए हमने, तीन सौ पाउंड्स सेम खरीदे हैं, जो संग्रहित किये हुए भोजन के सौ टिन से अलग रखे जायेंगे। सिर्फ हमारे लिए नहीं, लेकिन कार्यालय के कर्मचारियों के लिए के लिए भी। हमने सेम की बोरियों को बीच में हुकों पर लटका दिया, बिलकुल हमारे गुप्त प्रवेश द्वार के अंदर, लेकिन कुछेक की सिलाई भार के कारण खुल गई। इसलिए हमने उन्हें अटारी पर स्थानांतरित करने का फैसला किया, और पीटर को भार उठाने का काम सौंपा गया।

वह निष्ठा के साथ छह में से पांच बोरी ऊपर ले जाने में कामयाब रहा और आखिरी में व्यस्त था जब बोरी फट गई और सेम की बाढ़ या बल्कि ओलावृष्टि हवा में उडती हुई नीचे जा गिरी। चूंकि उस बोरी में पचास पौण्ड सेम थे, इससे मुर्दों को भी जगाने लायक काफी शोर हुआ। नीचे जो लोग थे उनको विश्वास हो गया था कि मकान उनके सिर पर गिरने वाला है। पीटर दंग रह गया, लेकिन फिर हँसते हँसते उसके पेट में बल पड़ गए जब उसने मुझे सीढ़ियों के नीचे, भूरे समंदर में एक द्वीप जैसे, और सेम की लहरों को, मेरे टखने को लप लप चाटते देखा। हमने तुरंत उन्हें उठाना शुरू किया, लेकिन सेम इतनी छोटी और चिकनी होती हैं कि वे हर कल्पनीय कोने और छेद में लुढ़क जाती है। अब हर बार जब हम ऊपर जाते हैं, हम झुकते हैं और इधर उधर खोजते हैं ताकि हम श्रीमती वैन दान को मुट्ठीभर सेम पेश कर सकें।

मैं यह उल्लेख करना लगभग भूल ही गई कि पिता अपनी बीमारी से उबर गए हैं।

तुम्हारी, ऐनी

पश्च–लेख। रेडियो ने अभी–अभी घोषणा की है कि अल्जीयर्स गिर गया है। मोरक्को, कैसाब्लांका और ओरान कई दिनों से अंग्रेजों के हाथों में है। अब हम ट्यूनिस का इंतजार कर रहे हैं।

मंगलवार, १० नवम्बर, १९४२

सबसे प्यारी किट्टी,

अच्छी खबर! हम अपने साथ इस गुप्त स्थान में एक आठवां व्यक्ति लेने की योजना बना रहे हैं!

हाँ सचमुच। हमें हमेशा लगा है कि यहाँ एक और व्यक्ति के लिए पर्याप्त जगह और खाना है, लेकिन हम श्री कुग्लर और श्री क्लिमन पर और अधिक बोझ डालने से डरते थे। लेकिन चूँकि दिन प्रतिदिन यहूदियों के साथ की जाने वाली भयानक बातों की खबरें बदतर हो रही है, पिता ने इन दोनों सज्जनों के विचार जानने की कोशिश करने का निर्णय लिया, और वे मानते थे कि यह एक उत्कृष्ट योजना थी। चाहे सात हों या आठ, यह उतना ही

खतरनाक है, उन्होंने उचित रूप से देखा। एक बार जब यह तय हो गया, तब हम बैठे और किसी ऐसे एक व्यक्ति को ढूढ़ निकालने की कोशिश करते हुए जो हमारे विस्तृत परिवार के साथ अच्छे से घुल मिल जाता, मानसिक तौर पर अपने परिचितों के दायरे में नजर दौड़ई। यह मुश्किल काम नहीं था। पिता द्वारा वैन दान के सभी रिश्तेदारों को खारिज करने के बाद, हमने अल्फ्रेड डसेल नाम के एक दंत चिकित्सक को चुना। वह एक आकर्षक ईसाई महिला के साथ रहते हैं जो उसकी तुलना में काफी युवा है। वे शायद शादी शुदा नहीं हैं, लेकिन यह बात मुद्दे से अलग है। वह शांत और सुसंस्कृत जाना जाता है, और उसके साथ हमारे उपरी परिचय से वह अच्छा मालूम पड़ता था। मिएप भी उसे जानती है, अतः वह आवश्यक व्यवस्था करने में सक्षम होगी। यदि वह आता है, श्रीमान डसेल को मेरे कमरे में सोना होगा, बजाय मार्गोट के, जिसे मुड़वा पलंग से काम चलाना पड़ेगा।[१०] हम उससे अपने साथ छेद भरने के लिए कुछ लाने के लिए कहेंगे।

तुम्हारी, ऐनी

गुरुवार, १२ नवम्बर, १९४२

सबसे प्यारी किट्टी,

मिएप हमें बताने आई कि वह डॉ डसेल को मिलने गई थी। जैसे ही उसने कमरे में प्रवेश किया उसने उससे पूछा कि क्या वह एक छिपने की जगह जानती है, और वह बहुत खुश हुआ जब मिएप ने कहा उसके दिमाग में एक है। उसने जोड़ा कि उसे जितना जल्दी संभव हो उतना जल्दी छिपने के स्थान में जाने की जरूरत होगी, अच्छा हो कि शनिवार को, लेकिन उसने सोचा यह अति असम्भाव्य है, चूंकि वह अपने लेख प्रमाणों का नवीनीकरण, खातों का भुगतान, और कुछ एक मरीजों को देखना चाहता है। मिएप ने हमें सन्देश आज सुबह ही भेजा। हमें नहीं लगा कि इतने ज्यादा समय तक इंतजार करना बुद्धिमानी होगी। इन सभी तैयारियों का, उन विभिन्न लोगो को स्पष्टीकरण देने की आवश्यकता है, जिन्हें हम महसूस करते हैं कि अंधेरे में रखा जाना चाहिए। मिएप पूछने गई कि क्या डॉ डसेल आखिरकार शनिवार को आने में कामयाब नहीं हो सकते है, लेकिन उसने कहा नहीं, और अब सोमवार को उसका पहुंचना निर्धारित है।

मुझे लगता है कि यह अजीब है कि उसने हमारे प्रस्ताव को तुरंत स्वीकार नहीं किया। यदि वे उसे सड़क पर से उठा लेते हैं, तो इससे न तो उसके लेखा प्रमाणों को और न ही उसके मरीजों को फायदा होगा, तो देर किसलिए? अगर आप मुझसे पूछें, तो उसका मजाक उड़ाना पिताजी की बेवकूफी है।

---

[१०]डसेल के पहुंचने के बाद, मार्गोट अपने माता पिता के बेडरूम में सोती थी।

अन्यथा, कोई खबर नहीं।

श्रीमान डसेल आ गए हैं। सब कुछ ठीक ठाक हो गया। मिएप ने उन्हें सुबह ११ बजे डाक घर के सामने एक निश्चित स्थान पर आने को कहा, जब उन्हें एक आदमी मिलेगा, और वह नियत समय पर नियत जगह पर थे। श्रीमान क्लिमन उनके पास गए, बताया कि जिस व्यक्ति को मिलने की वे उम्मीद कर रहे हैं, वह आने में असमर्थ है और उन्हें मिएप से मिलने के लिए कार्यालय तक छोड़ने के लिए पूछा। श्रीमान क्लिमन ने वापस कार्यालय के लिए ट्राम ली और श्रीमान डसेल ने पैदल अनुसरण किया।

तुम्हारी, ऐनी

मंगलवार, १७ नवम्बर, १९४२

प्यारे किट्टी!

ग्यारह–बीस हो रहे थे जब श्रीमान डसेल ने कार्यालय के दरवाजे पर खटखटाया। मिएप ने उनसे उनका कोट उतारने को कहा ताकि पीला सितारा देखा न जा सके, और उन्हें निजी कार्यालय ले आई, जहाँ श्रीमान क्लिमन ने उन्हें तब तक व्यस्त रखा जब तक कि सफाई करने वाली महिला चली नहीं गई। निजी कार्यालय को किसी और चीज की आवश्यकता है' के बहाने से, मिएप श्रीमान डसेल को ऊपर ले गई, किताबों की अलमारी खोली और अंदर चली गई, जबकि श्रीमान डसेल विस्मय में देखते रहे।

इस बीच में, हम सात अपने परिवार में नवीनतम संकलन का इंतजार करने के लिए, कॉफी और शराब के साथ खाने की मेज के चारों ओर बैठ गए। मिएप उन्हें पहले फ्रैंक परिवार के कमरे में ले गई। उन्होंने तुरंत हमारे फर्नीचर को पहचान लिया, लेकिन कोई अंदाजा नहीं था कि हम ऊपर हैं, बिलकुल उनके सिर के ऊपर। जब मिएप ने उन्हें बताया, वह इतने चकित हुए कि लगभग बेहोश हो गए। भगवान का शुक्र है उसने उन्हें और अधिक असमंजस में नहीं छोड़ा, बल्कि उन्हें ऊपर ले आई। श्रीमान डसेल एक कुर्सी में बैठ गए, और भौचक्के सन्नाटे में हमें घूरा, मानो वे सोच रहे हो कि वह हमारे चेहरों पर सच्चाई पढ़ सकते हैं। फिर वह हकलाये, '*अबेर*... लेकिन आप बेल्जियम में *निट*? अधिकारी, ऑटो, वे नहीं आ रहे थे? तुम्हारा भागना काम नहीं कर रहा था?'

हमने उन्हें सब चीजों के बारे में विस्तार से बताया कि किस प्रकार हमने जानबूझकर अधिकारी की, और जर्मन लोगों को फेंकने के लिए कार की और अन्य कोई जो असामान्य तरीके से हमारी तलाश में आ सकता था, के बारे मे अफवाह फैलाई थी। श्रीमान डसेल ऐसी पटुता के सामने अवाक थे, और वह आश्चर्य में चारों ओर टकटकी लगाये देखने के अलावा कुछ और नहीं कर सके जैसाकि उन्होंने हमारी प्यारे और अत्यंत व्यावहारिक उपभवन को खोजा था। हम सबने एक साथ दोपहर का भोजन किया। फिर उन्होंने एक छोटी

झपकी ली, चाय पर हमारे साथ शामिल हुए, अपने कुछ सामान रखे जिन्हें मिएप पहले ही यहाँ लाने में कामयाब रही थी और काफी कुछ घर जैसा महसूस करने लगे। विशेष रूप से जब हमने उन्हें उस गुप्त उपभवन (वैन दान द्वारा निर्मित) का निम्नलिखित टंकित नियम और विनियम सौपा:

गुप्त उपभवन की विवरण पत्रिका और सूचना पुस्तक

यहूदियों और अन्य वंचित व्यक्तियों के अस्थायी आवास की एक अनोखी सुविधा

पूरे साल भर खुला: एम्स्टर्डम के दिल में सुंदर, शांत, हरे भरे परिवेश में स्थित है। आसपास कोई निजी निवास स्थान नहीं है। १३ या १७ न. की ट्राम से पहुंचा जा सकता है और कार व साइकिल से भी। ऐसे लोग जिनके लिए इस तरह के परिवहन जर्मन अधिकारियों द्वारा निषेध कर दिए गए हैं, पैदल भी पहुंचा जा सकता है। सुसज्जित और असज्जित कमरे और अपार्टमेंट भोजन सहित या भोजन रहित, हर समय उपलब्ध हैं।

मूल्य: निः शुल्क।

आहार: कम–मोटा।

स्नान घर में और अंदर और बाहर की विभिन्न दीवारों पर *लगातार पानी* (क्षमा कीजिये, स्नान नहीं)। गर्मी के लिए आरामदेह चूल्हा।

विभिन्न प्रकार की वस्तुओं के लिए पर्याप्त *भंडारण स्थान*। दो बड़ी, आधुनिक तिजोरियां।

लंदन, न्यूयॉर्क, तेल अवीव और कई अन्य स्टेशनों के सीधे प्रसारण के साथ *निजी रेडियो*। शाम ६ बजे के बाद सभी निवासियों के लिए उपलब्ध है कुछ निश्चित अपवादों के साथ निषिद्ध प्रसारण सुनने की मनाही, जर्मन स्टेशन केवल शास्त्रीय संगीत सुनने के लिए लगाये जा सकते हैं। जर्मन समाचार बुलेटिनों को सुनना (इस पर ध्यान दिए बिना कि ये कहाँ से प्रसारित हो रहे हैं) और इसे दूसरों को पहुंचाना बिलकुल मना है।

विश्राम का समय: रात १० बजे से सुबह ७:३० बजे तक; रविवार को सुबह १०:१५ तक। परिस्थितियों के कारण, प्रबंधन द्वारा जब भी निर्देश दिए जायें, निवासियों को दिन के समय के दौरान आराम घंटों का निरीक्षण करना आवश्यक है। सभी की सुरक्षा सुनिश्चित करने के लिए, विश्राम घंटों का सख्ती से निरीक्षण होना चाहिए!!!

खाली – समय की गतिविधियां: अगली सूचना न मिलने तक किसी को भी घर के बाहर जाने की अनुमति नहीं है।

भाषा का प्रयोग: हर समय धीमी आवाज में बात करना आवश्यक है। केवल सभ्य लोगों की भाषा ही बोली जा सकती है, इसीलिए 'जर्मन' नहीं।

पढ़ना और विश्राम क्लासिक्स और अध्ययनशील प्रकृति के कार्यों को छोड़कर कोई भी जर्मन किताबें नहीं पढ़ी जा सकती। अन्य पुस्तकें वैकल्पिक हैं।

हल्का व्यायाम: दैनिक।

गायन: केवल धीरे, और शाम ६ बजे के बाद ..

फिल्म: पूर्व व्यवस्था की आवश्यकता होती है।

शिक्षण: आशुलिपि में एक साप्ताहिक पत्राचार पाठ्यक्रम। दिन या रात के किसी भी समय अंग्रेजी, फ्रेंच, गणित और इतिहास में पाठ्यक्रम की पेशकश है। ट्यूशन के रूप में भुगतान, जैसे डच।

छोटे घरेलू पालतू जानवरों की देखभाल के लिए *अलग से विभाग* (नाशक जीवों के अपवाद के साथ, जिसके लिए विशेष अनुमति की आवश्यकता होती है)।

खाने का समय:

नाश्ता: रोज सुबह ९ बजे, सार्वजनिक अवकाश और रविवार को छोड़ कर; रविवार और सार्वजनिक छुट्टियों पर सुबह लगभग ११:३० बजे।

दोपहर का भोजन: एक हल्का भोजन। दोपहर १:१५ से १:४५ तक।

रात का भोजन: भोजन गर्म हो भी सकता है या नहीं भी। आहार का समय समाचार प्रसारण पर निर्भर करता है।

आपूर्ति दल के लिए सम्मान के साथ दायित्व: निवासियों को हर समय कार्यालय के काम में मदद करने के लिए अवश्य तैयार रहना चाहिए।

स्नान: कपडे धोने का टब रविवार को सुबह ९:०० बजे के बाद सभी निवासियों के लिए उपलब्ध है। निवासी, नीचे, शौचालय में, रसोई में, निजी कार्यालय या सामने के कार्यालय में धो सकते हैं।

शराब: सिर्फ औषधीय प्रयोजनों के लिए ही।

समाप्त।

तुम्हारी, ऐनी

गुरुवार, १९ नवम्बर, १९४२

सबसे प्यारी किट्टी,

हमने जैसा सोचा था, श्रीमान डसेल एक बहुत अच्छे आदमी हैं। बेशक उन्होंने मेरे साथ कमरा साझा करने में ऐतराज नहीं किया; ईमानदारी से कहूँ तो, मैं वास्तव में एक अजनबी के मेरी चीजों का उपयोग करने से खुश नहीं होती हूँ, लेकिन एक अच्छे काम के लिए आपको त्याग करने पड़ते हैं, और मुझे खुशी है कि मैं यह एक छोटा सा काम कर सकती हूँ। पिताजी ने कहा 'यदि हम अपने दोस्तों में से एक को भी बचा सकें, तो बाकी किसी चीज से कोई फर्क नहीं पड़ता,' और वह बिल्कुल सही हैं।

पहले दिन श्रीमान डसेल यहाँ थे, उन्होंने मुझसे हर तरह के सवाल पूछे – उदाहरण के लिए, सफाई करने वाली महिला कार्यालय में किस समय आती है, हमने स्नान घर उपयोग

करने की व्यवस्था कैसे की है, और हमें कब शौचालय जाने की अनुमति है। आप शायद हंसे, लेकिन एक छिपने की जगह में ये चीजें इतनी आसान नहीं होती हैं। दिन के समय के दौरान हम ऐसी जरा भी आवाज नहीं कर सकते जो कि नीचे सुनाई दे, और जब कोई वहां होता हैं, जैसे कि सफाई वाली महिला, हमें अतिरिक्त सावधानी बरतनी पड़ती है। मैंने धैर्य के साथ यह सब श्रीमान डसेल को बताया, लेकिन मुझे यह देख कर आश्चर्य हुआ कि वह समझने में कितने धीमे हैं। वे हर बात दो बार पूछते हैं और फिर भी याद नहीं रख पाते कि आपने उनसे क्या कहा है।

हो सकता है कि वह अचानक बदलाव से उलझन में हैं और वह इससे उबर जायेंगे। अन्यथा, सब कुछ ठीक चल रहा है।

श्रीमान डसेल ने हमें बाहर की दुनिया के बारे में काफी कुछ बताया जिसकी हमने लम्बे समय से कमी महसूस की है। उनके पास दुखद खबर थी। अनगिनत मित्रों और परिचितों को एक भयानक भाग्य के मातहत डाल दिया गया है। रात दर रात, हरे और भूरे रंग के सैन्य वाहन सड़कों पर चलते हैं। वे हर दरवाजे पर खटखटाते हैं और पूछते हैं कि क्या कोई यहूदी यहाँ रहता है। यदि हां, तो पूरे परिवार को तुरंत दूर ले जाया जाता है। यदि नहीं, तो वे अगले घर की ओर आगे बढ़ जाते हैं। जब तक आप किसी छिपने के स्थान में नहीं जाते हो उनके चंगुल से बचना असंभव है। वे अक्सर एक सूची के साथ चारों ओर घूमते हैं, केवल उन्ही दरवाजों पर दस्तक देते हुए जहाँ वे जानते हैं कि एक बड़ा कारनामा किया जा सकता है। वे बार–बार प्रति व्यक्ति, एक इनाम की पेशकश करते हैं। यह पुराने दिनों में गुलामों की तलाश करने जैसा है। मेरा इसे महत्वपूर्ण नहीं मानने का मतलब नहीं है; उनके लिए यह बहुत बहुत दुखद है। शाम को जब अँधेरा होता है मैं अक्सर रोते हुए बच्चों के साथ अच्छे निर्दोष लोगों की लम्बी कतारें देखती हूँ, लगातार चलते हुए, मुट्ठी भर लोगों को आदेश चलाते हुए, जो उन्हें धमकाते हैं, तब तक पीटते हैं जब तक कि वे लगभग गिरने वाले नहीं हो जाते। किसी को बख्शा नहीं जाता है। बीमार, बुजुर्ग, बच्चे, छोटे बच्चे और गर्भवती महिलायें – सबको उनकी मौत तक चलाया जाता है।

कोलाहल से दूर, हम यहाँ बहुत भाग्यशाली रहे हैं। हमने एक पल के लिए भी इन दुखों के बारे में नहीं सोचा होता यदि यह तथ्य नहीं होता कि हम उनके लिए चिंतित हैं जिन्हें हम अत्यधिक महत्व देते हैं, जिनकी हम अब और सहायता नहीं कर सकते। गर्म बिस्तर पर सोते हुए मैं पापी महसूस करती हूँ, जबकि कहीं बाहर मेरे प्यारे दोस्त थकावट से गिर रहे हैं या भूमि पर गिरा दिये जा रहे हैं।

मैं स्वयं भयभीत हो जाता हूँ जब मैं करीबी दोस्तों के बारे में सोचती हूँ जो पृथ्वी पर अकड़ कर चलने वाले आज तक के क्रूरतम राक्षसों की दया पर हैं।

और यह सब इसलिए क्योंकि वे यहूदी हैं।

तुम्हारी, ऐनी

शुक्रवार, २० नवम्बर, १९४२

सबसे प्यारी किट्टी,

हम वास्तव में नहीं जानते कि कैसे प्रतिक्रिया करें। अब तक यहाँ हमारे पास यहूदियों के बारे में बहुत छोटी सी खबर है, और हमें जितना संभव हो सके उतना हंसमुख रहना है, उत्तम लगा। समय समय पर मिएप उल्लेख किया करती थी कि एक दोस्त के साथ क्या हुआ, और माँ और श्रीमती वैन दान रोना शुरू करती, तो उसने तय किया कुछ और ना कहना बेहतर है। लेकिन हमने श्रीमान डसेल पर सवालों की बमबारी कर दी, और कहानियां जो उन्हें सुनानी पड़ी, वे इतनी भीषण और भयानक थी कि हम उन्हें दिमाग से निकाल नहीं सकते। एक बार हमने खबर को पचाने के लिए समय ले लिया, तो हम संभवत: अपने सामान्य मजाक और चिढाने पर वापस चले जायेंगे। यदि हम जैसे उदास अब हैं वैसे ही रहना जारी रखते हैं तो इससे हमारा या जो बाहर हैं उनका कोई भला नहीं होगा। और एक गुप्त उपभवन को एक उदास उपभवन में बदलने का क्या मतलब होगा?

कोई फर्क नहीं पड़ता कि मैं क्या कर रही हूँ, जो लोग चले गए हैं उनके बारे में सोच कर मैं कोई मदद नहीं कर सकती हूँ। मैं अपने आप को हँसते हुए पकड़ती हूँ, और याद करती हूँ कि इतना हंसमुख होना शर्म की बात है। लेकिन क्या मुझे सारा दिन रोते हुए बिताना चाहिए? नहीं, मैं ऐसा नहीं कर सकती। यह निराशा समाप्त हो जाएगी।

इस के अतिरिक्त एक और भी दुख है, लेकिन अधिक व्यक्तिगत प्रकृति का, और यह उस पीड़ा की तुलना में फीका पड़ जाता है जिसके बारे में मैंने आपको अभी बताया है। फिर भी, मैं आपको बताये बिना नहीं रह सकती कि हाल ही में मैंने उजाड़ सा महसूस करना शुरू कर दिया है। मैं एक बहुत बड़े शून्य से घिरी हुई हूँ। चूँकि मेरा दिमाग मेरे दोस्तों और बिताए हुए अच्छे समय से भरा हुआ था, मैं कभी भी इसके बारे में नहीं सोचती थी। अब मैं या तो उदास चीजों के बारे में सोचती हूँ या फिर अपने बारे में। इसने थोड़ा समय लिया, लेकिन अंतत: मुझे एहसास हुआ कि पिताजी, इससे कोई फर्क नहीं पड़ता कि वह कितने दयालू हो सकते हैं, मेरी पहले वाली दुनिया की जगह नहीं ले सकते हैं। जब मेरी भावनाओं की बात आती है, माँ और मार्गोट ने बहुत पहले ही गिनती में आना बंद कर दिया है।

लेकिन इस मूर्खता से मैं तुम्हे क्यों परेशान करूँ? मुझे पता है किट्टी, मैं बहुत ज्यादा अकृतज्ञ हूँ, लेकिन जब, मुझे जो हजारों बार डांटा गया है और बहुत सारी अन्य मुसीबतों के बारे में भी सोचती हूँ, तो मेरा दिमाग घूमना शुरू कर देता है!

तुम्हारी, ऐनी

शनिवार, २८ नवम्बर, १९४२

सबसे प्यारी किट्टी,

हम बहुत ज्यादा बिजली का उपयोग कर रहे हैं और अब अपने हिस्से को पार कर चुके हैं। परिणाम स्वरूप अत्यधिक कमखर्ची और बिजली काट दिए जाने की संभावना है। दो सप्ताह तक बिजली नहीं रहेगी; यह एक सुखद सोच है, नहीं है? लेकिन कौन जानता है, शायद यह इतने लंबे समय तक नहीं होगा! चार या चार तीस के बाद इतना अँधेरा होता है कि पढ़ा नहीं जा सकता, इसलिए हम अत्यंत उत्साहपूर्ण गतिविधियों में समय बिताते हैं: पहेलियां पूछकर, अँधेरे में हलकी कसरत करके, अंग्रेजी या फ्रेंच बोलकर, किताबों की समीक्षा करके – थोड़े समय बाद सब कुछ उबाऊ हो जाता है। कल मैंने एक नए शौक की खोज की: एक अच्छी दूरबीन का प्रयोग करके पड़ोसियों के रोशन कमरे में झांकना। दिन के दौरान हमारे पर्दे, खोले नहीं जा सकते हैं, एक इंच भी नहीं, लेकिन जब खूब अंधेरा हो, तो इसमें कोई बुराई नहीं।

मै कभी नहीं जानती थी कि पडोसी इतने दिलचस्प हो सकते हैं। हमारे हैं, किसी भी कीमत पर। मैं कुछेक से रात के खाने पर मिली हूँ, एक परिवार सिने फिल्म बनाता है और एक डरी हुई बूढ़ी औरत के विपरीत काम करता एक दंत चिकित्सक।

श्रीमान डसेल, जिन्हें बच्चों के साथ बहुत अच्छी तरह से घुल मिल जाने वाला और उनकी पूर्णत: पूजा करने वाला कहा जाता था, एक पुराने ढंग के नियमों का पालन करने वाले, और शिष्टाचार पर असहनीय लंबे उपदेश देने वाले निकले। चूँकि मुझे महामहिम के साथ अपने बहुत ही संकीर्ण कमरे को साझा करने की विलक्षण खुशी मिली है, और चूँकि मुझे तीन युवा लोगों में आम तौर पर सबसे खराब व्यवहार करने वाली माना जाता है, यही सब है जो मैं, बारम्बार मेरे सिर पर फेंकी जाने वाली वही पुरानी डांटों और चेतावनियों से बचने और न सुनने का बहाना करने के लिए कर सकती हूँ। यह इतना बुरा नहीं होता यदि श्रीमान डसेल ऐसे चुगल खोर नहीं होते और माँ को अपनी रिपोर्ट का प्राप्तकर्ता होने के लिए नहीं चुना होता। यदि श्रीमान डसेल ने मुझे अभी दंगा अधिनियम पढ़ाया है, माँ एक बार फिर मुझे व्याख्यान देती है, इस बार मुझ पर पूरी किताब फेंक कर। और यदि मैं वास्तव में भाग्यशाली हूँ, श्रीमती वैन दान पांच मिनट के बाद मुझे डांटती हैं और साथ ही कानून भी निर्दिष्ट करती हैं!

सचमुच, बेकार की आलोचनाएँ करने वाले परिवार के ध्यान का केंद्र, बुरी परवरिश का नमूना होना आसान नहीं होता है।

रात को बिस्तर में, मैं अपने कई पापों और अतिरंजित कमियों पर विचार करती हूँ, मैं इतनी चीजों को देखकर जिन्हें विचार में लाना है, से इतनी उलझन में आ जाती हूँ, कि मैं या तो हंसती हूँ या रोती हूँ, मेरे मूड पर निर्भर करता है। फिर, जो मैं हूँ, उससे अलग बनने की, या जो मैं बनना चाहती हूँ उससे अलग होने की, या शायद जो मैं

हूँ या जो बनना चाहती हूँ उससे अलग व्यवहार करने की चाहत की अजीब भावना के साथ सो जाती हूँ।

ओह प्रिय, अब मैं तुम्हे भी भ्रमित कर रही हूँ। मुझे माफ कर दो, लेकिन मुझे चीजों को काटना पसंद नहीं है, और कमी के इस दौर में, कागज के एक टुकड़े को उछाल फेंकना स्पष्ट रूप से वर्जित है। इसलिए मैं तुम्हे ऊपर लिखे लेखांश को दुबारा न पढने की और इसके तल तक पहुँचने का प्रयास न करने की सलाह देती हूँ, क्योंकि तुम फिर कभी भी अपना रास्ता नहीं खोज पाओगी!

तुम्हारी, ऐनी

सोमवार, ७ दिसम्बर, १९४२

सबसे प्यारी किट्टी,

हनुक्काह और सेंट निकोलस दिवस इस साल आसपास पड़ रहे हैं; वे केवल एक ही दिन के अंतर पर थे। हम हनुक्काह पर ज्यादा उछलकूद नहीं कर पाए थे, केवल कुछ थोड़े से उपहारों का आदान प्रदान किया और मोमबत्ती जलाई। मोमबत्ती की आपूर्ति बहुत कम हो रही है, इसलिए हमने केवल दस मिनट जब तक कि हम गीत गाते रहे तभी तक ही उन्हें जलाया, लेकिन इससे कोई फर्क नहीं पड़ता। श्री वैन दान ने लकड़ी का एक मेनोर्ह बनाया था इसलिए उसका भी ध्यान रखा गया था।

शनिवार को सेंट निकोलस दिवस और अधिक मजेदार था। रात्रिभोज के दौरान बेप और मिएप पिताजी के साथ फुसफुसाने में इतने व्यस्त थे कि उसने हमारे भीतर जिज्ञासा पैदा कर दिया था और हमें संदेह होने लगा कि वे कुछ करने जा रहे थे। आठ बजे घोर अंधेरे में हम सब पूरे यकीन से गलियारे से होकर नीचे कुन्ज में आ धमके (इसने मुझमें सिहरन पैदा कर दिया था, और मैंने सुरक्षित रूप से वापस ऊपर आने की कामना की!)। चूँकि इस कमरे में खिड़कियां नहीं हैं इसलिए हम प्रकाश के लिए लैम्प जला सकते थे। जब यह किया गया, तब पिताजी ने बड़ा कैबिनेट खोला।

'ओह, कितना अद्भुत है!' हम सभी चीख पड़े।

कोने में रंगीन कागज से सजाई गई एक बड़ी टोकरी और काले पीटर का एक मुखौटा रखा था।

हम जल्दी से टोकरी अपने साथ ऊपर ले आए। अंदर, हर किसी के लिए एक उचित कविता सहित एक छोटा सा उपहार था। चूँकि आप सेंट निकोलस दिवस पर लोगों द्वारा एक–दूसरे के लिए लिखी जाने वाली उन कविताओं की बारीकियों से परिचित हैं, मैं आपके लिए उनकी नकल नहीं करूंगी।

मुझे एक गुड़िया प्राप्त हुई, पिताजी को एक पुस्तक अवलंब मिला और इसी तरह की

चीजें। वैसे फिर भी, यह एक अच्छा विचार था, और चूँकि हम में से आठ लोगों ने पहले कभी सेंट निकोलस दिवस नहीं मनाया था यह शुरू करने के लिए एक अच्छा समय था।

तुम्हारी, ऐनी

पश्च–लेख। हमारे पास नीचे के सभी लोगों के लिए भी उपहार थे, कुछ चीजें अच्छे पुराने दिनों से भी बची हुई थीं; साथ ही पैसे के लिए मिएप और बेप हमेशा आभारी हैं।

आज हमने सुना है कि श्री वैन दान का ऐश ट्रे, श्री डसेल की तस्वीर फ्रेम और पिता का पुस्तक अवलंब अन्य कोई नहीं बल्कि श्री वोस्कोजिल के हाथों द्वारा बनाये गए थे। कोई व्यक्ति अपने हाथों का इतना गुणी कैसे हो सकता है मेरे लिए यह एक रहस्य है!

गुरुवार, १० दिसम्बर, १९४२

सबसे प्यारी किट्टी,

श्री वैन दान मांस, सॉसेज और मसाले का व्यापार किया करते थे। उन्हें उनके मसाले के ज्ञान के लिए काम पर रखा गया था, और अभी तक, हमारी महान खुशी के लिए, यह उनकी सॉसेज की प्रतिभा ही है जो कि अभी इस समय काम आ रही है।

हमने बड़ी मात्रा में मांस का आदेश दिया (प्रतिकूल परिस्थितियों के तहत, बिल्कुल) क्योंकि हम आगे आने वाले कठिन समय के मामले में संरक्षित करने की योजना बना रहे थे। श्री वैन दान ने ब्रातवुर्स्ट, सॉस और मीटवुर्स्ट बनाने निर्णय लिया। मुझे उनको कीमा बनाने की मशीन में मांस डालते हुए देख कर मजा आया: एक बार, दो बार, तीन बार। फिर उन्होंने बाकी सामग्री भी कीमे में मिला दिया और मिश्रण को खोल में ठूंस कर भरने के लिए उन्होंने एक लंबी पाइप का इस्तेमाल किया। हमने दोपहर के भोजन में गोभी के साथ ब्रैटवुर्स्ट खाया, लेकिन सॉस, जिसे संरक्षित किया जाना था, उसे पहले सुखाना पड़ता था, इसलिए हमने उन्हें छत से निलंबित एक पोल पर लटका दिया। हर एक जो कमरे में आया झूलते हुए सॉस को देख कर जोर से हँसने लगा। यह अपनी तरह का एक अनोखा नजारा था।

रसोई घर एक खंडहर था। श्री वैन दान, मांस पर काम करते समय अपनी पत्नी का एप्रन पहने हुए, पहले से कहीं ज्यादा मोटे लग रहे थे। खून से सने हाथ, लाल चेहरे और धब्बेदार एप्रन, के साथ वे एक असली कसाई की तरह दिख रहे थे। श्रीमती वैन दान एक साथ ही सब कुछ करने की कोशिश कर रही थीं; एक किताब से डच सीखना, सूप विलोड़ना, मांस की निगरानी करना, अपनी टूटी हुई पसली बारे में आहें भरना और कराहना। बूढ़ी (!) महिलायें अपने कूल्हे की चरबी से छुटकारा पाने के लिए जब ऐसे बेवकूफी भरे कार्य करती हैं तो यही होता है! डसेल को नेत्र संक्रमण हो गया था और वे स्टोव के बगल में बैठ कर बबूना चाय से अपनी आंख थपथपा रहे थे। पिम, खिड़की से आ रही धूप की एक किरण में, उसके रास्ते में और उसकी तरफ अपनी कुर्सी खिसकाते हुए जिससे कि वे किरण के रास्ते में बने रहें, बैठे

हुए थे। उनका गठिया उन्हें परेशान कर रहा होगा क्योंकि वह थोड़ा अधिक झुके हुए थे और अपने चेहरे पर एक कष्टदायी अभिव्यक्ति के साथ श्री वैन दान को देख रहे थे। उन्होंने मुझे उन वृद्ध अशक्त लोगों की याद दिला दी जिन्हें आप गरीब के घर में देखते हैं। पीटर मौश्ची, बिल्ली, के साथ कमरे में चारों ओर उछलकूद कर रहे थे, जबकि माँ, मार्गोट और मैं उबले आलू छीलने में लगे थे। जब आप इन सब पर ठीक से ध्यान दें तो, हम में से कोई भी ठीक से अपना काम नहीं कर रहा था, क्योंकि हम सब श्री वैन दान को देखने में बहुत व्यस्त थे।

डसेल ने अपना दंत अभ्यास खोल दिया है। सिर्फ मनोरंजन के लिए, मैं उनके सबसे पहले मरीज क़े साथ हुए सत्र का वर्णन करूंगी।

माँ इस्त्री कर रही थी, और श्रीमती वैन दान, पहला शिकार, कमरे के बीच में एक कुर्सी पर बैठ गई। डसेल ने, अपनी पेटी खोली महत्व के अहसास के साथ, थोड़े से यूडे कोलोन, जिसे एक कीटाणुनाशक के रूप में इस्तेमाल किया जा सकता है, और वैसलीन, जो मोम के लिए इस्तेमाल होगा, माँगा। उन्होंने श्रीमती वैन दान के मुंह में देखा और पाया कि दो दांत, हर बार जब उन्होंने उसे छुआ दर्द कर रहे थे और बेतुके ढंग से रोनी सूरत में बोलने का कारण बने हुए थे। एक लंबी जांच के बाद (लंबा जहाँ तक श्रीमती वैन दान का संबंध था, जबकि वास्तव में इसमें दो मिनट से ज्यादा समय नहीं लगा था), डसेल ने एक कोटर को खुरचना शुरू किया। लेकिन श्रीमती वैन दान का उन्हें यह काम करने देने का कोई इरादा नहीं था। वह अपने हाथ और पैर पटकती रही जब तक कि अंत में डसेल ने अपना औजार हटा नहीं लिया और ...... यह श्रीमती वैन दान के दांत में फंस गया था। उसने वास्तव में यह किया! श्रीमती वैन दान बेतहाशा सभी तरफ जमकर बरसीं, रोई (जितना आप आपके मुंह में इस तरह के एक औजार के साथ कर सकते हैं), इसे हटाने की कोशिश की, लेकिन केवल इसे थोडा आगे धक्का देने में ही कामयाब हुए। श्री डसेल अपने कूल्हों पर हाथ रखे शांति से दृश्य को देख रहे थे, जबकि बाकी के दर्शकि हँसी से लोटपोट हुए जा रहे थे। बेशक, हमारा वह व्यवहार बहुत घटिया था। यदि यह मेरे साथ किया गया होता, तो मुझे यकीन है मैं और भी जोर से चिल्लाई होती। काफी देर तक कुलबुलाने, लात मारने, चीखने और चिल्लाने के बाद श्रीमती वैन दान अंत में उसे एक झटके में बाहर निकलवाने में कामयाब हुईं, और श्री डसेल अपना काम करने लगे जैसे कि कुछ हुआ ही नहीं था। उन्होंने इतना जल्दी से किया था कि श्रीमती वैन दान के पास कोई भी अधिक शरारत करने का समय ही नहीं था। परन्तु फिर, उनको बहुत अधिक मदद की जरूरत थी जितना कि उन्हें पहले कभी नहीं पड़ी थी: दो सहायकों से कम नहीं; श्री वैन दान और मैंने अपना काम बहुत अच्छी तरह किया। पूरा दृश्य मध्य युग की उन नक्काशियों में से एक की तरह बन गया था जिसका शीर्षक था 'काम पर एक नीम हकीम'। इस बीच में, तथापि, रोगी, बेचैन हो गई थी क्योंकि उन्हें 'अपने' सूप और 'अपने' खाने पर ध्यान देना था। एक चीज तय है: थोड़ी देर बाद श्रीमती वैन दान एक और दंत नियुक्ति तय करेंगी!

तुम्हारी, ऐनी

रविवार, १३ दिसम्बर, १९४२

सबसे प्यारी किट्टी,

भारी पर्दे में एक झिर्री के माध्यम से झांकती हुई मैं यहाँ फ्रंट ऑफिस में अच्छे से और आराम से बैठी हूँ। अंधेरा हो चला है, लेकिन लिखने के लिए अभी भी पर्याप्त प्रकाश है।

लोगों को सामने से गुजरते हुए देखना वास्तव में अजीब होता है। वे सब इतनी जल्दी में लगते हैं कि वे यात्रा लगभग अपने पैरों पर ही पूरी करते हैं। जो लोग साइकिल पर होते हैं वे इतनी तेजी से सनसनाते हुए निकल जाते हैं कि मैं बता भी नहीं सकती कि साइकिल पर कौन है। यहाँ पर पड़ोस के लोग देखने में विशेष रूप से आकर्षक नहीं हैं। बच्चे तो विशेष रूप से इतने गंदे हैं कि आप उन्हें छूना भी नहीं चाहेंगे। बहती नाक वाले वास्तविक झुग्गी बस्ती के बच्चे। मैं उनके कहे हुए एक भी शब्द शायद ही समझ सकती हूँ।

कल दोपहर, जब मार्गोट और मैं स्नान कर रहे थे, मैंने कहा, 'क्या होगा अगर हम एक मछली पकड़ने वाली छड़ी लें और उन बच्चों में से प्रत्येक को एक एक करके जब वे नजदीक से गुजरते हैं, उनको पकड़ कर उन्हें टब में खड़ा कर धोया जाय और उनके कपड़े ठीक किए जाएं और फिर....'

'और फिर कल वे बस ऐसे ही गंदे और फटे हाल होंगे जैसे वे पहले थे' मार्गोट ने उत्तर दिया।

लेकिन मैं बड़बड़ा रही हूँ। देखने के लिए अन्य भी बहुत सी चीजें हैं: कारें, नावें और बारिश। मैं ट्राम और बच्चों की आवाज सुन सकती हूँ और मैं अपने आप में आनंद ले रही हूँ।

हमारे विचार हमारे ही जैसे छोटे छोटे परिवर्तनों के अधीन होते हैं। वे एक चरखी झूले की तरह, यहूदियों से लेकर भोजन, भोजन से लेकर राजनीति तक घूमते रहते हैं। वैसे, यहूदियों की बात करते हुए, कल जब मैं पर्दे के पीछे से देख रही थी तब मैंने दो को देखा था। मैंने महसूस किया कि जैसे मैं दुनिया के सात अजूबों में से एक देख रही थी। यह मुझे इतना मजेदार लगा, जैसेकि मैं अधिकारियों से उनकी चुगली करना चाहूँगी और अभी मैं उनके दुर्भाग्य की जासूसी कर रही थी।

हमारे पीछे तरफ एक हाउसबोट है। वहाँ कप्तान अपनी पत्नी और बच्चों के साथ रहता है। उसके पास भौंकने वाला एक छोटा सा कुत्ता है। इस छोटे कुत्ते को हम केवल इसके भौंकने और इसकी पूंछ की वजह से जानते हैं, जिसे जब भी यह डेक के आसपास दौड़ता है, हम देख सकते हैं। ओह, कितने शर्म की बात है, अभी अभी बारिश होना शुरू हो गई है और अधिकांश लोग अपने छाते के नीचे छिप गए हैं। सब कुछ जो मैं देख सकती हूँ, वह रेनकोट और अब और दोबारा पगड़ी से ढके सिर का पीछे का हिस्सा है। असल में, मुझे देखने की भी जरूरत नहीं है। अब से मैं एक नजर में ही महिलाओं की पहचान कर सकती हूँ: आलू खाने से मोटी हो गयीं, एक लाल या हरा कोट और घिसे पिटे जूते पहने,

उनके हाथों से झूलता एक शॉपिंग बैग, गंभीर या खुश मिजाज चेहरे के साथ, जो उनके पति के मूड पर निर्भर करता है।

तुम्हारी, ऐनी

मंगलवार, २२ दिसम्बर, १९४२

सबसे प्यारी किट्टी,

उपभवन यह सुन कर बहुत खुश था कि हम सब को क्रिसमस के लिए चौथाई पाउंड मक्खन अतिरिक्त प्राप्त होगा। अखबार के अनुसार, हर कोई आधा पाउंड का हकदार है, लेकिन उनका मतलब उन भाग्यशाली आत्माओं से है जिनको उनकी राशन किताबें सरकार की ओर से मिलती हैं, हमारे जैसे भूमिगत रहने वाले यहूदियों को नहीं जो काले बाजार से आठ की बजाय केवल चार राशन किताबें ही खरीदना बर्दाश्त कर सकते हैं। हम मे से हर एक मक्खन के साथ कुछ न कुछ सेंकने जा रहा है। आज सुबह मैंने दो केक और एक घान बिस्कुट बनाया। उपभवन का ऊपर का भाग बहुत व्यस्त है और माँ ने मुझे सूचित किया है कि घर के सभी कार्यों को समाप्त होने तक मुझे कोई भी अध्ययन या पढ़ाई नहीं करना है।

श्रीमती वैन दान बिस्तर में पड़ी हुई अपनी पसली की चोट ठीक कर रही हैं। वह दिन भर शिकायत करती रहती है, लगातार मांग करती हैं कि पट्टियों को बदला जाए और आम तौर पर सब कुछ से असंतुष्ट हैं। मुझे खुशी होगी जब वे वापस अपने पैरों पर खड़ी हो जायेंगी और खुद की साफ सफाई कर सकेंगी क्योंकि, मैं मानती हूँ कि, वह असाधारण रूप से मेहनती और साफाई पसंद हैं और जब तक वह अच्छी शारीरिक और मानसिक हालत में होती हैं वह काफी हंसमुख रहती हैं।

जैसाकि क्योंकि मैं हमेशा 'बहुत ज्यादा' शोर करती हूँ यदि दिन के दौरान मैने पर्याप्त रूप से 'श, श' नहीं सुना है, तो मेरे प्रिय रूममेट मुझे सारी रात भी 'श, श' कहने का विचार ले कर आ गए हैं। उनके अनुसार, मुझे भी अधिक बारी नहीं होना चाहिए। मैंने उनके उपर कोई भी ध्यान देने से इनकार कर दिया, और अगली बार उन्होंने जब मुझे चुप करने के लिए कहा, तो मैं भी पलट कर उन्हें चुप कराने जा रही हूँ।

जैसे जैसे दिन बीतते जा रहे हैं वह अधिक नागवार और घमंडी होते जा रहे हैं। पहले हफ्ते को छोड़कर, मैंने नहीं देखा है कि उन्होंने इतनी उदारता से मुझसे एक बिस्कुट का भी वादा किया हो। रविवार को जब उन्होंने दस मिनट व्यायाम करने के लिए भोर के वक्त प्रकाश जलाया, वे विशेष रूप से क्रोधजनक हो गए थे।

मुझे, घंटों यातना भोगनी होती है, क्योंकि अपने बिस्तर को लम्बा करने के लिए मैं जिन कुर्सियों का उपयोग करती हूँ उन्हें मेरे नींद भरे सिर के नीचे लगातार हिलाते रहा जाता है। हाथों को कुछ जोरदार ढंग से झुलाने के साथ उनके तेजी से होने वाले व्यायाम

के समाप्त होने के बाद, महामहिम की ड्रेसिंग शुरू होती है। उनका अंडरवियर एक हुक पर लटक रहा होता है, तो पहले वह इसे लेने के लिए मेरे बिस्तर के पीछे भड़भड़ाते हुए जाते हैं और फिर वापस आते हैं। लेकिन चूँकि उनकी टाई मेज पर रखी हुई है, इसलिए एक बार फिर वे अपने पिछले तरीके से कुर्सियों को धक्का देते और टकराते हैं।

लेकिन घृणित बूढ़े आदमी के बारे में समझाते हुए मुझे तुम्हारा और अधिक समय बर्बाद नहीं करना चाहिए। वैसे भी किसी मामले में यह मदद नहीं करेगा। बदला लेने की मेरी योजना, जैसेकि प्रकाश बल्ब खोल देना, दरवाजे पर ताला लगा देना और उनके कपड़े छुपा देना आदि, दुर्भाग्य से शांति के हित में छोड़ देना पड़ा।

ओह, मैं काफी समझदार होती जा रही हूँ! हम यहाँ जो सब कुछ करते हैं उसके बारे में हम तार्किक हो गए हैं: अध्ययन, सुनना, अपनी जबान पर काबू रखना, दूसरों की मदद करना, दयालू बनना, समझौते करना और पता नहीं मुझे और क्या क्या करना है! मुझे अपने सामान्य बोध का डर लग रहा है, जिसकी शुरुआत के लिए आपूर्ति कम थी, बहुत जल्दी ही इस्तेमाल किया जाएगा, और युद्ध के खत्म हो जाने तक मुझे कुछ भी छोड़ना नहीं होगा।

तुम्हारी, ऐनी

बुधवार, १३ जनवरी, १९४३

सबसे प्यारी किट्टी,

आज सुबह मुझे लगातार बाधित किया गया, और परिणामस्वरुप मैं एक भी चीज पूरा करने में सक्षम नहीं हो पाई जो मैंने शुरू किया था।

हमारे पास एक नया शौक है, नाम है, पैकेट को पाउडर बना दिये गए ग्रेवी से भरना। ग्रेवी, गिएस एंड कंपनी के उत्पादों में से एक है। श्रीमान कुग्लर पैकेट भरने के लिए किसी और को खोजने में सक्षम नहीं हुए, और इसके आलावा, यदि हम यह काम करते हैं तो यह सस्ता भी होगा। यह एक इस प्रकार का काम है जिसे वे जेलों में करते हैं। यह अविश्वसनीय रूप से उबाऊ काम है और हमें चक्कर ला देता है और मंद – मंद मुस्काने वाला बनाता है।

बाहर भयानक घटनाएं हो रही हैं। रात और दिन के किसी भी समय, गरीब असहाय लोगों को अपने घरों से बाहर घसीटा जा रहा है। उन्हें अपने साथ केवल एक पीठ थैला और थोड़ी नकदी लेने की अनुमति दी जाती है, और फिर भी, रास्ते में इन संपत्तियों को लूट लिया जाता है। परिवारों की धज्जियाँ उडा दी जाती हैं; पुरुषों, महिलाओं और बच्चों को अलग कर दिया जाता है। बच्चे विद्यालय से घर आते हैं और अपने माता पिता को गायब पाते हैं। महिलायें खरीदारी करके आती हैं और अपने घरों को बंद पाती हैं, अपने परिवारों लापता पाती हैं। हॉलैंड में ईसाई भी डर में जी रहे हैं क्योंकि उनके बेटों को जर्मनी भेजा जा रहा है हर कोई डरा हुआ है। हर रात सैंकड़ों विमान जर्मन धरती पर अपने बम बोने

के लिए, जर्मन शहर जाने के अपने रास्ते में हॉलैंड के ऊपर से गुजरते हैं। हर घंटे सैकड़ों या शायद हजारों लोग, रूस और अफ्रीका में मारे जा रहे हैं। कोई भी संघर्ष से बाहर नहीं रह सकता है, पूरा विश्व युद्ध में है, हालाँकि मित्र राष्ट्र बेहतर कर रहे हैं, कहीं भी इसका अंत नजर नहीं आ रहा है।

हमारे लिए, हम काफी भाग्यशाली हैं। लाखों लोगों के मुकाबले, भाग्यशाली। यहाँ शांत और सुरक्षित है, और हम खाना खरीदने के लिए अपने पैसे का उपयोग कर रहे हैं। हम बहुत स्वार्थी हैं कि 'युद्ध के बाद' के बारे में बात करते हैं और नए कपडे और जूते की उम्मीद करते हैं, जब कि वास्तव में जब युद्ध खत्म हो गया हो, दूसरों की सहायता के लिए हमें हर सिक्के को बचा रहे होना चाहिए, बचाने के लिए, जो कुछ भी हम कर सकते हैं।

इस पड़ोस में बच्चे पतली शर्ट और लकड़ी के जूतों में चारों ओर दौड़ते हैं। उनके पास कोट नहीं, टोपियां नहीं, मोजे नहीं और उनकी मदद करने के लिए कोई नहीं है। भूख की पीड़ा को शांत करने के लिए एक गाजर कुतरते हुए, वे अपने ठन्डे घरों से निकल कर, ठंडी गलियों से होते हुए, और भी ठंडी कक्षाओं को जाते हैं। हालैंड में हालात इतने बिगड़ गए हैं कि बच्चों की भीड़ रोटी के एक टुकड़े की भीख माँगने के लिए सड़कों पर राहगीरों को रोकती है।

मैं, यह बताते हुए घंटो बिता सकती हूँ कि युद्ध क्या दुःख ले कर आया है, लेकिन इससे मैं बस खुद को अत्यंत दुखी करुँगी। हम बस इसके खत्म होने का इंतजार कर सकते हैं, जितना संभव हो सकता है उतना शांति से। यहूदी और ईसाई समान रूप से इंतजार कर रहे हैं, पूरी दुनिया इंतजार कर रही है, और कई मौत का इंतजार कर रहे हैं।

तुम्हारी, ऐनी

शनिवार, ३० जनवरी, १९४३

सबसे प्यारी किट्टी,

मैं गुस्से से उबल रही हूँ, फिर भी मैं यह दिखा नहीं सकती हूँ। मैं चिल्लाना, अपने पैर पटकना, माँ को झकझोरना, रोना और मुझे नहीं पता कि मैं और क्या चाहूंगी, गंदे शब्दों के कारण, उपहासपूर्ण चेहरा बनाकर, और आरोप जो वह जोर से मेरी ओर फेंक कर मारती हैं, कसकर खींचे धनुष से निकले तीर सा मुझे भेद जाता है, जिसे मेरे शरीर से निकालना लगभग असंभव है। मैं माँ, मार्गोट, वैन दानों, डसेल और पिताजी पर भी चिल्लाना चाहती हूँ: 'मुझे अकेला छोड़ दो, कम से कम मुझे एक रात तो पाने दो जब मैं अपनी जलती आँखों और प्रहार करते सिर के साथ रोते हुए ना सोऊँ। मुझे हर चीज से दूर जाने दो, इस दुनिया से दूर,' लेकिन मैं ऐसा नहीं कर सकती हूँ।

मैं उनको अपने संदेह देखने नहीं दे सकती, या घाव जो उन्होंने मुझ पर अधिरोपित

किये हैं। मैं उनकी सहानुभूति या उनका खुशमिजाज उपहास सहन नहीं कर सकती थी। इससे मुझे केवल और भी चीखने की चाहत होती।

हर कोई सोचता है कि जब मैं बात करती हूँ मैं दिखावा कर रही हूँ, जब मैं चुप होती हूँ मैं हास्यास्पद हूँ, जब मैं जवाब देती हूँ बदतमीज हूँ, जब मेरे पास एक अच्छा विचार होता है चालाक हूँ, जब मैं थकी होती हूँ आलसी हूँ, जब मैं उससे एक टुकड़ा भी अधिक लेती हूँ जितना मुझे लेना चाहिए मैं स्वार्थी हूँ, बेवकूफ, कायर, मतलबी आदि, आदि।

मैं सारा दिन और कुछ नहीं बल्कि कितनी नागवार बच्ची हूँ, हालाँकि इसे हंसी में उड़ा देती हूँ और बुरा नहीं लगने का बहाना करती हूँ, मुझे बुरा लगता है, काश मैं भगवान से मुझे कोई अन्य व्यक्तित्व देने के लिए कह पाती, ऐसा जो हर किसी से दुश्मनी मोल नहीं लेता।

लेकिन यह असंभव है। मैं जिस खासियत के साथ पैदा हुई थी, उसी के साथ अटकी हुई हूँ, और फिर भी मुझे यकीन है मैं एक बुरी इन्सान नहीं हूँ। मैं हर किसी को खुश करने के लिए अपनी पूरी कोशिश करती हूँ, वे कभी लाखों वर्षों में जितना संदेह करेंगे उससे अधिक। जब मैं ऊपर होती हूँ, मैं इसे हंसी में उड़ा देती हूँ क्योंकि मैं अपनी परेशानी उन्हें नहीं दिखाना चाहती।

एक बार से अधिक, बेतुकी निन्दा की एक श्रृंखला के बाद, मैं माँ पर टूट पड़ीः 'आप क्या कहती हो मुझे परवाह नहीं है। आप मेरी जिम्मेदारी लेने से इंकार क्यों नहीं कर देती – मैं एक निराशाजनक मामला हूँ' जाहिर है, वह जबान नहीं चलाने के लिये कहती और मुझे दो दिनों तक लगभग अनदेखा करती। फिर अचानक सब भुला दिया जाता और वह मेरे साथ अन्य लोगों जैसा व्यवहार करतीं।

मेरे लिए एक दिन बहुत खुश होना और अगले दिन तीखा, असम्भव है। मैं बल्कि बीच में होना चुनुंगी, जो कि बहुत बीच में नहीं है, और अपने विचारों को अपने तक ही रखूंगी। मैं दूसरों के साथ उसी उपेक्षा के साथ बर्ताव करुँगी जैसा वे मेरे साथ करते हैं। ओह, काश मैं कर सकती।

तुम्हारी, ऐनी

शुक्रवार ५ फरवरी, १९४३

सबसे प्यारी किट्टी,

हालाँकि सदियाँ हो गई तुम्हे तू तू मैं मैं के बारे में लिखे हुए, कोई बदलाव नहीं आया है। शुरुआत में श्रीमान डसेल ने हमारी जल्दी भुला दिए जाने वाली लड़ाई को बहुत गंभीरता से लिया, लेकिन अब उनका आदी हो चुके हैं, और अब मध्यस्तता करने की कोशिश नहीं करते।

मार्गोट और पीटर वास्तव में ऐसे नहीं हैं जिन्हें आप 'युवा' कहते, वे दोनों ही बहुत

शांत और उबाऊ हैं। उनके बाद, मैं पुरानी और भद्दी दिखाई पड़ती हूँ, और मुझसे हमेशा कहा जाता है, मार्गोट और पीटर इस तरह कार्य नहीं करते। तुम अपनी बहन के उदहारण का अनुसरण क्यों नहीं करती! इस बात से मुझे नफरत है।

मैं मानती हूँ कि मार्गोट की तरह बनने की मेरी बिल्कुल कोई इच्छा नहीं है। वह बहुत कमजोर इरादों वाली और मुझे जंचने के लिए निष्क्रिय है; वह खुद पर दूसरों को शासन करने देती है और हमेशा दबाव में पीछे हट जाती है। मैं और अधिक साहस चाहती हूँ! लेकिन मैं इस तरह के विचारों को अपने तक ही रखना चाहती हूँ। वे मुझ पर केवल हँसते, यदि मैं इसे अपने बचाव में पेश करती।

भोजन के दौरान हवा में तनाव भर जाता है। सौभाग्य से, आवेग को कभी कभी 'सूप पीने वाले लोगों,' द्वारा काबू में रखा जाता है, जो कार्यालय से दोपहर के भोजन के लिए सूप के एक कप के लिए ऊपर आते हैं।

आज दोपहर श्रीमान वैन दान फिर से इस तथ्य को लेकर आये कि मार्गोट बहुत कम खाती है। 'मुझे लगता है तुम यह अपना फिगर बनाये रखने के लिए करती हो,' उन्होंने एक मजाक के स्वर में कहा।

माँ जो हमेशा मार्गोट की रक्षा करने आती हैं, ने एक जोर की आवाज में कहा, 'मैं एक मिनट और आपकी फालतू बकवास को बर्दाश्त नहीं कर सकती।'

श्रीमती वैन दान एक चुकंदर की तरह लाल हो गई। श्रीमान वैन दान सीधे आगे देखते रहे और उन्होंने कुछ भी नहीं कहा।

फिर भी, हम अक्सर अच्छा हँस लेते हैं। अभी कुछ समय पहले श्रीमती वैन दान थोडी बकवास या कुछ अन्य से हमारा मनोरंजन कर रही थी। वह अतीत के बारे में बात कर रही थी, कि कितने अच्छे तरीके से वह अपने पिता के साथ मिलजुल कर रहती थी और क्या इश्कबाज थी वह। 'और आप जानते हैं,' उन्होंने जारी रखा, 'मेरे पिता ने मुझे बताया था कि यदि एक सज्जन कभी तरो ताजा हों, तो मुझे कहना था "याद रखें, साहब, मैं एक औरत हूँ," और वह जान जाते मेरा क्या मतलब है।' हम दिल खोलकर हंसे मानों उन्होंने हमें एक अच्छा चुटकुला सुनाया हो।

यहाँ तक कि पीटर, हालाँकि वह आम तौर पर शांत रहता है, कभी–कभी प्रसन्नता को उत्थान देता है। उनके पास उन विदेशी शब्दों को अत्यधिक स्नेह करने वाला दुर्भाग्य है जिनका मतलब भी उसे नहीं पता। एक दोपहर हम शौचालय का उपयोग नहीं कर सके क्योंकि कार्यालय में आगंतुक थे। इंतजार करने में असमर्थ, वह शौचालय गये लेकिन पानी नहीं बहाया। अप्रिय गंध के बारे में हमें सचेत करने के लिए, उन्होंने दरवाजे पर एक चेतावनी सूचक लगाया: 'आर एस वी पी – गैस!'। बेशक उनका मतलब था 'खतरनाक – गैस! खतरा' है, लेकिन उन्होंने सोचा 'आर एस वी पी' अधिक सहज लग रहा है। उनके पास इतना बारीक विचार नहीं था कि इसका मतलब था 'कृपया जवाब दें'।

तुम्हारी, ऐनी

शनिवार, २७ फरवरी, १९४३

सबसे प्यारी किट्टी,

पिम अब किसी भी दिन आक्रमण की उम्मीद कर रहे हैं। चर्चिल को निमोनिया हो गया है, लेकिन वे धीरे–धीरे बेहतर हो रहें हैं। गांधी, भारतीय स्वतंत्रता के शूरवीर, अपनी लंबी भूख हड़तालों में से एक पर हैं।

श्रीमती वैन दान दावा करती हैं कि वह भाग्यवादी हैं। लेकिन जब बंदूकें चलती है तो सबसे ज्यादा कौन डरता है? पेट्रोनेल्ला वैन दान के अलावा अन्य कोई नहीं।

जान अपने साथ में बिशपतंत्री पत्र लाए थे जिसमें बिशप ने अपने यजमानों को संबोधित किया था। यह सुंदर और प्रेरणादायक था। 'नीदरलैंड्स के लोगों खड़े हो जाओ, और कार्रवाई करो। हम में से प्रत्येक को अपने देश की आजादी की लड़ाई, अपने लोगों, और अपने धर्म के लिए हमारे अपने हथियारों को अवश्य चुनना चाहिए!

अपनी मदद और समर्थन दें। अभी कार्य करो! प्रवचन मंच से वे यही उपदेश दे रहे हैं। क्या इससे कोई लाभ होगा? निश्चित रूप से हमारे साथी यहूदियों की मदद करने में बहुत देर हो चुकी है।

अनुमान लगाओ अब हमारे साथ क्या हुआ? इमारत के मालिक ने श्रीमान कग्लर और श्रीमान क्लिमन को सूचित किये बिना ही इसे बेच दिया। एक सुबह नया मकान मालिक एक वास्तुकार के साथ जगह देखने पहुंचा। भगवान का शुक्र है श्रीमान क्लिमन कार्यालय में थे। उन्होंने सज्जनों को गुप्त उपभवन के आलावा देखने वाली सभी जगह दिखाई। उन्होंने दावे के साथ कहा कि उन्होंने कुंजी घर पर छोड़ दी हैं और नए मालिक ने आगे और कोई सवाल नहीं किया। काश वह उपभवन देखने की मांग लेकर वापस ना आए। उस हालात में हम बहुत बड़ी मुसीबत में फंस जायेंगे!

पिता ने मार्गोट और मेरे लिए एक कार्ड फाइल खाली कर दी और उसे सूचकांक कार्डों से भर दिया जो कि एक तरफ से खाली हैं। यह हमारी पढ़ने की फाइल बनने वाली है, जिसमें मार्गोट और मुझे हमारी पढ़ी हुई किताबों, लेखक और तारीख नोट करने के लिए अपेक्षित किया जाता है। मैंने दो नए शब्द सीखे हैं: 'वेश्यालय' और 'नखरा दिखाना'। मैंने नए शब्दों के लिए एक अलग नोटबुक खरीदी है।

मक्खन और नकली मक्खन का एक नया विभाग है। प्रत्येक व्यक्ति को अपनी प्लेट पर अपना हिस्सा मिलना है। वितरण बहुत अनुचित है। वैन दान जो हमेशा सबके लिए नाश्ता बनाते हैं, हमारी तुलना में खुद को हमसे डेढ़ गुना ज्यादा देते हैं। मेरे माता पिता कुछ भी कहने के वाद विवाद से बहुत ज्यादा डरते हैं जो कि शर्म की बात है, क्योंकि इस तरह के लोगों के साथ वैसा ही बर्ताव करना चाहिए जैसा वे आप के साथ करते हैं।

तुम्हारी, ऐनी

गुरुवार, ४ मार्च, १९४३

सबसे प्यारी किट्टी,

श्रीमती वैन दान का एक नया उपनाम है – हमने उन्हें श्रीमती बीवरब्रूक बुलाना शुरू कर दिया है। बेशक, तुम्हारे लिए इसका कुछ भी मतलब नहीं है, तो मुझे समझाने दें। एक कोई श्रीमान बीवरब्रूक अक्सर अंग्रेजी रेडियो पर इस बारे में बात करते हैं कि जर्मनी की बहुत उदार बमबारी होने को वह क्या समझते हैं। श्रीमती वैन दान जो चर्चिल और समाचार रिपोर्टों सहित हमेशा हर किसी का विरोध करती हैं, श्रीमान बीवरब्रूक से पूरी तरह सहमत हैं। इसलिए हमने सोचा इनका उनसे शादी करना एक अच्छा विचार होगा, और चूंकि वह इस विचार से खुश थीं, तो हमने अब से उन्हें श्रीमती बीवरब्रूक बुलाने का फैसला किया है।

हमें एक नया गोदाम कर्मचारी मिल रहा है, चूंकि पुराने वाला जर्मनी भेजा जा रहा है। यह उसके लिए बुरा है लेकिन हमारे लिए अच्छा है क्योंकि नया आदमी इमारत से परिचित नहीं होगा। हम अभी भी उन पुरुषों से डरते हैं जो गोदाम में काम करते हैं।

गांधी फिर से खा रहे हैं।

काला बाजार एक तेजी से फलता फूलता कारोबार बन रहा है। यदि हमारे पास हास्यास्पद कीमतों का भुगतान करने के लिए पर्याप्त पैसा होता, तो हम अपने आप को मूर्खतापूर्ण सामानों से भर सकते थे। हमारा सब्जी तरकारी बेचनेवाला 'वेर्ह्मच्ट' से आलू खरीदता है और बोरों में उन्हें निजी कार्यालय तक लाता है। चूंकि वह समझता है हम यहाँ छुपे हुए हैं, वह दोपहर के खाने के दौरान आने को महत्व देता है, जब गोदाम कर्मचारी बाहर होते हैं।

उस समय बहुत सारी काली मिर्च जमीन पर बिखरी होती है जिससे कि हम हर साँस के साथ छींकते और खांसते रहते हैं। हर कोई जो ऊपर आता है, हम उसे एक 'आच–छू' के साथ पाते हैं। श्रीमती वैन दान कसम खाती हैं वह नीचे नहीं जाएँगी; एक और काली मिर्च का झोंका आया और वह बीमार होने जा रही हैं।

मैं नहीं सोचती कि पिताजी का कारोबार बहुत अच्छा है। पेक्टिन और काली मिर्च, और कुछ नहीं। जब आप खाद्य व्यापार में हैं, तो मिठाई क्यों न बनायें?

शब्दों का एक पक्का तूफान आज सुबह फिर से ढहकर मुझ पर आ गिरा। हवा बहुत सारे गंदे भावों के साथ मुस्काई कि मेरे कान 'ऐनी के बुरे यह' और 'वैन दान के अच्छे वह' से गुंजायमान थे। आग और गंधक!

तुम्हारी, ऐनी

बुधवार, १० मार्च, १९४३

सबसे प्यारी किट्टी,

कल रात हमारे यहाँ एक शॉर्ट सर्किट हो गया था, और इसके अलावा, बंदूकें सुबह तक गरज रही थीं। मैंने विमानों और गोली चलने के अपने डर से अभी तक छुटकारा नहीं पाया है, और मैं अपनी सुविधा के लिए लगभग हर रात रेंगती हुई पिता के बिस्तर में चली जाती हूँ। मैं जानती हूँ यह बचकाना लगता है, लेकिन अपने साथ ऐसा होने तक इंतजार कीजिये! ऐक ऐक बंदूकें इतना शोर मचाती हैं, कि आप अपनी खुद की आवाज भी नहीं सुन सकते हैं। श्रीमती बीवरब्रूक, भाग्यवादी, वास्तव में जोर से रोने लगीं और एक छोटी सी डरपोक आवाज में कहा, 'ओह, यह बहुत भयानक है। ओह, बंदूकें बहुत जोर की आवाज करती हैं!' – जो कि, 'मुझे बहुत डर लग रहा है' कहने का ही एक और तरीका है।

मोमबत्ती की रोशनी में यह लगभग इतना बुरा नहीं लगता जितना अँधेरे में लगता है। मैं कांप रही थी, मानो मुझे बुखार हो, मैंने पिता से मोमबत्ती जलाने की विनती की। वह अड़े हुए थे: कोई प्रकाश नहीं होने वाला है। अचानक हमने मशीन गन चलने की गड़गड़ाहट सुनी, और जो विमान भेदी तोपों से दस गुना बदतर होता है। माँ बिस्तर से बाहर कूद पड़ी और, पिम को गुस्सा दिलाते हुए मोमबत्ती जला दी। उनकी गड़गड़ाहट के लिए उनका दृढ़ जवाब था 'आखिरकार, ऐनी! एक पूर्व सैनिक नहीं है' और वह इस बात का अंत था!

क्या मैंने आपको श्रीमती वैन दान के अन्य डरों में से कोई बताया है? मुझे नहीं लगता। आपको गुप्त उपभवन के ताजा कारनामों के बारे में नवीनतम रखने के लिए मुझे आपको यह भी बताना चाहिए। एक रात श्रीमती वैन दान ने सोचा उन्होंने अटारी में जोरदार कदमों की आहट सुनी है, वह चोरों से बहुत डरती थीं, उन्होंने अपने पति को उठा दिया। उसी पल, चोर गायब हो गए, और एकमात्र ध्वनि जिसे श्रीमान वैन दान सुन सकते थे, वह थी उनकी भाग्यवादी पत्नी के दिल की डरी हुई ध्वनि। 'ओह, पुट्टी!' वह रोईं। (पुट्टी श्रीमती वैन दान का उनके पति के लिए उपनाम है।) 'उन्होंने जरूर हमारे सब कबाब और सूखे सेम ले लिये होंगें। और पीटर के बारे में क्या? ओह, क्या आपको लगता है पीटर अभी भी अपने बिस्तर में खतरे से दूर होगा?'

'मुझे यकीन है उन्होंने पीटर को नहीं चुराया है। ऐसी मूर्खता बंद करो, और मुझे सोने दो!'

असंभव। श्रीमती वैन दान भी सोने प्रति बहुत डरी हुई थीं।

कुछ रातों बाद, पूरा वैन दान परिवार भूतिया शोर से जगा दिया गया। पीटर एक मशाल लेकर अटारी पर गया और – भाग पड़ा, भाग पड़ा – तुम्हे क्या लगता है वह क्या देख कर भाग पड़ा? चूहों का एक भारी झुंड!

जब हम जान गए कि चोर कौन थे, तो हमने मौश्ची को अटारी में सोने दिया और फिर कभी अपने बिन बुलाये मेहमानों को नहीं देखा..... कम से कम रात में तो नहीं ही।

कुछ शामों पहले (तब ७–३० बजे थे और अभी भी प्रकाश था), पीटर कुछ पुराने समाचार पत्र लेने के लिए मचान पर चढ़ गया। उसे सीढ़ी पर चढ़ने के लिए चोर दरवाजे को कसकर पकड़ना था। उसने देखे बिना अपना हाथ नीचे रख दिया, और सदमे और दर्द से लगभग सीढ़ी से गिर गया। अनजाने में उसने अपना हाथ एक बड़े चूहे पर रख दिया था, जिसने उसके हाथ में काट लिया था। जब तक वह हमारे पास पहुंचा, बुरी तरह थरथराते घुटने के साथ वह कागज की तरह सफेद पड़ चुका था, पजामा खून से लथपथ था। कोई आश्चर्य नहीं वह बहुत डर गया था, एक चूहे को थपथपाना कोई मजाक नहीं है, खासकर जब वह आपकी बांह से एक टुकड़ा काट ले।

तुम्हारी, ऐनी

शुक्रवार, १२ मार्च, १९४३

सबसे प्यारी किट्टी,

क्या मैं पेश कर सकती हूँ: माँ फ्रैंक, बच्चों की अधिवक्ता! युवाओं के लिए अतिरिक्त मक्खन, समस्याएं, जिनका आज के युवा सामना कर रहे हैं – तुम नाम लो, और माँ युवा पीढ़ी का बचाव करती हैं। एक या दो झडपों के बाद, वह हमेशा अपने रास्ते हो लेती हैं।

मसालेदार जीभ के जारों में से एक चला गया है। मौस्ची और बोच के लिए एक दावत।

तुम अभी तक बोच से नहीं मिली हो, इस तथ्य के बावजूद कि वह हमारे छिपने के गुप्त स्थान में जाने से पहले से ही वह यहीं थी। वह गोदाम और कार्यालय की बिल्ली है जो चूहों को भण्डार घर से दूर रखती है। उसका अजीब, राजनीतिक नाम आसानी से समझाया जा सकता है। थोड़ी देर के लिए गिएस और कंपनी के पास दो बिल्लियाँ थीं, एक गोदाम के लिए और एक अटारी के लिए: उनके रास्ते समय समय पर एक दूसरे को काटते थे, जिसका परिणाम सदा ही एक लड़ाई होता था। गोदाम वाली बिल्ली हमेशा हमलावर होती थी, जबकि अटारी वाली बिल्ली अंत में विजेता होती, जैसा राजनीति में होता है। तो गोदाम की बिल्ली का नाम 'जर्मन, या 'बोच', और अटारी की बिल्ली को अंग्रेज, या 'टॉमी' नाम दिया गया था। उसके बाद किसी समय उन्हें टॉमी से छुटकारा मिल गया, लेकिन जब हम नीचे जाते हैं बोच हमेशा हमारे मनोरंजन के लिए वहां होती है।

हमने इतने सारे भूरे सेम और सफेद सेम खा लिए हैं कि मैं उन्हें देखना भी बर्दाश्त नहीं कर सकती हूँ। उनके बारे में सोचना ही मुझे बीमार बना देता है।

हमारा शाम का रोटी वितरण रद्द हो गया है।

पिताजी ने अभी बताया है कि वह बहुत अच्छे मूड में नहीं हैं। उनकी आँखें फिर से बहुत उदास लग रही हैं, बेचारे!

मैं अपने आप को इना बेकर बोडिएर द्वारा लिखित किताब 'ए नॉक एट द डोर' से दूर नहीं रख सकती हूँ। यह परिवार गाथा बहुत अच्छी तरह से लिखी गई है, लेकिन युद्ध, लेखकों और महिलाओं की आजादी से सम्बंधित हिस्से बहुत अच्छे नहीं हैं। ईमानदारी से कहूं तो, इन विषयों में मुझे ज्यादा दिलचस्पी नहीं है।

जर्मनी पर भयानक बम हमले। श्रीमान वैन दान चिड़चिड़े हो गए हैं। कारण: सिगरेट की कमी।

डिब्बाबंद भोजन खाना शुरू करने या न करने के बारे में हुई बहस हमारे पक्ष में समाप्त हो गई।

मैं अपने कोई भी जूते नहीं पहन सकती हूं सिवाय मेरे स्की जूते के, जो कि घर के आसपास बहुत व्यावहारिक नहीं हैं। एक जोड़ी भूसे की हवाई चप्पलें जो कि ६.५० गिल्डर में खरीदी गई थी, एक सप्ताह के भीतर ही उनके तलवे नीचे से फट गए। शायद मिएप काले बाजार में से कुछ उड़ा लेने में सक्षम हो जाएगी।

यह पिताजी के बाल काटने का समय है। पिम कसम खाते हैं कि मैं बहुत बढ़िया काम करती हूँ, वह युद्ध के बाद भी कभी किसी नाई के पास नहीं जायेंगें। यदि मैं अक्सर उनके कान पर खरोंच नहीं लगाती!

तुम्हारी, ऐनी

गुरुवार, १८ मार्च, १९४३

मेरी सबसे प्यारी किट्टी,

तुर्की ने युद्ध में प्रवेश किया है। बहुत उत्साह है। चिंतित होकर रेडियो समाचारों का इंतजार किया जा रहा है।

शुक्रवार, १९ मार्च, १९४३

सबसे प्यारी किट्टी,

एक घंटे से भी कम समय में, खुशी के बाद निराशा आ गई। तुर्की ने अभी तक युद्ध में प्रवेश नहीं किया है। केवल मंत्रिमंडल के एक मंत्री जल्दी ही किसी समय तुर्की के, अपनी तटस्थता छोड़ने के बारे में बात कर रहे थे। बांध स्क्वायर में अखबार विक्रेता चिल्ला रहा था! 'तुर्की इंग्लैंड के पक्ष में' और अखबार उसके हाथ से छीन लिए जा रहे थे। इस तरह हमने एक उत्साहजनक अफवाह सुनी थी।

हजार–गिल्डर नोटों को अवैध घोषित किया जा रहा है। यह काला बाजारी करने वालों के लिए और उनके जैसे दूसरों, लेकिन इससे भी ज्यादा गुप्त स्थानों में छिपे लोगों के लिए

और अन्य कोई भी लोग जिनके पैसे का हिसाब नहीं दिया जा सकता है के लिए यह एक करारा झटका होगा। एक हजार गिल्डर का नोट सौंपने के लिए आपको यह बताने के योग्य होना होगा और सबूत देना होगा कि यह आपको कैसे मिला। करों का भुगतान करने के लिए उनका अभी भी इस्तेमाल किया जा सकता है, लेकिन केवल अगले सप्ताह तक। उसी समय पांच सौ के नोट भी समाप्त हो जायेंगें। गिएस एंड कंपनी के पास अभी भी कुछ बिना हिसाब के – हजार गिल्डर के नोट हैं, जिन्हें वे आने वाले वर्षों के लिए अपने अनुमानित करों के भुगतान करने के लिए इस्तेमाल करते थे, इसलिए सब कुछ ईमानदारी से होता हुआ लगता रहा है।

डसेल को एक पुराने जमाने का, पैर से संचालित दंत चिकित्सक ड्रिल प्राप्त हुआ है। इसका मतलब है मैं शायद जल्द ही एक पूर्ण जाँच करवाऊंगी।

जब घर के नियमों का पालन करने की बात आती है तो डसेल बहुत ज्यादा लापरवाह हैं। वह न केवल अपनी शेर्लोट को पत्र लिखते हैं बल्कि विभिन्न अन्य लोगों के साथ भी एक बातूनी पत्राचार जारी रख रहे हैं। मार्गोट, उपभवन के डच शिक्षक, उनके लिए इन पत्रों को ठीक कर रहे हैं। पिताजी ने इस अभ्यास को बनाए रखने से उन्हें मना कर दिया है और मार्गोट ने पत्रों को ठीक करना बंद कर दिया है, लेकिन मुझे लगता है कि इसमें ज्यादा समय नहीं लगेगा कि वह इसे फिर से शुरू कर देंगे।

फुहरर घायल सैनिकों से बात कर रहा है। हमने रेडियो पर सुना है, और यह दयनीय था। सवाल और जवाब कुछ इस तरह चले:

'मेरा नाम हेनरिक शैपल है।'

'तुम कहाँ घायल हो गए थे?'

'स्तालिनग्राद के पास।'

'यह घाव किस तरह का है?'

'दो शीतक्षत पैर और बाएं हाथ में फ्रैक्चर।'

रेडियो पर प्रसारित वीभत्स कठपुतली शो का यह एक सटीक समाचार है। घायल अपने घावों पर गर्वित होता प्रतीत हो रहा था – जितने अधिक उतने बेहतर। एक तो फुहरर से हाथ मिलाने के विचार से ही स्वयं में इतना अविभूत था (मैं अनुमान लगाती हूँ कि उसके पास अभी भी एक हाथ था) कि बड़ी मुश्किल से एक शब्द कह पाया।

मैंने डसेल का साबुन फर्श पर गिरा दिया और उस पर पैर रख दिया। अब पूरा टुकड़ा लापता है। मैं पहले से ही डसेल की क्षति की क्षतिपूर्ति करने के लिए पिता से पूछ चुकी हूँ, विशेषकर, चूँकि डसेल उत्तर युद्धकाल में साबुन की केवल एक टिकिया, महीने में एक बार पाता है।

तुम्हारी, ऐनी

गुरुवार, २५ मार्च, १९४३

सबसे प्यारी किट्टी,

माँ, पिता, मार्गोट और मैं कल रात एक साथ काफी खुश बैठे थे, जब अचानक पीटर अंदर आया और पिता के कान में फुसफुसाया, मैंने शब्द पकड़ लिए 'गोदाम में एक पीपा गिर गया है' और कोई दरवाजे के साथ ठोंक ठाक कर रहा है।

मार्गोट ने भी यह सुना, लेकिन मुझे शांत करने की कोशिश कर रही थी, चूँकि मैं चाक के जैसे सफेद हो गई थी और बहुत घबरा गई थी। हम तीनों ने इंतजार किया जबकि पिता और पीटर नीचे चले गए। एक या दो मिनट के बाद श्रीमती वैन दान ऊपर आईं जहाँ से वह रेडियो सुन रही थी और हमें बताया कि पिम ने उन्हें इसे बंद करने के लिए और ऊपर दबे पांव जाने के लिए कहा है। लेकिन तुम्हे पता है अगर आप शांत होने की कोशिश कर रहे हैं तो क्या होता है – पुरानी सीढ़ियां जोर से दो बार चरचराई। पांच मिनट बाद पीटर और पिम, अपने रंग उतरे चेहरे के साथ, अपने अनुभव बताने के लिए फिर से दिखाई दिए।

उन्होंने सीढ़ियों के नीचे खुद को तैनात किया था और इंतजार किया था। कुछ नहीं हुआ। फिर अचानक उन्होंने कुछ तीव्र आघात सुने, मानो घर में दो दरवाजों को जोर से बंद कर दिया गया हो। पिम सीढ़ियों पर सीमित रहे, जबकि पीटर डसेल को चेतावनी देने गया जिसने खुद को ऊपर पेश किया, हालाँकि उपद्रव किये बिना और बहुत शोर मचाये बिना। फिर हम सब दबे पांव मोजो वाले पैरों से अगली मंजिल पर वैन दान के पास गए। श्रीमान वैन दान को बुरी तरह सर्दी हुई थी और वह पहले से ही बिस्तर पर चले गए थे, इसलिए हम उनके बिस्तर के पास इकट्ठे हुए और एक कानाफूसी में अपने संदेह पर चर्चा की। हर बार जब श्रीमान वैन दान जोर से खांसते, श्रीमती वैन दान और मुझे एक मानसिक दौरा आने को होता। वह खांसते रहे जब तक की किसी ने उन्हें कोडीन देने का उज्जवल विचार नहीं दिया। उनकी खांसी तुरंत शांत हो गई।

हम एक बार फिर इंतजार करते रहे और करते रहे, लेकिन कुछ भी नहीं सुना। अंत में हम इस नतीजे पर पहुंचे कि चोर बहुत तेजी से भाग गए थे जब उन्होंने एक अन्यथा शांत भवन में पैरो की आहट सुनी। अब समस्या यह थी कि निजी कार्यालय में कुर्सियां बड़े करीने से 'रेडियो' के चारों ओर लगाई गई थीं, जिसे इंग्लैंड पर लगाया था। यदि चोरों ने दरवाजे को जबरदस्ती खोला होता और छलांग कर आया होता तो वार्डन ने इस पर ध्यान दिया होता और पुलिस को फोन कर दिया होता, बहुत गंभीर प्रतिक्रिया हो सकती थी। इसलिए श्रीमान वैन दान उठ गए, अपनी पेंट और कोट खींचा, अपनी टोपी पहनी और पीटर (भारी हथौड़े के साथ सशस्त्र होकर, सुरक्षित होने के लिए) बिलकुल उनके पीछे, सावधानी से, पिताजी का अनुसरण करते हुए नीचे गया। महिलाओं (मार्गोट और मेरे सहित) ने रहस्य में इंतजार किया जब तक कि पुरुष पांच मिनट बाद लौट नहीं आए और खबर दी कि इमारत में किसी भी गतिविधि का कोई संकेत नहीं था। हम, जरा सा भी पानी न

चलाने या शौचालय में पानी न बहाने के लिए सहमत हुए; लेकिन चूंकि हर किसी का पेट तनाव से मंथन कर रहा था, आप हमारे बारी– बारी से शौचालय जाने के बाद की बदबू की कल्पना कर सकती हो।

अन्य आपदाओं के साथ इस तरह की घटनाएं हमेशा होती रहती हैं, और यह कोई अपवाद नहीं था। नंबर एक: वेस्टरटोरेन घंटियों ने झंकार करना बंद कर दिया, और मैंने हमेशा उन्हें बहुत आरामदायक पाया था। नंबर दो: श्रीमान वोस्कुइजी कल रात जल्दी चले गए, और हम निश्चित नहीं थे कि उन्होंने बेप को चाबी दी हैं, और वह दरवाजा बंद करना भूल गई थी।

पर अब वह कम महत्वपूर्ण था। रात होनी बस शुरू हो गई थी, और हम अभी भी सुनिश्चित नहीं थे कि क्या उम्मीद करें। हम कुछ हद तक इस तथ्य से आश्वस्त थे कि आठ–पंद्रह के बीच–जब चोरों ने पहली बार इमारत में प्रवेश किया और हमारे जीवन को खतरे में डाल दिया था – दस–तीस, तक हमने कोई ध्वनि नहीं सुनी। हमने इसके बारे में जितना ही सोचा, इस बात की संभावना कम लगी कि एक चोर ने शाम को इतनी जल्दी दरवाजे को जबरदस्ती खोला होगा, जबकि बाहर सड़कों पर अभी भी लोग मौजूद थे। इसके अलावा, हमें सूझा कि हमारे बगल वाली केग कंपनी के गोदाम प्रबंधक भी शायद अभी भी काम पर रहे होंगे। उत्साह और पतली दीवारों के साथ क्या, ध्वनियों को गलत समझ लेना आसान नहीं है। इसके अलावा, अक्सर खतरे के क्षणों में आपकी कल्पना आपके साथ चालें चलती है।

इसलिए हम बिस्तर पर चले गए, हालाँकि सोने के लिए नहीं। पिता और माँ और श्रीमान डसेल ज्यादातर रात में जागे हुए थे, और मैं अतिश्योक्ति नहीं कर रही हूँ, जब मैं कहती हूँ कि मैंने शायद ही नींद की झपकी ली। आज सुबह पुरुष नीचे यह देखने गए की क्या बाहर का दरवाजा अभी भी बंद है, लेकिन सब कुछ ठीक था!

बेशक, हमने पूरे कार्यालय स्टाफ को घटना के पल पल की हर कदम की जानकारी दी, जो कि सुखद से कोसों दूर थी। एक बार चीजों के हो जाने के बाद, इस प्रकार की चीजों पर हँसना काफी आसान होता है, और बेप इकलौती थी जिसने हमें गंभीरता से लिया।

तुम्हारी, ऐनी

पश्च–लेख। आज सुबह शौचालय से मल निकासी रुक गई थी, और पिताजी को एक लंबी लकड़ी के डंडे को घोंपना पड़ा, और मलमूत्र और स्ट्रॉबेरी व्यंजनों (टॉयलेट पेपर के लिए इन दिनों हम इनका ही उपयोग करते हैं) के कई पाउंड बाहर खींचने पड़े। उसके बाद हमने डंडे जला दिये।

शनिवार, २७ मार्च, १९४३

सबसे प्यारी किट्टी,

हमने अपना आशुलिपि पाठ्यक्रम खत्म कर लिया है और अब अपनी गति में सुधार लाने पर काम कर रहे हैं। हम दक्ष नहीं हैं! मैं तुम्हे अपने 'समय खाने वाली चीजों' के बारे में बताती हूँ (अपने पाठ्यक्रमों को मैं यही कहती हूँ, क्योंकि हम, सब जो भी कभी करते हैं, दिनों को जितनी तेजी से संभव हो गुजरने देने की कोशिश है ताकि हम यहाँ हमारे समय के अंत के करीब हों)। मैं पौराणिक विशेष रूप से ग्रीक और रोमन देवताओं की कथाओं को बहुत पसंद करती हूँ। चूँकि उन्होंने कभी भी पौराणिक कथाओं की सराहना करती किसी किशोरी के बारे में नहीं सुना है, यहाँ हर कोई सोचता है कि मेरी रुचि बस एक अस्थाई अभिरूचि है। तो ठीक है, मेरा अनुमान है, मैं पहली हूँ!

श्रीमान वैन दान को सर्दी हो गई है। या बल्कि, उनके गले में खरास हो गई है, लेकिन वह इसे खत्म करने का कुछ बहुत बड़ा उपाय कर रहे हैं। वह कैमोमिल चाय से गरारे करते हैं, अपने मुँह की छत पर लोहबान टिंचर की परत चढाते हैं, छाती पर, नाक पर, मसूड़ों पर, और जीभ पर विक्स मलते हैं। और उसके ऊपर से, वह बुरे मूड में हैं!

राउटर, कुछ अहम जर्मन शख्स, ने हाल ही में एक भाषण दिया था। 'सभी यहूदियों को १ जुलाई से पहले जर्मन–कब्जे वाले क्षेत्रों से अवश्य बाहर होना चाहिए। उट्रेच प्रांत १ अप्रैल और १ मई के बीच यहूदियों से (मानो वे तिलचट्टे थे), साफ कर दिये जाएगें, और १ मई और १ जून के बीच उत्तर और दक्षिण हॉलैंड के प्रांत'। ये बेचारे लोग, बीमार और उपेक्षित मवेशियों के झुंड की तरह गंदे बूचड़खानों के लिए रवाना किये जा रहे हैं। लेकिन मैं इस विषय पर और अधिक नहीं कहूँगी। मेरे अपने ही विचार मुझे डरावने सपने देने लगते हैं!

एक अच्छी खबर है कि श्रम केंद्र को तोड़फोड़ वाले एक प्रदर्शन के चलते आग लगा दी गई। कुछ दिनों के बाद पंजीकरण कार्यालय भी जल गया। जर्मन पुलिस के वेश में लोगों ने पहरेदारों को बांधा और मुंह बंद कर दिया और कुछ महत्वपूर्ण दस्तावेजों को नष्ट करने में कामयाब हुए।

तुम्हारी, ऐनी

गुरुवार, १ अप्रैल, १९४३

सबसे प्यारी किट्टी,

मैं वास्तव में मजाक के मूड (तारीख देखें) में नहीं हूँ, इसके विपरीत आज मैं यह कहावत सुरक्षित रूप से उद्धृत कर सकती हूँ कि 'दुर्भाग्य कभी अकेले नहीं आता'।

पहले, श्रीमान क्लिमन, हमारे खूबसूरत धूप की किरण, को कल गैस्ट्रो आंत्र रक्तस्राव

का एक और दौरा आया और उन्हें कम से कम तीन सप्ताह तक बिस्तर में रहना होगा। मुझे तुम्हे बताना चाहिए कि उनका पेट उन्हें काफी परेशान कर रहा है और कोई इलाज नहीं है। दूसरा, बेप को फ्लू हो गया है। तीसरा, श्रीमान वोस्कुइजी को अगले सप्ताह अस्पताल जाना है। उन्हें शायद अल्सर है और सर्जरी से गुजरना होगा। चौथा, पोमोसिन उद्योगों के प्रबंधक नई ओपेक्ता की सुपुर्दगी के बारे में चर्चा करने के लिए फ्रैंकफर्ट से आयें हैं। पिता श्रीमान क्लिमन के साथ महत्वपूर्ण बिंदुओं पर छानबीन कर रहे थे, और श्रीमान कग्लर को गहन जानकारी देने का पर्याप्त समय नहीं था।

फ्रैंकफर्ट से आए सज्जन, और पिता वार्ता कैसे होगी के विचार से पहले से ही विचलित हो रहे थे। वह चिल्लाये, 'काश मैं वहां होता, काश मैं नीचे होता,'।

'जाओ अपने कान जमीन पर लगाकर लेट जाओ। उन्हें निजी कार्यालय में लाया जाएगा, और आप सब कुछ सुनने में सक्षम होंगे।'

पिताजी का चेहरा साफ हो गया, और अगले दिन सुबह दस– तीस पर, मार्गोट और पिम (दो कान एक कान से बेहतर होते हैं) ने फर्श पर अपना स्थान ले लिया। दोपहर तक वार्ता समाप्त नहीं हुई थी, लेकिन पिता उसको सुनने का अभियान जारी रखने की स्थिति में नहीं थे। इस तरह की एक असामान्य और असहज स्थिति में घंटों पड़े रहने के कारण वह दर्द में थे। दो– तीस पर हमने बरामदे में आवाजें सुनी, और मैंने उनकी जगह ले ली; मार्गोट मेरे साथ रही। बातचीत इतनी उबाऊ और सघन थी कि मैं अचानक ठन्डे, कठोर लिनोलियम पर ही सो गई। मार्गोट ने मुझे छूने की हिम्मत नहीं की, इस डर से कि वे हमें सुन लेते, और बेशक वह चिल्ला नहीं सकती थी। मैं एक अच्छे आधे घंटे तक सोई और फिर महत्वपूर्ण चर्चा के हर शब्द को भूलने के बाद, एक शुरुआत के साथ जाग गई। सौभाग्य से, मार्गोट ने अधिक ध्यान दिया था।

तुम्हारी, ऐनी

शुक्रवार २ अप्रैल, १९४३

सबसे प्यारी किट्टी,

ओह, मेरे पापों की सूची में एक और बात जोड़ दी गई है। पिछली रात मैं अपने बिस्तर में पड़ी पिता का इंतजार कर रही थी कि वह मुझे गले से लगा लें और मेरे साथ मेरी प्रार्थना बोलें, तभी माँ मेरे कमरे में आई, मेरे बिस्तर पर बैठी और धीरे से कहा, 'ऐनी, पिताजी तैयार नहीं हैं। यदि आज रात मैं तुम्हारी प्रार्थना सुनूँ तो क्या कोई समस्या होगी?'

'नहीं, मम्मी,' मैंने जवाब दिया।

माँ उठी, एक पल के लिए मेरे बिस्तर के पास खड़ी हुई और फिर धीरे धीरे दरवाजे की ओर चली गईं। अचानक वह घूमी, उनका चेहरा दर्द से ऐंठ गया, और कहा मैं तुमसे

नाराज नहीं होना चाहती हूँ। मैं तुम्हे मुझसे प्यार नहीं करवा सकती हूँ! जैसे ही वह दरवाजे से बाहर निकलीं कुछ आंसू उनके गालों पर फिसल गए।

मैं यह सोचते हुए शांत पड़ी रही कि मेरा उनको इतनी निर्दयतापूर्वक अस्वीकार करना कितना घटिया था, लेकिन मैं यह भी जानती थी कि मैं उनको कोई अन्य जवाब देने के भी अयोग्य थी। मैं पाखंड नहीं कर सकती और जब ऐसा करने का मेरा मन न करता हो तो मैं उनके साथ प्रार्थना नहीं कर सकती। यह उस तरह काम नहीं करता है। मैंने माँ के लिए खेद महसूस किया – बहुत, बहुत खेद है – क्योंकि मेरे जीवन में पहली बार मुझे लगा कि वह मेरी उपेक्षा के प्रति उदासीन नहीं थीं। मैंने उनके चेहरे में दु:ख देखा जब उन्होंने, मुझे खुद को प्यार ना करवा पाने में सक्षम होने के बारे में बात की थी। सच बताना मुश्किल है, और अभी तक, सच्चाई यह है कि वह ही एक हैं, जिन्होंने मुझे अस्वीकार कर दिया है। वह ही हैं जिनकी उद्दंड टिप्पणियाँ और क्रूर मजाकों, जो मुझे नहीं लगता कि मजाक हैं, ने मुझे उनके लिए प्यार के किसी भी संकेत के प्रति असंवेदनशील बना दिया है। जैसे हर बार उनके कठोर शब्दों को सुनकर मेरा दिल बैठ जाता है, उसी तरह उनका दिल बैठा जब उन्हें एहसास हुआ कि हमारे बीच अब और प्यार नहीं रहा। वह आधी रात तक रोईं और नींद नहीं ले पायीं।

पिताजी ने मुझे देखने से परहेज किया, और यदि उनकी आँखें मेरी आँखों से मिलती, मैं उनके अनकहे शब्दों को पढ़ सकती हूँ: तुम इतनी निर्दयी कैसे हो सकती हो? तुम्हारी अपनी माँ को इतना दुखी करने की हिम्मत कैसे हुई!

हर कोई मुझसे माफी माँगने की उम्मीद करता है, लेकिन यह ऐसा कुछ नहीं है जिसके लिए मैं माफी मांग सकती हूँ, क्योंकि मैंने सच कहा, और कभी न कभी वैसे भी माँ को पता लगना निश्चित था। मैं माँ के आंसुओं और पिता की नजर के प्रति उदासीन दिखाई देती हूँ, और मैं हूँ, क्योंकि वे दोनों अब वह महसूस कर रहे हैं जो मैंने हमेशा महसूस किया। मैं केवल उस माँ के लिए खेद महसूस कर सकती हूँ जिसे यह निर्णय लेना है कि अकेले उनका रवैया क्या होना चाहिए। मेरे लिए, मैं चुप रहना और अलग थलग रहना जारी रखूंगी, और मेरा सच्चाई से हटने का कोई इरादा नहीं है, क्योंकि जितना ज्यादा समय तक इसे स्थगित किया जाता, उनके लिए स्वीकार करना उतना ही मुश्किल हो जायेगा, जब वे इसे सुनेंगे!

तुम्हारी, ऐनी

मंगलवार, २७ अप्रैल, १९४३

सबसे प्यारी किट्टी,

घर अभी भी झगड़े के बाद के प्रभाव से कांप रहा है। हर कोई हर किसी पर गुस्सा है; माँ और मैं, श्री वैन दान और पिता, माँ और श्रीमती वैन दान भयानक वातावरण, क्या तुम्हें नहीं लगता? एक बार फिर कमियों के बारे में ऐनी की सामान्य सूची बड़े पैमाने पर प्रसारित की गई है।

हमारे जर्मन आगंतुक पिछले शनिवार को फिर वापस आ ाए थे। वे छह बजे तक रुके रहे थे। हम सभी, ऊपर बैठे हुए थे एक इंच भी हिलने का साहस नहीं था। अगर वहाँ कोई भी अन्य इमारत में या पड़ोस में काम नहीं कर रहा है, तो आप निजी कार्यालय में हर एक कदम को सुन सकते हैं। फिर से इतने लंबे समय तक स्थिर बैठे रहने के कारण मुझे मेरी पैंट में चींटियां घुस गई हैं।

श्री वोस्कुइज्ल अस्पताल में भर्ती हो गए हैं, लेकिन श्री क्लेइमन कार्यालय में वापस आ गए हैं। उनके पेट में खून रिसना सामान्य रूप की तुलना में जल्दी ही बंद हो गया था। उन्होंने हमें बताया कि पंजीकरण कार्यालय ने एक अतिरिक्त दंड स्वीकार किया है क्योंकि फायरमैन ने सिर्फ आग लगने वाले भाग की बजाय पूरी इमारत में बाढ़ ला दिया था। यह मेरे दिल को अच्छा लगा है!

कार्लटन होटल नष्ट कर दिया गया। अग्नि बम से भरे हुई दो ब्रिटिश विमान ठीक जर्मन अधिकारियों के क्लब के ऊपर उतरे। विज्जेलस्ट्राट और सिन्गेल के सभी कोने आग की लपटों में घिर गए हैं। जर्मन शहरों पर हवाई हमलों की संख्या दैनिक रूप से बढ़ती जा रही है। इस समय रात में हमें एक समुचित आराम नहीं मिल पाता है, और नींद की कमी से मेरी आँखों के नीचे थैलियाँ बन गई हैं।

हमारा खाना भयानक है। नाश्ते में सादा, बिना मक्खन के रोटी और कृत्रिम कॉफी होती है। पिछले दो हफ्तों से दोपहर का भोजन या तो पालक या बड़े आलू के साथ पकाया सलाद होता है जिसका एक सड़ा हुआ, मीठा सा स्वाद होता है। यदि आप दुबले पतले बनने की कोशिश कर रहे हैं, तो उपभवन उसके लिए एक अच्छी जगह हो सकती है! ऊपर की मंजिल पर वे फूट फूट कर शिकायत करते हैं लेकिन हमें नहीं लगता कि यह एक त्रासदी जैसा है।

सभी डच पुरुषों को जो १९४० में या तो लड़े या जुटाए गए थे युद्ध कैदियों के शिविरों में काम करने के लिए बुलाया गया है। मैं शर्त लगाती हूँ कि वे आक्रमण की वजह से यह एहतियात बरत रहे हैं!

तुम्हारी, ऐनी

शनिवार, १ मई, १९४३

सबसे प्यारी किट्टी,

कल डस्सेल का जन्मदिन था। सर्वप्रथम उन्होंने ऐसा व्यवहार किया कि मनो वे यह जश्न मनाना नहीं चाहते थे, लेकिन जब मिएप उपहारों से ऊपर तक भरे एक बड़े से शॉपिंग बैग लिए हुए आयी तो, वह एक छोटे बच्चे की तरह उत्साहित हो गए थे। उनकी प्यारी 'लोत्जे' ने उनके लिए अंडे, मक्खन, बिस्कुट, नींबू पानी, रोटी, शराब, मसाला केक, फूल, संतरा, चॉकलेट, किताबें और लेखन कागज भेजा था। उन्होंने एक मेज पर

अपने उपहारों का ढेर लगा दिया और, कम से कम तीन दिनों तक उन्हें प्रदर्शित किया हास्यास्पद बूढ़े मूर्ख!

आप को यह विचार नहीं बना लेना चाहिए कि वह भूख से मर रहे हैं। हमें उनकी अलमारी में रोटी, पनीर, जाम और अंडे मिले। यह पूरी तरह से शर्मनाक है कि डसेल जिनके साथ हम इस तरह दयालुता का व्यवहार करते हैं, और जिसे हम विनाश से बचाते हैं, हमारी पीठ पीछे सामान खुद को चाहिए और हमें कुछ भी नहीं दिया। आखिरकार, हमने उनके साथ अपना सब कुछ साझा किया है! लेकिन हमारी राय में जो बुरा है, वह यह कि श्री क्लेइमन, श्री वोस्कुइज्ल और बेप की तुलना में वह बहुत कंजूस हैं। उन्होंने उन्हें एक भी चीज नहीं दिया। संतरे जिनकी क्लेइमन को अपने बीमार पेट के लिए इतनी बुरी तरह से जरूरत है, डसेल के विचार में उनके अपने ही पेट को और भी अधिक लाभ देंगे।

आज रात कहीं दूर बहुत ज्यादा बंदूकें चलीं हैं जिसके कारण मैंने पहले ही चार बार अपने सारे सामान इकट्ठा किया था। आज अगर हमें छोड़ कर भागना पड़ा तो मैंने उसके लिए अपने आवश्यक सामान एक सूटकेस में पैक कर लिया, लेकिन जैसाकि माँ ने बिलकुल सही ढंग से उल्लेख किया, 'आप कहाँ जाओगे?'

पूरे हॉलैंड को मजदूरों की हड़ताल के लिए दंडित किया जा रहा है। मार्शल लॉ की घोषणा की गई है, और हर किसी को मिलने वाला मक्खन कूपन थोडा कम मिलने जा रहा है। क्या शरारती बच्चे हैं।

इस शाम को मैंने माँ के बालों को धोया, जो कि इन दिनों कोई आसान काम नहीं है। हम एक बहुत चिपचिपे तरल क्लींजर का उपयोग करते हैं क्योंकि वहाँ अधिक शैम्पू नहीं है। इसके अलावा, माताओं को अपने बालों में कंघी करना भी एक कठिन काम था क्योंकि परिवार की कंघी में केवल दस दांत बचे हैं।

तुम्हारी, ऐनी

रविवार, २ मई, १९४३

जब मैं यहाँ हमारे जीवन के बारे में सोचती हूँ, तो मैं आमतौर पर इस निष्कर्ष पर पहुँचती हूँ कि हम उन यहूदियों की तुलना में जो गुप्त स्थानों में नहीं छुपे हैं, स्वर्ग में रहते हैं। एक ही बात है, बाद में, जब सब कुछ सामान्य हो चुका हो, मैं शायद आश्चर्य करूँगी कैसे हम, जो हमेशा इस तरह के आरामदायक परिस्थितियों में रहते थे, इतना गलत कैसे कर सकते थे। मेरा मतलब है 'शिष्टाचार के सम्बन्ध में'। उदाहरण के लिए, हम जबसे यहाँ है, एक ही मोमजामें ने खाने की मेज को ढका हुआ है। इतना प्रयोग करने के बाद, शायद ही इसे बेदाग कह सकते हैं। मैं इसे साफ करने की अपनी पूरी कोशिश करती हूँ, लेकिन चूँकि बर्तन मांझने का कपडा भी हमारे छिपने की जगह में जाने से पहले खरीदा गया था और

कपडे से ज्यादा इसमें छेद हैं, यह एक बेकार काम है। वैन दान पूरी लंबी सर्दियों में एक ही नरम सूती चादर पर सोते रहे हैं, जिसे धोया नहीं जा सकता क्योंकि साबुन पाउडर का नियंत्रित वितरण होता है और आपूर्ति कम है। इसके अलावा, यह इतनी खराब गुणवत्ता का होता है कि यह व्यावहारिक रूप से बेकार है। पिता अस्तव्यस्त पतलून में घूम रहे हैं, और उनकी टाई भी टूट फूट के संकेत दे रही है। मम्मी का अन्तरंग वस्त्र भी आज कट गया और मरम्मत से परे है, जबकि मार्गोट ने आज एक ब्रा पहनी है जिसका दो आकार बहुत छोटा है। माँ और मार्गोट ने पूरी सर्दियाँ तीन समान अंगरखे साझे किये, और मेरे इतने छोटे हैं कि वह मेरे पेट को भी नहीं ढकते हैं। ये सब वे चीजें हैं जिन पर काबू पाया जा सकता है, लेकिन मैं कभी कभी आश्चर्य करती हूँ: हम कैसे, जिनकी हर संपत्ति, मेरे जांघिये से लेकर पिता के शेविंग ब्रश तक, इतनी पुरानी और घिसी हुई है, युद्ध से पहले जैसी अपनी स्थिति फिर से हासिल करने की उम्मीद भी कभी कर सकते हैं?

रविवार, २ मई, १९४३

युद्ध की दिशा में उपभवन निवासियों की मनोवृत्ति

श्रीमान वैन दान। हम सभी की राय में, इस श्रद्धेय सज्जन की राजनीति में महान अंतर्दृष्टि है। फिर भी, उन्होंने पूर्वानुमान किया कि हमें '४३ के अंत तक यहां रहना होगा। यह एक बहुत लंबा समय है, और फिर भी तब तक उम्मीद रखना संभव है। लेकिन हमें यह आश्वासन कौन दे सकता है कि यह युद्द जिसने और कुछ नहीं बल्कि दर्द और दुःख दिए हैं, तब खत्म हो जायेगा? और हमें और हमारे सहायकों के साथ उस समय से बहुत पहले कुछ नहीं हुआ होगा? कोई नहीं! इसीलियें हर एक दिन तनाव से भरा होता है। उम्मीद और आशा तनाव उत्पन्न करते हैं, जैसे डर करता है – उदाहरण के लिए, जब हम घर के अंदर या बाहर एक शोर सुनते हैं, जब बंदूके चलती हैं या जब हम अखबार में 'नई घोषणाएं' पढ़ते हैं, चूँकि हम डरे होते हैं हमारे सहायकों को किसी समय स्वयं छिपने के स्थान में जाने के लिए मजबूर किया जा सकता है। इन दिनों हर कोई छिपना पड़ने के बारे में बात कर रहा है। हम नहीं जानते कितने लोग वास्तव में छिपने की जगहों में हैं; जाहिर है, संख्या सामान्य आबादी की तुलना में अपेक्षाकृत बहुत छोटी है, लेकिन बाद में हम निस्संदेह इस बात पर चकित हो जायेंगे कि हॉलैंड में कितने अच्छे लोग जो यहूदी और ईसाई लोगों को, पैसे के साथ या पैसे के बिना, अपने घरों में लेना चाह रहे थे। गलत पहचान के कागजात वाले लोगों की भी एक अविश्वसनीय संख्या हैं।

श्रीमती वैन दान। जब इस खूबसूरत युवती (उनकी अपनी दृष्टि से) ने सुना कि इन दिनों गलत आईडी प्राप्त करना आसान है, उन्होंने तुरंत प्रस्ताव रखा कि हम में से प्रत्येक एक बनवाए। मानो इसमें कुछ नहीं था, मानो पिता और श्रीमान वैन दान बहुत धनवान थे।

श्रीमती वैन दान हमेशा सबसे हास्यास्पद बातें करती रहती हैं, और उनका पुट्टी अक्सर

हताश रहता है। लेकिन यह चकित करने वाला नहीं है, क्योंकि एक दिन केरली घोषणा करती हैं 'जब यह सब खत्म हो जायेगा, मैं अपने आप को बपतिस्मा देने वाली हूँ; और अगला, 'जहाँ तक मैं याद कर सकती हूँ, मैंने यरूशलम जाना चाहा है। मैं केवल अन्य यहूदियों के साथ अपने घर की तरह अनुभव करती हूँ!'

पिम एक बड़े आशावादी है, लेकिन उसके पास हमेशा अपने कारण होते हैं।

श्रीमान डसेल हर चीज पूरी करते हैं जैसे ही वह आगे बढ़ते हैं, और कोई भी महामहिम का खंडन करने की इच्छा वाला, बेहतर होगा कि दो बार सोच ले। अल्फ्रेड डसेल के घर में उनके शब्द कानून है, लेकिन यह ऐनी फ्रैंक को बिलकुल भी संतुष्ट करता।

उपभवन परिवार के अन्य सदस्य युद्ध के बारे में क्या सोचते हैं इससे कोई फर्क नहीं पड़ता है। जब राजनीति की बात आती है, ये चारों हैं जो सोचते हैं। वास्तव में, उनमें से केवल दो है, लेकिन मैडम वैन दान और डसेल स्वयं को भी शामिल करते हैं।

मंगलवार, १८ मई, १९४३

प्यारी किट,

मुझे हाल ही में जर्मन और अंग्रेज पायलटों के बीच भीषण हवाई लड़ाई देखने को मिली। दुर्भाग्य से, मित्र राष्ट्रों के कुछ विमान चालकों को अपने जलते हुए विमान से बाहर कूदना पड़ा। हमारा दूधवाला जो हाफवेग में रहता है, ने चार कनाडाईयों को सड़क के किनारे बैठे देखा, और उनमें से एक धाराप्रवाह डच बोलता था। उसने दूधवाले से पूछा की क्या उसके पास उसकी सिगरेट के लिए आग है, और फिर उसे बताया, चालक दल में छह लोग शामिल थे। पायलट को जला कर मार दिया गया था, और पांचवे चालक दल के सदस्य ने खुद को कहीं छिपा लिया था। जर्मन सुरक्षा पुलिस बचे हुए चारों पुरुषों को लेने आई, जिनमें से कोई भी घायल नहीं था। एक जलते विमान से पैराशूटिंग के बाद, कैसे किसी के पास सुध बुध हो सकती है?

हालाँकि अविवादित रूप से बहुत गर्मी पड़ रही है, लेकिन हमें प्रतिदिन अपने सब्जी के छिलके और कूड़ा करकट जलाने के लिए आग जलानी पड़ती है। हम कुछ भी कचरे के डिब्बे में नहीं फेंक सकते क्योंकि गोदाम के कर्मचारी इसे देख सकते हैं। एक छोटी सी लापरवाही भरा कार्य और हम गए!

विश्वविद्यालय के सभी छात्रों को, एक आधिकारिक बयान पर हस्ताक्षर करने के लिए कहा जा रहा है कि वे 'जर्मनों के साथ हमदर्दी रखते हैं और नए आदेश का अनुमोदन करते हैं'। अस्सी प्रतिशत ने अपनी अंतरात्मा की आज्ञा का पालन करने का फैसला किया है, लेकिन दंड गंभीर होगा। हस्ताक्षर करने से इनकार करने वाले किसी भी छात्र को एक जर्मन श्रम शिविर में भेजा जाएगा। हमारे देश के युवाओं को यदि जर्मनी में कठिन परिश्रम करना पड़ता है तो उनका भविष्य क्या होगा?

कल रात बंदूकें इतना शोर कर रहीं थी कि माँ ने खिड़की बंद कर ली; मैं पिम के बिस्तर में थी। अचानक, बिलकुल हमारे सिर के ऊपर, हमने श्रीमती वैन दान की उछलने की आवाज सुनी, मानो उन्हें मौस्ची ने काट लिया था। इसके बाद एक जोरदार धमाका सुना, जो ऐसा लगा मानो कोई अग्निबम मेरे बिस्तर के बगल में गिरा था। 'आग! आग!' मैं चिल्लाई।

पिम ने बत्ती जला दी। मुझे कमरे में किसी भी क्षण आग भभक उठने की उम्मीद थी। कुछ नहीं हुआ। क्या चल रहा है यह देखने के लिए हम सब ऊपर भागे। श्रीमान और श्रीमती वैन दान ने खुली खिड़की से एक लाल चमक देखी थी, और उन्होंने सोचा था कि आस पास कहीं आग लगी है, जबकि वह आश्वस्त थीं कि आग हमारे घर में ही लगी है। जब धमाका हुआ था उस समय श्रीमती वैन दान पहले से ही कांपती हुई अपने बिस्तर के पास खड़ीं थी। डसेल धुम्रपान करने के लिए ऊपर ही ठहर गए, और हम धीरे धीरे वापस अपने बिस्तर में चले गए। पंद्रह मिनट से भी कम समय के बाद ही फिर से गोली चलनी शुरू हो गई। श्रीमती वैन दान एकाएक बिस्तर से बाहर आईं और आराम की तलाश में नीचे डसेल के कमरे में चली गईं, जिसे वह अपने पति के साथ पाने में असमर्थ थीं। डसेल ने इन शब्दों के साथ उनका स्वागत किया 'मेरे बिस्तर में आओ, मेरे बच्चे!'

हँसते हँसते हमारे पेट में बल पड़ गए, और बंदूकों की गड़गड़ाहटों ने हमें और अधिक परेशान नहीं किया; हमारे सारे भय का अस्तित्व मिट गया था।

तुम्हारी, ऐनी

रविवार, १३ जून, १९४३

सबसे प्यारी किट्टी,

जो कविता पिताजी ने मेरे जन्मदिन के लिए रची थी इतनी अच्छी है कि मैं अपने तक ही नहीं रख सकती हूँ।

चूँकि पिम अपने छंद केवल जर्मन में लिखते हैं, मार्गोट ने स्वेच्छा से इसे डच में अनुवादित किया। स्वयं देखें कि क्या मार्गोट खुद को गौरान्वित कर पाई या नहीं। यह पूरे वर्ष की घटनाओं के सामान्य सारांश के साथ शुरू होती है और फिर आगे जारी रहती है:

हम में से सबसे कम उम्र की, पर ज्यादा छोटी नहीं है,
तुम्हारा जीवन कष्टकर हो सकता है, जिसके लिए हम उबाऊ काम करते हैं,
तुम्हारा शिक्षक बनना एक भयानक झंझट है।
'हमें अनुभव मिल चुका है! यह लो मुझसे!'
'हम यह सब पहले कर चुके हैं, तुम जानती हो।'
हम रस्सियों को जानते हैं, हम जानते हैं इसके समान।
चूँकि समय अति प्राचीन है, हमेशा एक समान।

किसी की कमियां और कुछ नहीं केवल रुई के रेशे हैं,
लेकिन भारी हर किसी के सामान से हैं।
गलती खोजना आसान होता है, जब हम दुर्दशा में हों,
लेकिन कोशिश करना तुम्हारे माता–पिता के लिए मुश्किल,
तुम्हारे साथ निष्पक्षता, और दयालुता का बर्ताव करना;
छिद्रान्वेषण एक आदत है जिसे दूर करना मुश्किल है।
जब तुम बूढ़े लोगों के साथ रह रहे होते हो, जो तुम कर सकते हो,
उनकी गलतियाँ ढूँढने, को सहन करना – मुश्किल है, लेकिन यह सच है।
गोली(सीख) कडवी हो सकती है, लेकिन इसे तुरंत जरूर निगला जाना चाहिए,
क्योंकि यह शांति बनाए रखने के लिए होती है, तुम्हें पता ही है।
यहां कई महीने व्यर्थ में नहीं गए हैं,
चूँकि समय बर्बाद करना आपके स्वभाव के विरुद्ध हो जाता है।
तुम लगभग सारा दिन पढ़ती और अध्ययन करती हो,
बोरियत खदेड़ने के लिए।
अगर कठिन सवालों का सामना करना बहुत कठिन होता,
तो धरती पर क्या है, जिसका सामना करूँ?
मेरे पास अब निक्कर नहीं है, मेरे कपड़े भी बहुत तंग हैं,
मेरी बनियान एक धोती है, मैं हकीकतन दर्शनीय हूँ!
जूते पहनने के लिए मुझे पैरों की उंगलियों को सटा लेना चाहिए,
प्यारे मैं इतने सारे संकटों से त्रस्त हूँ!'

मार्गोट को भोजन वाले भाग की तुकबंदी करने में परेशानी हो रही थी, इसलिए मैं इसे छोड़ रही हूँ। लेकिन उस के अलावा, क्या तुम्हे नहीं लगता कि यह एक अच्छी कविता है?

बाकी के लिए, मैं पूरी तरह से बिगड़ गई हूँ और अपने पसंदीदा विषय, 'ग्रीक और रोमन पौराणिक कथाओं' पर एक बडी पुस्तक सहित मैंने बहुत से प्यारे उपहार पाए हैं; न ही मैं मिठाई की कमी के बारे में शिकायत कर सकती हूँ; हर किसी ने अपने अंतिम संचय में से पैसे निकाले थे। उपभवन में सबसे छोटी होने के नाते मुझे मेरी काबिलियत से ज्यादा मिला है।

तुम्हारी, ऐनी

मंगलवार, १५ जून, १९४३

सबसे प्यारी किट्टी,

ढेर सारी चीजें हो चुकी हैं, लेकिन मैं अक्सर सोचती हूँ कि मैं अपनी नीरस गपशप से तुम्हे ऊबाती हूँ, और कि तुम कम से कम शब्दों में ज्यादा जानना चाहोगी। इसलिए मैं खबर संक्षिप्त रखूंगी।

आखिरकार श्रीमान वोस्कुइजी की अल्सर की शल्यक्रिया नहीं की गई। डॉक्टर उन्हें शल्यक्रिया मेज पर लाये थे और उन्हें खोला, तभी उन्होंने देखा कि उन्हें कैंसर था। यह इतने विकसित चरण में था कि शल्यक्रिया करना व्यर्थ था। तो उन्होंने, उन्हें फिर से सिल दिया, तीन सप्ताह तक उन्हें अस्पताल में रखा, अच्छी तरह खिलाया पिलाया और घर वापस भेज दिया। लेकिन उन्होंने एक अक्षम्य गलती की: उन्होंने उस असहाय आदमी को ठीक ठीक बता दिया कि भविष्य में उनके साथ क्या होने वाला है। वह अब और काम नहीं कर सकते हैं, अपने आठ बच्चों से घिरे, अपनी आने वाली मौत के बारे में विचारमग्न, बस घर पर बैठे रहते हैं। मुझे उनके लिए बहुत बुरा लगता है, और बाहर जाने में अक्षम होने से नफरत होती है; अन्यथा, मैं जितना कर पाती उतना अधिक अक्सर उन्हें मिलने जाती, उस बात से ध्यान बंटाने में उनकी मदद करती। यह अच्छा आदमी अब हमें नहीं बता सकता कि गोदाम में क्या कहा और किया जा रहा है, जो कि हमारे लिए एक आपदा है। जब सुरक्षा के उपाय करने की बात आई तो श्रीमान वोस्कुइजी सहायता और समर्थन के हमारे बड़े स्रोत थे। हमें उनकी बहुत याद आती है।

अगले महीने अपना रेडियो अधिकारियों को सौंपने की हमारी बारी है। श्रीमान क्लिमन के पास अपने घर में छिपाया हुआ एक छोटा सेट है जिसे वह हमारे सुंदर फिलिप्स का स्थान लेने के लिए हमें दे रहें हैं। अफसोस की बात है हमें अपना बड़ा फिलिप्स छोड़ना होगा, लेकिन जब आप छिपने के स्थान में होते हो, तो आप जानबूझकर अधिकारियों को अपने सिर पर धमक पड़ने का जोखिम नहीं उठा सकते। बेशक, 'छोटे' रेडियो को हम ऊपर रखेंगे। जब पहले से ही छिपे हुए यहूदी हैं, छिपा हुआ पैसा है तो छिपा रेडियो क्या चीज है?

पूरे देश भर में लोग एक पुराना रेडियो प्राप्त करने की कोशिश कर रहे हैं जिसे वे अपने 'मनोबल वर्धक' के बदले सौंप सकें।' यह सच है: जैसे जैसे बाहर से आने वाली खबरें बद से बदतर होती जाती हैं, रेडियो, अपनी चमत्कारिक आवाज के साथ, हिम्मत न हारने, और खुद को यह बताते रहने में हमारी मदद करता है कि, 'खुश हो जाओ, साहसी बनो, चीजों का बेहतर होना तय है!'

तुम्हारी, ऐनी

रविवार, ११ जुलाई, १९४३

प्रिय किट्टी,

बच्चों के पालन पोषण (लंबे समय तक) के विषय पर वापस आने के लिए, मैं, तुम्हे बताती हूँ कि मैं सहायक मिलनसार और दयालु होने के लिए, और वह सब कुछ जो मैं कर सकती हूँ उसे करने के लिए, डांट फटकार की बारिश को हलकी बूंदा – बांदी तक धीमा करने की अपनी पूरी कोशिश कर रही हूँ। उन लोगों के साथ जिन्हें आप बर्दाश्त नहीं कर सकते, एक आदर्श बच्ची की तरह व्यवहार करने की कोशिश करना आसान नहीं होता, विशेषकर जब आपके लिए इसके एक भी शब्द का कोई मतलब नहीं होता है। लेकिन मैं देख सकती हूँ, एक छोटा सा पाखंड मुझे, मेरी पुरानी पद्धति, जैसा मैं सोचती हूँ (हालाँकि मेरी राय कोई कभी नहीं पूछता या किसी भी तरह परवाह नहीं करता) एकदम वैसा ही कह देने, की तुलना में अधिक फायदेमंद होता है। बेशक, जब वे गलत होते हैं, मैं अक्सर अपनी भूमिका भूल जाती हूँ और अपने क्रोध पर अंकुश लगाना असंभव पाती हूँ, ताकि वे 'दुनिया की सबसे धृष्ट लड़की' कहते हुए अगला महीना बिताएं। तुम्हे नहीं लगता कि कभी – कभी मुझ पर दया की जानी चाहिए? अच्छी बात है मैं रिरियाने वाली नहीं हूँ, क्योंकि फिर मैं रुखी और चिड़चिड़ी बन सकती हूँ। मैं आमतौर पर उनकी झिड़कियों का विनोदी पहलू देख सकती हूँ, लेकिन यह आसान तब होता है जब यह जोरदार झिड़की किसी और को दी जा रही हो।

इसके अलावा, (काफी सोचने के बाद) मैंने आशुलिपि छोड़ने का निर्णय कर लिया है। सबसे पहले, ताकि मुझे अन्य विषयों के लिए और अधिक समय मिल सके, और दूसरा, मेरी आँखों की समस्या की वजह से। यह एक दुखद कहानी है। मुझे निकट दृष्टिदोष हो गया था और बहुत पहले ही चश्मा लगा लेना चाहिए था। (ऊह, क्या मैं एक बुद्धु की तरह नहीं लगूंगी!) लेकिन जैसा कि आप जानते हैं, भूमिगत हुए लोग यह नहीं कर सकते........

पिछले दिन यहाँ पर हर एक जिस चीज के बारे में बात कर सकता था वह ऐनी की आँखें थीं, क्योंकि माँ ने सुझाव दिया था कि मैं श्रीमती क्लेइमन के साथ विशेषज्ञ के पास जाऊँ। इसे सुनते ही मेरे घुटने कमजोर पड़ गए, क्योंकि यह कोई छोटी सी बात नहीं है। बाहर जाना! जरा इसके बारे में सोचिये, सड़क पर चलना! मैं इसकी कल्पना भी नहीं कर सकती। पहली बार में मुझे डर लगा था और फिर खुशी हुई। लेकिन यह सब उस रूप में सरल नहीं है; विभिन्न अधिकारी जिनको ऐसे किसी कदम को मंजूरी देना था एक त्वरित निर्णय तक पहुंचने में असमर्थ थे। सबसे पहले उनको सभी कठिनाइयों और जोखिमों को ध्यान से तौलना था, हालांकि मिएप मेरे साथ पीछे – पीछे तुरंत व्यवस्था करने के लिए तैयार थी। इस बीच में, मैंने आलमारी से अपनी खाकी कोट निकाल लिया था लेकिन वह बहुत छोटा हो गया था वह ऐसा दिख रहा था मानो वह मेरी छोटी बहन के लिए निकाला गया हो सकता है। हमने गोटे को नीचे खिसका दिया, लेकिन मैं अभी भी इसका बटन नहीं लगा सकती। मैं यह देखने के लिए बहुत उत्सुक हूँ कि वे क्या निर्णय लेते हैं, केवल मुझे

नहीं लगता कि वे कभी भी एक योजना बना पाएंगे, क्योंकि ब्रिटिश सिसिली में उतरे हैं और पिताजी का सब कुछ एक 'जल्दी समाप्ति' के लिए निर्धारित है।

बेप कार्यालय का बहुत सारा काम करने के लिए मार्गोट और मुझे दे रही है। यह हम दोनों को महत्वपूर्ण महसूस करा रहा है और उसके लिए यह एक बड़ी मदद है। एक बिक्री किताब में कोई भी व्यक्ति अक्षरों को भर और प्रविष्टियां कर सकता है, लेकिन हमने इसे उल्लेखनीय सटीकता के साथ किया है।

मिएप को इतना अधिक सामान ले जाना है कि वह एक लदे खच्चर की तरह लग रही है। वह लगभग हर दिन सूखी सब्जियां खरीदने जाती है और फिर एक बड़े शॉपिंग बैग में अपनी खरीद के साथ साईकिल चलाते हुए वापस आती है। वह भी एक है जो प्रत्येक शानिवार अपने साथ पुस्तकालय की पांच पुस्तकें लाती है। हम शनिवार का बेसबरी से इन्तजार करते हैं क्योंकि इसका मतलब है किताबें। हम एक उपहार के साथ छोटे बच्चों के एक झुंड की तरह बन जाते हैं। साधारण लोगों को नहीं पता कि ऐसे किसी के लिए जो कालकोठरी में बंद है किताबों का कितना महत्व हो सकता है। हमारा एक मात्र मनोरंजन पढ़ना, अध्ययन करना और रेडियो सुनना ही है।

तुम्हारी, ऐनी

मंगलवार, १३ जुलाई, १९४३

सबसे अच्छी छोटी मेज

बीते दिन दोपहर को पिताजी ने श्री डसेल से पूछने की मुझे अनुमति दे दी है कि क्या वह एक सप्ताह तक दोपहर में चार से पांच तीस तक, हमारे कमरे में पड़े दो मेज का उपयोग करने की मुझे अनुमति देने की कृपा करेंगे (देखें मैं कितना विनम्र हूँ?)। मैं पहले से ही हर दिन वहाँ दो तीस से चार तक जबकि डसेल झपकी ले रहे होते है, बैठती रही हूँ, लेकिन बाकी समय कमरा और मेज मेरी पहुँच से बाहर होते हैं। दोपहर में अगले दरवाजे पर अध्ययन करना असंभव होता है, क्योंकि वहाँ बहुत कुछ चल रहा होता है। इसके अलावा, कभी कभी दोपहर के दौरान पिता जी डेस्क पर बैठना पसंद करते हैं।

तो यह एक उचित अनुरोध की तरह लग रहा था, और मैंने डसेल से बहुत विनम्रता से पूछा था। आप क्या सोचते हैं पढ़े लिखे सज्जन का जवाब क्या था? 'नहीं,' सिर्फ सादा सा 'नहीं'!

मैं नाराज हो गई थी और अपने आप को उस तरह दूर कर दिए जाने के लिए तैयार नहीं थी। मैंने उनसे उनके इस 'नहीं' का कारण पूछा लेकिन मुझे यह कहीं नहीं ले जा सका। उनके जवाब का सार था: 'तुम्हें पता है, मुझे भी अध्ययन करना है, और अगर मैं दोपहर में ऐसा नहीं कर सकता, तो मैं बिलकुल भी अनुकूल होने में सक्षम नहीं हो पाउँगा।

मुझे खुद के लिए निर्धारित किया हुआ काम खत्म करना है; अन्यथा, शुरू करने का कोई मतलब नहीं है। इसके अलावा, आप अपनी पढ़ाई के बारे में गंभीर नहीं हैं। पौराणिक कथाएं – वह किस तरह का काम है? पढ़ना और बुनाई या तो इनकी गिनती नहीं है। मैं मेज का उपयोग करती रही हूँ और मैं इसे छोड़ने नहीं जा रही हूँ!'

मैंने उत्तर दिया, 'श्रीमान डसेल, मैं अपने काम को गंभीरता से लेती हूँ। मैं दोपहर में अगले दरवाजे पर अध्ययन नहीं कर सकती, और यदि आप मेरे अनुरोध पर पुनर्विचार करेंगे, तो मैं इसकी सराहना करूंगी!'

इन शब्दों को कहने के बाद, अपमानित ऐनी घूम गई और ऐसा नाटक किया मानो विद्वान डॉक्टर वहाँ था ही नहीं। मैं गुस्से से खदबदा रही थी और डसेल अविश्वसनीय रूप से अशिष्ट हो गए लग रहे थे (जो वह निश्चित रूप से थे) और मैं बहुत विनम्र हो गई थी।

उस शाम, जब मैं पिम की पकड़ पाने में कामयाब हुई, तो जो भी हुआ था मैंने उनसे सब कह डाला और मेरा अगला कदम क्या होना चाहिए इस बारे में हमने चर्चा की, क्योंकि इसे छोड़ देने का मेरा कोई इरादा नहीं था और इस मामले से खुद ही निपटना पसंद किया। पिम ने डसेल से निपटने के तरीके पर मुझे एक मोटा मोटी विचार दिया, लेकिन मुझे अगले दिन तक इंतजार करने के लिए चेताया, क्योंकि मैं एक ऐसे आवरण के अंदर गया थी। मैंने सलाह के इस अंतिम टुकड़े को नजरअंदाज कर दिया और धुलाई करने के बाद मैं डसेल का इंतजार कर रही थी। पिम अगले दरवाजे पर बैठे हुए थे और जिसका एक शांति कारक प्रभाव पड़ रहा था।

मैंने शुरू किया, 'श्री डसेल, ऐसा लगता है कि आप इस मामले पर आगे कोई चर्चा करना व्यर्थ मानते हैं, लेकिन मैं आप से इस पर पुनर्विचार करने की प्रार्थना करती हूँ।'

डसेल ने मुझे अपनी सबसे आकर्षक मुस्कान दी और कहा, 'मैं किसी भी मामले पर चर्चा करने के लिए हमेशा तैयार हूँ, यहां तक कि हालांकि, अगर यह पहले से ही तय किया जा चुका है तब भी।'

डसेल के बार–बार रुकावट करने के बावजूद, मैं बात करती चली गई। 'जब आप यहाँ पहली बार आए थे,' मैंने कहा, 'हम सहमत हुए थे कि कमरे को हम दोनों के द्वारा साझा किया जायेगा। अगर हम इसका उचित ढंग से बटवारा करते होते तो, आप के अधिकार में पूरी सुबह होता और मेरे अधिकार में पूरी दोपहर होगा! मैं इतने ज्यादा की नहीं बल्कि एक सप्ताह में केवल दो दोपहर की ही मांग कर रही हूँ जो मुझे उचित प्रतीत होता है।'

डसेल अपनी कुर्सी पर से झटके में उछल पड़े जैसे कि वे एक पिन पर बैठ गए थे। 'आप कमरे में अपने अधिकारों के बारे में किसी व्यवसाय की बात नहीं कर रही है। मुझे कहां जाना चाहिए? शायद मुझे श्री वैन दान से अटारी में अपने लिए एक आरामदायक कमरा बनाने के लिए कहना चाहिए। केवल एक तुम ही नहीं हो जिसे काम करने के लिए एक शांत जगह नहीं मिल रही। तुम हमेशा एक लड़ाई ढूंढती रहती हो। अगर तुम्हारी बहन मार्गोट, जिसको, तुम्हारी तुलना में काम करने की जगह पाने का अधिक अधिकार है, इसी

तरह का एक अनुरोध लेकर मेरे पास आई होती, तो मैंने मना करने के बारे में कभी सोचा भी नहीं होता, परन्तु तुम....'

और एक बार फिर से वह पौराणिक कथाओं और बुनाई के बारे में व्यापार ले कर आ गए, और एक बार फिर से ऐनी को अपमानित किया गया था। तथापि, मैंने इसका कोई संकेत नहीं दिया और डसेल को अपनी बात पूरी करने दी: 'लेकिन नहीं, तुमसे बात करना असंभव है। तुम शर्मनाक तरीके से आत्म केन्द्रित हो। जब तक तुम अपने तरीके से चलती हो, कोई भी दूसरा मायने नहीं रखता। मैंने इस तरह के एक बच्चे को कभी नहीं देखा है। लेकिन आखिरकार सब कुछ कहने और करने के बाद, मैं, तुम्हें अपने रास्ते जाने देने के लिए बाध्य हो जाऊंगा, क्योंकि मैं बाद में लोगों को यह नहीं कहने देना चाहता कि ऐनी फ्रैंक अपनी परीक्षा में विफल रही क्योंकि श्री डसेल ने अपनी मेज त्यागने से इनकार कर दिया!'

वह कहते रहे कहते ही रहे जब तक कि शब्दों की ऐसी बाढ़ आती रही मैं बड़ी कठिनाई से धैर्य रखे रह सकी। एक क्षण भर के लिए मैंने उन्हें और उनके झूठ के बारे में सोचा। मैं उनके बदसूरत चेहरे पर इतनी जोर का चाटा मारती कि वह उछल कर दीवार से जा टकराता! 'लेकिन अगले ही पल मैंने सोचा, 'शांत हो जाऊँ, वह इतना परेशान होने लायक नहीं है!'

आखिरकार श्री डसेल का रोष ठंडा हो गया, और वे क्रोध मिश्रित जीत की अभिव्यक्ति के साथ कमरे से बाहर चले गए, उनकी कोट की जेब भोजन से फूली हुई थी।

मैं पिताजी के पास दौड़ गई और पूरी कहानी उनसे कह सुनाई, या कम से कम उन भागों को जिन पर वे खुद चलने में सक्षम नहीं हो सकते थे। पिम ने उसी शाम को डसेल से बात करने का फैसला किया, और उन्होंने आधे घंटे से अधिक समय तक बात की थी। पहले उन्होंने चर्चा की कि क्या ऐनी को मेज का उपयोग करने की अनुमति दी जानी चाहिए, हाँ या ना। पिता ने कहा कि वह और डसेल एक बार पहले भी इस विषय से निपट चुके थे, उस समय पर वे डसेल के साथ सहमत थे क्योंकि वे युवा के सामने बड़ों का खंडन नहीं करना चाहते थे, लेकिन फिर भी, वे उसे उचित नहीं मानते थे। डसेल महसूस करते थे कि मुझे उनसे सब कुछ पर नजर रखने का दावा पेश करने वाले एक घुसपैठिए के रूप में बात करने का कोई अधिकार नहीं था। लेकिन पिताजी ने दृढ़ता से इसका विरोध किया, क्योंकि उन्होंने खुद ही मुझे इस तरह का कुछ भी नहीं कहते हुए सुना था। और इसलिए बातचीत मेरे 'स्वार्थ' और मेरी 'व्यर्थ गतिविधियों' की पिता द्वारा रक्षा के साथ आगे और पीछे तक चली गई और डसेल पूरे समय बड़बड़ाते रहे।

डसेल ने अंत में हार मान ली और मुझे एक सप्ताह में दो दोपहर बिना किसी रुकावट के काम करने का अवसर प्रदान किया गया था। डसेल बहुत उदास दिख रहे थे दो दिन तक मुझ से उन्होंने बात नहीं की और पांच से पांच तीस तक उन्होंने मेज पर कब्जा रखना सुनिश्चित कर दिया – सब कुछ जाहिर है, बहुत ही बचकाना था।

कोई भी जो चौवन साल की उम्र में पैदा होने के समय की तरह से ही इतना तुच्छ और रूढ़िवादी है और कभी बदलने नहीं जा रहा है।

शुक्रवार, १६ जुलाई, १९४३

सबसे प्यारी किट्टी,

एक और ताला तोड़ने की घटना हो गई है, लेकिन इस बार एक असली वाली! हमेशा की तरह, पीटर, आज सुबह सात बजे नीचे गोदाम में गया और अचानक गौर किया कि गोदाम और सड़क दोनों के दरवाजे खुले हुए थे। उसने पिम को तुरंत इसकी सूचना दी जो निजी कार्यालय में गए, रेडियो को एक जर्मन स्टेशन से मिलाया और दरवाजा बंद कर दिया। तब वे दोनों वापस ऊपर चले आए। इस तरह के मामलों में हमें 'खुद को न धोने या पानी न चलाने, चुप रहने, आठ बजे तक तैयार हो जाने और शौचालय न जाने' के हमारे आदेश हैं, और हमेशा की तरह हम इनका बाद तक पालन करते हैं। हम सब खुश थे हम इतनी अच्छी तरह से सोए थे और कुछ भी नहीं सुना था। थोड़ी देर तक हम क्रोधित थे क्योंकि पूरी सुबह कार्यालय से कोई भी ऊपर नहीं आया था; श्री क्लेइमन ने ११:३० तक हमें खूंटी पर टंगा हुआ छोड़ दिया था। उन्होंने हमें बताया कि चोरों ने बाहर के और गोदाम के दरवाजे को एक लोहदंड से जबरदस्ती खोल दिया था, लेकिन जब चोरी करने लायक उन्हें कुछ भी नहीं मिल रहा था, तो उन्होंने अगली मंजिल पर अपनी किस्मत आजमाई थी। उन्होंने ४० गिल्डर नकद युक्त दो बक्से, खाली चेक बुक और सबसे बुरा, चीनी के ३३० पाउंड के कूपन, हमारा पूरा आवंटन चुरा लिया है। इसे नया प्राप्त करना आसान नहीं होगा।

श्री कुग्लर सोचते हैं कि यह चोरों के उसी एक ही गिरोह का काम है जिसने छह सप्ताह पहले सभी तीन दरवाजे (गोदाम का और बाहर के दो दरवाजे) खोलने का एक असफल प्रयास किया था।

चोरी ने एक और हलचल पैदा कर दिया, लेकिन उपभवन में उत्तेजना सी पनपती लगती है। स्वाभाविक रूप से, नकदी रजिस्टर और टाइपराइटरों के हमारी अलमारी में सुरक्षित रूप से रख दिए जाने से हम खुश थे।

तुम्हारी, ऐनी

पश्च–लेख। सिसिली में उतरना। एक और कदम करीब ......!

सोमवार, १९ जुलाई, १९४३

सबसे प्यारी किट्टी,

रविवार को उत्तरी एम्सटर्डम में बहुत भारी तादात में बमबारी की गई। जाहिरा तौर पर यह विनाश की एक बड़ी कार्यवाही थी। सारी सड़कें खंडहर में बदल दी गई हैं, और उन्हें सारे शवों को बाहर निकालने में थोडा समय लग जायेगा। अब तक दो सौ लोग मारे गए हैं और अनगिनत घायल हुए हैं; अस्पतालों में भीड़ बहुत तेजी से बढ़ रही है। हमें सुलगते हुए

खंडहरों में लाचारी से अपने मृत माता पिता की खोज करते हुए बच्चों के बारे में बताया गया है। धुंधले, दूर के ड्रोन, जिन्होंने आनेवाला विद्ध्वंस जाहिर कर दिया था, के बारे में सोचना, अभी भी मुझे कंपकंपा देता है।

शुक्रवार, २३ जुलाई, १९४३

आजकल बेप, पुस्तकों की देख रेख कर रही मेरी बहन के लिए उपयोगी, अभ्यास पुस्तकों, विशेषकर पत्रिकाओं और बहीखातों, के लिए पुस्तकाधार प्राप्त करने में सक्षम है! अन्य प्रकार भी बिक्री के लिए उपलब्ध हैं, लेकिन यह न पूछें कि वे कैसी हैं और कब तक चलेंगी। फिलहाल उन सभी पर 'किसी कूपन की जरूरत नहीं' के लेबल लगे हैं! बाकी सब चीजों की तरह जिन्हें आप बिना राशन की मुहर के खरीद सकते हैं, वे पूरी तरह से बेकार हैं। वे पृष्ठों पर पास पास तिरछी लाइनों वाले भूरे रंग के बारह पन्नों से मिलकर बने हैं। मार्गोट सुलेख में एक कोर्स लेने के बारे में सोच रही है; मैंने उसे आगे बढ़ने और करने की सलाह दी है। माँ मुझे मेरी आँखों के कारण नहीं करने देगी, लेकिन मुझे लगता है यह मूर्खता है। मैं चाहे वह करूँ या कुछ और करूँ, सब चीजें 'मैं' तक आती हैं।

चूँकि तुम एक युद्ध में कभी भी नहीं रही हो, किट्टी, और चूँकि मेरे पत्रों के बावजूद, तुम एक छिपने की जगह में जीवन के बारे में बहुत कम जानती हो, सिर्फ मनोरंजन के लिए, मैं तुम्हे बताती हूँ, हम में से प्रत्येक, फिर से बाहर जाने में सक्षम होने पर सबसे पहले क्या करना चाहता है।

मार्गोट और श्रीमान वैन दान, की इच्छा है सब से पहले वे, लबालब भरे पानी में, गर्म स्नान लें, जिसमें वे आधे से अधिक घंटे के लिए, पड़े रह सकें। श्रीमती वैन दान एक केक चाहेंगी, डसेल अपनी शेर्लोट को देखने के सिवाय कुछ और नहीं सोच सकते हैं, और माँ एक कप असली कॉफी के लिए तड़प रही हैं। पिता, श्रीमान वोस्कुइजी से मिलना चाहेंगे, पीटर शहर के केंद्र जायेगा, और मेरे लिए, मैं इतनी ज्यादा खुश हूंगी कि मुझे पता ही नहीं होगा, कि कहाँ से शुरू करूँ।

सबसे अधिक मैं हमारा अपना एक घर होने की इच्छा करती हूँ, आजादी से यहाँ वहां घूमने में और अंत में, मेरे गृहकार्य में फिर से मेरी मदद करने के लिए किसी को रख पाने में सक्षम होना चाहती हूँ। दूसरे शब्दों में, वापस स्कूल जाना चाहती हूँ!

बेप ने हमें तथाकथित मोलभाव की कीमतों पर, कुछ फल दिलाने की पेशकश की है, अंगूर २.५० गिल्डर प्रति पाउंड, करौंदे ७० सेंट प्रति पाउंड, एक आडू ५० सेंट, खरबूजे ७५ सेंट प्रति पाउंड। कोई आश्चर्य नहीं, अखबार हर शाम मोटे मोटे अक्षरों में लिखते हैं: 'निष्पक्ष रहो और कीमतें नीचे रखो!'

सोमवार, २६ जुलाई, १९४३

प्रिय किट्टी,

कल का दिन एक अशांत दिन था, और हम अभी भी तनाव में हैं। असल में तुम्हे आश्चर्य हो सकता है कि क्या कभी ऐसा दिन भी होता है जो बिना किसी प्रकार के उत्साह के गुजर जाता है।

सुबह में अभी हम नाश्ते पर ही थे जब पहला चेतावनी भोंपू बजा, लेकिन हमने कोई ध्यान नहीं दिया, क्योंकि इसका सिर्फ यह मतलब था कि विमान समुद्री तट पार कर रहे हैं। मेरे सिर में भयानक दर्द था, तो मैं नाश्ते के बाद एक घंटे के लिए लेट गई और फिर दो बजे के आस पास कार्यालय गई। दो– तीस पर मार्गोट अपना कार्यालय का काम समाप्त कर चुकी थी और अपनी चीजें एक साथ समेट रही थी जब भोंपू फिर से सांय सांय करने लगे। वह और मैं दल बनाकर वापस ऊपर चले गए। कोई भी जल्दी नहीं, ऐसा लगता है, पांच मिनट से भी कम समय के बाद बंदूकें इतनी जोर से आवाज कर रहीं थीं कि हम गलियारे में गए और खड़े हो गए। घर हिल रहा था और बम गिरते रहे। मैंने अपना 'बचाव बैग' पकड़ रखा था, ज्यादा क्योंकि मैं बजाय इसे पकड़ कर रखने के कोई और चीज चाहती थी, क्योंकि मैं भाग जाना चाहती थी। मैं जानती हूँ हम इस जगह को छोड़ नहीं सकते, लेकिन यदि हमें छोड़ना पड़ा होता, तो सड़कों पर देखा जाना, उतना ही खतरनाक होता जितना कि हवाई हमले में फंस जाना। आधे घंटे के बाद इंजन की भिनभिनाहट फीकी पड़ गई और घर फिर से गतिविधि के साथ गूंजना शुरु कर दिया। पीटर सामने की अटारी में उसके प्रहरी स्थान से बाहर निकल आया, डसेल अग्र कार्यालय में बने रहे, श्रीमती वैन दान ने निजी कार्यालय में सबसे अधिक सुरक्षित महसूस किया, श्रीमान वैन दान मचान से देख रहे थे, और हम में से वे जो लैंडिंग पर थे, बंदरगाह से उठते धुएं के स्तंभों को देखने के लिए अलग हो गए। जल्दी ही आग की गंध हर जगह फैल गयी थी, और बाहर यह ऐसी दिख रही थी मानो शहर को एक घने कोहरे ने घेर लिया है।

इस तरह की एक बड़ी आग एक सुखद नजारा नहीं होती, लेकिन सौभाग्य से हमारे लिए यह सब खत्म हो गया था, और हम वापस अपने विभिन्न कार्यों पर चले गए। जैसे ही हम रात का खाना शुरू ही करने जा रहे थे: एक और हवाई हमले का अलार्म बज उठा। खाना अच्छा था, लेकिन भोंपू की आवाज सुनते ही मेरी भूख गायब हो गई। हालांकि कुछ भी नहीं हुआ, और पैंतालिस मिनट बाद सब ठीक है का संकेत सुनाई दिया। हाथ मुंह धोने के बाद: हवाई हमले की एक और चेतावनी, गोलियों की आवाजें और विमानों के झुण्ड। 'ओह, भगवान, एक दिन में दो बार,' हमने सोचा, वह 'दो बार' बहुत अधिक है। क्योंकि एक बार फिर से बमों की बौछार हुई, हमारे साथ इसने थोडा अच्छा यह किया कि, इस बार शहर के अन्य लोगों पर हुई। ब्रिटिश रिपोर्टों के अनुसार, शिफोल हवाई अड्डे पर बमबारी की गई थी। विमान हवा में गोता लगाते थे और ऊपर आते थे, हवा, इंजन की

भिनभिनाहट से गूँज रही थी। यह बहुत डरावना था, और पूरे समय मैं सोचती रही, 'लो आ गया, यह रहा वो।'

मैं तुम्हे आश्वस्त कर सकती हूँ कि नौ बजे जब मैं बिस्तर में गई तब मेरे पैर अभी भी कांप रहे थे। आधी रात के प्रहार से मैं फिर से जाग उठीः और विमान! डसेल कपडे उतार रहे थे, लेकिन मैंने ध्यान नहीं दिया और जोर से उछली, मैं पहली गोली की आवाज पर पूरी तरह से जाग गई। मैं एक बजे तक पिता के बिस्तर में रही, एक तीस तक अपने बिस्तर में, और दो बजे वापस पिता के बिस्तर में आ गई थी। लेकिन विमान आते रहे। अंत में उन्होंने गोलीबारी बंद कर दी और मैं फिर से 'अपने बिस्तर' पर वापस जाने में सक्षम हो गई थी। आखिरकार ढाई बजे मैं सो गई।

सात बजे। मैं अचानक जागी और बिस्तर में बैठ गई। श्रीमान वैन दान पिता के साथ थे। मेरा पहला विचार थाः चोर। मैंने श्रीमान वैन दान को कहते सुना 'सब कुछ', और मैंने सोचा सब कुछ चोरी हो गया है। लेकिन नहीं, इस बार यह अद्‌भुत खबर थी, महीनों के दौरान हमें मिलने वाली सबसे अच्छी, यहाँ तक कि शायद जबसे युद्ध शुरू हुआ था। मुसोलिनी ने इस्तीफा दे दिया है और इटली के राजा ने सरकार अपने हाथ में ले ली है।

हम खुशी से उछल पड़े। कल की भयंकर घटनाओं के बाद, अंत में कुछ अच्छा हुआ है और हमारे लिए .....'उम्मीद' लेकर आया है! युद्ध का अंत होने की उम्मीद, शांति की उम्मीद।

श्रीमान कग्लर घूमने आये और हमें बताया कि फोकर विमान कारखाने पर प्रहार किया गया था। इस बीच, आज सुबह ऊपर उड़ते विमानों और एक अन्य चेतावनी सायरन के साथ, एक और हवाई हमले का सायरन बजा। खतरे की इन घंटियों से मैं परेशान हो चुकी हूँ। मैं शायद ही सो पाई हूँ, और आखिरी चीज जो मैं करना चाहती हूँ वह है 'काम'। लेकिन अब इटली के बारे में रहस्य और इस उम्मीद ने कि युद्ध वर्ष के अंत तक खत्म हो जाएगा, हमें जगा कर रखा हुआ है......

तुम्हारी, ऐनी

गुरुवार, २९ जुलाई, १९४३

सबसे प्यारी किट्टी,

श्रीमती वैन दान, डसेल और मैं बर्तन धो रहे थे, और मैं बहुत चुपचाप थी। मेरे लिए यह बहुत ही असामान्य बात थी और उनका ध्यान जाना निश्चित था, इसलिए किसी भी सवाल से बचने के लिए, मैंने जल्दी से एक तटस्थ विषय के लिए अपने दिमाग को झकझोरा। मैंने सोचा *'सड़क के उस पार वाला हेनरी'* पुस्तक ठीक होगी, लेकिन मैं ज्यादा गलत नहीं हो सकती थी; यदि श्रीमती वैन दान मुझ पर गुस्से से प्रतिक्रिया नहीं करती तो श्रीमान डसेल करते। यह सब खौलकर इस पर खत्म हुआः श्रीमान डसेल ने उत्कृष्ट लेखन के एक

उदाहरण के रूप में मार्गोट और मुझसे इस पुस्तक की सिफारिश की थी। हम सोचते थे यह कुछ भी था लेकिन वह। छोटे लड़के को बहुत अच्छे से चित्रित किया गया है, लेकिन बाकियों के सन्दर्भ में ...... जितना कम कहा जाये उतना ही बेहतर होगा। जब हम बर्तन धो रहे थे, मैंने उस उद्देश्य से कुछ कहा, और डसेल ने सच में कड़ी निंदा करनी शुरू कर दी।

'आप संभवत: एक आदमी के मनोविज्ञान को कैसे समझ सकते हैं? एक बच्चे का इतना मुश्किल नहीं है! लेकिन तुम उस तरह की किताब पढने के लिए बहुत छोटी हो, यहाँ तक कि एक बीस साल का आदमी भी इसे समझने में असमर्थ होगा।' (तो फिर उन्होंने, मार्गोट और मेरे लिए इस किताब की सिफारिश करने के विशेष प्रयास क्यों किये?)

श्रीमती वैन दान और डसेल ने अपना उग्र भाषण जारी रखा: 'तुमसे जितना अपेक्षित नहीं है, तुम चीजों के बारे में उससे कहीं ज्यादा जानती हो। तुम्हारी सारी परवरिश गलत हुई है। बाद में जब तुम और बड़ी हो जाओगी, तुम किसी भी चीज का, और अधिक आनंद उठाने में समर्थ नहीं होगी। तुम कहोगी, 'ओह, यह तो मैंने बीस साल पहले किसी किताब में पढ़ा था। 'यदि तुम एक पति पाना चाहती हो या प्यार में पड़ना चाहती हो तो अच्छा होता तुम जल्दी करती, चूँकि तुम्हारे लिए, हर चीज का निराशाजनक बनना तय है। सिद्धांत में जानने के लिए जो कुछ भी है वह तुम्हे पहले से ही पता है। लेकिन व्यवहार में? वह एक अलग कहानी है!'

क्या तुम सोच सकती हो मुझे कैसा लगा था? शांति से जबाव देकर मैंने खुद को चकित कर दिया 'आप सोच सकते हैं कि मुझे सही से पाल पोसकर बड़ा नहीं किया गया, लेकिन कई लोग असहमत होंगे!'

वे स्पष्ट रूप से विश्वास करते हैं कि बच्चों की अच्छी परवरिश में मुझे मेरे माता पिता के मुकाबले खड़ा करना भी शामिल है, चूँकि यही सब वे करते हैं। और मेरी उम्र की एक लड़की को बड़ों के विषयों के बारे में न बताना अच्छा होता है। हम सभी समझ सकते हैं कि क्या होता है जब लोगों को उस तरह पाल पोसकर बड़ा किया जाता है।

उस वक्त मैं उन दोनों को मेरा मजाक उड़ाने के लिए थप्पड़ मार सकती थी। मैं गुस्से से बेसुध थी, और यदि मैं केवल यही जानती होती कि कितने समय तक हमें एक दूसरे का साथ बर्दाश्त करना होगा, मैं दिन गिनना शुरू कर देती।

बात करना श्रीमती वैन दान का एक अच्छा पहलू है! वह एक सही उदाहरण प्रस्तुत करती हैं — एक बुरा! वह अत्यंत, महत्वकांक्षी, घमंडी, चालाक, मतलबी और सदा असंतुष्ट रहने के लिए जानी जाती हैं। इसके आलावा, दिखावा और चोचले, और इसके बारे में कोई सवाल ही नहीं है: वह एक पूरी तरह से घृणित महिला हैं। मैं मैडम वैन दान के बारे में एक पूरी किताब लिख सकती हूँ, और कौन जानता है, हो सकता है किसी दिन मैं लिखूंगी। कोई भी, जब भी चाहे, एक आकर्षक बाहरी रूप बना सकता है। श्रीमती वैन दान अजनबियों से, विशेष रूप से पुरुषों से, दोस्ताना व्यवहार करती हैं, तो जब आप उन्हें पहली बार जानते हैं, तो गलती करना आसान होता है।

माँ सोचती हैं कि श्रीमती वैन दान शब्दों के लिए बहुत बेवकूफ है, मार्गोट जिसके लिए वह हद से ज्यादा महत्वहीन है, पिम जिनके लिए हद से ज्यादा बदसूरत है (पूरी तरह से और लाक्षणिक रूप से!) और लंबे समय के अवलोकन के बाद (मैं कभी शुरुआत में पक्षपातपूर्ण नहीं रही हूँ), मैं निष्कर्ष पर पहुंची हूँ कि वे ऊपर के सभी तीन और इसके अलावा और भी बहुत कुछ हैं। उनके अन्दर कई बुरे लक्षण हैं, मुझे उनमें से किसी एक ही को क्यों चुनना चाहिए?

तुम्हारी, ऐनी

पश्च–लेख। क्या पाठक कृपया ध्यान रखेंगे कि यह कहानी लेखक का रोष ठंडा होने से पहले लिखी गई थी?

मंगलवार, ३ अगस्त, १९४३

सबसे प्यारी किट्टी,

राजनीतिक मोर्चे पर चीजें अच्छी चल रही हैं। इटली ने फासिस्ट पार्टी पर प्रतिबंध लगा दिया है। लोग कई जगहों पर फासिस्टों से लड़ रहे हैं – यहां तक कि सेना भी लड़ाई में शामिल हो गई है। उस तरह का एक देश इंग्लैंड के खिलाफ युद्ध छेड़ना जारी कैसे रख सकता है?

हमारे सुंदर रेडियो को पिछले सप्ताह छीन लिया गया था। नियत दिन पर इसे सौंपने के कारण डसेल, श्रीमान कग्लर से गुस्सा थे। मेरे आंकलन में डसेल नीचे और नीचे फिसल रहे हैं, और वह पहले से ही शून्य से नीचे हैं। वह राजनीति, इतिहास, भूगोल या किसी और चीज के बारे में जो कुछ भी कहते हैं वह इतना हास्यास्पद होता है कि उसे दोहराने की हिम्मत मैं शायद ही कर सकती हूँ: हिटलर इतिहास से फीका पड़ जायेगा; रॉटरडैम का बंदरगाह, हैम्बर्ग वाले से ज्यादा बड़ा है; इटली को छोटे छोटे टुकड़ों में बांटने के लिए बम से उड़ाने के अवसर का लाभ नहीं लेने के कारण अंग्रेज बेवकूफ हैं; आदि आदि।

हम पर अभी अभी तीसरा हवाई हमला हुआ था। मैंने अपने दाँत भींचने और साहसी बनने का अभ्यास करने का फैसला किया। श्रीमती वैन दान, वह, जिन्होंने हमेशा कहा 'उन्हें गिरने दो' और 'बिलकुल भी खत्म न करने से धमाके के साथ खत्म करना बेहतर है', हमारे बीच सबसे अधिक कायर हैं। आज सुबह वह एक पत्ते की तरह कांप रहीं थीं और अचानक रोने लगीं। उन्हें उनके पति के द्वारा दिलासा दिया गया, जिनके साथ उन्होंने हाल ही में, एक सप्ताह की तू तू मैं मैं के बाद अस्थाई संधि की घोषणा की थी; इस दृश्य को देखकर मैं लगभग भावुक हो गई।

संदेह की छाया से परे, मौश्ची ने अब साबित कर दिया है, कि एक बिल्ली रखने का नुकसान के साथ साथ लाभ भी हैं। पूरा घर पिस्सुओं से भरा हुआ है, और यह प्रति दिन बदतर होता जा रहा है। श्रीमान क्लिमन ने हर कोने और छेद में पीला पाउडर छिड़का,

लेकिन पिस्सुओं ने जरा भी ध्यान नहीं दिया। यह हमें बहुत डरा रहा है; हम हमेशा अपने हाथ और पैर या शरीर के अन्य भागों पर उनके काटने की कल्पना करते रहते हैं, इसलिए हमने एक छलांग भरी और कुछ अभ्यास किया, क्योंकि यह हमें अपने हाथ या गर्दन पर एक बेहतर नजर डालने का एक बहाना देता है। लेकिन अब हम शारीरिक व्यायाम बहुत कम करने की कीमत चुका रहे हैं; हम इतने अकड़ गए हैं कि अपने सिर बड़ी मुश्किल से ही घुमा पाते हैं। वास्तविक कैलीस्थैनिक्स (व्यायाम) बहुत पहले ही किनारे कर दिया गया था।

तुम्हारी, ऐनी

बुधवार, ४ अगस्त, १९४३

सबसे प्यारी किट्टी,

अब जबकि हम एक वर्ष से थोड़े अधिक समय से छिपने के स्थान में रह चुके हैं, तुम हमारे जीवन के बारे में काफी अच्छी हद तक जानती हो। फिर भी चूँकि यह सब आम समय और आम लोगों की तुलना में बहुत अलग है, संभवत: मैं तुम्हे हर चीज नहीं बता सकती। फिर भी, समय समय पर हमारे जीवन को तुम्हे और बारीकी से दिखाने के लिए, मैं एक सामान्य दिन के हिस्से का वर्णन करुँगी। मैं शाम और रात से शुरू करुँगी।

शाम में नौ बजे। उपभवन में सोने का समय हमेशा एक भयानक चहल – पहल के साथ शुरू होता है। कुर्सियां स्थानांतरित की जाती हैं, बिस्तर खींच लिए जाते हैं, कंबल खोल दिए जाते हैं – कुछ भी वैसा नहीं रहता जैसा वह दिन के समय के दौरान था। मैं एक छोटे से दीवान पर सोती हूँ, जो सिर्फ पांच फुट लंबा है, तो हमें इसे लम्बा बनाने के लिए इसमें कुछ कुर्सियां जोडनी पड़ती हैं। गद्दे, चादरें, तकिए, कंबल: डसेल के बिस्तर से सब कुछ हटा देना पड़ता है जहाँ यह दिन के दौरान रखा जाता है।

बगल के कमरे में एक भयानक चरचराहट है: यह मार्गोट का तह बिस्तर स्थापित किया जा रहा है। लकड़ी के फट्टों को सुविधाजनक बनाने के लिए कुछ भी, अधिक कंबल और तकिए। ऊपर गड़गड़ाहट होती है, लेकिन यह सिर्फ श्रीमती वैन दान के बिस्तर को खिड़की की ओर धकेला जा रहा है ताकि महारानी अपने गुलाबी बिस्तर में, अपनी नाजुक नाक से रात की हवा सूंघ सकें।

नौ बजे। पीटर के समाप्त कर लेने के बाद, स्नान घर में जाने की मेरी बारी आती है। मैं सिर से पैर तक खुद को धोती हूँ, और आधे से अधिक बार मुझे सिंक में तैरता एक छोटा पिस्सू मिलता है (केवल गर्म महीने, सप्ताह या दिनों के दौरान)। मैं अपने दांतों को ब्रश करती हूँ, बालों को घुंघराला करती हूँ, नाखूनों का प्रसाधन करती हूँ, अपने ऊपरी होंठ पर काले बालों को ब्लीच करने के लिए पैराक्साइड पोतती हूँ – आधे घंटे से भी कम समय में इतना सब कुछ।

साढ़े नौ। मैं अपना बाथरोब फेंक दूं। एक हाथ में साबुन, और पॉटी, बालों की पिन, निकर, कर्लर्स और रूई, दुसरे हाथ में लिए हुए मैं तेजी से बाथरूम से बाहर निकलती हूँ। पंक्ति में अगला, सदा ही मेरे द्वारा सिंक में छोड़े गए, सुन्दरता से घुमाये गए, लेकिन भद्दे बालों को हटाने के लिए मुझे वापस बुलाता है।

दस बजे। ब्लैक आउट स्क्रीन लगाने और शुभ रात्रि कहने का समय। कम से कम अगले पंद्रह मिनट तक, घर, बिस्तरों की चरमराहट और टूटी स्प्रिंग्स की आहों से भर जाता है, और फिर, बशर्ते हमारे ऊपर वाले पड़ोसी, बिस्तर में वैवाहिक विवाद नहीं कर रहे हों, सब कुछ शांत हो जाता है।

ग्यारह–तीस बजे। बाथरूम के दरवाजे चरमराते हैं। प्रकाश की एक पतली पट्टी कमरे में पड़ती है। किकियाते जूते, एक बड़ा कोट, यहाँ तक कि इसमें फंसे आदमी से भी बड़ा, ... डसेल, श्रीमान कग्लर के कार्यालय में अपने रात के काम से लौट रहे हैं। मैं उन्हें पूरे दस मिनट तक पैर घसीट कर आगे पीछे चलते हुए, कागज (अपनी अलमारी में भोजन को संचय करने की) की सरसराहट और बनाये जा रहे बिस्तर की आवाज सुनती हूँ। फिर आकृति फिर से गायब हो जाती है, और शौचालय से सामयिक संदिग्ध शोर, एकमात्र ध्वनि होती है।

लगभग तीन बजे। मेरे बिस्तर के नीचे रखे टिन कैन का उपयोग करने के लिए मुझे उठाना होता है, जिसके नीचे लीक होने की स्थिति में सुरक्षा के लिहाज से, एक रबर की चटाई लगी हुई है। चूँकि यह कैन में पहाड़ी ढाल पर एक नाले की तरह खड़खड़ाता है, मैं जब भी जाती हूँ अपनी साँस रोक लेती हूँ। पॉटी अपनी जगह पर वापस आ जाती है, और सफेद नाईट गाउन (जिसे देख कर हर शाम मार्गोट चिल्लाती है 'ओह, अभद्र नाइटी!') में आकृति बिस्तर में वापस चढ़ जाती है। एक निश्चित 'कोई' रात की आवाजों को सुनते हुए पंद्रह मिनट तक जगा रहता है। खासतौर पर, यह सुनने के लिए, कि नीचे कहीं कोई चोर तो नहीं घुस आया है, और फिर विभिन्न बिस्तरों में – ऊपर, पड़ोस में और मेरे कमरे में – बताने के लिए कि अन्य लोग सोये हुए हैं या आधे जागे हुए हैं। यह मजाक नहीं है, विशेषकर जब इसका सरोकार डसेल नाम के, घर के एक सदस्य से है। सबसे पहले, वहाँ हवा के लिए हांफती एक मछली की आवाज आती है, और यह नौ या दस बार दोहराया जाता है। फिर, दरियादिली से होंठ गीले कर लिए जाते हैं। इसे चुम्बनों की कुछ ध्वनि से अंतरित कर दिया जाता है, और एक लंबी अवधि तक पटकने, करवट बदलने, मुड़ने और तकियों की उलटफेर द्वारा इसका अनुसरण किया जाता है। पांच मिनट की पूर्ण शांति के बाद, वही क्रम तीन बार और दोहराया जाता है, जिसके बाद संभवतः कुछ समय सोने के लिए वह खुद को वापस शांत करता है।

कभी कभी रात के दौरान एक और चार के बीच बंदूकें चलती हैं। इसके होने से पहले मुझे कभी इसके बारे में पता नहीं होता है, लेकिन निरी आदत से अचानक मैं खुद को अपने बिस्तर के पास खड़ी पाती हूँ। कभी कभी मैं इतनी गहराई से (अनियमित फ्रेंच क्रिया

का या ऊपर के एक झगड़े का) सपना देख रही होती हूँ कि मुझे सिर्फ तभी पता चलता है जब मेरा सपना खत्म होता है कि गोलीबारी रुक चुकी है और कि मैं अपने कमरे में शांत रही हूँ। लेकिन आम तौर पर मैं जाग जाती हूँ। फिर मैं एक तकिया और एक रूमाल लेती हूँ, ड्रेसिंग गाउन और चप्पलें पहनती हूँ और अगले दरवाजे पर पिता पर धावा बोल देती हूँ, जैसा मार्गोट ने इस जन्मदिन की कविता में वर्णित किया है:

रात के अंधेरे में, जब गोलियों की तेज आवाज होती
दरवाजा टूट कर खुल जाता और नजर आती,
एक रूमाल, एक तकिया, सफेद कपड़ों में एक आकृति ....

गोलीबारी के अतिरिक्त तेज होने की स्थिति के सिवाय, एक बार जब मैं बडे बिस्तर पर पहुंच गई, तो सबसे बुरा खत्म।

छः पैंतालीस। घन्न्न्न अलार्म घडी बज उठती है, जो आप चाहते हैं या नहीं, दिन या रात के किसी भी समय अपनी तीखी आवाज उठाती है। चर्रररर..... मर्रररर...... श्रीमती वैन दान इसे बंद करती हैं। चर्रररर..... श्रीमान वैन दान उठते हैं, पानी चालू करते हैं और दौड़कर बाथरूम में घुस जाते हैं।

सात पंद्रह। दरवाजा फिर से चरमराता है। डसेल बाथरूम जा सकते हैं। अंत में अकेले, मैं अंधकार स्क्रीन हटा देती हूँ ..... और उपभवन में एक नया दिन शुरू हो जाता है।

तुम्हारी, ऐनी

गुरुवार, ५ अगस्त, १९४३

सबसे प्यारी किट्टी,

चलो आज लंच ब्रेक के बारे में बात करते हैं।

यह साढ़े बारह बजे हैं। पूरा गिरोह एक राहत भरी साँस लेता है: संदिग्ध अतीत वाले आदमी, श्री वैन मारेन, और श्री डी कोक दोपहर के भोजन के लिए घर चले गए हैं।

ऊपर आप श्रीमती वैन दान के सुंदर और एकमात्र गलीचे पर वैक्यूम क्लीनर की कठोर आवाज सुन सकते हैं। मार्गोट 'धीमे शिक्षार्थियों' की कक्षा के लिए अपने हाथ में और सिर पर कुछ किताबें दबाये हुए है, जो डसेल को प्रतीत हो रहा है। पिम शांति और निशब्धता पाने की उम्मीद में अपने निरंतर साथी डिकेंस के साथ जाकर एक कोने में बैठ जाते हैं। माँ व्यस्त छोटी गृहिणी की मदद करने के लिए ऊपर उतावली हो रही है, और मैं एक ही समय में दोनों बाथरूम और अपने आप को साफ करने में लगी हूँ।

बारह पैंतालीस। एक एक करके वे मिलने आते हैं: सबसे पहले श्री गिएस और उसके बाद या तो श्री क्लेइमन या श्री कुग्लर, इसके बाद बेप और कभी कभी मिएप भी।

एक। रेडियो के आसपास एकत्रित होकर, वे सभी मगन हो कर बीबीसी को सुनते हैं। केवल यही समय होता है जब उपभवन परिवार के सदस्य एक दूसरे को टोकते नहीं हैं, क्योंकि यहां तक कि श्री वैन दान भी बोलने वाले के साथ बहस नहीं कर सकते।

एक पंद्रह। खाद्य वितरण। नीचे का हर कोई अगर वहाँ कोई होता है, तो हलवा के साथ एक कप सूप प्राप्त करता है। एक संतुष्ट व्यक्ति श्री गिएस दीवान पर या डेस्क से टिक कर अपने अखबार, कप और आमतौर पर अपने बगल में बिल्ली के साथ बैठते हैं। यदि इन तीन में से एक गायब होता है, तो वह अपना विरोध प्रदर्शन करने में संकोच नहीं करते हैं। श्री क्लेइमन शहर की ताजा खबरों को संबंधित करते हैं, और वह एक बहुत अच्छा स्रोत है। श्री कुग्लर, तेजी से सीढ़ियां चढ़ते हैं दरवाजे पर एक छोटी लेकिन ठोस दस्तक देते हैं और उल्लास में या तो अपने हाथों को मरोड़ते या उन्हें मलाते हुए अन्दर आते हैं, यह इस पर निर्भर करता है कि क्या वह शांत और एक बुरे मूड में है या बातूनी और एक अच्छे मूड में।

एक पैंतालीस। हर कोई मेज से उठ जाता है और अपने अपने काम में लग जाता है। मार्गोट और माँ बर्तन साफ करने में, श्री और श्रीमती वैन दान दीवान में चले जाते हैं, पीटर अटारी पर, पिता अपने दीवान पर, तथा डसेल भी, और ऐनी अपना गृहकार्य करती है।

आगे दिन का सबसे शांत समय आता है; जब वे सभी सो रहे होते हैं, कोई व्यवधान नहीं होता है। उनके चेहरे से पढ़ा जा सकता है कि, डसेल भोजन का सपना देख रहे हैं। लेकिन मैं लंबे समय तक उनको नहीं देखती हूँ क्योंकि पहले ही आपको यह पता है कि समय सनसनाता हुआ निकल जायेगा और शाम का ०४:०० बज जाएगा और रुढ़िवादी डॉ डसेल अपने हाथ में घड़ी लेकर खड़े हो जायेंगे क्योंकि मेज खाली करने में मैंने एक मिनट देर कर दिया है।

तुम्हारी, ऐनी

शनिवार, ७ अगस्त, १९४३

सबसे प्यारी किट्टी,

कुछ सप्ताह पहले मैंने एक कहानी लिखना शुरू किया कुछ जिसे मैंने शुरू से अंत तक बनाया हुआ है, और मुझे इसमें इतना मजा आया कि मेरी कलम के उत्पाद जमा हो गए हैं।

तुम्हारी, ऐनी

सोमवार, ९ अगस्त, १९४३

सबसे प्यारी किट्टी,

अब हम उपभवन में एक खास दिन के साथ जारी रखेंगे। चूँकि हमने दोपहर का भोजन पहले से ही कर लिया है, यह रात के खाने का वर्णन करने का समय है।

श्री वैन दान। सबसे पहले इन्हें परोसा जाता है, और जो कुछ भी वे पसंद करते हैं उसका वे एक प्रचुर भाग लेते हैं। आमतौर पर बातचीत में हिस्सा लेते हैं, अपनी राय देने में कभी विफल नहीं रहते हैं। उन्होंने एक बार बोल दिया, तो उनके शब्द अंतिम हो जाते हैं। अगर कोई भी अन्यथा सुझाव देने की हिम्मत करता है, तो श्री वैन दान के साथ एक अच्छी लड़ाई कर सकता है। ओह, वे एक बिल्ली की तरह फुफकार मार सकते हैं .... लेकिन उन्होंने नहीं बल्कि मैंने ऐसा किया था। एक बार जब आप इसे देख लेते हैं, तो आप इसे फिर से कभी देखना नहीं चाहेंगे। उनकी राय सबसे अच्छी होती है, वे हर चीज के बारे में सब कुछ सबसे अधिक जानते हैं। स्वीकृत, इस आदमी के पास कंधों पर एक अच्छा सर है लेकिन यह एक छोटे अंश से बढ़कर नहीं है।

मैडम। असल में, कुछ भी न कहना सबसे अच्छी बात होगी। किसी किसी दिन, विशेष रूप से तब जब मूड बुरा चल रहा होता है, उनके चेहरे को पढ़ना काफी कठिन होता है। अगर आप विचार विमर्श का विश्लेषण करते हैं, आपको एहसास होता है कि वे विषय नहीं बल्कि दोषी पक्ष हैं! एक तथ्य जिसे हर कोई अनदेखी करना पसंद करता है। फिर भी, आप उन्हें भड़कानेवाला कह सकते हैं। सरगर्म मुसीबत, अब श्रीमती वैन दान जिसे मजा कहती हैं। श्रीमती फ्रैंक और ऐनी के बीच सरगर्म मुसीबत। मार्गोट और श्री फ्रैंक काफी सरल रूप में नहीं हैं।

लेकिन मेज पर लौटते हैं। श्रीमती वैन दान को लगता है कि उन्हें हमेशा ही पर्याप्त नहीं मिलता है, लेकिन यह मामला नहीं है। सबसे उत्तम आलू, सबसे स्वादिष्ट निवाला, यहां जो कुछ भी उपलब्ध है उसमें से सबसे नरम, यही मैडम का आदर्श वाक्य है। जब तक मुझे सबसे अच्छा मिलता है, अन्य सभी को अपनी बारी में ही मिल सकता है। (वास्तव में वह ऐनी फ्रैंक के काम पर आरोप लगाती हैं।) उनका दूसरा नारा है: बात करते रहो। जब तक कोई सुनता रहता है, यह उनके लिए विस्मित होता हुआ प्रतीत नहीं होता कि वे रुचि रखते हैं या नहीं। वे सोचती हैं कि श्रीमती वैन दान जो कुछ भी कहती हैं उसमें हर किसी को रूचि होगी।

हावभाव से मुस्कान, आप सब कुछ जानते हैं का नाटक, हर किसी को सलाह के एक टुकड़े की पेशकश और उनकी माँ बनना – वह निश्चित ही एक अच्छा प्रभाव बनाने के लिए होता है। लेकिन अगर आप एक बेहतर ढंग से देखें, तो अच्छा प्रभाव धूमिल हो जाता है। एक, वह मेहनती है; दो, हंसमुख हैं; तीन, नखरेबाज हैं – और कभी कभी एक सुंदर चेहरा। यही पेट्रोनेल्ला वैन दान है।

तीसरा डिनर। बहुत कम बोलता है। युवा श्री वैन दान आमतौर पर शांत रहता है और उनकी उपस्थिति शायद ही बनती है। जहां तक उनकी भूख का संबंध है, वह एक पुष्पक विमान है जो कि कभी भी भरता नहीं है। यहां तक कि सबसे पर्याप्त भोजन के बाद भी, वह आप की आंख में शांति से देख सकता है और उसका दोगुना और ज्यादा खा सकने का दावा कर सकता है।

चार नंबर – मार्गोट। एक पक्षी की तरह खाती है और बिलकुल भी बात नहीं करती। वह केवल सब्जियां और फल खाती है। वैन दानों की राय में 'खराब'। हम में से, बहुत कम व्यायाम और ताजा हवा।

उसके बगल में – माँ। दिल से भूखी होती है, बात चीत करने में उसका हिस्सा नहीं होता है। कोई भी उनके बारे में श्रीमती वैन दान जैसी धारणा नहीं बना सकता है, कि यह एक गृहिणी है। दोनों के बीच क्या अंतर है? खैर, श्रीमती वैन दान खाना पकाती हैं और माँ बर्तन धोती और फर्नीचर चमकाती हैं।

नंबर छह और सात। मैं पिता और अपने बारे में ज्यादा नहीं कहूंगी। पूर्वोक्त मेज पर सबसे विनम्र व्यक्ति होते हैं। वे हमेशा ध्यान देने में लगे रहते हैं कि पहले दूसरों को परोसा गया है या नहीं। उन्हें खुद के लिए किसी भी चीज की जरूरत नहीं होती है; सबसे अच्छी चीजें बच्चों के लिए होती हैं। वे ईश्वरीय व्यक्ति है। उनके बगल में बैठी उपभवन की तंत्रिकाओं की छोटी गठरी है।

डसेल। अपनी मदद स्वयं करें, अपनी आँखें भोजन पर रखिए, खाइए और बातें मत कीजिए। और अगर आप को कुछ कहना ही है, तो भले के लिए' खाने के निमित्त ही बात करें। सिर्फ डींग मारने पर कोई भी झगड़ा नहीं होगा। वह काफी हिस्से की खपत करते हैं और खाना चाहे अच्छा है या बुरा है, 'नहीं', उनकी शब्दावली का हिस्सा नहीं है।

पतलून जो कि उसकी छाती तक आ रहा होता है, एक लाल जैकेट, काला पेटेंट चमड़े का चप्पल और सींग के फ्रेम वाला चश्मा – जब वह छोटी मेज पर काम करने बैठते हैं तो ऐसा ही वह दिखते हैं, हमेशा अध्ययन और कभी भी प्रगति न करते हुए। यह केवल उनकी दोपहर की झपकी, भोजन और – उसकी पसंदीदा जगह – शौचालय से बाधित होता है। एक दिन में तीन, चार या पाँच बार एक से दूसरे पैर पर बदलते हुए इसे रोकने और मुश्किल से प्रबंध करने की कोशिश करते हुए बेसब्री से उम्मीद करते हुए दरवाजे के बाहर किसी का इंतजार करने को बाध्य होना स्वाभाविक है। क्या डसेल इसकी परवाह करते हैं? नहीं एक रत्ती भर नहीं। सात पंद्रह से सात तीस तक, बारह तीस से एक तक, दो से दो पन्द्रह तक, चार से चार पन्द्रह तक, छह से छह पन्द्रह तक, ग्यारह तीस से बारह तक। आप उनके द्वारा अपनी घड़ी सेट कर सकते हैं; यह 'उनके नियमित सत्र' का समय है। दरवाजे के बाहर से एक आपदा आने से पहले उसे खोलने की मिन्नतें करने से वह इससे कभी भटकते या खुद को इससे अलग होने नहीं देते हैं।

नंबर ९ हमारे उपभवन परिवार का हिस्सा नहीं है, फिर भी वह हमारे घर और मेज को साझा करता है। बेप की भूख स्वस्थ है। वह अपनी प्लेट साफ कर देती है और नकचढी नहीं है। बेप को संतुष्ट करना आसान होता है और हमसे संतुष्ट रहती है। उसके गुणों का वर्णन निम्न प्रकार किया जा सकता है: हंसमुख, नेकदिल, अच्छी विनोदप्रिय, दयालू और तैयार।

मंगलवार, १० अगस्त, १९४३

सबसे प्यारी किट्टी,

एक नया विचार: भोजन के दौरान दूसरों की तुलना में मैं खुद से अधिक बात करती हूँ, जिसके दो फायदे हैं। सबसे पहला, वे खुश रहते हैं कि उन्हें निरंतर मेरी बकवास नहीं सुननी पड़ती है, और दूसरा, मुझे उनकी राय द्वारा परेशान होने की जरूरत नहीं होती है। मुझे नहीं लगता है मेरी राय बेवकूफी भरी होती है लेकिन अन्य लोगों को लगता है, तो अपने आप को उनसे अलग रखना बेहतर है। मैं यही रणनीति तब भी लागू करती हूँ जब मुझे कोई ऐसी चीज खाना होता है जिसे मैं पसंद नहीं करती। मैं पकवान के स्वादिष्ट होने का नाटक करते हुए अपने सामने रख लेती हूँ, जितना संभव हो उतना ही अधिक उसे देखने से बचती हूँ, और वह क्या चीज है इसका एहसास करने का समय आने से पहले ही उसे समाप्त कर देती हूँ। जब मैं सुबह उठती हूँ, वह एक और बहुत ही अप्रिय पल होता है, अपने आप पर 'तुम जल्द ही ओढ़ कर वापस सो जाओगी,' सोचती हुई मैं बिस्तर से बाहर छलांग लगा देती हूँ, खिड़की के पास जाती हूँ, काले स्क्रीन को नीचे उतारती हूँ ताजी हवा महसूस होने और पूरी तरह से जाग जाने तक मैं झिर्री से सूंघती रहती हूँ। जितनी तेजी से मै कर सकती हूँ मैं बिस्तर समेटती हूँ जिससे मुझे वापस आकर भटकना नहीं होगा। क्या आपको पता है माँ इस तरह की चीज को क्या कहती है? जीवन जीने की कला। क्या यह एक अजीब अभिव्यक्ति नहीं है?

हम सब पिछले सप्ताह थोड़ा सा भ्रमित रहते रहे हैं क्योंकि हमारी प्रिय वेस्टरटोरन घंटी युद्ध के समय तक के लिए काट कर बंद कर दी गई है, इसलिए रात हो या दिन हमें सही समय का पता नहीं चलता है। मुझे अभी भी उम्मीद है कि वे इसका टिन या तांबे या किसी ऐसी चीज की बनी, घड़ी जैसी एक विकल्प जरूर लायेंगे।

जहां भी मैं जाऊं, ऊपर या नीचे, वे सब मेरे पैरों को निहारने लगते हैं, जो असाधारण रूप से सुंदर जूते (ऐसे समय के लिए!) की एक जोड़ी से सजे हुए हैं। मिएप उन्हें २७.५० गिल्डर में खरीद पाने में कामयाब हुई थी। मध्यम आकार की ऊँची एड़ी वाला और बरगंडी रंग के सांभर के चमड़े का बना हुआ है। मैं ऐसा महसूस करती हूँ मानो लट्ठों पर खड़ी थी, और यहां तक कि वास्तव में जितनी लम्बी हूँ उससे अधिक लम्बी दिखती हूँ।

कल का दिन मेरे लिए अशुभ दिन था। मैंने अपने दाहिने अंगूठे में एक बड़ी सुई का कुंद नोक चुभा लिया था। नतीजतन, मार्गोट को मेरे लिए आलू छीलना पड़ रहा था (बुरे के साथ अच्छा भी होता है), और लेखन असुविधाजनक हो गया था। फिर मैं अलमारी के

कठोर दरवाजे से टकरा गई इसने मुझे लगभग पूरी तरह पस्त कर दिया था और इस तरह धमा चौकड़ी करने के लिए डांट खिला दिया था। वे मुझे मेरे माथे से स्नान करने के लिए पानी चलाने नहीं जाने देंगे, तो अब मैं अपनी दाहिनी आंख के ऊपर एक विशाल गांठ लिए हुए आसपास घूम रही हूँ। मामले को और बदतर बनाने के लिए, मेरे दाहिने पैर की छोटी अंगुली वैक्यूम क्लीनर में फंस गई थी। यह लहूलुहान और घायल हो गई थी, लेकिन मेरी अन्य बीमारियां पहले से ही मुझे इतना परेशान कर रही थीं कि मैं इसे भूल गई जो मेरी बेवकूफी थी, क्योंकि अब मैं एक संक्रमित पैर की अंगुली के साथ घूम रही हूँ। मरहम, पट्टी और फीते का क्या, मैं अपने पांवों में अपने स्वर्गीय नए जूते भी नहीं पहन सकती।

डसेल ने हमें कई कई बार खतरे में डाल दिया है। उन्होंने वास्तव में मिएप से उनके लिए एक किताब एक मुसोलिनी विरोधी निंदा, जो प्रतिबंधित कर दी गइ है, लाने के लिए कहा था। यहाँ आने के रास्ते पर उसे एक एस एस की मोटरसाइकिल द्वारा धक्का मार कर गिरा दिया गया था। उसने अपना आपा खो दिया और चिल्लाई "जानवर कहीं के!" और अपने रास्ते चली गई। मुझमें सोचने की हिम्मत नहीं है कि अगर उसे मुख्यालय ले जाना चाहा गया हुआ होता तो क्या हो सकता था।

तुम्हारी, ऐनी

हमारे छोटे से समुदाय में एक दैनिक घरेलू काम: आलू छीलना!

एक व्यक्ति कुछ समाचार पत्र; दूसरा, चाकू (जाहिर है, खुद के लिए सबसे अच्छा रखते हुए); तीसरा, आलू; और चौथा, पानी लेने चला जाता है।

श्री डसेल शुरू करते हैं। वह हमेशा ही उन्हें बहुत अच्छी तरह से छील नहीं सकते हैं, लेकिन वह बिना रुके छीलते हैं, बाएँ और दाएँ सरसरी नजर डालते हुए यह देखने के लिए कि जिस तरह से वे कर रहे हैं क्या हर कोई वैसा ही कर रहा है। नहीं, वे नहीं कर रहे हैं!

'ऐनी देखो, मैं अपने हाथ में छिलनी पकड़ रहा हूँ इस तरह और ऊपर से नीचे जाता हूँ! नहीं, इस तरह नहीं ..... बल्कि इस तरह!'

'मुझे लगता है मेरा तरीका आसान है, श्री डसेल,' मैं अंदाजे से कहती हूँ।

'लेकिन ऐनी, यह सबसे अच्छा तरीका है। तुम मुझ से इसे सीख सकती हो। बेशक, इससे कोई फर्क नहीं पड़ता है, तुम जिस तरह से चाहती हो करती रहो।'

हम छीलते रहे। मैं अपनी आँख के कोने से डसेल पर नजर रखती। ख्यालों में खो जाते हुए, वह अपना सिर हिलाते हैं (नि:संदेह मुझ पर ही), लेकिन कुछ भी कहते नहीं हैं।

मैं छीलती रहती हूँ। फिर मैं अपने दूसरी तरफ पिताजी को देखती हूँ। पिताजी के लिए, आलू छीलना एक घरेलू काम नहीं बल्कि शुद्धता का काम है। जब वह पढ़ते हैं, तो उनके माथे पर एक गहरी शिकन होती है। लेकिन जब वह आलू, सेम या सब्जियों की तैयारी कर रहे होते हैं, वह पूरी तरह से अपने कार्य में लीन होने लगते हैं। उनका आलू छीलना उनके चेहरे पर झलकता है और जब यह उस खास तरह से स्थापित हो जाता है, तो एक

अच्छी तरह से छिले आलू की तुलना में कम किसी भी अन्य चीज का उपस्थित हो पाना उनके लिए असंभव हो जाएगा।

मैं काम जारी रखे हुए हूँ। मैं एक पल के लिए सरसरी निगाह डालती हूँ, लेकिन मुझे पूरे समय इसकी जरूरत है। श्रीमती वैन दान डसेल का ध्यान आकर्षित करने की कोशिश कर रही हैं। उन्होंने उनकी दिशा में देखना शुरू कर दिया है लेकिन डसेल ध्यान न देने का दिखावा कर रहे हैं। वह आँख से इशारे करती हैं लेकिन डसेल छीलते रहते हैं। वह हंसती हैं, लेकिन डसेल अभी तक भी नहीं देखते। फिर माँ भी हंसने लगती हैं लेकिन डसेल तब भी उन पर कोई ध्यान नहीं देते हैं। अपना लक्ष्य प्राप्त करने में असफल रही, श्रीमती वैन दान रणनीति बदलने के लिए बाध्य हो जाती हैं। थोड़ी देर सन्नाटा रहता है। फिर वह कहती हैं, 'पुट्टी, आप एक एप्रन क्यों नहीं पहनते हैं? अन्यथा, मुझे आपके सूट से धब्बे साफ करने की कोशिश में कल पूरा दिन खर्च करना होगा!'

'मुझसे यह गंदा नहीं हो रहा है।'

एक और संक्षिप्त चुप्पी। 'पुट्टी, तुम बैठ क्यों नहीं जाते?'

'मैं इस तरह से ठीक हूँ। खड़ा रहना मुझे पसंद है!'

चुप्पी।

'पुट्टी, इधर देखो *आप ने पहले ही इंजेक्शन दे दिया!*[११]'

'मुझे पता है माँ, लेकिन मैं सावधान हूँ।'

श्रीमती वैन दान एक अन्य विषय के बारे में बात करने लगती हैं। 'उम, पुट्टी, ब्रिटिश आज कोई भी बमबारी क्यों नहीं कर रहे हैं?'

'बुरे मौसम के कारण, केरली!'

'लेकिन कल कितना अच्छा मौसम था और वे तब भी तो उड़ान नहीं भर रहे थे।'

'चलिए इस विषय को जाने दें।'

'क्यों? क्या एक व्यक्ति उस बारे में बात या एक राय प्रदान नहीं कर सकता?'

'नहीं!'

'ठीक है, दुनिया में क्यों नहीं?'

'ओह, चुप रहो, *ममीचेन*[१२]!'

'श्री फ्रैंक हमेशा अपनी पत्नी को जवाब देते हैं।'

श्री वैन दान खुद को नियंत्रित करने के लिए कोशिश कर रहे हैं। यह टिप्पणी उनको हमेशा गलत तरह से कठिनाई पैदा करती है लेकिन श्रीमती वैन दान छोड़ने वाली नहीं हैं: 'ओह, कभी भी आक्रमण होने नहीं जा रहा है!'

श्री वैन दान सफेद पड़ जाते हैं, और जब श्रीमती वैन दान इस पर ध्यान देती हैं, तो

---

[११]अब आप छींटाकसी कर रहे हैं!

[१२]मम्मी

वह, लाल हो जाती हैं लेकिन वह विचलित होने वाली नहीं है: 'ब्रिटिश एक चीज नहीं कर रहे हैं!'

बम फटा। 'और अब चुप भी हो जाओ, *तूफान*[१३]!'

माँ बड़ी मुश्किल से अपनी हंसी दबा सकी, और मैं सीधे सीधे हंस ही पड़ी।

सिर्फ उस समय को छोड़ कर जब उनके बीच एक भयानक लड़ाई हुई रहती थी, इन तरह के दृश्य लगभग रोज दोहराए जाते हैं। उस मामले में, श्री और श्रीमती वैन दान में से कोई भी एक भी शब्द नहीं कहता है।

मेरे लिए कुछ और आलू लेने का समय आ गया है। मुझे ऊपर अटारी में गइ जहां पीटर बिल्ली के शरीर से पिस्सू बीनने में व्यस्त है। वह ढूंढ रहा है बिल्ली को इसका ध्यान है, और हूँश..... वह भाग गई है। खिड़की से बाहर और वर्षा नाली में।

पीटर कसम खाता है; मैं हँसती हूँ और कमरे से बाहर निकल जाती हूँ।

उपभवन में आजादी

पांच तीस। बेप का आगमन हमारी रात की आजादी की शुरुआत का संकेत होता है। चीजे फौरन शुरू हो जाती हैं। मैं बेप के साथ ऊपर जाती हूँ, जो आमतौर से बाकी सब से पहले अपना हलवा लेती है। जैसे ही वह नीचे बैठती है, श्रीमती वैन दान अपनी इच्छायें बताना शुरू कर देती हैं। उनकी सूची आमतौर पर 'ओह, वैसे, बेप, मैं कुछ और चाहूंगी' के साथ शुरू होती है......' बेप मुझे आँख मारती है। जो कोई भी ऊपर आता है उसे श्रीमती वैन दान अपनी इच्छायें बताने का मौका नहीं खोती हैं। तमाम कारणों में से अवश्य ही यह एक कारण है कि उनमें से कोई भी वहां जाना पसंद नहीं करता है।

पांच पैंतालीस। बेप चली जाती हैं। मैं चारों ओर एक नजर मारने के लिए दो मंजिल नीचे जाती हूँ: पहले रसोई घर में, फिर निजी कार्यालय में और फिर मौस्ची के लिए बिल्ली का दरवाजा खोलने के लिए कोयला स्टोर में निरीक्षण के लंबे दौरे के बाद, मैं श्रीमान कग्लर के कार्यालय में दौरा समाप्त करती हूँ। श्रीमान वैन दान आज के पत्रों के लिए सभी दराज और फाइलों को खंगाल रहे हैं। पीटर, बोच और गोदाम की चाबी उठाता है; पिम टंकण मशीन को ऊपर खींचते हैं; मार्गोट अपने कार्यालय का काम करने के लिए चारों ओर एक शांत जगह ढूंढती है; श्रीमती वैन दान गैस रिंग पर पानी की एक केतली रखती हैं; माँ आलुओं की कड़ाही ले कर सीढ़ियों से नीचे आती हैं; हम सब अपने अपने काम जानते हैं।

जल्द ही पीटर गोदाम से वापस आ जाता है। पहला सवाल जो वे उससे पूछते हैं वह यह कि क्या उसे रोटी याद है। नहीं, उसे याद नहीं। वह सामने वाले कार्यालय के दरवाजे के आगे खुद को जितना हो सके उतना छोटा बनाने के लिए दुबकने के अंदाज में बैठता है, और अपने हाथों और घुटनों पर रेंगता हुआ लोहे की अलमारी तक जाता है, रोटी बाहर

---

[१३]जोर से रोने के लिए!

निकालता है और फिर से चलना शुरू करता है। वह हर हाल में, यही तो करना चाहता है, लेकिन इससे पहले कि वह जान पाए क्या हुआ है, मौश्ची उसके ऊपर कूद चुकी है और बैठने के लिए मेज के नीचे चली गई है।

पीटर अपने चारो ओर देखता है। अहा, बिल्ली वह रही! वह घुटनों के बल चलकर वापस कार्यालय में आता है और बिल्ली को पूंछ से पकड़ लेता है। मौश्ची फुफकारती है, पीटर गहरी साँस लेता है। उसने क्या सिद्ध किया है? मौश्ची अब खुद को चाटते हुए खिड़की के पास बैठी हुई है, पीटर के चंगुल से बचने पर वह बहुत खुश है। पीटर के पास रोटी के एक टुकडे से उसे लुभाने के सिवाय और कोई चारा नहीं है। मौश्ची चारा लेती है, उसके पीछे बाहर जाती है, और दरवाजा बंद हो जाता है।

मैं दरवाजे में स्थित एक दरार के माध्यम से पूरा दृश्य देखती हूँ।

श्रीमान वैन दान गुस्से में है और जोर से दरवाजा बंद करते हैं। मार्गोट और मैं दृष्टि का आदान–प्रदान करते है और एक समान बात सोचते हैः वह अवश्य ही श्रीमान कग्लर की किसी बड़ी भूल के कारण खुद को फिर से क्रोध में लाये होंगे, और वह पास की पीपा कंपनी के बारे में सब कुछ भूल गए हैं।

गलियारे में एक और कदम की आहट सुनाई देती है। डसेल अंदर आते हैं, शिष्टाचार की चाल ढाल के साथ खिड़की की ओर जाते हैं, सूंघते हैं .... खांसते हैं, छींकते हैं और अपने गले को साफ करते हैं।

उनकी किस्मत ठीक नहीं है – काली मिर्च थी। वह सामने के कार्यालय की ओर जाना जारी रखते हैं। पर्दे खुले हुए हैं जिसका मतलब है वह अपने लेखन कागजों तक नहीं पहुँच सकते। वह त्योरी चढ़ा कर गायब हो जाते हैं।

मार्गोट और मैं एक बार और नजरों का आदान–प्रदान करते हैं। मैंने उसे कहते सुना, 'कल एक छोटा सा पन्ना उनकी जान के लिए।' मैंने सहमति में सिर हिलाया।

सीढ़ियों पर एक हाथी की चाल सुनाई देती है। अपनी पसंदीदा जगह पे आराम ढूँढते हुए यह डसेल है। हम काम जारी रखेंगे। दस्तक दस्तक दस्तक..... तीन थपकियों का मतलब है रात के खाने का समय!

सोमवार, २३ अगस्त, १९४३

जब घड़ी साढ़े नौ बताती है [१४] .....

मार्गोट और माँ उदास हैं। श्श्श्श ..... पिता। चुप रहो, ओटो श्श्श ..... पिम! आठ तीस हो गए हैं, यहाँ आओ, आप अब और पानी नहीं चला सकते हैं। धीरे चलो! यह, 'बाथरूम में पिता से जो कहा जाता है' उसका एक नमूना है।

---

[१४] जब घड़ी ८:३० का समय बताती है।

साढ़े आठ बजने पर, उसे बैठक कक्ष में मौजूद होना पड़ता है। कोई पानी न बहे, शौचालय में पानी नहीं बहाना है, यहाँ वहां चलना नहीं, चाहे कुछ भी हो कोई शोर नहीं। जब तक कार्यालय स्टाफ नहीं आया है, आवाजें, गोदाम तक और अधिक आसानी से जा सकती हैं।

आठ तीस पर ऊपर की ओर जाने वाला दरवाजा खुलता है, और फर्श पर तीन हलकी थपकियों द्वारा इसका अनुसरण किया जाता है ..... ऐनी का दलिया। मैं अपना कटोरा लेने के लिए सीढ़ियों पर बड़ी कठिनाई से चढ़ती हूँ।

वापस नीचे आती हूँ, सब कुछ जल्दी जल्दी करना होता है: मैं अपने बालों में कंघी करती हूँ, पॉटी रखती हूँ, बिस्तर को वापस उसकी जगह पर धकेलती हूँ। शांत! घड़ी साढ़े आठ बजा रही है! श्रीमती वैन दान जूते बदलती हैं और अपनी चप्पलों में कमरे भर में पैर घसीट कर चलती हैं; श्रीमान वैन दान भी – एक पक्के चार्ली चौपलिन। सब कुछ शांत है।

आदर्श परिवार का दृश्य अब अपने चरम बिंदु पर पहुंच गया है। मैं पढना या अध्ययन करना चाहती हूँ और मार्गोट भी। पिता और माता भी एकदम यही चाहते हैं। पिता एक झोल वाले, चरमराते बिस्तर के किनारे बैठे हैं (बेशक, डिकेंस और शब्दकोश ले कर), जिस पर एक शालीन गद्दा तक नहीं है। दो बड़े तकियों को एक दूसरे के शीर्ष पर रखा जा सकता है। 'मुझे इनकी आवश्यकता नहीं है,' वह सोचते हैं। 'मैं उनके बिना काम चला सकता हूँ!'

एक बार पढ़ना शुरू करने के बाद, वह ऊपर नहीं देखते। वह समय समय पर हँसते हैं और माँ को एक कहानी पढ़ाने की कोशिश करते हैं।

'अभी मेरे पास समय नहीं है!'

वह निराश दिखते हैं, लेकिन फिर पढ़ने लगते हैं, थोड़ी देर बाद, जब उन्हें अचानक एक अच्छा अनुच्छेद मिलता है, वह फिर कोशिश करते हैं: 'तुम्हें यह पढ़ना *होगा*, माता जी!'

माँ फोल्डिंग बेड पर बैठी हुई, या तो पढाई, सिलाई, बुनाई या अध्ययन जो कुछ भी उनकी सूची में अगला होता है करती रहती हैं। अचानक उनके मन में एक विचार आता है, और वह तुरंत कहती हैं, ताकि भूले नहीं, 'ऐनी, याद रखना ....मार्गोट, इसे लिख लेना .....'

थोड़ी देर बाद, फिर से शांति हो जाती है। मार्गोट किताब जोर से बंद करती है; पिता अपना माथा सिकोड़ते हैं, उनकी भौहें हास्यास्पद घुमाव बना रही हैं, उनकी एकाग्रता की शिकन फिर से उनके सिर के पीछे वापस आ गई हैं, और वह फिर से खुद को अपनी कताब में डुबा लेते हैं; माँ, मार्गोट के साथ बातें शुरू करती हैं; और मैं उत्सुक हो जाती हूँ, और सुनती भी हूँ, पिम को बातचीत में शामिल कर लिया जाता है ...... नौ बजे। नाश्ता!

शुक्रवार, १० सितम्बर, १९४३

सबसे प्यारी किट्टी,

हर बार जब मैं तुम्हे लिखती हूँ, कुछ खास हो चुका होता है, आमतौर पर सुखद के बजाय अप्रिय। इस बार, तथापि, कुछ अद्‌भुत चल रहा है।

८ सितंबर, बुधवार को हम सात बजे के समाचार सुन रहे थे जब हमने एक घोषणा सुनी: 'यहां युद्ध की अब तक की सबसे अच्छी खबरें हैं: इटली ने हथियार डाल दिए हैं।' इटली ने बिना शर्त आत्मसमर्पण कर दिया है! इंग्लैंड से डच प्रसारण आठ पंद्रह पर खबरों के साथ शुरू हुआ: 'श्रोताओं, एक घंटे पंद्रह मिनट पहले, जैसे ही मैंने अपनी दैनिक रिपोर्ट लिखनी बंद की, हमें, इटली के समर्पण की अद्‌भुत खबर मिली। मैं तुम्हे बताती हूँ, अपने नोट्स कचरे की टोकरी में डालते हुए इतनी खुशी मुझे आज की तुलना में पहले कभी भी नहीं हुई थी!'

अमेरिकी राष्ट्रीय गान 'इश्वर राजा की रक्षा करे' और रूसी 'इन्टरनेशनल' बजाये गये थे। हमेशा की तरह, डच कार्यक्रम अति आशावादी हुए बिना उत्थान पर थे।

ब्रिटिश नेपल्स में उतर गए हैं। उत्तरी इटली जर्मनी के कब्जे में है। ब्रिटिश के इटली में उतरने वाले दिन, शुक्रवार ३ सितंबर, को युद्ध विराम समझौते पर हस्ताक्षर किए गए थे। जर्मनी के लोग, बदोग्लियो और इतालवी राजा के कपट पर, सभी समाचार पत्रों में चिल्ला रहे थे।

फिर भी, बुरी खबर भी है। यह श्रीमान क्लिमन के बारे में है। जैसा कि तुम जानती हो, हम सब उन्हें बहुत पसंद करते हैं। इस तथ्य के बावजूद कि वह हमेशा बीमार और दर्द में रहते हैं और ज्यादा खा या चल नहीं सकते, वह बिना नागा किये हंसमुख और आश्चर्यजनक रूप से बहादुर हैं। माँ ने हाल ही में कहा, जब 'श्रीमान क्लिमन एक कमरे में प्रवेश करते है, तो सूरज चमकना शुरू हो जाता है,' और वह बिल्कुल सही हैं।

अब लगता है कि उन्हें अपने पेट की एक बहुत ही कठिन शल्य चिकित्सा के लिए अस्पताल जाना पड़ेगा, और कम से कम चार सप्ताह तक वहाँ रहना होगा। तुम्हे उन्हें देखना चाहिए था जब उन्होंने हमें अलविदा कहा। उन्होंने इतने सामान्य रूप से बर्ताव किया मानो वह किसी दूतकार्य के लिए जा रहे हैं।

तुम्हारी, ऐनी

गुरुवार, १६ सितम्बर, १९४३

सबसे प्यारी किट्टी,

उपभवन में यहां रिश्ते हर समय और भी खराब हो रहे हैं। हम भोजन के समय (भोजन के एक टुकडे के लिए को छोड़कर) अपने मुंह खोलने की हिम्मत नहीं करते, क्योंकि इससे कोई मतलब नहीं कि हम क्या कहते हैं, किसी का इसे नापसंद करना या गलत तरीके से लेना तय है। श्रीमान वोस्कुइजी कभी–कभी हमसे मिलने आते हैं। दुर्भाग्य से, वह बहुत अच्छी तरह से फल फूल नहीं रहे हैं। वह इसे अपने परिवार के लिए भी अधिक आसान नहीं बना रहे हैं, क्योंकि उनका रवैया प्रतीत होता है: मैं क्या परवाह करूँ, वैसे भी मैं मरने वाला हूँ! जब मैं सोचती हूँ यहाँ हर कोई कितना भावुक है, मैं बस कल्पना कर सकती हूँ कि वोस्कुइजी के वहां क्या होता होगा।

मैं चिंता और अवसाद से लड़ने के लिए हर दिन वेलेरियन ले रही हूँ, लेकिन यह अगले दिन मुझे और भी अधिक दयनीय होने से नहीं रोकती है। एक अच्छी हार्दिक हंसी, दस वेलेरियन बूंदों की तुलना में ज्यादा मदद करेगी, लेकिन हम हँसना लगभग भूल गए हैं। कभी–कभी मैं डर जाती हूँ इस सब दु:ख से मेरा चेहरा झुक जायेगा और मेरा मुंह स्थाई रूप से कोनो पर से लटक जायेगा। दूसरे लोग कुछ अच्छा नहीं कर रहे हैं। यहाँ हर कोई एक बड़े आतंक से डर रहा है जिसे सर्दी के नाम से जाना जाता है।

एक और तथ्य जो वास्तव में हमारे दिनों को रोशन नहीं करता है वह यह कि श्रीमान वैन मारन, गोदाम में काम करने वाले एक आदमी, को उपभवन के बारे में शक हो रहा है। दिमाग वाला कोई भी व्यक्ति अब तक अवश्य ही ध्यान दे चुका होगा कि मिएप कभी कभी कहती है वह लैब में जा रही है, बेप फाइल कमरे में और श्रीमान क्लिमन ओपेक्ता पूर्ती में, जबकि श्रीमान कग्लर दावा करते हैं कि उपभवन इस इमारत से नहीं बल्कि बगल वाली से सम्बन्ध रखता है।

हम परवाह नहीं करते थे कि श्रीमान वैन मारन हालात के बारे में क्या सोचते थे सिवाय इस बात के कि वह गैर भरोसेमंद माने जाते हैं और एक उच्च स्तर की जिज्ञासा रखते हैं। वह उनमें से एक नहीं है जिसे एक झीना बहाने से दूर रखा जा सकता है।

एक दिन श्रीमान कग्लर थोडा अधिक सावधान होना चाहते थे, तो बारह बीस पर उन्होंने अपना कोट पहना और पास ही में स्थित एक दवा की दुकान पर गए। पांच मिनट से भी कम के बाद ही वह वापस आ गए थे, और वह हमसे मिलने के लिए एक चोर की तरह सीढ़ियों पर धीरे – धीरे बढ़े। एक पंद्रह पर उन्होंने वापस जाना शुरू किया, लेकिन बेप उनसे सीढियों पर मिली और उन्हें चेतावनी दी कि वान मारन कार्यालय में हैं। श्रीमान कग्लर ने मत परिवर्तन किया और हमारे साथ एक तीस तक रहे। फिर उन्होंने अपने जूते उतारे और मोजे पहने पैरों (अपनी जुकाम के बावजूद) से सामने वाली अटारी पर गए और चरचराहट से बचने के लिए एक बार में एक कदम लेते हुए दूसरी सीढ़ियों से नीचे। सीढ़ियां

पार करने में उन्हें पंद्रह मिनट का समय लगा, लेकिन बाहर से प्रवेश करने के बाद उन्होंने कार्यालय में सुरक्षित रूप से समाप्त किया।

इस बीच, बेप ने वैन मारन से छुटकारा पा लिया था और उपभवन से श्रीमान कग्लर को लेने आ गई थी। लेकिन वह पहले ही निकल चुके थे और उस पल में अभी भी सीढ़ियों से नीचे धीरे धीरे पंजों के बल जा रहे थे। राहगीरों ने क्या सोचा होगा जब उन्होंने प्रबंधक को जूते बाहर लटकाए देखा होगा? अरे, तुम वहाँ, मोजे में!

तुम्हारी, ऐनी

बुधवार, २९ सितम्बर, १९४३

सबसे प्यारी किट्टी,

आज श्रीमती वैन दान का जन्मदिन है। पनीर, मांस और रोटी के लिए एक राशन स्टाम्प के अलावा, हमसे उन्हें जो मिला वह था जैम का जार। उनके पति, डसेल और कार्यालय के कर्मचारियों ने फूल और भोजन, के अलावा उन्हें और कुछ नहीं दिया। इस तरह की परिस्थितियों में हम रहते हैं!

बेप को पिछले सप्ताह एक नर्वस फिट आया क्योंकि करने के लिए उसके पास कई कार्य थे। दिन में दस बार लोग किसी काम के लिए उसे बाहर भेज रहे थे, हर बार यह जोर देते हुए कि वह तुरंत जाये,या फिर से जाये या कि उसने सब गलत किया है। और जब आप सोचते हैं कि उसके पास करने के लिए कार्यालय के नियमित कार्य हैं, कि श्रीमान क्लिमन बीमार हैं, कि मिएप सर्दी के कारण घर पर है, और स्वयं बेप के टखने में मोच है, प्रेमी परेशान करता है, और एक चिड़चिड़ा पिता, कोई आश्चर्य नहीं की वह अपनी सीमा के छोर पर है। हम उसे सांत्वना देते हैं और बताते है कि यदि वह एक बार या दो बार अपने पैर नीचे रखेगी और कहेगी उसके पास समय नहीं था, खरीदारी की सूचियाँ अपनी इच्छा से कम हो जाएँगी।

शनिवार को एक बड़ा नाटक हुआ, जिसके ऐसे चरित्र पहले यहां कभी नहीं देखे गए हैं। यह वैन मारन की चर्चा के साथ शुरू हुआ और एक सामान्य बहस और आँसूओं में समाप्त हो गया। डसेल ने माँ से शिकायत की कि उनके साथ एक कोढ़ी की तरह व्यवहार किया जा रहा है, और कि कोई भी उनके साथ दोस्ताना नहीं है और कि, अंत में इसके लायक होने के लिए उन्होंने कुछ नहीं किया है। इसके बाद बहुत सी मीठी बातें की गई, सौभाग्य से जिसके बीच में इस बार माँ नहीं पड़ी। उन्होंने कहा कि हम उनसे निराश हैं और कि, एक से अधिक अवसर पर, वह बड़ी झुंझलाहट का एक स्रोत रहे हैं। डसेल ने अलभ्य वस्तु देने की प्रतिज्ञा की, हमेशा की तरह, यद्दपि हमें इसकी एक झलक भी नही दिखी।

मैं बता सकती हूँ कि वैन दान के साथ परेशानी उमड़ रही है! पिता उग्र हैं क्योंकि वे

हमें धोखा दे रहे हैं: उन्होंने मांस और अन्य चीजें छुपा रखी हैं। ओह, अब किस तरह की गाज गिरने वाली है? काश कि मैं इस तरह की झड़पों में इतना शामिल न होती! काश कि मैं यहाँ से छूट पाती! वे हमें पागल कर रहे हैं!

तुम्हारी, ऐनी

रविवार, १७ अक्तूबर, १९४३

सबसे प्यारी किट्टी,

भगवान का शुक्र है, श्रीमान क्लिमन वापस आ गए हैं! वह थोड़े मुरझाये हुए लग रहे हैं, और फिर भी उन्होंने खुशी से श्रीमान वैन दान के लिए कुछ कपड़े बेचना निर्धारित किया। अप्रिय तथ्य यह है कि श्रीमान वैन दान के पैसे खत्म हो गए हैं। उन्होंने अपने आखिरी सौ गिल्दर्स गोदाम में खो दिए, जो कि अभी तक हमारे लिए परेशानी पैदा कर रहा है: पुरुष आश्चर्य कर रहे हैं कि सोमवार को गोदाम में सौ गिल्दर्स कैसे खत्म हो सकते थे। संदेह भरे पड़े हैं। इस बीच, सौ गिल्दर्स चोरी हो गये हैं। चोर कौन है?

मैं पैसे की कमी के बारे में बात कर रही थी। श्रीमती वैन दान के पास कपड़ों के ढेर हैं, कोट और जूते, उन्हें लगता है कि उनमें से किसी के भी बिना वह काम नहीं चला सकती हैं। श्रीमान वैन दान के सूट का स्थानांतरण मुश्किल है, और पीटर की बाइक बिक्री के लिए रखी गई थी, लेकिन फिर वापस आ गई है, चूँकि कोई भी इसे नहीं चाहता था। लेकिन कहानी यहीं खत्म नहीं होती है। तुम्हे पता ही है, श्रीमती वैन दान को अपने फर कोट से जुदा होना पड़ने वाला है। उनकी राय में, फर्म को हमारे रखरखाव के लिए भुगतान करना चाहिए, लेकिन यह हास्यास्पद है। उनका अभी इसके बारे में एक दहकता झगड़ा हुआ था और 'ओह, मेरी प्यारे पुट्टी' और 'डार्लिंग करली' वाले सामंजस्य चरण में प्रवेश कर लिया है।

इस माननीय घर को पिछले एक महीने में जिसे सहना पड़ा है, मेरा मन गालियां बकने की उस क्रिया पर आपत्ति करता है। पिता अपने होंठ भींचे यहाँ वहां टहलते हैं, और जैसे ही वह अपना नाम सुनते हैं, वह भय के साथ ऊपर देखते हैं, मानो वह डरे हुए हैं कि उन्हें एक अन्य नाजुक समस्या हल करने के लिए बुलाया जायेगा। माँ इतनी अति उत्तेजित होती हैं कि उनके गाल दागदार लाल हो जाते हैं, मार्गोट सिर में दर्द की शिकायत करती है, डसेल सो नहीं सकते, श्रीमती वैन दान पूरे दिन खीजती और क्रोध करती हैं, और मैं पूरी तरह से पागल हो चुकी हूँ। सच कहूँ तो, मैं कभी कभी भूल जाती हूँ, कि हम किससे सहमत हैं और किससे नहीं। इससे ध्यान हटाने का एकमात्र तरीका है अध्ययन करना और मैं हाल ही में यह बहुत कर रही हूँ।

तुम्हारी, ऐनी

शुक्रवार, २९ अक्टूबर, १९४३

मेरी सबसे प्यारी किट्टी,

श्रीमान क्लिमन फिर से बाहर हैं; उनका पेट उन्हें एक पल की भी शांति नहीं देता। वह यह भी नहीं जानते कि क्या उनका खून बहना बंद हो गया है। वह हमें कहने आये थे वह अच्छा महसूस नहीं कर रहे हैं और घर जा रहे हैं, और पहली बार वह वास्तव में दुखी दिखे।

श्रीमान और श्रीमती वैन दान अधिक उग्र लड़ाई लड़ चुके हैं। वजह साफ है: वे कड़के हैं। वे एक ओवरकोट और श्रीमान वैन दान का एक सूट बेचना चाहते थे, लेकिन किसी भी खरीदार को खोजने में असमर्थ थे। उनकी कीमतें बहुत ही अधिक थी।

कुछ समय पहले श्रीमान क्लिमन अपने एक जानने वाले लोमचर्म व्यापारी के बारे में बात कर रहे थे। इसने श्रीमान वैन दान को अपनी पत्नी के फर कोट बेचने का विचार दिया। यह खरगोश की त्वचा का बना है, और इनके पास सत्रह सालों से है। श्रीमती वैन दान, को इसके लिए ३२५ गिल्डर्स की एक विशाल राशि मिली।

युद्ध के बाद वह नए कपड़े खरीदने के लिए राशि अपने पास रखना चाहती थी, और घरेलू खर्चों को उठाने के लिए इसकी सख्त जरूरत के बारे में उन्हें समझा सकने के लिए श्रीमान वैन दान को कुछ कार्यकलाप करने थे।

तुम यहाँ हुई चीखने, चिल्लाने, पैर पटकने और गाली देने की घटनाओं की कल्पना नहीं कर सकती हो। यह भयानक था। मेरा परिवार सीढ़ियों के तल पर अपनी साँस रोके खड़ा रहा, कि शायद उन्हें खींच कर अलग करने की आवश्यकता पड़ जाये। सभी कलह, आँसू और मानसिक तनाव ऐसे दबाव और विकृति बन गए हैं कि मैं रात में, रोती हुई और अपनी किस्मत को धन्यवाद देते हुए कि मेरे पास खुद के लिए आधा घंटा है, अपने बिस्तर पर गिरती हूँ।

मुझे भूख नहीं लग रही है इसके सिवाय मैं ठीक ठाक हूँ। मैं सुनती रहती हूँ: 'हे भगवान, तुम भयानक लगती हो' मुझे जरूर स्वीकार करना चाहिए वे मुझे ठीक रखने की अपनी पूरी कोशिश कर रहे हैं: वे मुझे डेक्सट्रोज, कॉड लिवर आयल, शराब बनानेवाला खमीर और कैल्शियम देते रहते हैं। मेरी बेचौनी अक्सर मुझ पर हावी हो जाती है, विशेषकर रविवार को; वास्तव में मैं तभी दयनीय महसूस करती हूँ। माहौल कठोर, सुस्त, दमघोंटू है। बाहर से आपको एक पक्षी की आवाज भी नहीं सुनाई देती है, और एक मौत सी, दमनकारी चुप्पी घर के ऊपर लटकी हुई है और मुझसे चिपकी हुई है मानो यह मुझे पाताल के सबसे गहरे क्षेत्रों में खींच कर ले जा रही हो। ऐसी परिस्थिति में, पिता, माता और मार्गोट से मुझे बिलकुल भी कोई फर्क नहीं पड़ता। मैं एक कमरे से दूसरे कमरे में घूमती रहती हूँ, सीढ़ियों से ऊपर चढ़ती हूँ और सीढ़ियों से नीचे उतरती हूँ, और एक गाने वाले पक्षी जैसा महसूस करती हूँ जिसके पंखों को उतार दिया गया है, और जो खुद को अपने अँधेरे पिंजरे की सलाखों से टकराता रहता है। एक आवाज मेरे भीतर रोती है, मुझे बाहर निकालो जहाँ 'ताजा हवा और हंसी हो!' चूँकि इसे मारना असंभव है। मैं भी अब जवाब देने की जहमत नहीं

उठाती बल्कि दीवान पर लेट जाती हूँ। 'नींद', चुप्पी और भयानक डर को तेजी से गुजर जाने देती है और समय गुजरने में मदद करती है।

तुम्हारी, ऐनी

बुधवार, ३ नवम्बर, १९४३

सबसे प्यारी किट्टी,

हमारे दिमाग को समस्याओं से दूर ले जाने साथ ही साथ उन्हें विकसित करने के लिए, पिता ने एक पत्राचार स्कूल से एक सूची मंगाई। मार्गोट ने अपनी पसंद के हिसाब से और अपने बजट के भीतर कुछ भी खोजे बिना मोटी ब्रोशर को तीन बार बहुत ध्यान से देखा। पिता को संतुष्ट करना आसान था और उन्होंने 'प्राथमिक लैटिन' में एक परीक्षण सबक के बारे में लिखने और पूछने का निर्णय लिया। कहते ही काम हो गया। सबक आ पहुंचा, मार्गोट ने उत्साह से काम शुरू किया और खर्च के बावजूद पाठ्यक्रम लेने का फैसला किया। हालांकि वास्तव में मैं लैटिन जानना चाहती हूँ, लेकिन मेरे लिए यह बहुत बहुत मुश्किल है।

मुझे भी एक नई परियोजना देने के लिए, पिता ने श्री क्लेइमन से एक बच्चों की बाइबिल के लिए कहा जिससे कि अंत में मैं न्यू टेस्टामेंट के बारे में कुछ सीख सकती हूँ।

'क्या आप ऐनी को हनुक्काह की एक बाइबल देने की योजना बना रहे हैं?' कुछ हद तक परेशान मार्गोट ने पूछा।

'हाँ ..... खैर, शायद सेंट निकोलस दिवस एक बेहतर अवसर होगा,' पिता ने कहा।

यीशु और हनुक्काह वास्तव में एक साथ नहीं जाते हैं।

वैक्यूम क्लीनर के टूटने के बाद हर रात गलीचे के लिए मुझे एक पुराना ब्रश ले जाना होता है। खिड़की का बंद करना, प्रकाश करना, चूल्हे का जलाना, और गलीचे पर ब्रश करना मैं करती हूँ। 'सुनिश्चित है कि उसमे कोई समस्या होगी,' पहली बार मैंने खुद के लिए सोचा। 'वहाँ शिकायतें होनी बाध्य हैं।' मैं सही थी: कमरे में उड़ते धूल के घने बादलों से माँ को सिरदर्द हो गया, मार्गोट की नई हिन्दी शब्दकोश पर गंदगी से पपड़ी जम गई थी, और पिम को शिकायत थी कि मंजिल किसी भी तरह अलग नहीं लग रहा था। मेरे दर्द को थोड़ा सा धन्यवाद।

हमने तय किया है कि अब से रविवार की सुबह चूल्हे ५:३० की बजाय ७:३० पर जलाए जायेंगे। मुझे यह जोखिम भरा लगता है। धुआं उगलती हमारे चिमनी के बारे में पड़ोसियों की क्या राय होगी?

पर्दे के साथ भी ऐसा ही है। जब हम पहली बार भूमिगत में छिपने गए तब से खिड़कियों पर वे मजबूती से टंगे हुए हैं। महिलाओं या सज्जनों में से एक कभी कभी बाहर झांकने के आग्रह का विरोध नहीं कर सकता। परिणाम: निन्दा का एक तूफान। प्रतिक्रिया:

'ओह, कोई भी परवाह नहीं करेगा।' लापरवाही भरे हर कार्य इसी तरह शुरू और समाप्त होते हैं। कोई भी परवाह नहीं करेगा, कोई भी सुनेगा नहीं, कोई भी रत्ती भर भी ध्यान का भुगतान नहीं करेगा। कहने में आसान, लेकिन क्या यह सच है?

इस समय, तूफानी झगड़े थम गए हैं; केवल डसेल और वैन दान अभी भी आपस में भिड़े रहते हैं। जब डसेल श्रीमती वैन दान के बारे में बात कर रहे होते हैं, वह सदा ही उनको 'वह पुराना बल्ला' या 'वह बेवकूफ डायन' बुलाते रहते हैं, और इसके विपरीत, श्रीमती वैन दान हमारे अत्यधिक शिक्षित सज्जन को 'एक बूढ़ी नौकरानी' या एक 'भावुक विक्षिप्त कुँवारी', आदि के रूप में संदर्भित करती हैं।

उल्टा चोर कोतवाल को डांटे!

तुम्हारी, ऐनी

सोमवार की शाम, ८ नवम्बर १९४३

सबसे प्यारी किट्टी,

यदि आप मेरे सभी पत्रों को एक ही बार में पढ़ जाते, तो आप यह तथ्य देख सकेंगे कि वे विभिन्न मनोदासा में लिखे गए थे। इसने मुझे यहां उपभवन की मनोदासा पर बहुत अधिक निर्भर होने के लिए सताया है, लेकिन मै अकेली ही नहीं हूँ: हम सभी उनके अधीन हैं। यदि मैं एक किताब में तल्लीन हूँ, तो अन्य लोगों से मिल सकने से पहले मुझे अपने विचारों को पुनर्व्यवस्थित करना होगा क्योंकि अन्यथा उन्हें लग सकता है कि मैं अजीब थी। जैसा कि आप देख सकते हैं, वर्तमान में मैं एक अवसाद के बीच हूँ। वास्तव में मैं आपको नहीं बता सकती कि यह कैसे शुरू हुआ, लेकिन मुझे लगता है कि यह मेरी कायरता की वजह से उपजा है जिसका हर मोड़ पर मुझे सामना करना पड़ा है। इस शाम, जबकि बेप अभी भी यहीं थी, दरवाजे की घंटी लंबी और जोर से बज उठी। मैं तुरन्त सफेद पड़ गई, मेरे पेट में मरोड़ होने लगी, और मेरे दिल की धड़कन बेतहाशा बढ़ गई – और यह सब इस कारण क्योंकि मैं डर गई थी।

रात में बिस्तर में अपने आप को मैं पिता और माता के बिना एक तहखाने में अकेला देखती हूँ। या मैं सड़कों पर भटक रही होती हूँ, या उपभवन में आग लग गई है या वे बीच रात में हमें दूर ले जाने के लिए आ गए हैं और मैं हताशा में अपने बिस्तर के नीचे घिसट रही हूँ। मुझे सब कुछ दिखाई दे रहा है जैसे कि यह वास्तव में हो रहा है। और सोचने के लिए यह सब जल्दी ही हो सकता है!

मिएप अक्सर कहती हैं कि उसे हमसे ईर्ष्या होती है क्योंकि हम इस तरह के अमन और यहाँ के शांत माहौल में रहते हैं। यह सही हो सकता है, लेकिन स्पष्ट रूप से वह हमारे भय के बारे में नहीं सोच रही है।

मैं तो बस कल्पना नहीं कर सकती कि हमारे लिए दुनिया कभी फिर से सामान्य हो जाएगी। मैं 'युद्ध के बाद' के बारे में बात करती हूँ, लेकिन यह वैसा ही है जैसे कि मैं एक हवाई महल के बारे में बात कर रही थी, कुछ ऐसा जो कि कभी सच नहीं हो सकता है।

मैं उपभवन में हम में से आठ को इस रूप में देखती हूँ जैसे कि हम खतरनाक काले बादलों से घिरे हुए नीले आकाश के एक टुकड़े थे। पूरी तरह गोल स्थान जिस पर हम खड़े होते हैं अभी भी सुरक्षित है लेकिन बादल हमारे उपर से हो कर आगे बढ़ रहे हैं और हमारे बीच बज रहे हैं और खतरे के करीब पहुंच कर करीब और करीब खींचे जा रहे हैं। हम अंधेरे और खतरे से घिरे हैं, और इससे बाहर निकलने का रास्ता खोजने में अपनी हताश में हम एक दूसरे को मारते रहते हैं। हम बुरी से बुरी लड़ाई और अधिक से अधिक शांति और सुंदरता देखते हैं। इस बीच में, हम बादलों के काले जमघट द्वारा काट दिए गए हैं, जिससे हम न तो ऊपर और न ही नीचे जा सकते हैं। यह हमारे सामने एक अभेद्य दीवार जैसा बुन देता है, हमें कुचलने की कोशिश करता है, लेकिन अभी तक सक्षम नहीं हो पाया है। मैं केवल रो और प्रार्थना ही कर सकती हूँ, 'ओह, भंवर, खुल जाओ और हमें बाहर निकालो!'

तुम्हारी, ऐनी

गुरुवार, ११ नवम्बर, १९४३

सबसे प्यारी किट्टी,

मेरे पास इस अध्याय के लिए एक अच्छा शीर्षक है:

मेरे फाउंटेन पेन की स्मृति में
एक कसीदा

मेरा फाउंटेन पेन हमेशा मेरी बेशकीमती संपत्तियों में से एक था; मैं इसे अत्यधिक मूल्यवान मानती हूँ विशेष रूप से क्योंकि इसमें एक मोटी निब थी, और मैं केवल मोटी निब से ही करीने से लिख सकती हूँ। इसने एक लंबी और दिलचस्प फाउंटेन पेन जीवन जिया है जिसे मैं नीचे संक्षेप में प्रस्तुत करूंगी।

जब मैं नौ साल की थी, मेरी फाउन्टेन पेन (रूई में पैक) 'बगैर किसी व्यावसायिक मूल्य के एक नमूने' के रूप में आकिन से आयी थी, जहां मेरी दादी (कृपा दाता) रहती थीं। मैं फ्लू के कारण बिस्तर में पड़ी हुई थी, जबकि फरवरी की ठंडी हवायें हमारे घर के आसपास चीख रही थीं। यह शानदार फाउंटेन पेन एक लाल रंग के चमड़े के खोल में आई थी और जैसे ही मुझे पहला मौका मिला, मैंने इसे अपनी सहेलियों को दिखाया था। मैं, ऐनी फ्रैंक, एक फाउंटेन पेन की गर्वीली मालिक थी।

जब मैं दस साल की हो गई थी, मुझे उस कलम को स्कूल ले जाने की अनुमति दी गई, और मुझे आश्चर्यचकित करते हुए, शिक्षकों ने भी मुझे इससे लिखने दिया। जब

मैं ग्यारह साल की हो गई थी, तथापि, मेरा खजाना फिर से वापस ले लिया गया था, क्योंकि मेरे छठी कक्षा के शिक्षक ने हमें केवल स्कूल के कलम और दवात का उपयोग करने की अनुमति दी थी। जब मैं बारह साल की थी, मैंने यहूदी लिसेयुम जाना शुरू कर दिया और मेरी कलम को इस अवसर के सम्मान में एक नया खोल दिया गया था। इसमें न केवल एक पेंसिल रखने की जगह बनी थी, इसमें एक जिप भी लगी थी, जो बहुत अधिक प्रभावशाली था। जब मैं तेरह साल की हो गई थी, फाउंटेन पेन मेरे साथ उपभवन चला आया, और हमने साथ मिलकर अनगिनत डायरियों और रचनाओं में दौड़ लगायी है। मैं चौदह साल की हो गई थी और मेरी कलम मेरे साथ अपने जीवन के पिछले सालों का आनंद ले रही थी, जब ......

यह बस शुक्रवार की दोपहर के बाद के पांच बजे थे। मैं अपने कमरे से बाहर आई और लिखने के लिए मेज पर बैठने ही वाली थी जब मार्गोट और पिता, जो अपनी लैटिन का अभ्यास करना चाहते थे, के लिए जगह बनाने के लिए मुझे रुखाई से एक तरफ धकेल दिया गया। फाउंटेन पेन मेज पर अप्रयुक्त पड़ा रहा, जबकि इसके आहें भरते हुए मालिक को, मेज के एक छोटे कोने से काम चलाने के लिए मजबूर किया गया, जहाँ उसने सेम रगड़ना शुरू कर दिए। हम इसी तरह से सेम से फफूंदी हटाते और उन्हें उनके मूल रूप में बहाल करते हैं। पौने छह बजे मैंने, झाडू लगाया, सड़े हुए सेम के साथ–साथ, एक अखबार में गंदगी डाली, और चूल्हे में फेंक दिया। एक विशाल लौ निकली, और मैंने सोचा यह अद्‍भुत है कि जो चूल्हा हांफते हुए अपनी आखिरी साँस ले रहा था, उसने एक चमत्कारी पुनः वापसी कर ली।

सब कुछ फिर से शांत था। लैटिन छात्र चले गए थे, और मैंने मेज पर, जहाँ छोड़ा था वहीं से शुरू करने के लिए बैठ गई। लेकिन मैंने जहाँ कहीं भी देखा, मेरा फाउंटेन पेन कहीं भी नजर नहीं आ रहा था। मैंने एक और नजर मारी। मार्गोट ने देखा, माँ ने देखा, पिता ने देखा, डसेल ने देखा। लेकिन वह गायब हो गया था।

'शायद यह सेम के साथ–साथ, चूल्हे में गिर गया!' मार्गोट ने सुझाव दिया।

'नहीं, यह नहीं हो सकता!' मैंने जवाब दिया।

लेकिन उस शाम, जब मेरा पेन अभी तक नहीं मिला था, हमने मान लिया कि वह जल चुका है, विशेषकर क्योंकि सेल्यूलाइड अत्यधिक ज्वलनशील होता है। हमारा सबसे बुरे डर की अगले दिन पुष्टि हो गई जब पिताजी चूल्हा खाली करने गए और उन्हें राख के बीच, जेब में फंसाने वाली एक चिमटी मिली। सोने की निब का एक भी निशान नहीं बचा था। पिता ने अनुमान लगाया कि 'यह पत्थर में पिघल गया होगा,'।

हालांकि यह छोटी हो सकती है, मैं एक सांत्वना के साथ छोड़ दी गई: मेरे पेन का अंतिम संस्कार किया गया, बिलकुल वैसे ही जैसे किसी दिन मैं अपना चाहूंगी!

तुम्हारी, ऐनी

बुधवार, १७ नवम्बर, १९४३

सबसे प्यारी किट्टी,

हाल की घटनाओं से घर की नींव हिल गई है। बेप पर डिफ्थीरिया के प्रकोप के कारण, उसे छह सप्ताह तक हमारे संपर्क में आने की अनुमति नहीं दी जाएगी। उसके बिना, खाना पकाना और खरीदारी करना बहुत मुश्किल हो जायेगा, उल्लेख करने की जरूरत नहीं, कि हम उसके साथ की कमी को कितना महसूस करेंगे। श्रीमान क्लिमन अब भी बिस्तर में हैं और तीन सप्ताह से दलिये के अलावा कुछ नहीं खाया है। श्रीमान कग्लर काम में बहुत व्यस्त हैं।

मार्गोट अपने लैटिन सबकों को एक शिक्षक को भेजती है, जो उन्हें ठीक करके वापस भेज देता है। वह बेप के नाम के तहत पंजीकृत है। शिक्षक बहुत अच्छा है, और मजाकिया भी है। मैं शर्त लगाती हूँ वह ऐसी चतुर शिष्य को पाकर खुश है।

डसेल एक उथलपुथल में है और हम नहीं जानते क्यों।

यह सब डसेल के कुछ न कहने से शुरू हुई जब वह ऊपर थे; उन्होंने श्रीमान या श्रीमती वैन दान से भी एक भी शब्दों का आदान–प्रदान नहीं किया। यह हम सबने देखा। यह कुछ दिनों तक चला, और फिर माँ ने उन्हें श्रीमती वैन दान के बारे में चेतावनी देने का अवसर निकाल लिया, जो उनकी जिंदगी दयनीय बना सकती थी। डसेल ने कहा श्रीमान वैन दान ने मूक उपचार शुरू कर दिया था और वह इसे तोड़ने का कोई इरादा नहीं रखते थे। मुझे समझाना चाहिए कि कल १६ नवंबर थी, उपभवन में रहने की उनकी पहली सालगिरह। इस अवसर के सम्मान में माँ ने एक पौधा प्राप्त किया, लेकिन श्रीमती वैन दान, जो सप्ताह भर पहले से ही इस तिथि का संकेत कर रही थी, और इस तथ्य के बारे में कोई संदेह नहीं रहने दिया था कि वे सोच रही हैं कि डसेल को हमें रात के खाने का भोज देना चाहिए, को कुछ भी नहीं मिला। बिना किसी स्वार्थ के उन्हें अंदर लेने के लिए, हमारा शुक्रिया अदा करने के पहली बार मिले – इस मौके का फायदा उठाने की बजाय, उन्होंने एक शब्द भी नहीं कहा। और सोलह की सुबह जब मैंने उनसे पूछा कि मुझें उन्हें बधाई देनी चाहिए या अपनी संवेदना पेश करनी चाहिए, उन्होंने उत्तर दिया, 'कोई भी चलेगा'। माँ ने खुद को शांतिदूत की भूमिका में डाल कर, कोई भी कोई प्रगति नहीं की, और बिना किसी हार जीत के परिस्थिति का अंत हो गया।

मैं बिना अतिश्योक्ति किये कह सकती हूँ कि निश्चित रूप से श्री डसेल का एक पेंच ढीला है। हम अक्सर खुद पर ही हँसते हैं क्योंकि उनको कुछ भी याद नहीं रहता, कोई निश्चित राय और कोई व्यावहारिक बुद्धि नहीं। वह एक से अधिक बार, अभी अभी सुनी खबर को हमे सुनाने की कोशिश करके हमें हंसा चुके हैं, क्योंकि प्रसारण में समाचार सर्वदा विकृत हो जाता है। इसके अलावा, वह हर तिरस्कार या आरोप का जवाब बढ़िया वायदों की गठरी से देते हैं, जिन्हें वह कभी नहीं निभा पाते।

"जिस आदमी की भावना इतनी महान है
उसके कर्म इतने तुच्छ कैसे हैं![१५]"

तुम्हारी, ऐनी

शनिवार, २७ नवम्बर, १९४३

सबसे प्यारी किट्टी,

पिछली रात, जैसे ही मैं सोने जा रही थी, अचानक मेरे सामने हन्नेली प्रकट हो गई।

मैंने उसे फटे पुराने कपड़ों में देखा, उसका चेहरा पतला और थका हुआ था। उसने मुझे अपनी भारी आँखों से ऐसी उदासी और तिरस्कार के साथ देखा कि मैं उनमें निहित सन्देश पढ़ सकती थी: 'ओह, ऐनी, तुमने मुझे क्यों छोड़ दिया? मेरी मदद करो, मेरी मदद करो, मुझे इस नरक से छुड़ाओ!'

और मैं उसकी मदद नहीं कर सकती। मैं केवल दूसरे लोगों को भुगतते हुए और मर जाते हुए चुपचाप देखती रह सकती हूँ। मैं भगवान से बस उसे हमारे पास वापस लाने की प्रार्थना भर कर सकती हूँ। मैंने हन्नेली को देखा था, और किसी अन्य को नहीं, और मैं समझ गई क्यों। मैंने उसे गलत समझा था, उसके लिए यह कितना मुश्किल था, इसे समझने के लिए मैं पर्याप्त परिपक्व नहीं थी। वह अपने दोस्त के लिए समर्पित थी, और ऐसा जरूर लगा होगा मानो मैं उससे दूर जाने की कोशिश कर रही हूँ। घटिया चीज, उसे अवश्य ही बहुत खराब लगा होगा! मैं जानती हूँ, क्योंकि मैं स्वयं की भावना को पहचानती हूँ! मेरे पास समझ का एक सामयिक क्षण था, लेकिन स्वार्थी ढंग से अपनी समस्याओं और सुखों में फिर से लिपट गई थी।

मेरा उससे उस तरह बर्ताव करना गन्दा था, अब वह मुझे बहुत निराशा के साथ अपने मुरझाये चेहरे और प्रार्थना करती आँखों से देख रही थी। काश मैं उसकी सहायता कर पाती! प्रिय भगवान मेरे पास वह सब है जिसकी मैं इच्छा कर सकती थी, जबकि वह भाग्य के जानलेवा चंगुल में है इसके घातक चंगुल में। वह ईश्वर भक्त थी जैसी मैं हूँ, शायद और भी अधिक, और वह भी वही करना चाहती थी जो सही था। फिर क्यों मुझे जीने के लिए चुना गया, जबकि वह शायद मरने जा रही है? हम दोनों के बीच क्या अंतर है? अब क्यों हम अभी तक अलग अलग हैं?

ईमानदारी से कहूँ तो, मैंने महीनों से उसके बारे में सोचा नहीं है – नहीं, कम से कम एक साल से। मैं उसे पूरी तरह नहीं भूली थी, और फिर भी यह तब तक नहीं था कि, मैंने उसके कष्टों के बारे में सोचा हो, जब तक मैंने उसे अपने सामने नही देखा था।

---

[१५]एक प्रसिद्ध अभिव्यक्ति – मनुष्य की आत्मा महान है, उसके कर्म कितने तुच्छ हैं।

ओह, हन्नेली, मैं आशा करती हूँ कि यदि तुम युद्ध खत्म होने तक जीती रही और हमारे पास वापस आती हो, तो मैं तुम्हें घर में शामिल करने में, और मैंने तुम्हारे साथ जो गलत किया है, उसे सुधारने में सक्षम हो जाउंगी। लेकिन यदि मैं मदद करने की स्थिति में होती भी हूँ, उसे इसकी उतनी ज्यादा जरूरत नही होगी जितनी अभी है। मुझे आश्चर्य है कि वह, कभी, मेरे बारे में सोचती भी है, और वह क्या महसूस कर रही है?

दयालु भगवान, उसे आराम दो, ताकि वह कम से कम अकेले न रह रही हो। ओह, काश तुम उससे कह पाते मैं करुणा और प्रेम के साथ उसके बारे में सोच रही हूँ, यह शायद उसे जारी रखने में मदद करे।

मुझे इस पर आश्रित रहना बंद करना है। यह मुझे कहीं भी नहीं ले जायेगा। मैं उसकी भारी आंखें देखती रहती हूँ, और वे मुझे बार बार तंग करती हैं। क्या हन्नेली वास्तव में और सच में भगवान में विश्वास करती है, या मात्र धर्म को उस पर थोप दिया गया है? मैं यह जानती तक नहीं हूँ। मैंने पूछने की मुसीबत कभी नहीं ली।

हन्नेली हन्नेली, काश मैं तुम्हे निकाल पाती, काश मेरे पास जो भी है वह तुम्हारे साथ बाँट पाती। बहुत देर हो चुकी है। मैं मदद नहीं कर सकती, या मैंने जो गलत किया है, उसे पूर्ववत नहीं कर सकती हूँ। लेकिन मैं उसे फिर कभी नहीं भूलूंगी और मैं हमेशा उसके लिए प्रार्थना करुँगी!

तुम्हारी, ऐनी

सोमवार, ६ दिसम्बर, १९४३

सबसे प्यारी किट्टी,

सेंट निकोलस दिवस जितना अधिक करीब आता गया, हम सबने उतना अधिक पिछले साल की उत्सवी ढंग से सजाई टोकरी के बारे में सोचा। सबसे ज्यादा, मैंने सोचा इस साल का समारोह छोड़ना भयानक होगा। लंबे विचार–विमर्श के बाद, मैं अंत में एक विचार पर पहुंची, कुछ मजाकिया। मैंने पिम से सलाह ली, और एक सप्ताह पहले हमने प्रत्येक व्यक्ति के लिए एक कविता लिखने का काम करना निर्धारित किया।

रविवार की शाम पौने आठ बजे, कपडे की टोकरी के साथ, हम दल बनाकर ऊपर गए, जो कि गुलाबी और नीले रंग के कार्बन पेपर से बने कटआउट और धनुष से सजाई गई थी। शीर्ष पर, एक नोट सहित भूरे रंग के एक लपेटने वाले कागज का बड़ा टुकड़ा था। हर कोई उपहार के विशाल आकार पर बहुत हैरान था। मैंने नोट निकाल लिया और जोर से पढ़ा:

'एक बार फिर से सेंट निकोलस दिवस
हमारे गुप्त स्थान तक भी आ गया है;
यह पूरी तरह से मजेदार नहीं होगा, मुझे डर है,

जैसे पिछले बरस यह दिन खुशी का था।
तब हमें उम्मीद थी, संदेह का कोई कारण नहीं
आशावाद, गंभीर हालातों के इस छोटे समयकाल को जीत लेगा,
और जब तक यह साल चक्कर लगाकर आए,
हम सब खतरे से बाहर आजाद होंगे।
फिर भी, यह सेंट निकोलस दिवस है, हम न भूलें,
हालांकि, बाँटने के लिए हमारे पास कुछ भी नहीं बचा है।
हमें करने के लिए कुछ और ही खोजना होगा:
इसलिए, कृपया हर कोई अपने जूते में देखे!'

प्रत्येक व्यक्ति ने जैसे ही टोकरी से अपना जूता बाहर निकाला, हँसी की एक दहाड़ गूँज गई। प्रत्येक जूते के अंदर, उसके मालिक को संबोधित, एक छोटा सा लिपटा पैकेज था।

तुम्हारी, ऐनी

बुधवार, २२ दिसम्बर, १९४३

सबसे प्यारी किट्टी,

फ्लू के एक बुरे मामले ने आज के दिन तक मुझे, तुम्हे लिखने से रोक दिया था। यहां बीमार होना भयानक है। हर खांसी के साथ, मुझे कंबल में झुकना पड़ता था – एक बार, दो बार, तीन बार – और अधिक खाँसी से बचने के प्रयास करने पड़ते थे। अधिकांश समय गुदगुदी दूर जाने से मना कर देती थी, तो मुझे शहद, चीनी या खांसी की दावा की बूंदों के साथ दूध पीना पड़ता था। समस्त इलाजों, जिनका मैं विषय रही हूँ, के बारे में सोचकर मुझे चक्कर आने लगते हैं: बुखार से छुटकारा, भाप उपचार, गीली पट्टियाँ, सूखी पट्टियाँ, गर्म पेय, मेरे गले पर फोहा लगाना, शांत पड़े रहना, ताप पैड, गर्म पानी की बोतलें, नीबू पानी और हर दो घंटे में थर्मामीटर। क्या ये उपचार वास्तव में आपको बेहतर करते हैं? सबसे खराब हिस्सा था जब श्रीमान डसेल ने डॉक्टर बनने का फैसला किया और आवाज सुनने के लिए मेरे नंगे सीने पर अपना इत्र लगे बालों वाला सिर रख दिया। ना सिर्फ उनके बालों ने गुदगुदी किया, बल्कि मैं शर्मिंदा भी हुई थी, हालाँकि वह तीस साल पहले स्कूल गए थे, और किसी तरह की चिकित्सा की डिग्री भी रखते थे। उन्हें अपना सिर मेरे दिल पर क्यों रखना चाहिए? आखिरकार वह मेरे प्रेमी नहीं है! उस मामले के लिए, वह एक अस्वस्थ में से एक स्वस्थ ध्वनि बताने में सक्षम नहीं होते। सबसे पहले उन्हें अपने कान साफ कराने चाहिए, चूँकि वह खतरनाक ढंग से बहरे हो रहे हैं। लेकिन मेरी बीमारी के बारे में काफी हुआ। मैं फिर से भली चंगी हो गई हूँ। मैं लगभग आधा इंच बड़ी हो गई हूँ और दो पाउंड वजन बढ़ा लिए हैं। मैं क्षीण हूँ, लेकिन अपनी किताबों के पास वापस जाने के लिए बेचैन हो रही हूँ।

असाधारण[१६], (एकमात्र शब्द जो यहाँ चलेगा) हम सभी साथ में अच्छी प्रगति कर रहे हैं। कोई तू तू मैं मैं नहीं, हालाँकि शायद लंबे समय तक नहीं चलेगा। कम से कम छह महीने से इस घर में ऐसी शांति और चुप्पी नहीं रही है।

बेप अभी भी एकाकीपन में है, लेकिन किसी दिन अब उसकी बहन संक्रामक नहीं रहेगी।

क्रिसमस के लिए, हमें अतिरिक्त खाना पकाने का तेल, मिठाई और गुड़ मिल रहा है। हनुक्काह के लिए, श्रीमान डसेल ने श्रीमती वैन दान और माँ को एक खूबसूरत केक दिया है, जिसे उन्होंने मिएप को बनाने के लिए बोला था। जो सब काम उसे करने पड़ते हैं उनमें सबसे ऊपर! मार्गोट और मैंने, एक पैसे से बनी, उज्ज्वल और चमकदार ब्रोच प्राप्त की। मैं इसका वास्तव में वर्णन नहीं कर सकती, लेकिन यह प्यारी है।

मेरे पास मिएप और बेप के लिए भी एक क्रिसमस उपहार मौजूद है। पूरे एक महीने के लिए, मैंने अपने दलिये में डालने वाली चीनी बचाया है, और श्रीमान क्लिमन ने इसे कलाकंद बनाने में प्रयोग किया है।

रिमझिम मौसम है और बादल छाये हुए हैं, चूल्हे से बदबू आ रही है, और कई तरह की गुड़गुड़ाहट पैदा करते हुए भोजन हमारे पेट के लिए भारी पड़ रहा है।

युद्ध एक गतिरोध पर है, जोश हल्का है।

तुम्हारी, ऐनी

शुक्रवार, २४ दिसम्बर, १९४३

प्रिय किट्टी,

जैसा कि मैंने पहले भी कई बार लिखा है, मनोदशा की हमें यहाँ काफी प्रभावित करने की प्रवृत्ति है, और मेरे मामले में यह हाल ही में बदतर हो गयी थी। *'खुशी पर चिल्लाओ, मौत पर दुखी हो जाओ'*[१७] मुझ पर निश्चित रूप से लागू होता है। मैं बहुत खुश और प्रफुल्लित होती हूँ, जब मैं सोचती हूँ कि हम कितने सौभाग्यशाली हैं और खुद की अन्य यहूदी बच्चों से तुलना करती हूँ, और 'निराशा की गहराइयों में' जब, उदाहरण के लिए, श्रीमती क्लिमन आती हैं और जोपी के हॉकी क्लब, डोंगी यात्रा, विद्यालय के नाटक, और दोस्तों के साथ दोपहर की चाय के बारे में बात करती हैं।

'मुझे नहीं लगता कि मैं जोपी से ईर्ष्या करती हूँ, लेकिन मैं एक बार अच्छा समय बिताने और दर्द होने की हद तक हंसने की इच्छा रखती हूँ। इस घर में हम कुष्ठ रोगियों की तरह फंस गए हैं, विशेष रूप से सर्दी और क्रिसमस और नए साल की छुट्टियों के दौरान।

[१६]अपवाद के माध्यम से

[१७]गेटे की एक प्रसिद्ध पंक्ति: 'दुनिया के शीर्ष पर, या निराशा की गहराई में।'

दरअसल, मुझे यह लिखना भी नहीं चाहिए, चूँकि यह मुझे बहुत कृतघ्न महसूस करवाता है, लेकिन मैं हर चीज अपने आप तक नहीं रख सकती, इसलिए मैं दोहराऊंगी जो मैंने शुरू में कहा था: 'लोगों की तुलना में कागज अधिक सहनशील हैं।'

जब भी कोई बाहर से अपने कपड़ों में हवा और गालों पर ठंड के साथ अन्दर आता है, तो खुद को यह सोचने से रोकने के लिए कि हमें ताजा हवा में साँस लेने की अनुमति कब दी जाएगी, मेरा मन अपने सिर को कम्बल में छुपाने का करता है?' मैं यह नहीं कर सकती – इसके विपरीत, मुझे यहाँ के हालातों पर खुद को गर्वित दिखाना है, और हर बुरी बात के लिए भी चेहरे पर खुशी का भाव ही रखना है, लेकिन विचार वैसे भी आते रहते हैं। बस एक बार नहीं, बार बार।

मेरा विश्वास करो, यदि आप को डेढ़ साल से छुपा कर रखा गया है, तो यह कभी कभी आप के लिए बहुत ज्यादा हो जाता है। इससे कोई फर्क नहीं पड़ता कि वे कितनी अन्यायपूर्ण या कृतघ्न लगती हैं, लेकिन भावनाओं को कभी नजरअंदाज नहीं किया जा सकता। मेरी बाइक चलाने की, नृत्य करने की, सीटी बजाने की, दुनिया देखने की, युवा महसूस करने की, और मैं आजाद हूँ यह जानने की इच्छा होती है, और फिर भी मैं ऐसा करती हुई दिखाई नहीं दे सकती। जरा कल्पना करो क्या होता यदि हम आठ को खुद के लिए खेद महसूस करना होता और अपने चेहरों पर साफ साफ दिखता असंतोष लेकर टहलना होता। यह हमें कहाँ ला देता? मैं कभी कभी आश्चर्य करती हूँ कि कभी कोई समझेगा मेरा क्या मतलब है, कि कभी कोई मेरी कृतघ्नता को अनदेखा करेगा, और इस बारे में चिंता नहीं करेगा कि मैं यहूदी हूँ या नहीं, और मुझे केवल बुरी तरह से, अच्छे सादे मजे की जरूरत में एक किशोरी के रूप में देखेगा। मैं नहीं जानती, और मैं किसी के साथ इसके बारे में बात करने में सक्षम नहीं होउंगी, चूँकि मुझे यकीन है मैं रोना शुरू कर दूँगी। रोना, राहत ला सकता है, जब तक आप अकेले नहीं रोते हो। मेरी कोशिशों और सिद्धांतों के बावजूद, –हर दिन और दिन के हर घंटे में – मुझे उस मम की कमी महसूस होती है जो मुझे समझती है। इसीलिए, हर चीज, जो मैं करती और लिखती हूँ, में मैं उस प्रकार की मम की कल्पना करती हूँ जैसी मैं बाद में अपने बच्चों के लिए बनना चाहूंगी। उस प्रकार की 'मम' जो लोगों की कही हर बात को गंभीरता से नहीं लेती, लेकिन जो 'मुझे' गंभीरता से लेती है। मेरा क्या मतलब है, दूसरों को इसका वर्णन करना मुझे मुश्किल लगता है, लेकिन 'मम' शब्द यह सब कह पाता है। क्या तुम्हें पता है मुझे क्या सूझा है? अपनी माँ को किसी ऐसे शब्द से पुकारने का अहसास देने के लिए जो मम की तरह सुनाई पड़ता हो, मैं अक्सर उन्हें मम्जी पुकारती हूँ। कभी कभी मैं इसे 'मम्स' तक छोटा कर देती हूँ; एक अपूर्ण 'मम'। काश, मैं 'स' को हटा कर उसका सम्मान कर पाती। यह अच्छी बात है कि उन्हें इसका अहसास नहीं है, चूँकि यह उनको केवल दुखी करता।

खैर, उसके लिए वह पर्याप्त है। मेरे लेखन ने मुझे 'निराशा की गहराईयों' से कुछ कुछ उठा दिया है।

क्रिसमस के बाद का दिन है, और मैं पिम, और उस कहानी के बारे में, जो उन्होंने पिछले साल इस समय सुनाई थी, सोचे बिना नहीं रह सकती। मैं तब उनके शब्दों का मतलब उतना अच्छे से नहीं समझी थी, जितना मैं आज समझती हूँ। काश वह फिर से इसकी चर्चा करते, मैं शायद उन्हें दिखाने में सक्षम हो पाऊँ मैं समझ गई थी उनका क्या मतलब था!

मुझे लगता है पिम ने मुझे बताया क्योंकि उन्हें, जिन्हें अन्य कई लोगों के 'अंतरंग राज' पता हैं, एक बार उनकी अपनी भावनाओं को व्यक्त करने की जरूरत थी; पिम कभी भी खुद के बारे में बात नहीं करते हैं, और मुझे नहीं लगता मार्गोट को उसका कोई आभास भी है कि वह किससे गुजरे हैं। असहाय पिम, वह मुझे इस सोच से मूर्ख नहीं बना सकते कि वह उस लड़की को भूल चुके हैं। वह कभी नहीं भूलेंगे। चूँकि वह माँ के दोषों के सम्बन्ध में अंधे नहीं हैं, इसने उन्हें बहुत मिलनसार बना दिया है। मुझे आशा है मैं उनके जैसी बनने वाली हूँ, बिना उससे गुजरे जिससे कि वह गुजरे हैं!

आपकी, ऐनी

सोमवार, २७ दिसम्बर, १९४३

शुक्रवार की शाम, मेरे जीवन में पहली बार, मैंने एक क्रिसमस उपहार प्राप्त किया। श्रीमान क्लिमन, श्रीमान कग्लर, और लड़कियों ने हमारे लिए एक अद्भुत आश्चर्य तैयार किया था। मिएप ने एक स्वादिष्ट क्रिसमस केक बनाया जिसके शीर्ष पर 'शांति १९४४' लिखा था, और बेप ने युद्ध पूर्व मानकों तक के बिस्कुट प्रदान किये।

पीटर, मार्गोट और मेरे लिए दही की हांडी, और वयस्कों में से प्रत्येक के लिए बीयर की एक बोतल थी। और एक बार फिर संकुल से चिपके सुंदर चित्रों के साथ, सब कुछ अच्छी तरह से लपेटा गया था। बाकियों के लिए, हमारे लिए छुट्टियां जल्दी से गुजर गईं।

ऐनी

बुधवार, २९ दिसम्बर, १९४३

बीती रात मैं फिर से बहुत ही दुखी थी। दादी और हन्नेली एक बार फिर मेरे पास आई। दादी, ओह, मेरी प्यारी दादी। यह समझ पाने के लिए हम कितने छोटे थे कि उन्हें किस चीज का सामना करना पड़ा था, वह हमेशा कितनी दयालू थीं, और हमसे सम्बंधित हर चीज में वह कितना रूचि रखती थीं। और लगता है कि उस पूरे समय वह सावधानी से अपने भयानक रहस्यों की रखवाली कर रही थीं। [१८]दादी हमेशा बहुत वफादार और अच्छी थीं। उन्होंने हम में से किसी को कभी भी नीचा नहीं दिखाया होगा। जो कुछ भी हुआ हो,

---

[१८]ऐनी की दादी मरणासन्न रूप से बीमार थी।

कोई बात नहीं मैंने कितना भी दुर्व्यवहार किया हो, दादी मेरे लिए हमेशा खड़ी रहीं। दादी, क्या आपने मुझसे प्यार किया, या क्या आप मुझे समझ नहीं पायीं? मुझे नहीं पता। हमारे होने के बावजूद, दादी कितनी अकेली रही होंगी। आप यहां तक कि जब आप कई लोगों से प्यार कर रहे हों तब भी अकेले पड़ सकते हैं, क्योंकि आप अभी भी किसी एक के 'सिर्फ एक' नहीं हैं।

और हनेली? क्या वह अभी भी जिंदा है? वह क्या कर रही है? प्रिय भगवान, उसकी रक्षा करना और उसे हमारे पास वापस लाना। हनेली, मेरा भाग्य क्या हो सकता है की आप याद दिलाती हो। मैं आपकी जगह पर अपने आप को देखती रहती हूँ। तो क्या इसी वजह से यहाँ पर जो कुछ चल रहा है उसके बारे में मैं अक्सर दुखी रहती हूं? जब मैं हनेली और उन लोगों के बारे में सोच रही होती हूँ जो उसके साथ–साथ पीड़ित हैं क्या उसके सिवाय बाकी समय मुझे खुश, संतुष्ट और प्रसन्न नहीं रहना चाहिए? मैं स्वार्थी और कायर हूँ। मैं क्यों हमेशा सबसे भयंकर चीजों को सोचती और सपने देखती और आतंक में चीखना चाहती रहती हूँ? क्योंकि, सब कुछ के बावजूद, मैं अभी भी भगवान में पर्याप्त विश्वास नहीं करती हूँ। उसने मुझे बहुत कुछ दिया है, जिनके मैं लायक नहीं हूँ, और अभी तक प्रत्येक दिन मैं बहुत सी गलतियाँ करती हूँ!

जिन्हें आप प्रिय मानते हैं, उन लोगों की पीड़ा के बारे में सोचना आप के आँसूओं को कम कर सकता है; असल में, आप रोते हुए पूरा दिन बिता सकते हैं। सबसे अधिक आप जो कर सकते हैं वह है भगवान से एक चमत्कार दिखाने और उनमें से कम से कम कुछ को बचा लेने की प्रार्थना करना। और मैं आशा करती हूँ कि मैं यह पर्याप्त कर रही हूँ!

ऐनी

गुरुवार, ३० दिसम्बर, १९४३

सबसे प्यारी किट्टी,

पिछले उग्र झगड़ों के बाद से, यहाँ चीजें व्यवस्थित हो गई हैं, न सिर्फ हमारे, डसेल और 'ऊपर' के बीच, बल्कि, श्रीमान और श्रीमती वैन दान के बीच भी, फिर भी कुछ काले तूफानी बादल इस ओर बढ़ रहे हैं और क्योंकि .... खाना। श्रीमती वैन दान को सुबह कम आलू तलने और दिन में बाद के लिए बचाने का हास्यास्पद विचार सूझा। माँ और डसेल और हम में से बाकी लोग उनसे सहमत नहीं हुए, तो अब हम आलुओं को भी बाँटने वाले हैं। ऐसा प्रतीत होता है कि चर्बी और तेल ठीक से नहीं बांटे गए हैं, और माँ इस पर रोक लगाने वाली हैं। मैं होने वाली किसी भी दिलचस्प घटना की जानकारी तुम्हे देती रहूंगी। पिछले कुछ महीनों से अब हम, मांस (उनकी चर्बी के साथ, हमारा उसके बिना), सूप (वे इसे खाते हैं, हम नहीं खाते), आलू, (उनके छिले हुए, हमारे बिना छिले), अतिरिक्त वस्तुएं, और अब तले आलू भी बाँट रहे हैं।

काश हम पूरी तरह से बंटवारा कर पाते!

तुम्हारी, ऐनी

पश्च–लेख। बेप के पास मेरे लिए पूरे शाही परिवार की एक तस्वीर पोस्टकार्ड की प्रतिलिपि थी। जुलियाना बहुत युवा दिखती है, और वैसे ही रानी भी। तीनों छोटी लड़कियां बहुत ही आकर्षक हैं। बेप अविश्वसनीय रूप से अच्छी हैं, क्या तुम्हें नहीं लगता?

रविवार, २ जनवरी, १९४४

सबसे प्यारी किट्टी,

आज सुबह, जब मेरे पास करने के लिए कुछ भी नहीं था, मैं अपनी डायरी को सरसरी तौर से पढने लगी और अचानक मुझे ऐसे मजबूत सन्दर्भ में माँ विषय पर चर्चा के कई पत्र मिले कि मैं चौंक पड़ी। मैंने अपने आप से कहा, 'ऐनी, नफरत के बारे में बात करने वाली क्या वास्तव में यह तुम हो? ओह, ऐनी, तुम कैसे हो सकती हो?' मैं अपने हाथ में खुली किताब के साथ बैठी रही और हैरान होती रही कि मैं क्यों इतने क्रोध और नफरत से भरी हूँ कि मुझे यह सब गुप्त बातें तुम्हे बतानी पड़ी। मैंने पिछले साल की ऐनी को समझने और उसके लिए माफी मांगने की की कोशिश की, क्योंकि जब तक मैं तुम्हे इन आरोपों के साथ छोड़ देती हूँ और उन्हें समझाने का प्रयास नहीं करती कि उन्हें किसने प्रेरित किया, तो मेरी अंतरात्मा साफ नहीं होगी। मैं मनोदशा (अभी भी हूँ) से पीड़ित थी, जिसने मेरा सिर पानी (आलंकारिक तरह से) के अन्दर डुबा रखा था, और मुझे चीजों को सिर्फ अपने नजरिए से देखने की अनुमति दी, बिना शांति से विचार किए कि दूसरों ने क्या – वे जिन्हें मैंने – अपने चंचल स्वभाव से, चोट पंहुचाई थी या नाराज किया था – कहा था, और फिर अभिनय करके जैसे उन्होंने किया होता।

मैं खुद के अंदर छिप गई, किसी के बारे में नहीं सोचा लेकिन अपने बारे में और शांति से अपनी सारी खुशी, व्यंग्य और दुःख अपनी डायरी में लिखे। क्योंकि यह डायरी एक प्रकार की संग्रह पुस्तिका बन चुकी, मेरे लिए यह बहुत बड़ी चीज है, लेकिन मैं इसके कई पन्नों पर आसानी से लिख सकती हूँ 'पूर्णतः समाप्त'।

मैं माँ पर आगबबूला थी (और अभी भी बहुत बार होती हूँ)। यह सच है वह मुझे नहीं समझती थी, लेकिन मैं भी उनको नहीं समझती थी। क्योंकि वह मुझे प्यार करती थी, वह कोमल और स्नेही थी, लेकिन उन कठिन परिस्थितियों, जिनमें मैंने उन्हें डाला, और दुखद परिस्थियाँ जिनमें उन्होंने खुद को पाया, के कारण वह उदास और चिड़चिड़ी थी, इसलिए मैं समझ सकती हूँ वह अक्सर मुझसे गर्ममिजाज क्यों थी।

मैं नाराज थी, अत्यधिक दिल पे ले लिया और उनके साथ बदतमीज और बेकार थी, जिसने मुझे बदले में दुखी कर दिया। हम वैमनस्य और दुःख के एक दुष्चक्र में फंस गए

थे। हम दोनों ही के लिए यह खुशी का समय नहीं था, लेकिन कम से कम यह समाप्त होने को था। मैं देखना नहीं चाहती थी क्या चल रहा है, और मैंने खुद के लिए बुरा महसूस किया, लेकिन वह समझने योग्य भी है।

कागज पर वे हिंसक विस्फोट केवल क्रोध की अभिव्यक्ति हैं जिन्हें, सामान्य जीवन में, मैं अपने कमरे में अपने आप को बंद करके और कुछेक बार अपने पैर पटककर या माँ की पीठ पीछे अपशब्द कहकर घटा सकती थी।

डबडबाई आँखों से माँ पर निर्णय पारित करने की अवधि खत्म हो गई है। मैं और समझदार हो गई हूँ और माँ की विचार शक्ति थोड़ी अधिक स्थिर हैं। अधिकतर समय जब मैं गुस्से में होती हूँ, तो चुप रहने में सफल होती हूँ, और वह भी; इसलिए सतह पर, हम बेहतर ढंग से मिलजुल कर रह पा रहे हैं। लेकिन एक चीज है जो मैं नहीं कर सकती, वह है एक बच्चे की निष्ठा के साथ उन्हें प्यार करना।

मैं अपनी अंतरात्मा को इस विचार से शांत करती हूँ कि निर्दयी शब्दों के लिए कागज पर उतरना बेहतर है, बजाय इसके कि माँ को उन्हें अपने दिल में लेकर घूमना पड़े।

तुम्हारी, ऐनी

गुरुवार, ६ जनवरी, १९४४

सबसे प्यारी किट्टी,

आज मेरे पास कबूल करने के लिए दो बातें हैं। यह लम्बा समय लेने वाली है, लेकिन मुझे उन्हें किसी से कहना है, और तुम सबसे अधिक संभावित उम्मीदवार हो, चूँकि मैं जानती हूँ, चाहे कुछ भी हो, तुम गुप्त रखोगी।

पहली बात माँ के बारे में है। जैसा कि तुम जानती हो, मैंने अक्सर उनके बारे में शिकायत की और उसके बाद अच्छा बनने की अपनी पूरी कोशिश की है। मैंने अचानक एहसास किया कि उनके साथ क्या गलत है।

माँ ने कहा है कि वह हमें बेटियों से ज्यादा दोस्तों के रूप में देखती हैं। बेशक, यह सब बहुत अच्छा है, सिवाय इसके कि एक दोस्त माँ की जगह नहीं ले सकता है। मेरी माँ से जरूरत है कि वह एक अच्छा उदहारण पेश करें और ऐसी इन्सान बने जिसका मैं आदर कर सकूँ, लेकिन अधिकतर मामलों में उनके पास 'क्या *नही* करना है' का उदहारण होता है। मुझे यह अहसास है कि मार्गोट इन चीजों के बारे में इतना अलग ढंग से सोचती है कि वह कभी भी यह समझने में सक्षम नहीं होगी जो मैंने अभी तुम्हे बताया है। और पिता, माँ के साथ किये जाने वाले सभी वार्तालापों से बचते हैं।

मैं एक माँ की कल्पना एक औरत के रूप में करती हूँ, जो सर्वप्रथम, एक बड़ी समझ बूझ रखती हैं, विशेषकर अपने किशोर बच्चों की ओर, और वह नहीं जो, मम्जी की

तरह, मेरा मजाक उड़ाती हैं जब मैं रोती हूँ। इसलिए नहीं कि मैं दर्द में हूँ, बल्कि अन्य बातों के लिए।

यह छोटी बात लग सकती है, लेकिन एक घटना है जिसके लिए मैंने उनको कभी माफ नहीं किया है। यह उस दिन हुआ जब मुझे एक दिन दंत चिकित्सक के पास जाना पड़ा। माँ और मार्गोट ने मेरे साथ जाने की योजना बनाई और सहमत हो गई कि मैं अपनी साइकिल ले जाऊं। जब दंत चिकित्सक ने काम समाप्त कर लिया, और हम वापस बाहर आ गए थे, मार्गोट और माँ ने बहुत प्यार से मुझे सूचित किया था कि वे कुछ खरीदने या कुछ देखने के लिए शहर जा रही हैं, मुझे याद नहीं कि क्या, और निश्चित रूप से मैं भी साथ जाना चाहती थी। लेकिन उन्होंने कहा मैं नहीं आ सकती क्योंकि मेरे पास मेरी बाइक है। क्रोध के आँसू तेजी से मेरी आँखों से बहने लगे, और मार्गोट और माँ ने मुझ पर हँसना शुरू कर दिया। मैं इतने गुस्से में थी कि मैं वहीं सड़क पर उनको अपनी जीभ दिखाने लगी। एक नाटी बूढ़ी औरत का वहां से गुजरना हुआ, और वह बहुत ज्यादा हैरान दिखी। मैं साइकिल चला कर घर आ गई और जरूर घंटों रोई होऊंगी। हैरत की बात है, माँ ने मुझे हजारों बार ठेस पहुंचाई होगी, पर जब भी कभी मैं सोचती हूँ कि मैं कितने गुस्से में थी तो यह खास घाव अभी भी दुखता है।

दूसरा कबूल करना मुझे मुश्किल लगता है क्योंकि यह मेरे बारे में है। मैं, पाखंडी नहीं हूँ किट्टी, और फिर भी हर बार जब वे अपनी शौचालय की यात्राओं का विस्तारपूर्वक वर्णन करते हैं, जो कि वे अक्सर करते हैं, मेरा पूरा शरीर विद्रोह में खड़ा हो जाता है।

कल मैंने सिस हेयस्टर का 'शरमाने' पर एक लेख पढ़ा। यह ऐसा था मानो उन्होंने सीधे मुझे संबोधित किया हो। ऐसा नहीं है कि मैं आसानी से शरमा जाती हूँ, लेकिन अनुच्छेद का बाकी हिस्सा मुझ पर लागू होता था। वह मूल रूप से जो कहती हैं वह यह है कि यौवन के दौरान लड़कियां खुद को अपने में वापस खींच लेती हैं और अपने शरीर में हो रहे चमत्कारिक परिवर्तन के बारे में सोचना शुरू करती हैं। मैं भी वैसा ही महसूस करती हूँ और जो शायद मार्गोट, माँ और पिता पर, हाल ही में मेरी शर्मिंदगी के लिए भी उत्तरदायी है। दूसरी ओर, मार्गोट मुझसे ज्यादा शर्मीली है, और फिर भी वह बिलकुल भी शर्मिंदा नहीं है।

मैं सोचती हूँ कि जो मेरे साथ हो रहा है वह अद्‌भुत है, और मेरा मतलब शरीर पर होने वाले बाहरी परिवर्तन से ही नहीं, बल्कि उन आन्तरिक परिवर्तनों से भी है। मैं अपने आप के बारे में, या इन चीजों के बारे में कभी किसी से बात नहीं करती हूँ, जिसके कारण मुझे इनके बारे में अपने आप से ही बात करनी पड़ती है। जब भी मेरा महीना आता है (और यह केवल तीन बार आया है), मुझे एक अहसास होता है कि सारे दर्द, बेचौनी और गंदगी के बावजूद, मैं एक प्यारा राज लेकर घूम रही हूँ। इसलिए, हालाँकि यह एक परेशानी है, एक निश्चित हद तक मैं हमेशा उस समय की प्रतीक्षा करती रहती हूँ जब मैं एक बार फिर से उस राज को अपने अंदर महसूस करूँगी।

सिस हेयस्टर यह भी लिखती हैं कि मेरी उम्र की लड़कियां खुद के बारे में बहुत ही

असुरक्षित महसूस करती हैं और बस खोजना शुरू ही कर रही होती हैं कि वे अपने विचारों, मतों और आदतों के साथ एक अलग व्यक्ति विशेष हैं। मैं बस तेरह साल की हुई थी जब यहाँ आई थी, तो मैंने खुद के बारे में सोचना शुरू कर दिया और अहसास किया मैं एक 'स्वतंत्र व्यक्ति बन गई हूँ; अधिकतर लड़कियों से जल्दी।' कभी कभी रात को जब मैं बिस्तर में लेटी होती हूँ, अपने स्तनों को छूने और अपने दिल की शांत, स्थिर धड़कन को सुनने की घोर उत्तेजना महसूस करती हूँ।

अनजाने में, ये भावनाएं मेरे यहाँ आने से पहले भी थीं। एक बार जब मैं जैक्स के यहाँ रात बिता रही थी, मैं उसके शरीर के बारे में अपनी जिज्ञासा को अब और नहीं रोक सकी, जिसे उसने हमेशा मुझसे छुपा कर रखा और जिसे मैंने कभी नहीं देखा था। मैंने उससे पूछा कि हमारी दोस्ती के सबूत के रूप में, क्या हम एक दूसरे के स्तनों को छू सकते हैं। जैक्स ने इनकार कर दिया। मेरी उसे चूमने की भी अत्यधिक इच्छा थी जो मैंने पूरी की। हर बार जब मैं नग्न स्त्री को देखती हूँ, अपनी कला इतिहास की पुस्तक में वीनस के जैसी, मैं परमानंद में चली जाती हूँ। कभी कभी मैं उन्हें इतना उत्तम पाती हूँ कि अपने आँसू रोकने के लिए संघर्ष करना पड़ता है। काश मेरे पास एक प्रेमिका होती!

गुरुवार, ६ जनवरी, १९४४

सबसे प्यारी किट्टी,

किसी से बात करने की मेरी लालसा इतनी असहनीय बन चुकी है कि मैंने किसी भी तरह इस भूमिका के लिए पीटर को चुनने का निर्णय ले लिया। कुछ अवसरों पर जब मैं दिन के दौरान पीटर के कमरे में चली गई हूँ, मुझे यह हमेशा अच्छा और आरामदायक लगा। लेकिन पीटर इतना विनम्र है कि वह किसी को भी बाहर का रास्ता नहीं दिखा सकता यदि वे उसे परेशान कर रहे हैं, इसलिए मैंने कभी भी ज्यादा देर ठहरने की हिम्मत नहीं की है। मैं हमेशा डरती हूँ कि वह सोचेगा कि मैं खीज दिलाने वाली हूँ।

मैं उसके कमरे में रुकने का और बिना उसके ध्यान में लाये उसे मुझसे बात करवाने का बहाना ढूंढती रही हूँ, और कल मुझे मौका मिल गया। पीटर, तुम जानते हो, वर्तमान में एक वर्ग – पहेली सनक से गुजर रहा है, और वह पूरे दिन कुछ और नहीं करता। मैं उसकी मदद कर रही थी, और हमने जल्द उसकी मेज पर एक दूसरे के सामने बैठते हुए खत्म किया, पीटर कुर्सी पर और मैं दीवान पर।

जब मैंने उसके गहरे नीले रंग की आँखों में देखा और देखा कि मेरे अप्रत्याशित दौरे ने उसे कितना संकोची बना दिया था, इसने मुझे एक अद्भुत अहसास दिया। मैं उसके अंतरतम विचारों को पढ़ सकती थी, उसके चेहरे में मैंने एक लाचारी और अनिश्चितता का एक भाव, कि कैसे व्यवहार करे, और उसी समय उसकी मर्दानगी के अहसास की झिलमिलाहट देखी। मैंने उसकी शर्म देखी, और मैं पिघल गई। मैं कहना चाहती थी 'मुझे अपने बारे में

बताओ। मेरे बातूनी बाहरी रूप के भीतर देखो' लेकिन मैंने पाया कि सवालों को पूछने की बजाय उन्हें सोचना ज्यादा आसान है।

शाम समाप्त हो गई, और कुछ भी नहीं हुआ, सिवाय इसके कि मैंने उसे लज्जा पर लेख के बारे में बताया। बेशक, जो मैंने तुम्हे लिखा था वह नहीं, बस यह कि जैसे ही वह बूढा हुआ वह ज्यादा सुरक्षित हो जायेगा।

उस रात मैं बिस्तर में पड़ी रही और पूरा समय यह सुनिश्चित करते हुए कि कोई मुझे सुन न सके, फूट फूट कर रोई। जिस विचार के लिए मुझे पीटर से साथ देने की विनती करनी पड़ी, केवल विद्रोही था। लेकिन लोग अपनी लालसा पूरी करने के लिए लगभग कुछ भी करेंगे;

उदाहरण के लिए मुझे लो, मैंने अधिक बार पीटर के पास जाने का, और किसी भी तरह, उसे मुझसे बात करवाने का मन बना लिया है।

तुम्हे बिलकुल नहीं सोचना चाहिए कि मैं पीटर से प्यार करती हूँ, क्योंकि मैं नहीं करती हूँ। यदि वैन दान के पास एक बेटे के बजाय एक बेटी होती, तो मैं उसके साथ दोस्ती बनाने की कोशिश कर चुकी होती।

आज सुबह मैं यूँ ही सात बजे से पहले उठ गई और तुरंत याद किया कि मैं किसके बारे में सपना देख रही थी। मैं एक कुर्सी पर बैठी हुई थी और पीटर मेरे उस ओर था ... ... पीटर स्चिफ। हम मैरी बोस के चित्रों की एक किताब देख रहे थे। सपना इतना जीवंत था कि मैं कुछ चित्रों को भी याद कर सकती हूँ। लेकिन वह सब कुछ नहीं था – सपना बीत गया। पीटर की आँखें अचानक मेरी आँखों से मिल गईं और मैंने उन मखमली भूरी आँखों में एक लम्बे समय तक देखा। फिर उसने बहुत धीमे से कहा 'यदि मैं जानता होता, मैं बहुत पहले तुम्हारे पास आ गया होता!', मैंने भावनाओं को काबू करते हुए, अचानक अस्वीकार कर दिया। और फिर मैंने एक मुलायम, प्यारा, और हल्का गाल, अपने गाल के साथ महसूस किया, और यह बहुत अच्छा, बहुत अच्छा लगा........

अभी तक उसके गालों को अपने गालों पर महसूस करते हुए, उसी पल मैं जाग उठी, और मेरे दिल की गहराई में झांकती उसकी भूरी आँखें, इतनी गहराई में कि वह पढ़ सकता था कि मैं उसे कितना प्यार करती थी और अब भी कितना करती हूँ। मेरी आँखें फिर से आँसुओं से भर गई, और मैं उदास थी क्योंकि एक बार फिर मैं उसे खो चुकी थी, और फिर भी उसी समय खुश भी थी क्योंकि मैं निश्चित रूप से जानती थी कि फिर भी पीटर एकमात्र मेरे लिए ही है।

यह हास्यास्पद है, लेकिन मैं अक्सर अपने सपनों में इस तरह की ज्वलंत छवियां देखती हूँ। एक रात मैंने ग्रेमी[११] को इतना साफ साफ देखा कि मैं उनकी नरम, झुर्रीदार मखमली त्वचा देख सकती थी। एक और बार दादी मुझे एक मसीहा के रूप में दिखी।

---

[११]ग्रेमी, ऐनी की दादी थी और ग्रैंडमाँ, उसकी नानी।

उसके बाद हन्नेली थी, जो मेरे लिए, अभी भी मेरे दोस्तों की और अधिकतर यहूदियों की पीड़ा का प्रतीक है, ताकि जब मैं उसके लिए प्रार्थना कर रही हूँ, तो मैं सभी यहूदियों और वे जो जरूरतमंद हैं, उनके लिए भी प्रार्थना कर रही हूँ।

और अब पीटर, मेरा प्यारा पीटर। मेरे पास उसकी ऐसी स्पष्ट मानसिक छवि कभी नही थी। मुझे उसकी तस्वीर की आवश्यकता नहीं है, मैं उसे बहुत ही अच्छी तरह देख सकती हूँ।

तुम्हारी, ऐनी

शुक्रवार, ७ जनवरी, १९४४

सबसे प्यारी किट्टी,

मैं बेवकूफ हूँ। मैं भूल गई थी कि मैंने अभी तक तुम्हे अपनी एक सच्चे प्यार की कहानी नही बताई है।

बहुत पहले जब मैं नर्सरी स्कूल में एक छोटी लड़की थी, मैं सैली किमेल को पसंद करने लगी। उसके पिता गुजर चुके थे, और वह और उसकी मां एक आन्टी के साथ रहते थे। सैली का एक एप्पी नाम का चचेरा भाई दिखने में अच्छा, पतला, काले बालों वाला लड़का था, जो बाद में एक मोहक अभिनेता की तरह दिखने वाला निकला और छोटे, हास्यास्पद और मांसल सैली से ज्यादा प्रसंशा जगाई। एक लंबे समय तक हर जगह हम एक साथ ही जाते थे, लेकिन उसके अतिरिक्त, जब तक पीटर मुझसे रास्ते में नहीं टकराया, मेरा प्यार एकतरफा था। मैं उस पर पूर्णतया प्रेमासक्त हो गई थी। वह भी मुझे पसंद करता था, और हम पूरी गर्मियों में अविभाज्य रहे थे। मैं अभी भी हमें हाथ में हाथ डाले आस पड़ोस में घूमते हुए देख सकती हूँ, पीटर एक सफेद सूती सूट और मैं गर्मी की छोटी पोशाक में। गर्मियों की छुट्टियों के अंत में वह अगले स्कूल में ऊपर की कक्षा में पहुंच गया, जबकि मैं छठी कक्षा में रही। या तो वह मुझे घर के रास्ते में मिल जाता था, या मैं उससे मिल जाती थी। पीटर एक आदर्श लड़का था: लंबा, पतला और अच्छा दिखने वाला, एक गंभीर, शांत और बुद्धिमान चेहरे वाला लड़का। उसके काले बाल, सुंदर भूरी आँखें, सुर्ख गाल और एक अच्छी नोकदार नाक थी। मैं उसकी मुस्कान के लिए पागल थी, जो उसे बहुत शरारती और लड़कों सा दिखने वाला बनाता था।

मैं गर्मियों की छुट्टियों के दौरान दूर ग्रामीण इलाकों में गई थी, और जब मैं वापस आई, पीटर अब अपने पुराने पते पर नहीं था; वह चला गया था और एक बहुत बड़े लड़के के साथ रह रहा था, जिसने स्पष्ट तौर पर उसे बताया था कि मैं अभी एक बच्ची हूँ, क्योंकि पीटर ने मेरी तरफ देखना बंद कर दिया था। मैं उसे इतना प्यार करती थी कि मैं सच्चाई का सामना नहीं करना चाहती थी। मैं उससे उस दिन तक चिपकी रही जब तक अंत में मुझे यह अहसास नहीं हो गया कि यदि मैंने उसके पीछे पड़ना जारी रखा तो लोग कहेंगे कि मैं लड़कों के लिए पागल हूँ।

सालों गुजर गए। पीटर अपनी उम्र की लड़कियों के साथ घूमता रहता था और अब मुझे हैलो कहने की भी परवाह नहीं करता था। मैंने यहूदी लिसेयुम में स्कूल शुरू किया, और मेरी कक्षा में कई लड़के मुझसे प्यार करते थे। मुझे बहुत मजा आया और उनके ध्यान द्वारा सम्मानित महसूस किया, लेकिन बस उतना ही था। बाद में, हैलो मुझ पर बहुत प्रेमासक्त हुआ था, जैसा कि मैंने तुम्हे पहले ही बताया है कि प्यार में मैं फिर से कभी नहीं पड़ी।

एक कहावत है: 'समय सारे घाव भर देता है।' मेरे साथ ऐसा ही था। मैंने खुद से कहा मैं पीटर को भूल चुकी हूँ और मैं अब उसे बिलकुल भी पसंद नहीं करती। लेकिन उसके बारे में मेरी यादें इतनी मजबूत थीं कि मुझे यह खुद से स्वीकार करना पड़ा कि मेरा उसे और पसंद न करने का एकमात्र कारण था कि मैं अन्य लड़कियों से जलती थी। आज सुबह मुझे एहसास हुआ कि कुछ बदला नहीं है; इसके विपरीत, मैं और बड़ी और परिपक्व हो गई हूँ, मेरा प्यार मेरे साथ बड़ा हो गया है। अब मैं समझ सकती हूँ कि पीटर सोचता था मैं बचकाना हूँ, और अभी तक यह सोचना दुख देता है कि वह मुझे पूरी तरह से भूल चुका था। मैंने उसका चेहरा इतना स्पष्ट देखा था; मैं निश्चित रूप से जानती थी कि कोई नहीं लेकिन पीटर, उस तरह से मेरे दिमाग में छाया रह सकता था।

आज मैं पूरी तरह से भ्रम की स्थिति में रही। जब आज सुबह पिता ने मुझे चूमा तो मैं चिल्लाना चाहती थी, 'ओह, काश तुम पीटर होते!' मैं लगातार उसके बारे में सोच रही थी, और दिन भर मैं अपने आप से दोहरा रही थी, 'ओह, पीटल, मेरे प्रिय, प्रिय पीटल ....'

मुझे मदद कहां से मिल सकती है? मुझे बस केवल जीते जाना है और प्रार्थना करते रहना है कि यदि हम कभी यहाँ से बाहर गए, तो पीटर का रास्ता मेरे रास्ते से टकराएगा और वह मेरी आँखों में टकटकी लगाकर देखेगा, उनमें प्यार पढ़ेगा और कहेगा, 'ओह, ऐनी, काश मुझे पता होता, मैं तुम्हारे पास बहुत पहले आ चुका होता।'

एक बार जब पिता और मैं सेक्स के बारे में बात कर रहे थे, उन्होंने कहा मैं उस तरह की इच्छा जानने के लिए अभी बहुत छोटी हूँ। लेकिन मुझे लगा मैं इसे समझती हूँ, और अब मुझे यकीन है मैं समझ सकती हूँ। अब मेरे लिए कुछ भी इतना प्रिय नहीं है जितना मेरी जान पीटल!

मैंने आईने में अपना चेहरा देखा, और यह बहुत अलग दिखा। मेरी आँखें स्पष्ट और गहरी थीं, मेरे गाल गुलाबी थे, जो सप्ताह भर पहले ऐसे नहीं थे, मेरा मुँह बहुत नरम था। मैं खुश दिखी, और फिर भी मेरी अभिव्यक्ति में कुछ बहुत उदास था कि मुस्कान तुरंत मेरे होठों से फीकी पड़ गई। मैं खुश नहीं हूँ चूँकि मैं जानती हूँ पीटल मेरे बारे में नहीं सोच रहा है, और अभी तक मैं मुझे घूरती उसकी सुंदर आँखें, मेरे गाल पर उसका ठंडा, नरम गाल महसूस कर सकती हूँ ..... ओह, पीटल, पीटल, मैं अपने आप को कभी तुम्हारी छवि से कैसे मुक्त कराने वाली हूँ? क्या तुम्हारी जगह लेने वाला कोई भी व्यक्ति एक खराब विकल्प नहीं होगा? मैं तुमसे प्यार करती हूँ, एक उत्कृष्ट प्यार, जो केवल मेरे दिल ही में बढ़ता नहीं रह सका, लेकिन इसे अपने पूर्ण विस्तार के साथ अचानक से कूद कर बाहर आना और खुलासा करना पड़ेगा।

एक सप्ताह पहले, यहां तक कि एक दिन पहले, यदि तुमने मुझसे पूछा होता, कि तुम क्या सोचती हो तुम्हारे किस दोस्त के साथ, तुम्हारी, शादी करने की सबसे अधिक सम्भावना होगी?', मैंने जवाब दिया होता 'सैली', चूँकि वह मुझे अच्छा, शांतिपूर्ण और सुरक्षित महसूस करवाता है!, लेकिन अब मैं चिल्लाना चाहती हूँ, 'पीटल', क्योंकि मैं उसे पूरे दिल और आत्मा से प्यार करती हूँ। मैं पूरी तरह से अपने आप को समर्पित करती हूँ!' उस एक चीज के सिवाय: वह मेरे चेहरे को छू सकता है, लेकिन कुछ हद तक।

आज सुबह मैंने कल्पना की मैं पीटल के साथ सामने वाली अटारी में खिड़की के पास फर्श पर बैठी हुई थी, और थोड़ी देर बात करने के बाद, हम दोनों ने रोना शुरू कर दिया। क्षणों बाद मैंने उसके मुंह और उसके अद्‌भुत गाल को महसूस किया! ओह, पीटल, मेरे पास आओ। मेरे बारे में सोचो, मेरे प्यारे पीटल!

बुधवार, १२ जनवरी, १९४४

सबसे प्यारी किट्टी,

बेप दो हफ्तों बाद वापस आ गई है, यद्यपि उसकी बहन को अगले सप्ताह तक स्कूल वापस जाने की अनुमति नहीं होगी। बेप ने एक बुरी सर्दी की वजह से खुद दो दिन बिस्तर में बिताए। मिएप और जान भी पेट की गड़बड़ी के कारण दो दिन तक बाहर थे।

मैं फिलहाल एक नृत्य और बैले सनक से गुजर रही हूँ और हर शाम अपने नृत्य कदम का लगन से अभ्यास कर रही हूँ। मुम्सी से संबंधित एक लैसी लैवेंडर पेटीकोट से अलग मैंने एक अत्याधुनिक नृत्य पोशाक बनाया है। उपरी भाग से होते हुए पट्टी पिरोई गई है और सिर्फ वक्ष के ऊपर बांधा जाता है। एक गुलाबी डोरीदार रिबन पहनावा पूरा क़रता है। मैंने अपने जिम के जूते को बैले चप्पल में बदलने की कोशिश की लेकिन बिना किसी सफलता के। मेरे अनम्य अंग जैसे जैसे उपयोग किये जा रहे हैं कोमल बनने के रास्ते पर अच्छी तरह आगे बढ़ रहे हैं। फर्श पर बैठ कर, हाथ में एड़ी रखना और दोनों पैर हवा में उठाना एक भयानक व्यायाम है। मैं एक गद्दी पर बैठती हूँ क्योंकि दूसरे प्रकार से मेरी कमजोर पीठ को वास्तव में एक सजा हो जाती है।

यहाँ के सभी लोग *एक बादल हीन सुबह* नामक एक किताब पढ़ रहे हैं। माँ ने सोचा यह बहुत अच्छा था क्योंकि यह किशोरों की बहुत सी समस्याओं का वर्णन करती है। एक विडंबना पूर्ण ढंग से, मैंने अपने मन में सोचा, कि 'आप पहले अपने खुद के किशोरों में अधिक रुचि क्यों नहीं लेते!'

मुझे लगता है माँ का मानना है कि मार्गोट और मेरा पूरी दुनिया में किसी के भी तुलना में अपने माता पिता के साथ एक अच्छा रिश्ता है, और कि वह अपने बच्चों के जीवन में जितना अधिक शामिल है उसकी तुलना में कोई भी माँ शामिल नहीं है। उसके मन में मेरी बहन होनी चाहिए, क्योंकि मुझे विश्वास नहीं है कि मार्गोट की भी मेरे जैसी ही समान

समस्या और विचार हैं। जहॉ तक यह माँ को मुझसे दिखाना है तो उसकी बेटियों में से एक वैसी बिल्कुल नहीं है जैसी वह कल्पना करती है। वह पूरी तरह से व्यग्र हो सकती है, और वैसे भी, वह परिवर्तन करने में सक्षम कभी नहीं होती; मैं उसे उस दु:ख से बचाना चाहती हूँ, विशेष रूप से जबसे मुझे पता है कि सब कुछ वैसा ही रहेगा। माँ समझती है कि जितना मैं करती हूँ मार्गोट उसकी तुलना में बहुत अधिक प्यार करती है, लेकिन वह सोचती है मैं अभी एक चरण से गुजर रही हूँ।

मार्गोट बहुत अच्छी है। वह जैसी है उसकी तुलना में वह बहुत कुछ अलग आभाष देती है। वह इन दिनों लगभग कपटी जैसी नहीं है और एक असली दोस्त बनती जा रही है। वह मेरे बारे में एक छोटे बच्चे के रूप में, जिसकी गिनती नहीं है, अब और नहीं सोचती।

यह अजीब है, लेकिन दूसरे लोग मुझे जिस रूप में देखते हैं, कभी कभी मैं अपने आप को उसी रूप में देख सकती हूँ। मैं 'ऐनी फ्रैंक' कहे जाने वाले व्यक्ति पर एक इत्मीनान की नजर डालती हूँ और उसके जीवन के पृष्ठों को ऐसे पलटती हूँ मानो वह एक अजनबी थी।

यहां आने से पहले, जब मैं चीजों के बारे में उतना नहीं सोचती थी जितना कि मैं अब सोचती हूँ, मुझे कभी कभी लगता था कि मुझे मुम्सी, पिम और मार्गोट से लगाव नहीं था और कि मैं हमेशा एक बाहरी व्यक्ति रही हूँ। कभी कभी मैं एक समय एक अनाथ होने का नाटक करते हुए छह महीने के लिए आस पास चली गई थी। फिर मैं पीड़ित करने के लिए अपने आप को दंड देना चाहती हूँ, जब वास्तव में, मैं हमेशा से बहुत भाग्यशाली रही हूँ। उसके बाद मैंने अपने आप को थोड़ी देर के लिए अनुकूल होने के लिए मजबूर किया था। हर सुबह जब मैं सीढ़ियों पर कदमों की आहट सुनती थी मैं आशा करती थी कि यह सुप्रभात कहने के लिए आ रही माँ होगी। मैं दिल से उसे नमस्कार करती थी क्योंकि मैं ईमानदारी से उसकी स्नेही नजर के लिए तत्पर थी। परन्तु फिर किसी टिप्पणी करने या किसी अन्य वजह से वह मुझ पर टूट पडतीं और मैं पूरी तरह से हतोत्साहित किया गया महसूस करते हुए स्कूल के लिए रवाना हो जाती थी। घर के रास्ते में अपने आप से यह कहते हुए मैं उनके लिए बहाने बनाती थी कि उनके पास बहुत सी चिंतायें थी। मैं बहुत उत्साह के साथ घर पहुँचती, सुबह की घटनाओं तक की दर्जनों बातें मन में दोहराती रहती हुई, और अपने हाथ में अपने झोले और मेरे चेहरे पर एक चिंताग्रस्त रूप के साथ मैं क़मरे में छोड़ दी जाती हूँ। कभी कभी मैं गुस्से में रहना तय किये होती परन्तु फिर मुझे हमेशा स्कूल के बाद के बारे में इतनी बात करनी पड़ती थी कि मैं अपना संकल्प भूल जाना चाहती और माँ से जो कुछ भी वह कर रही होती थी उसे रोकने और इसपर ध्यान देने की चाहत रखती हूँ। फिर वह समय एक बार फिर आ जाएगा जब मैं सीढ़ियों पर कदमों की आहट अब और नहीं सुनती थी और अकेला महसूस करती थी और हर रात अपने तकिये में रोती थी।

यहाँ सब कुछ ज्यादा बदतर हो गया है। लेकिन आपको यह पहले से ही पता था। अब भगवान ने मेरी मदद करने के लिए किसी को भेजा है: पीटर। मैं अपने लाकेट को पुचकारती हूँ, अपने होंठों पर इसे दबाती हूँ और सोचती हूँ 'मैं किसकी परवाह करूँ! पीटर

मेरा है और इसे कोई भी नहीं जानता है!' इसे ध्यान में रखकर, मैं हर बुरी टिप्पणी से ऊपर उठ सकती हूँ। जिसपर यहां के लोगों को संदेह होता है कि एक किशोर लड़की के मन में बहुत कुछ हो रहा है?

शनिवार, १५ जनवरी, १९४४

मेरी सबसे प्यारी किट्टी,

हमारे सभी झगड़े और तर्कों का अंतिम विस्तार तक वर्णन करने का मेरे पास कोई कारण नहीं है। आपको सिर्फ इतना ही बताना काफी है कि हमने कई चीजों जैसे मांस और वसा और तेल का बटवारा किया है और अपने खुद के आलू तल रहे हैं। हाल ही में हम एक थोड़ी सी अतिरिक्त राई की रोटी खा रहे थे क्योंकि ४ बजे से ही हमें रात के खाने की बहुत भूख लगी है हम बड़ी मुश्किल से अपने कचोटते पेट को नियंत्रित कर सकते हैं।

माँ का जन्मदिन तेजी से करीब आ रहा है। उन्होंने श्री कुग्लर से कुछ अतिरिक्त चीनी प्राप्त की जिसने वैन दानों की ओर से ईर्षा को प्रज्वलित कर दिया, क्योंकि श्रीमती वैन दान को उनके जन्मदिन पर कुछ भी प्राप्त नहीं हुआ था। लेकिन कठोर शब्दों, विद्वेषपूर्ण बातचीत और आँसुओं से आप को उबाने का क्या अर्थ है जबकि आप जानते हैं कि वे हमें और भी बोर ही करेंगे?

माँ ने एक इच्छा व्यक्त की है, जिसके कभी भी जल्द ही सच होने की संभावना नहीं हैरू पूरे दो सप्ताह तक श्री वैन दान के चेहरे को नहीं देखना है। मुझे आश्चर्य है कि अगर हर कोई जो एक घर साझा करता है जल्दी ही या बाद में अपने साथी निवासियों के साथ प्रतिकूल पर समाप्त होता है। या हमारे ऊपर सिर्फ बुरे भाग्य की एक ठोकर पड़ी है? खाने के समय, जब डसेल आधी भरी ग्रेवी नाव के एक चौथाई हिस्से के लिए खुद की मदद करते हैं और बाकी बिना कुछ किये हम सब के लिए छोड़ देते हैं, मेरी भूख खत्म हो गई है और मेरे पैर उसे उसकी कुर्सी सहित धकेल देने और उसे दरवाजे के बाहर फेंक देने के लिए उछलते हुए महसूस हो रहे हैं।

क्या ज्यादातर लोग बहुत कंजूस और स्वार्थी होते हैं? यहाँ आने के बाद मैंने मानव स्वभाव के बारे में कुछ जानकारी प्राप्त की है, जो अच्छा है, लेकिन वर्तमान के लिए मेरे पास पर्याप्त था। पीटर भी वही कहता है।

स्वतंत्रता और ताजी हवा के लिए हमारे झगड़े और हमारी लालसा के बावजूद युद्ध चलता चला जा रहा है, इसलिए यहाँ हमारे रहने को सबसे अच्छा बनाने की हमें कोशिश करनी चाहिए।

मैं उपदेश दे रही हूँ, लेकिन मैं यह भी मानती हूँ कि यदि मैं बहुत लंबे समय तक यहां रहती हूँ तो मैं एक सूखे पुराने सेम के पौधे में बदल जाउंगी। और वास्तव में मैं केवल एक अच्छाई के प्रति ईमानदार किशोरी बनना चाहती हूँ!

तुम्हारी, ऐनी

बुधवार की शाम, १९ जनवरी, १९४४

सबसे प्यारी किट्टी,

मुझे नहीं पता (वहाँ मैं फिर जाउंगी!) क्या हुआ है, लेकिन मेरे सपने के बाद से मैं देख रही हूँ कि मैं कैसे बदल गई हूँ। वैसे, मैंने कल रात फिर से पीटर के बारे में सपना देखा और एक बार फिर से उसकी आंखों का मुझे बेधना मैंने महसूस किया लेकिन यह सपना पिछले सपने की तुलना में कम ज्वलंत था और उतने सुंदर रूप में नहीं था।

आप जानते हैं कि मैं हमेशा पिता के साथ मार्गोट के रिश्ते से ईर्ष्या करती थी। मेरी ईर्षा का अब कोई निशान भी नहीं बचा है; जब पिता की संवेदनायें उन्हें मेरी ओर से अनुचित होना बनाती हैं, तब मुझे अभी भी चोट महसूस होती है, लेकिन फिर मैं सोचती हूँ, 'आप जिस तरह से कर रहे हैं उसके लिये मैं आपको दोष नहीं दे सकती। बच्चों और किशोरों के दिमाग के बारे में आप बहुत ज्यादा बात करते हैं, लेकिन आप उनके बारे में पहली ही चीज नहीं जानते!' मैं पिता के गले लगाने और चुंबन करने की तुलना में उनके स्नेह के लिए बहुत अधिक तरसती हूँ। क्या मेरा अपने आप के साथ अत्यधिक व्यस्त हो जाना मेरा भयानक पहलू नहीं है? क्या मैं जो अच्छा और दयालू बनना चाहती हूँ, पहले उन्हें माफ नहीं कर देना चाहिए? मैं माँ को भी माफ कर दूंगी लेकिन हर बार वह एक व्यंग्यात्मक टिप्पणी करती हैं या मुझ पर हंसती हैं अपने आप को नियंत्रित करने के लिए यही सब मैं कर सकती हूँ।

मुझे पता है मुझे जो करना चाहिए मैं उससे दूर जा रही हूँ; क्या मैं कभी हो जाउंगी?

ऐनी फ्रैंक

पश्च–लेख। पिता से पूछा था अगर मैं आपसे केक के बारे में कहूँ। माँ के जन्मदिन के लिए, उन्होंने कार्यालय से युद्ध पूर्व गुणवत्ता का एक असली कहवा केक प्राप्त कर लिया। यह एक बहुत अच्छा दिन था! लेकिन इस समय मेरी खोपड़ी में इस तरह की चीजों के लिए कोई जगह नहीं है।

शनिवार, २२ जनवरी, १९४४

सबसे प्यारी किट्टी,

क्या आप मुझे बता सकते हैं कि लोगों को अपनी खुद की असलियत को छिपाने की इस हद तक क्यों जाना पड़ता है? या फिर जब मैं दूसरों के साथ होती हूँ तो क्यों मैं हमेशा बहुत अलग ढंग से व्यवहार करती हूँ? लोग एक दूसरे में इतना कम भरोसा क्यों करते हैं? मुझे पता है इसका कोई कारण अवश्य है, लेकिन कभी कभी मुझे यह भयानक लगता

है कि आप कभी किसी पर भी विश्वास नहीं कर सकते, यहाँ तक कि अपने निकटतम लोगों पर भी नहीं।

ऐसा लगता है जैसे कि मैं पिछली रात को सपना देखने के बाद से बड़ी हो गई हूँ, जैसे कि मैं और अधिक स्वतंत्र हो गई हूँ। जब मैं आपको बताउंगी कि वैन दानों की ओर भी मेरा रवैया बदल गया है तो आप हैरान होंगे। मैने अपने परिवार के पक्षपाती दृष्टिकोण के सभी चर्चाओं और तर्क वितर्कों पर ध्यान देना बंद कर दिया है। इस तरह का एक क्रांतिकारी परिवर्तन कैसे आया है? खैर, आप समझ सकते हैं, अचानक मुझे एहसास हुआ कि माँ कुछ अलग थी, वह एक असली मां थी, हमारे रिश्ते बहुत, बहुत अलग हैं। श्रीमती वैन दान किसी भी तरह से एक अद्भुत व्यक्ति नहीं हैं, अगर हर बार एक मुश्किल विषय से निपटने में माँ ने इतनी कठोर नहीं होती तो अभी तक के आधे झगड़े टाले जा सकते थे। श्रीमती वैन दान में एक ही अच्छी बात है, यद्यपि: आप उनसे बात कर सकते हैं। वह स्वार्थी, कंजूस और चालाकीपूर्ण हो सकती हैं लेकिन वह आसानी से वापस नीचे भी आ जाती हैं जब तक कि आप उन्हें भड़काते नहीं और उनके साथ अनुचित व्यवहार नहीं करते हैं। यह रणनीति हर समय काम नहीं करती है, लेकिन आप धैर्यवान हैं, तो अपनी कोशिश जारी रख सकते हैं और आप देखेंगे कि आप को कितना परिणाम मिलता है।

हमारी परवरिश के बारे में सभी संघर्ष, बच्चों को लाड़ नहीं करने के बारे में, खाने के बारे में – सब कुछ के बारे में, बिल्कुल सब कुछ – अगर हम हमेशा सबसे बुरा पक्ष देखने की बजाय खुले और अनुकूल शर्तों पर कायम रहते हैं तो एक अलग मोड़ ले सकता है।

मुझे अच्छे से पता है कि किट्टी, आप क्या कहने जा रहे हैं। 'लेकिन, ऐनी, क्या ये शब्द सच में तुम्हारे होठों से निकल रहे हैं? आप से, जिसको ऊपर से थोपे गए कई कठोर निर्दयी शब्द सहन करना पड़ा है? आप से, जिसे सभी अन्याय के बारे में पता है?'

और फिर भी वे मेरे भीतर से आ रहे हैं। मैं चीजों पर नए सिरे से विचार करना चाहती हूँ और अपनी खुद की राय बनाना चाहती हूँ, इस कहावत के रूप में कि 'सेब कभी पेड़ से दूर नहीं गिरता है' सिर्फ अपने माता–पिता की नकल नहीं करना चाहती। वैन दानों की मैं फिर से जांच करना चाहती हूँ और खुद के लिए तय करना चाहती हूँ कि क्या सच है और क्या वास्तविकता से बाहर उड़ा दिया गया है। यदि मैंने उन्हें निराश किया गया पाया, तो मैं हमेशा पिता और माँ के साथ जा सकती हूँ। लेकिन अगर नहीं, तो मैं उनके दृष्टिकोण को बदलने की कोशिश कर सकती हूँ। और यदि वह काम नहीं करता है, तो मुझे अपने खुद के विचारों और निर्णय के साथ रहना होगा। मैं हमारे कई मतभेदों के बारे में श्रीमती वैन दान के साथ खुले तौर पर बात करने के हर अवसर का उपयोग करूंगी और – एक धृष्ट व्यक्ति के रूप में अपनी प्रतिष्ठा के बावजूद – अपनी निष्पक्ष राय पेश करने से डरूँगी नहीं। मैं अपने परिवार के बारे में नकारात्मक कुछ भी नहीं कहूँगी यद्यपि कि इसका यह मतलब नहीं है कि अगर कोई और करता है तो मैं उनका बचाव नहीं करूंगी, और आज के रूप में, मेरी गपशप अतीत की बात है।

अब तक मैं पूरी तरह से आश्वस्त थी कि झगड़े के लिए वैन दान पूरी तरह से दोषी थे, लेकिन अब मुझे यकीन है कि काफी हद तक हमारी गलती थी। जहाँ तक मुद्दों का सम्बन्ध था हम सही थे, लेकिन बुद्धिमान लोगों (हमारे जैसे!) को और अधिक जानकारी होनी चाहिए कि अन्य लोगों के साथ कैसे निपटना चाहिए।

मैं आशा करती हूं कि मुझे कम से कम उस अंतर्दृष्टि का एक स्पर्श, और इसका उपयोग करने का एक अच्छा अवसर मिल जाएगा।

तुम्हारी, ऐनी

सोमवार, २४ जनवरी, १९४४

सबसे प्यारी किट्टी,

मेरे साथ एक बहुत ही अजीब बात हुई है। (वास्तव में, 'हुई है' बहुत सही शब्द नहीं है।)

यहां आने से पहले, किसी समय घर पर या स्कूल में किसी ने सेक्स के बारे में बात की थी,

वे या तो गोपनीय या घृणित थे। सेक्स के साथ की जाने वाली एक कानाफूसी में कोई शब्द कहे गए थे, और वे जो कुछ नहीं जानते थे अक्सर उस पर हँसते थे। वह मुझे बड़ा अजीब लगा था और मै अक्सर आश्चर्य करती हूँ कि इस विषय के बारे में बात करते समय क्यों लोग इतना रहस्यमय या अप्रिय होते थे। लेकिन क्योंकि मैं चीजों को बदल नहीं सकती मैंने अधिकतम संभव छोटे रूप में जानकारी के लिए अपनी सहेली से कहा या पूछा था।

मेरे काफी कुछ सीख लेने के बाद, मां ने एक बार मुझ से कहा, 'ऐनी, मैं तुमको कुछ अच्छी सलाह देती हूँ। लड़कों के साथ इस पर कभी चर्चा नहीं करना, और अगर वे इसपर बात करें, तो उन्हें जवाब नहीं देना।'

मुझे अपना सटीक जबाब अभी भी याद है। 'नही, बिल्कुल नही,' मैं कहा था। 'कल्पना कीजिए!' इससे अधिक कुछ नहीं कहा गया था।

जब हम अभी अभी भूमिगत हुए थे पिता अक्सर मुझे उन चीजों के बारे में बताते थे जिन्हें मैंने या तो माँ से सुना था और मैंने बाकी किताबें या अन्य चीजों से सीखा हुआ मैंने बातचीत में उठाया होता था।

पीटर वैन दान स्कूल के लड़कों की तरह इस विषय के बारे में कभी अप्रिय रूप में नहीं था। या हो सकता है सिर्फ एक या दो बार, प्रारंभ में, हालांकि मुझे बात करने की वह कोशिश नहीं कर रहा था। श्रीमती वैन दान ने एक बार हमें बताया था कि उन्होंने पीटर के साथ इन मामलों पर कभी चर्चा नहीं की है और जहाँ तक वह जानती थी, उनके पति ने भी नहीं की थी। जाहिरा तौर पर उन्हें यह पता भी नहीं था कि पीटर कितना जानता था या उसे अपनी जानकारी कहां से मिली है।

कल, जब मार्गोट, पीटर और मैं आलू छील रहे थे, बातचीत किसी तरह बोच पर चली गई। 'हम अभी भी सुनिश्चित नहीं हैं कि बोच एक लड़का है या लड़की है, क्या हमें पता है?' मैंने पूछा।

'हाँ हम जानते हैं,' उसने उत्तर दिया। 'बोच एक बिल्ला है।'

मैं हंसने लगी। 'कुछ बिल्ले अगर गर्भवती हों।'

पीटर और मार्गोट भी हँसी में शामिल हो गए। आप समझ सकते हैं, एक या दो महीना पहले पीटर ने हमें बताया था कि बोच यकीनन जल्दी ही बच्चे देने वाली है, क्योंकि उसका पेट बहुत ज्यादा फूला हुआ था। तथापि, बोच का फूला हुआ पेट चोरी की हड्डियों के एक गुच्छे के कारण निकला। अंदर कोई बच्चे नहीं बढ़ रहे थे, जो जल्दी ही पैदा होने वाले थे।

पीटर ने मेरे आरोप के खिलाफ खुद का बचाव करने का आह्वान महसूस किया। 'मेरे साथ आओ। आप खुद ही देख सकती हैं। मैं एक दिन बिल्ली के साथ खेल रहा था, और मैं निश्चित रूप से देख सकता हूँ कि यह एक ''नर'' था।'

अपनी जिज्ञासा को नियंत्रित करने में असमर्थ हो कर, मैं उसके साथ गोदाम में चली गई। बोच, तथापि, उस समय आगंतुकों से मुलाकाट नहीं करता था, और कहीं भी नजर नहीं आया था। हम थोड़ी देर तक इंतजार करते रहे थे लेकिन जब यह ठंडा हो गया हम वापस ऊपर चले गए।

बाद में उस दोपहर मैंने पीटर को दूसरी बार नीचे जाते सुना। मैंने अपने आप से सुनसान घर से होते हुए जाने की हिम्मत जुटाई और गोदाम पर पहुंच गई। बोच पैकिंग मेज पर पीटर के साथ खेल रहा था, जो उसे तराजू पर डालने और वजन करने के लिए तैयार कर रहा था।

'नमस्ते, क्या तुम देखना चाहती हो?' किसी भी औपचारिकता के बिना, उसने बिल्ली को उठाया, उसे उसकी पीठ के बल लिटा दिया चतुराई से उसके सिर और पंजे पकड़ लिए और सबक शुरू किया। 'यह नर यौन अंग है यह कुछ आवारा बाल हैं, और वह उसकी पीठ है।'

बिल्ली खुद से उछल पड़ी और अपने छोटे सफेद पैरों पर उठ खड़ी हुई।

अगर किसी अन्य लड़के ने मुझे 'नर यौन अंग' दिखाया होता, तो मैं कभी भी उस पर दूसरी नजर नहीं डालती। लेकिन पीटर उस चीज के बारे में जो अन्यथा एक बहुत ही नाजुक विषय के अधीन आता है एक सामान्य आवाज में बात करता चला गया। यह उसने किसी भी गलत उद्देश्यों के तहत नहीं किया। उसके पूरा करने तक, मैंने इतना सहज महसूस किया कि मैंने भी सामान्य रूप से व्यवहार करना शुरू कर दिया। हम बोच के साथ खेले, अच्छा समय बीता, थोड़ी बातें की और अंत में टहलते हुए लंबे गोदाम से हो कर दरवाजे पर निकल गए।

'क्या तुम वहाँ थे जब मौस्वी स्थायी हो गई थी?'

'हां यकीनन। इसमें लम्बा समय नहीं लगता। स्वाभाविक रूप से, उन्होंने बिल्ली एक संवेदनाहारी को दे दिया।'

'क्या उन्होने कुछ बाहर निकाले?'

'नहीं, पशु चिकित्सक ने एक नली उसके भीतर डाल दी। बाहर कुछ भी देखने के लिए नहीं है।'

एक सवाल पूछने के लिए मुझे अपनी संवेदना को जागृत करना था, क्योंकि जैसा मैंने सोचा था यह उतना 'सामान्य' नहीं था। 'पीटर, जर्मन शब्द '*जेस्च्लेच्त्स्तेइल*' का मतलब होता है ''यौन अंग'', क्या यह नहीं होता? परन्तु फिर पुरुष और महिला वालों के नाम अलग अलग है।'

'मुझे वह पता है।'

'महिला वाला एक योनि है, जो कि मुझे पता है, लेकिन पुरुषों में इसे क्या कहा जाता है मुझे नहीं पता।'

'हम्म।'

'ओह ठीक है', मैंने कहा। 'इन शब्दों को जानने की हमसे कैसे अपेक्षा की जाती है? उनके आस पास अधिकतर तुम सिर्फ गलती से ही आ पाते हो।'

'इंतजार क्यों करना? मैं अपने माता पिता से पूछता हूँ। वे मुझसे ज्यादा जानते हैं और उन्हें अधिक अनुभव है।'

हम पहले से ही सीढ़ियों पर थे इसलिए ज्यादा कुछ नहीं कहा गया था।

हाँ, यह वास्तव में हुआ था। मैंने इस बारे में एक लड़की से कभी आवाज के इस तरह की एक सामान्य स्वर में बात नहीं की होती। मैं यह भी सुनिश्चित कर रही हूँ कि लड़कों के बारे में मुझे चेतावनी देते हुए माँ का जो मतलब था वह यह नहीं है।

सब एक जैसे, दिन के बाकी समय मैं अपने हमेशा के सामान्य रूप में नहीं थी। जब मैंने हमारी बात चीत पर वापस सोचा, मुझे यह बड़ा ही अजीब लगा। लेकिन मैंने कम से कम एक बात जरूर सीखा है: युवा लोग, यहां तक कि विपरीत लिंग के, चुटकुले छोड़े बिना इन बातों पर स्वाभाविक रूप से चर्चा कर सकते हैं।

क्या पीटर वास्तव में अपने माता पिता से बहुत सारे सवाल पूछने जा रहा है? क्या वह वास्तव में उसी तरह से जैसा वह कल लग रहा था?

ओह, मैं क्या जानती हूँ?!!!

तुम्हारी, ऐनी

शुक्रवार, २८ जनवरी, १९४४

सबसे प्यारी किट्टी,

हाल ही के सप्ताहों में मैंने शाही परिवारों की परिवार वृक्ष और वंशावली तालिकाओं के प्रति बहुत अधिक पसंद विकसित की है। मैं इस निष्कर्ष पर पहुंची हूँ कि एक बार आप अपनी खोज शुरू करते हैं, आपको अतीत में गहरे और गहरे खोदते रहना पड़ता है, जो आपको और भी अधिक दिलचस्प खोजों तक ले जाता है।

हालाँकि जब मेरे स्कूल के काम की बात आती है, मैं अत्यधिक परिश्रमी हूँ और रेडियो पर बीबीसी की घर सेवा का अच्छा खासा पालन कर सकती हूँ, मैं अभी भी अपने कई रविवार, चलचित्र सितारा संग्रह को देखने और छांटने में बिताती हूँ, जो एक बहुत ही सम्माननीय आकार तक बढ़ चुका है। श्रीमान कग्लर हर सोमवार मेरे लिए *सिनेमा और रंगमंच* की पत्रिका की एक प्रति लाकर मुझे खुश करते हैं। हमारे घर के कम सांसारिक सदस्य कई बार इस छोटी सी मौज मस्ती का उल्लेख पैसे की बर्बादी के रूप में करते हैं, फिर भी वे मेरे, एक साल बाद भी, किसी भी दी गई फिल्म के अभिनेताओं को बिलकुल सही तरह से सूचीबद्ध कर सकने पर, हैरान होने में असफल नहीं होते। बेप, जो अक्सर छुट्टी के दिन अपने प्रेमी के साथ सिनेमा जाती है, शनिवार को देखने जा रहे शो का नाम मुझसे बताती है, और मैं तब मुख्य अभिनेताओं और अभिनेत्रियों के नाम और समीक्षा जल्दी जल्दी दुहराने के लिए आगे बढती हूँ। मम्स ने हाल ही में, टिप्पणी की, कि मुझे बाद में सिनेमा जाने की जरूरत नहीं पड़ेगी, क्योंकि मुझे सारे प्लाट, सितारों के नाम और दिल से समीक्षा याद है।

जब भी मैं एक नए केश विन्यास के साथ अकड़कर चलती हूँ, मैं उनके चेहरों पर असम्मति पढ़ सकती हूँ और मैं आश्वस्त हो सकती हूँ, कि कोई न कोई मुझे पूछेगा, कि तुम किस फिल्मी सितारे की नकल करने की कशिश कर रही हो। मेरे जवाब, कि यह मेरा अपना आविष्कार है, का संदेह के साथ अभिवादन किया जाता है। केशविन्यास के सम्बन्ध में, यह अपनी आकृति आधे घंटे से अधिक नहीं बनाये रखता है। उस समय तक मैं उनकी टिप्पणियों से इतनी व्याकुल और थकी हुई हो जाती हूँ कि मैं दौड़कर स्नानघर जाती हूँ और अपने बालों को सामान्य लटों के समूह में बहाल कर देती हूँ।

तुम्हारी, ऐनी

शुक्रवार, २८ जनवरी, १९४

सबसे प्यारी किट्टी,

आज सुबह मैं आश्चर्य कर रही थी कि क्या कभी तुमने एक गाय की तरह महसूस किया है, बार बार मेरी बासी खबरों को तब तक चबाते हुए, जब तक कि तुम नीरस भोजन से

इतनी तंग ना हो गई हो कि उबासी ली हो और गुप्त रूपसे इच्छा की हो कि ऐनी कुछ नया खोदकर निकालेगी।

क्षमा करना, मैं जानती हूँ तुम इसे गड्ढे के पानी की तरह निरुत्साह पाती हो, लेकिन कल्पना करो मैं वही एक जैसी पुरानी बातों को सुनकर कितना व्याकुल और थकी होती हूँ। यदि खाने के समय बातें राजनीति या बढ़िया खाने की नहीं हैं तो माँ और श्रीमती वैन दान अपने बचपन की वही पुरानी कहानियां सुनाती हैं जिन्हें हम पहले भी हजारों बार सुन चुके हैं, या डसेल सुंदर दौड़ के घोड़ों के बारे में बड़बड़ाते ही जाते हैं, उनकी शेर्लोट के व्यापक वस्त्रागार, छेदों वाली नाव, लड़के जो चार साल की उम्र में तैर सकते हैं, दिखती मांसपेशियां और डरे हुए मरीज। यह सब इस तरह खौलकर कम होता है: हम आठ में से जब कोई एक अपना मुंह खोलता है तो बाकी सात उसके लिए कहानी को खत्म कर सकते हैं। हर चुटकुले को सुनाये जाने से पहले हम उसकी अंतिम पंक्ति जानते हैं, जिसकी वजह से, कोई भी सुना रहा हो हंसने के लिए अकेला छोड़ दिया जाता है। दो पूर्व गृहिणियों के विभिन्न दूधवाले, पंसारियों और कसाईयों की अत्यधिक प्रशंसा की जा चुकी है या इतनी अधिक चर्चा की जा चुकी है कि हमारी कल्पना में वे मतूशेलह जितने पुराने हो चुके हैं; अब उपभवन में चर्चा के लिए किसी नयी या ताजी बात लाये जाने की बिलकुल भी सम्भावना नहीं है।

फिर भी, यह सब सहने योग्य हो सकता था यदि केवल वयस्कों में उन कहानियों को हर बार उन्हें अपने स्वयं के कुछ विवरण के साथ अलंकृत करके, दुहराने की आदत न होती जिन्हें हम श्रीमान क्लिमन, जेन या मिएप, से सुनते रहते हैं, जिनकी वजह से मुझे अक्सर उत्साही कथाकार को सही रास्ते पर स्थापित करने से अपने आप को दूर रखने के लिए मेज के नीचे अपने हाथ पर चुटकी काटनी पड़ती है। छोटे बच्चों जैसे कि ऐनी, को कभी भी अपने बड़ों को ठीक नहीं करना चाहिए, कोई फर्क नहीं पड़ता कि वे कितनी बड़ी भूलें करते हैं या कितना अक्सर वे अपनी कल्पना को खुद पर हावी होने देते हैं।

जेन और श्रीमान क्लिमन को उन लोगों के बारे में बात करना अच्छा लगता हैं, जो भूमिगत हो गए या छिपने की जगह में चले गए हैं; वे जानते हैं कि हम, हमारी जैसी ही स्थिति में पड़े अन्य लोगों के बारे में सुनने के लिए उत्सुक हैं और हमें वास्तव में गिरफ्तार किये गए लोगों के दुःख के साथ हमदर्दी है और उन कैदियों के लिए खुशी, जिन्हें मुक्त कर दिया गया है।

भूमिगत हो जाना या छिपने की जगह में जाना इतने सामान्य बन चुके हैं जितनी प्रसिद्द कहावतें और चप्पलें जो घर के आदमी का काम पर एक लम्बे दिन के बाद, इंतजार करने के लिए प्रयोग होती थी।

कई प्रतिरोध समूह है जैसे कि आजाद नीदरलैंड, जो नकली पहचान पत्र बनाते हैं, गुप्त स्थानों में छिपे लोगों को वित्तीय सहायता देते हैं, छिपने की जगहों को संघटित करते हैं और उन युवा ईसाईयों के लिए काम ढूंढते हैं जो भूमिगत हो जाते हैं।

कितना अद्भुत है कि ये उदार और बेगरज लोग अपने स्वयं के जीवन को खतरे में

डाल कर दूसरों की मदद करते और उन्हें बचाते हैं। इस का सबसे अच्छा उदाहरण हमारे अपने सहायक हैं जो हमें यहाँ तक खीच लाने में सफल हुए हैं और उम्मीद है, हमें सुरक्षित रूप से किनारे तक ले जायेंगे, क्योंकि, वरना जिन्हें वे बचाने की कोशिश कर रहे हैं, खुद को उनकी किस्मत से साझा करते पाएंगे। उन्होंने उस बोझ के बारे में अपने मुहॅ से कभी भी एक शब्द नहीं निकाला, जो अवश्य ही हमने उनपर डाले होंगे, उन्होंने यह शिकायत कभी भी नहीं की, कि हम बहुत बड़ी परेशानी हैं। वे रोज ऊपर आते हैं, और पुरुषों से व्यापार और राजनीति के बारे में, महिलाओं से भोजन और युद्ध के समय की कठिनाइयों के बारे में और बच्चों से पुस्तकों और समाचार पत्रों के बारे में बात करते हैं।

वे जन्मदिन और विशेष अवसरों के लिए अपना सबसे अधिक हंसमुख भाव प्रदर्शित करते हैं, फूल और उपहार लाते हैं, और हमेशा वह करने के लिए तैयार रहते हैं जो वे कर सकते हैं। यह ऐसी बात है जो हमें कभी भूलनी नहीं चाहिए; जहाँ दूसरे लड़ाई में या जर्मनी के खिलाफ उनकी वीरता प्रदर्शित करते हैं, हमारे सहायक अपनी अच्छी भावनाओं और स्नेह से हर दिन अपने को साबित करते हैं।

बड़ी विचित्र कहानियां फैल रही हैं, फिर भी उनमें में से अधिकतर सच हैं। उदाहरण के लिए, श्रीमान क्लिमन ने एक खबर दी कि एक फुटबॉल मैच गेल्डरलैंड के प्रांत में आयोजित किया गया था; एक टीम में वे लोग शामिल थे जो भूमिगत हो गये थे और दूसरे ग्यारह सैन्य पुलिसकर्मी। हिलवर्सम में, नए पंजीकरण कार्ड जारी किए गए थे। छिपने वाली जगहों में रह रहे बहुत से लोगों को राशन पाने के आदेश में (आपको अपनी राशन किताब पाने के लिए यह कार्ड दिखाना होगा या किताब के लिए ६० गिल्दर्स चुकाने होंगे), रजिस्ट्रार ने एक निर्दिष्ट घंटों के बीच उस जिले में सभी छिपे लोगों को अपने कार्ड लेने के लिए कहा है, जब उनके दस्तावेज एक अलग मेज पर एकत्र किये जा सकेंगे।

एक ही बात है, आपको सावधान रहना होगा कि इस तरह की इश्ताहरबाजी जर्मनों के कानों तक न पहुंचे।

तुम्हारी, ऐनी

रविवार, ३० जनवरी, १९४४

मेरी प्यारी किट,

एक और रविवार फिर से आ गया है; मुझे उनसे कोई आपत्ति नहीं है जैसी मुझे शुरू में होती थी, लेकिन वे पर्याप्त ऊबाऊँ हैं।

मैं अब भी, अभी तक गोदाम में नहीं गई हूँ, लेकिन शायद जल्द ही किसी समय। पिता के साथ वहां पहले कई रातें बिता चुकने के बाद, पिछली रात में नीचे अँधेरे में मैं खुद गई। मैं सीढ़ियों के शीर्ष पर खड़ी थी, जबकि जर्मन विमान आगे और पीछे से उड़

गए, और मैं जानती थी मैं अकेली हूँ, समर्थन के लिए दूसरों पर भरोसा नहीं कर सकती थी। मेरा डर गायब हो गया। मैंने आकाश में ऊपर देखा और भगवान में विश्वास किया।

मुझे अकेले रहने की एक तीव्र जरूरत है। पिता ने गौर किया मैं हमेशा की तरह अब नहीं रही, लेकिन मैं उन्हें नहीं बता सकती कि मुझे क्या परेशान कर रहा है। मैं जो चाहती हूँ वह है 'चीखना', मुझे जीने दो 'मुझे अकेला छोड़ दो!'

कौन जानता है, शायद वह दिन भी आएगा जब मैं अकेली रह जाउँगी, जितना मैं चाहूंगी उससे भी कहीं अधिक!

ऐनी फ्रैंक

गुरुवार, ३ फरवरी, १९४४

आक्रमण का बुखार देश भर में बढ़ता जा रहा है। यदि तुम यहाँ होती तो मुझे यकीन है, कई तैयारियों पर तुम भी उतनी ही प्रभावित होती जितनी मैं हूँ, हालाँकि, हम जो हंगामा कर रहे हैं, निस्संदेह, तुम उस पर हंसोगी। कौन जानता है, हो सकता है यह सब व्यर्थ हो!

अखबार आक्रमण की खबरों से भरे हुए हैं और इस तरह के बयानों से हर किसी को पागल कर रहे हैं: ब्रिटिश लोगों के हॉलैंड में उतरने पर, जर्मन लोग देश की रक्षा के लिए जो कर सकते हैं करेंगे, यहाँ तक कि, यदि जरूरत पड़ी तो इसे बाढ़ में डुबा भी देंगे। उन्होंने चिन्हित किये हुए संभावित बाढ़ क्षेत्रों वाले हॉलैंड के नक्शे प्रकाशित किये हैं। चूँकि एम्सटर्डम के बड़े हिस्से छायांकित किए गए थे, हमारा पहला सवाल यह था, यदि गलियों में पानी हमारी कमर से ऊपर तक पहुंचा, तो हमें क्या करना चाहिए। इस पेचीदा सवाल ने विविध प्रकार की प्रतिक्रियाओं को उभार दिया:

'पैदल चलना या साइकिल की सवारी करना असंभव हो जाएगा, तो हमें कठिनाई से पानी पार करना होगा।'

'मूर्ख मत बनो। हमें कोशिश करके तैरना होगा। हम सब अपने स्नान सूट और टोपी पहन कर पानी के नीचे जितना हो सकता है उतना तैरेंगे ताकि कोई भी देख न सके हम यहूदी हैं।'

'बकवास है! मैं सिर्फ तैरती हुई महिलाओं के पैरों को काटते चूहों की कल्पना कर सकता हूँ!' (यह निश्चित रूप से एक आदमी था; देखेंगे सबसे जोर से कौन चीखेगी!)

'हम घर छोड़ने में भी सक्षम नहीं होंगे। गोदाम बहुत अस्थिर है, यदि बाढ़ आती है तो यह ढह जायेगा।'

'हर कोई, सुनो, मजाक एक तरफ, हमें वास्तव में कोशिश करके एक नाव प्राप्त करनी चाहिए।'

'परेशान क्यों होना? मेरे पास एक बेहतर विचार है। हम सब अटारी से एक सामान बांधने की पेटी ले सकते हैं और एक लकड़ी के चप्पू से नाव चला सकते हैं।'

'मैं बांस के डंडों पर चलने वाला हूँ। जब मैं छोटा था मैं एक जादूगर बनना चाहता था।'

'जेन गिए.: को इसकी जरूरत नहीं होगी। वह अपनी पत्नी को पीठ की सवारी देंगे और फिर मिएप बांसों पर होगी।'

तो अब तुम्हारे पास एक मोटा अंदाजा है कि यहाँ क्या चल रहा है, नहीं है क्या, किट? ये हल्के–फुल्के सब मजाक बहुत मनोरंजक है, लेकिन वास्तविकता अन्यथा साबित होगी। आक्रमण के बारे में दूसरा सवाल उठना तय था: 'हमें क्या करना चाहिए यदि जर्मनी एम्सटर्डम को खाली करता हैं?'

'दूसरों के साथ शहर छोड़ दें। जितना अच्छी तरह से हम कर सकते हैं, खुद को छिपा लें।'

'कुछ भी होता है, बाहर न जायें! करने के लिए सबसे अच्छी बात है, रुके रहें! जर्मनी के लोग, हॉलैंड की पूरी आबादी को झुण्ड में जर्मनी ले जाने में सक्षम हैं, जहाँ वे सब मर जायेंगे।'

'बेशक हम यहीं रहेंगे। यह सबसे सुरक्षित जगह है। हम क्लिमन और उनके परिवार से यहाँ हमारे साथ रहने के लिए आने के बारे में बात करने की कोशिश करेंगे। हम किसी भी तरह, लकड़ियों की छीलन का एक बैग लेंगे, फिर हम फर्श पर सो सकते हैं। यदि जरूरत होती है, तो मिएप और क्लिमन को कुछ कम्बल लाने के लिए पूछें। हमारे पास पहले से ही जो पैंसठ पौंड है, उसे पूरा करने के लिए हम कुछ अतिरिक्त अनाज का आदेश दे देंगे। जनवरी में कुछ और सेम खोजने की कोशिश कर सकते हैं। फिलहाल जेन कुछ और सेम ढूँढने की कोशिश कर सकती है। फिलहाल हमारे पास लगभग पैंसठ पौंड सेम और दस पौंड मटर की दाल है। और सब्जियों के पचास डिब्बे भूलें नहीं।'

'माँ, बाकियों के बारे में क्या? हमें नवीनतम आंकड़े दो।'

'मछली के दस डिब्बे, दूध के चालीस डिब्बे, दूध पाउडर के बीस पाउंड, तेल की तीन बोतलें, मक्खन के चार बर्तन, मांस के चार जार, झरबेर के दो बड़े जार, रसभरी के दो जार, टमाटर के बीस जार, दस पाउंड दलिया, चावल के नौ पाउंड। बस इतना है।'

हमारे प्रावधान काफी अच्छी तरह से प्रतिरोध कर रहे हैं। एक ही बात है, हमें कार्यालय के कर्मचारियों को खिलाना है, जिसका मतलब है हर सप्ताह अपने भंडार में हाथ डालना, तो यह ऐसा नहीं है जैसा दिखता है। हमारे पास पर्याप्त कोयला और लकड़ी, मोमबत्तियां भी हैं।

'चलो हम सब अपने कपड़ों में छिपाने के लिए, छोटे छोटे थैले बनाते हैं, ताकि यदि हमें यहाँ से जाने की जरूरत पड़े तो हम अपने पैसे अपने साथ ले जा पायें।'

'हम उन चीजों की सूची बना सकते हैं भागना पड़ने पर जिनकी जरूरत पड़ती है, और पहले से ही अपने पीठ के थैले बांध कर रख सकते हैं।'

'जब समय आएगा, हम चौकीदारी के लिए दो लोगों को रखेंगे, एक घर के सामने वाले हिस्से में मचान पर, और एक पीछे की तरफ।'

'इंतजार करो, इतने सारे भोजन का क्या मतलब है, यदि पानी, गैस या बिजली नहीं है?'

'हमें चूल्हे पर खाना बनाना होगा। पानी को छानना और उबालना होगा। हमे कुछ बड़े जग साफ करने और उन्हें पानी से भर कर रखना चाहिए। हम तीन कड़ाहियों में भी पानी ज़मा कर सकते हैं जिन्हें हम संरक्षण के लिए उपयोग करते हैं और स्नान टिन में भी।'

'इसके अलावा, हमारे पास अभी भी मसाला गोदाम में लगभग दो सौ तीस पौंड सर्दियों के आलू हैं।'

दिन भर, यही सब है जो मैं सुनती हूँ। आक्रमण, आक्रमण, और कुछ नहीं बल्कि केवल आक्रमण। भूखे रहना, मरना, बम, आग बुझाने के यंत्र, सोने के थैले, पहचान पत्र, जहरीली गैस आदि, के बारे में बहस करना। ठीक ठीक आनंदकारक नहीं होता है।

पुरुष दल की स्पष्ट चेतावनी का एक अच्छा उदाहरण जेन के साथ निम्नलिखित बातचीत है:

उपभवन: 'हमें डर है कि जब जर्मन पीछे हटेंगे, वे अपने साथ पूरी आबादी ले जायेंगे।'

जेन: 'यह असंभव है। उनके पास पर्याप्त रेलगाड़ियाँ नहीं हैं।'

उपभवन: 'रेलगाड़ियां? क्या आपको वास्तव में लगता है वे नागरिकों को रेलगाड़ियों में डालेंगे? बिलकुल नहीं। हर किसी को चलना होगा।' (या, जैसे कि डसेल हमेशा कहते हैं, *प्रेरितों के पांवों से*।)

जेन: 'मैं इस पर विश्वास नहीं कर सकती हूँ। तुम हमेशा अंधेरे पक्ष को देखते हो। उनके पास नागरिकों को इकठ्ठा करने और उन्हें अपने साथ ले जाने का क्या कारण होगा?'

उपभवन: 'क्या आपको गोयबेल्स का वह कहना याद नहीं है कि यदि जर्मन लोगो को जाना पड़ता है, तो वे अपने पीछे सभी अधिकृत क्षेत्रों पर जोर से दरवाजा बंद कर देंगे?'

जेन: 'उन्होंने बहुत सी चीजें कही हैं।'

उपभवन: 'क्या आप को लगता है यह करने के लिए जर्मनी के लोग बहुत दयालु और कुलीन हैं? उनका तर्क है: यदि हम नीचे जाते हैं तो, हम अपने साथ हर किसी को नीचे खींच लेंगे।'

जेन: 'आप जो कहना चाहें कह सकते हैं, मैं बस विश्वास नहीं करती हूँ।'

उपभवन: 'हमेशा वही पुरानी कहानी है। कोई भी खतरे को तब तक नहीं देखना चाहता है जब तक यह उनके चेहरे के सामने न घूर रहा हो।'

जेन: 'लेकिन आप सुनिश्चित ढंग से कुछ भी नहीं जानते हैं। आप सिर्फ एक धारणा बना रहे हैं।'

उपभवन: 'क्योंकि हम पहले से ही खुद इस सब से गुजर चुके हैं, पहले जर्मनी में और फिर यहाँ। रूस में क्या हो रहा है आप क्या सोचते हैं?'

जेन: 'आपको यहूदियों को शामिल नहीं करना चाहिए। मुझे नहीं लगता किसी को पता है रूस में क्या हो रहा है। ब्रिटिश और रूसी शायद, सिर्फ जर्मनों की तरह, प्रचार प्रयोजनों के लिए अतिशयोक्ति कर रहे हैं।'

उपभवन: 'बिल्कुल नहीं। बीबीसी ने हमेशा सच बताया है। और यदि खबर थोड़ी सी अतिरंजित है भी तो तथ्य पर्याप्त रूप से बुरे होते हैं जितने वे हैं। आप इससे इनकार नहीं कर सकते हैं कि पोलैंड और रूस में लाखों शांतिप्रिय नागरिकों की हत्या कर दी गई या जहरीली गैस दी गई।'

मैं तुम्हे हमारी बाकी बातचीत छोड़ दूँगी। मैं बहुत शांत हूँ और सभी उपद्रवों पर ध्यान नहीं देती हूँ। मैं उस बिंदु पर पहुँच चुकी हूँ जहाँ मैं शायद ही परवाह करती हूँ कि मैं मरुँ या जियूं। दुनिया मेरे बिना भी चलती रहेगी, और मैं वैसे भी घटनाओं को बदलने के लिए कुछ नहीं कर सकती हूँ।

मैं तो बस मामलों को अपने स्वाभाविक तरह से बढ़ने दूँगी और अध्ययन पर ध्यान केंद्रित करुँगी और आशा करुँगी कि अंत में सब कुछ ठीक हो जाएगा।

तुम्हारी, ऐनी

मंगलवार, ८ फरवरी, १९४४

प्रिय किट्टी,

मैं बता नहीं सकती मुझे कैसा महसूस होता है। मैं एक मिनट की शांति और चुप्पी के लिए तरस रही हूँ, और अगले में थोड़े से मजाक के लिए। कैसे हंसा जाता है हम भूल चुके हैं — मेरा मतलब है, इतना जोर से हँसना कि आप रोक न सकें।

आज सुबह मैं मंद मंद हंस रही थी; तुम जानती हो जैसा कि हम स्कूल में हंसा करते थे। मार्गोट और मैं वास्तविक किशोरों की तरह ठट्टा कर रहे थे।

पिछली रात माँ के साथ एक और तमाशा हो गया। मार्गोट अपने चारों ओर ऊनी कम्बल लपेट रही थी जब अचानक वह बिस्तर से उछल कर बाहर आई और कंबल की ध्यान से जांच करने लगी। तुम्हे क्या लगता है उसने क्या पाया? एक पिन! माँ ने कंबल में पैच लगाया था और पिन निकालना भूल गई थी। पिता ने अर्थपूर्ण ढंग से अपना सिर हिलाया और टिप्पणी की, 'माँ कितनी लापरवाह है'। इसके तुरंत बाद माँ बाथरूम से आई, और उन्हें सिर्फ तंग करने के लिए मैंने कहा, '*तुम एक असली बुरी माँ हो*'[२०]।

बेशक, उन्होंने पूछा मैंने ऐसा क्यों कहा है, और हमने उन्हें पिन के बारे में बताया जिसे उन्होंने अनदेखा किया था। उन्होंने उसे तुरंत अहंकार से भरी अभिव्यक्ति मान लिया और कहा तुम बात करने में अच्छी हो। जब तुम सिलाई कर रही होती हो तो पूरा फर्श पिनों से ढँक जाता है। और देखो तुमने अपना नख सज्जा का सेट यहाँ वहां फिर पड़ा छोड़ दिया। तुम उसे कभी रखती भी नहीं हो!'

---

[२०]ओह, तुम क्रूर हो।

मैंने कहा, मैंने इसे इस्तेमाल नहीं किया था, और मार्गोट ने मेरा समर्थन किया, चूँकि वह दोषी पक्ष थी। माँ, तब बात करने लगी कि मैं कितनी अव्यवस्थित हूँ, जब तक कि मैं तंग नहीं आ गई और रुखाई से कहा, मैं तो वह तक नहीं हूँ जिसने आपको लापरवाह कहा। मैं हमेशा अन्य लोगों की गलतियों के लिए दोषी ठहराई जाती रहती हूँ!'

माँ चुप हो गइ, और एक मिनट से कम के बाद ही मैं उन्हें चूम कर शुभ रात्रि कहने को बाध्य थी। यह घटना बहुत महत्वपूर्ण नहीं रही होगी, लेकिन इन दिनों सब कुछ मेरी नाक में दम करता है।

ऐनी मैरी फ्रैंक

शनिवार, १२ फरवरी, १९४४

सबसे प्यारी किट्टी,

सूरज चमक रहा है, आकाश नीला गहरा है, शानदार मंद हवा बह रही है और मैं तरस रही हूँ – सचमुच तरस रही हूँ – हर चीज के लिए; वार्तालाप, स्वतंत्रता, दोस्तों, अकेले रहने के लिए। मैं तरसती हूं ..... रोने के लिए! मैं महसूस करती हूँ मानो मैं फूट पड़ने वाली हूँ। मैं जानती हूँ रोना मदद करेगा, लेकिन मैं रो नहीं सकती। मैं बेचौन हूँ। मैं एक कमरे से दूसरे कमरे में टहलती रहती हूँ, खिड़की के फ्रेम में दरार के माध्यम से साँस लेती हूँ, अपने धड़कते दिल को महसूस करती हूँ मानो कहता हो 'अंत में, मेरी लालसा को पूरा करो ....'

मै सोचती हूँ वसंत मेरे अंदर है। मुझे लगता है वसंत जाग रहा है, मुझे लगता है यह मेरे पूरे शरीर और आत्मा में बसता है। सामान्य रूप से कार्य करने के लिए मुझे अपने आप को मजबूर करना है। मैं निरे भ्रम की स्थिति में हूँ, पता नहीं क्या पढ़ना है, क्या लिखना है, क्या करना है। मुझे केवल इतना पता है कि मैं किसी चीज के लिए तरस रही हूँ .....

तुम्हारी, ऐनी

सोमवार, १४ फरवरी, १९४४

सबसे प्यारी किट्टी,

शनिवार के बाद से मेरे लिए बहुत कुछ बदल गया है। जो हुआ है इस प्रकार है: मैं किसी चीज के लिए तरस रही थी (और अब भी तरस रही हूँ), लेकिन ...... एक छोटा, इस समस्या का एक बहुत छोटा सा हिस्सा, हल कर लिया गया।

रविवार की सुबह मैंने ध्यान दिया, मुझे बड़ी खुशी हुई (मैं आप के साथ ईमानदार रहूंगी), कि पीटर मुझे देख रहा था। हमेशा की तरह नहीं। मुझे नहीं पता, मैं इसे नहीं समझा

सकती हूँ, लेकिन अचानक मुझे महसूस हुआ था कि जैसा मैं सोचती थी उस रूप में वह मार्गोट के साथ प्यार में नहीं था। पूरे दिन भर मैं उस की तरफ बहुत ज्यादा न देखने की कोशिश करती रही क्योंकि जब भी मैंने किया था, मैंने उसे अपनी ही तरफ देखते हुए पाया था और उसके बाद – ठीक है, इसने मेरे अंदर अद्‌भुत अहसास भर दिया, और वह अक्सर होने वाला अहसास नहीं था।

रविवार की शाम को, पिम और मुझे छोड़कर सभी, 'जर्मन उस्तादों के अमर संगीत' सुनने रेडियो के आसपास एकत्रित हुए थे। डसेल घुंडियों को ऐंठते और घुमाते जा रहे थे, जिसने पीटर और दूसरों को भी नाराज कर दिया। आधे घंटे तक खुद को रोक रखने के बाद, पीटर ने कुछ हद तक क्रोध से पूछा कि क्या वह रेडियो के साथ निरर्थक छेड़छाड़ बंद करेंगे। डसेल ने अपनी अकड़ भरे स्वर में जवाब दिया 'मैं यह करूँगा!'[२१] पीटर को गुस्सा आ गया और एक अभद्र टिप्पणी कर दी। श्री वैन दान ने भी उसका पक्ष लिया और डसेल को छोड़ना पड़ा। बस इतना ही था।

असहमति का कारण विशेष रूप से खुद में दिलचस्प नहीं था, लेकिन पीटर ने जाहिरा तौर पर मामले को बहुत ज्यादा दिल पर ले लिया, क्योंकि आज सुबह, जब मैं अटारी में पुस्तकों के टोकरे में आसपास तलाशी कर रही थी, पीटर आया और जो हुआ था मुझसे कहना शुरू कर दिया। मुझे इसके बारे में कुछ भी पता नहीं था, लेकिन पीटर ने जल्द ही एहसास किया कि उसने एक चौकस श्रोता पाया था और अपने विषय की तैयारी शुरू कर दिया।

'ठीक है, तो यह बात है,' उन्होंने कहा। मैं आमतौर पर ज्यादा बात नहीं करती क्योंकि मुझे पता है मैं पहले ही अवाक हो जाउंगी। मैं बड़बड़ाना और शरमाना शुरू कर दूंगी और मैं अपने शब्दों को चारों ओर इतना मोड़ तोड़ दूंगी कि अंत में मुझे रुक जाना पड़ेगा क्योंकि मैं सही शब्द नहीं ढूंढ सकूंगी। यही तो कल हुआ है। मैं कुछ पूरी तरह से अलग कहना चाहती थी लेकिन जब मैंने एक बार शुरू कर दिया, मैंने सभी को एक दूसरे में मिला दिया। यह बहुत बुरा है। मैं एक बुरी आदत की अभ्यस्त हूँ, और कभी – कभी मैं चाहती हूँ मैं अभी भी चाहती हूँ: जब भी मैं किसी पर गुस्सा होती थी उनके साथ बहस की बजाय मैं उन्हें हराना चाहती थी। मुझे पता है यह विधि मुझे कहीं भी नहीं ले जायेगी, और यही कारण है कि मैं तुम्हारी प्रशंसक हूं। आप शब्दों का कभी भी नुकसान नहीं करती हैं: आप वास्तव में वही कहते हैं जो आप कहना चाहते हो और कम से कम जरा सा भी शर्म नहीं करते हैं।'

'ओह, आप, इस बारे में गलत हैं,' मैंने उत्तर दिया। 'अधिकांश जो मैं कहती हूँ मेरी बनायी गई योजना के तरीके से बहुत अलग ढंग से बाहर आता है। इसके अलावा मैं बहुत ज्यादा और लंबे समय तक भी बात करती हूँ, और वह बस बुरा हो जाता है।'

'शायद, लेकिन आप लाभ में हैं कोई भी नहीं देख सकता कि आप शर्मिंदा हो रहे हैं। आप शरमाते नहीं या टुकड़े में नहीं जाते हैं।'

---

[२१]मैं उसे तय करूंगी।

उनके शब्दों में चुपके से खुश किए जाने में मैं मदद नहीं कर सकती। तथापि, चूँकि मैं उसे शांतिपूर्ण ढंग से खुद के बारे में बात करते जाने देना चाहती थी, मैंने अपनी हँसी छिपा लिया, फर्श पर एक गद्दी पर बैठ गई, अपनी बाहों को अपने घुटनों के आसपास लिपटा लिया और अर्थपूर्ण ढंग से उसे एकटक देखने लगी।

मुझे खुशी है कि वहाँ घर में कोई और भी है जो मेरी तरह ही क्रोध में उड़ता है। मैं बताना चाहती हूँ कि पीटर से राहत मिलती सी महसूस हो रहा था कि वह डरे बिना डसेल की आलोचना कर सकता है। जहां तक मेरा प्रश्न है, मैं भी खुश थी क्योंकि मैंने साहचर्य की एक मजबूत भावना महसूस की, जो मुझे केवल अपनी सहेली के साथ याद आ रहा था।

तुम्हारी, ऐनी

मंगलवार, १५ फरवरी, १९४४

डसेल के साथ मामूली झगड़े के कई नतीजे निकले थे, जिसके लिए उन्हें खुद को ही जिम्मेदार ठहराना चाहिए था। सोमवार की शाम डसेल माँ से मिलने के लिए अन्दर आए और विजेता के रूप में उनसे कहा कि पीटर ने उनसे उस सुबह पूछा था कि क्या उन्हें अच्छी नींद आयी थी, और फिर बताया कि रविवार की शाम को जो हुआ था उसके बारे में उसने कैसे खेद जताया था – वास्तव में उसने जो कहा था उसका मतलब वह नहीं था जो उन्होंने बताया था। डसेल ने उसे आश्वासन दिया कि उन्होंने इसे दिल पर नहीं लिया था। इसलिए सब कुछ फिर से बारिश की तरह ठीक था। माँ ने इस कहानी को मुझे बताया और मैं अप्रकट रूप से हैरान थी कि पीटर, जिसने डसेल पर इतना गुस्सा किया था, अपने सभी आश्वासनों के बावजूद इसके विपरीत जाकर, अपने आप को दीन बना लिया था।

मैं इस विषय पर पीटर के विचार जानने से बच नहीं सकी, और उसने तुरन्त उत्तर दिया कि डसेल झूठ बोल रहे थे। आप को उस समय पीटर का चेहरा देखना चाहिए था। काश मेरे पास एक कैमरा होता। आक्रोश, क्रोध, अनिर्णय, उत्तेजना और भी बहुत कुछ तेजी से एक दूसरे के बाद उसके चेहरे पर आ जा रहे थे।

उस शाम श्री वैन दान और पीटर ने वास्तव में डसेल से विरोध जताया। लेकिन यह सब उतना बुरा नहीं हो सकता था, क्योंकि पीटर की आज एक और दंत नियुक्ति थी।

असल में, वे एक दूसरे से फिर कभी बात करना नहीं चाहते थे।

बुधवार, १६ फरवरी, १९४४

कुछ अर्थहीन शब्दों को छोड़कर, पीटर और मैंने पूरे दिन एक–दूसरे से बात नहीं की थी। अटारी तक जाने के लिए बहुत ठंड थी, और वैसे भी, आज मार्गोट का जन्मदिन था। बारह तीस बजे वह उपहारों को देखने आया था और बहुत जरूरी से अधिक समय तक गपशप में लगा रहा था, अन्यथा उसने कुछ कभी नहीं किया था। लेकिन दोपहर में मुझे अपना मौका मिल गया।

चूँकि मैं मार्गोट को उसके जन्मदिन पर थकी हुई महसूस कर रही थी, मैं कॉफी और उसके बाद आलू लेने चली गई। जब मैं पीटर के कमरे में आई, वह तुरंत ही अपने कागजात उठा कर सीढियों पर बाहर आ रहा था, और मैंने अटारी के चोरदरवाजे को बंद कर देने के लिए पूछा।

'बिलकुल' उसने कहा, 'आगे बढ़ें। जब आप नीचे वापस आने के लिए तैयार हों, दस्तक दे दें और मैं इसे आप के लिए खोल दूंगा।'

मैं उसका आभार व्यक्त कर ऊपर चली गई और पीपे में चारों ओर छोटी से छोटी आलू की खोज में कम से कम दस मिनट बिताए। मेरी पीठ में दर्द होना शुरू हो गया और अटारी में ठंड थी। स्वाभाविक रूप से, मैंने दस्तक करने की जहमत नहीं उठाई बल्कि चोर दरवाजे को अपने आप ही खोल लिया। लेकिन उसने मेहरबानी से उठकर तसला मेरे हाथ से ले लिया।

'मैंने बहुत प्रयास किया, लेकिन मैं छोटे आलू नहीं ढूंढ पाई।'

'क्या तुमने बड़े पीपे में देखा है?'

'हाँ, मैंने उन सभी में ढूँढा है।'

इस समय तक मैं निचली सीढ़ियों पर थी, और उसने अभी भी पकड़े हुए आलू के तसले की जांच की। 'ओह, लेकिन ये ठीक हैं,' उसने कहा, और जैसे ही मैंने तसला उससे ले लिया उसने जोड़ा, 'मेरा अभिनन्दन!'

जैसे ही उसने यह कहा, उसने मुझपर एक ऐसी गर्म कोमल निगाह डाली कि मैं भीतर ही भीतर चहक उठी। मैं बता सकती थी कि वह मुझे खुश करना चाहता था, लेकिन चूँकि वह एक लंबा पूरक भाषण नहीं दे सकता था, उसने अपनी आंखों से ही सब कुछ कह दिया। मैं उसे बहुत अच्छी तरह से समझ गई और उसकी बहुत आभारी थी। यह अभी भी मुझे उन शब्दों और उस नजर के बारे में पीछे की ओर सोचने के लिए खुश कर देता है!

जब मैं नीचे पहुँची, मां ने कहा, उसे और अधिक आलू की जरूरत है, इस बार रात के खाने के लिए, तो मैं स्वेच्छा से वापस ऊपर गई। जब मैंने पीटर के कमरे में प्रवेश किया, उसे फिर से परेशान करने के लिए मैंने माफी मांगी। जैसे ही मैं सीढ़ियों से ऊपर जाने लगी, वह उठ खड़ा हुआ, सीढ़ियों और दीवार के बीच ठहराव पर खड़ा हो गया था, मेरा हाथ पकड़ा और मुझे रोकने की कोशिश की।

'मैं जाऊँगा,' उसने कहा। 'वैसे भी मुझे ऊपर जाना है।'

मैंने जवाब दिया कि यह वास्तव में आवश्यक नहीं था क्योंकि मुझे इस बार केवल छोटे वाले नहीं चुनने थे। आश्वस्त होकर, उसने मेरे हाथ छोड़ दिए और जाने दिया। मेरे लौटते समय, उसने चोर द्वार खोला और एक बार फिर मुझ से तसला ले लिया। दरवाजे पर खड़ी होकर, मैंने पूछा, 'आप क्या काम कर रहे हैं?'

'फ्रेंच,' उसने कहा।

मैंने पूछा क्या मैं आपके सबक पर एक नजर डाल सकती हूँ। फिर मैं अपने हाथ धोने चली गई और उसके पास दीवान पर बैठ गई।

मैंने उसे थोड़ी फ्रेंच समझाया उसके बाद, हम बात करने लगे। उसने मुझे बताया कि युद्ध के बाद वह डच ईस्ट इंडीज जाना और एक रबर बागान में रहना चाहता था। उसने घर में अपने जीवन, काला बाजार और वह कैसा एक निराशाजनक मामला है, के बारे में बात की थी। मैंने उससे कहा उसमें एक बड़ी हीन भावना उत्पन्न हो गई थी। उसने यह कहते हुए कि रूस और इंग्लैंड एक दूसरे के खिलाफ युद्ध में जाने के लिए बाध्य हो गए हैं युद्ध के बारे में, और यहूदियों के बारे में बात की थी। उसने कहा जीवन बहुत आसान हो जाता अगर वह एक ईसाई बन जाता या युद्ध के बाद बन सकता। मैंने पूछा कि क्या वह बपतिस्मा लेना चाहता था, लेकिन शायद उसका यह मतलब नहीं था। उसने कहा वह कभी एक ईसाई की तरह महसूस करने में सक्षम नहीं होगा, लेकिन युद्ध के बाद वह पक्का करना चाहता है कि किसी को भी नहीं पता होगा कि वह यहूदी था। मुझे एक क्षणिक वेदना महसूस हुई। यह शर्म की बात है कि उसके अन्दर अभी भी बेईमानी का एक स्पर्श बाकी है।

पीटर ने आगे कहा, 'यहूदी रहेंगे और हमेशा चुने हुए लोग होंगे!'

मैने जवाब दिया, 'केवल इस बार, मैं आशा करती हूं वे कुछ अच्छे के लिए चुने जायेंगे!'

लेकिन हम बहुत सुखद रूप में बातें करते चले गए, पिता के बारे में, मानव चरित्र को पहचानने के बारे में और हर तरह की छोटी छोटी बातें, कई सारी इतनी कि मैं उन सब को याद भी नहीं कर सकती।

मैं सवा पांच बजे उठ गई, क्योंकि बेप आ गई थी।

उस शाम उसने कुछ अन्य बात कही जो मुझे अच्छी लगी। हम उस फिल्मी सितारे की तस्वीर के बारे में बात कर रहे थे जो एक बार मैंने उसे दी थी, जो उसके कमरे में कम से कम डेढ़ साल से टंगी हुई थी। उसे वह इतनी पसंद आई कि मैंने उसे कुछ और भी देने की पेशकश की।

'नहीं', बल्कि मैं वही रखना चाहूँगा जो मेरे पास है,' उसने जवाब दिया। 'मैं इसे हर दिन निहारता रहता हूँ, और इसमें जो लोग हैं वे मेरे दोस्त बन गए हैं।'

अब मेरे पास बेहतर समझ है कि वह क्यों मौश्ची को हमेशा इतना कसकर गले लगता है। स्पष्ट रूप से उसे भी स्नेह की जरूरत है। मैं किसी और के बारे में भी उल्लेख करना भूल गई जो वह बता रहा था। उसने कहा 'नहीं' मैं डरता नहीं हूँ, सिवाय इसके कि जब मुझसे सम्बंधित चीजों की बात होती हो, लेकिन मैं उस पर कम कर रहा हूँ।

पीटर में एक विशाल हीन भावना घर कर गई है। उदाहरण के लिए, वह हमेशा सोचता है कि वह बहुत बेवकूफ है और हम बहुत चतुर हैं। जब मैं फ्रेंच में उसकी मदद करती हूँ, वह मुझे हजार धन्यवाद देता है। जल्दी ही मैं उसे कहने वाली हूँ, छोडो इसे! तुम अंग्रेजी और भूगोल में ज्यादा बेहतर हो!'

ऐनी फ्रैंक

गुरुवार, १७ फरवरी, १९४४

प्रिय किट्टी,

मैं आज सुबह ऊपर थी, चूँकि मैंने श्रीमती वैन दान से वादा किया था कि मैं अपनी कुछ कहानियां उन्हें सुनाऊंगी। मैंने 'ईवा का ख्वाब' से शुरू किया, जो उन्हें बहुत पसंद आई, और फिर मैंने गुप्त उपभवन में से कुछ अंश पढ़े जिस पर वह बहुत जोर से हंसी। पीटर ने भी थोड़ी देर तक (सिर्फ आखिरी भाग) सुनी और पूछा कि क्या मैं किसी समय उसके कमरे में आकर कुछ और पढ़ूंगी।

मैंने निर्णय लिया कि मुझे वहीं तुरंत एक मौका लेना है, इसलिए मैंने अपनी अभ्यास पुस्तक ली और उसे थोड़ा पढने दिया जहाँ कैडी और हंस भगवान के बारे में बातें करते हैं। मैं नहीं बता सकती कि इसने वास्तव में उस पर किस तरह का प्रभाव छोड़ा। उसने कुछ कहा जो मुझे ठीक से याद नही, इस बारे में नहीं कि यह बढिया थी, बल्कि इसके पीछे के विचार के बारे में। मैंने उसे बताया कि मैं बस उसे यह दिखाना चाहती थी कि मैंने सिर्फ मनोरंजक चीजें ही नहीं लिखी हैं। उसने सिर हिलाया, और मैं कमरे से निकल गई। हम देखेंगे यदि मैं कुछ और सुनती हूँ!

तुम्हारी, ऐनी फ्रैंक

शुक्रवार, १८ फरवरी, १९४४

मेरी सबसे प्यारी किट्टी,

जब भी मैं ऊपर जाती हूँ, ऐसा हमेशा होता है कि मैं उसे देख सकती हूँ। अब जबकि मेरे पास प्रतीक्षा करने के लिए कुछ है, यहाँ मेरे जीवन में बहुत ज्यादा सुधार हुआ है।

कम से कम यहाँ हमेशा मेरी दोस्ती का उद्देश्य तो है ही, और मुझे प्रतिद्वंद्वियों (मार्गोट को छोड़कर) से डरने की जरूरत नहीं है। मत सोचना कि मैं प्यार में हूँ, क्योंकि मैं नहीं हूँ, लेकिन मुझे यह अहसास है कि मेरे और पीटर के बीच कुछ सुंदर विकसित होने वाला है, एक प्रकार की दोस्ती और एक विश्वास की भावना। मैं उसे देखने जाती हूँ जब भी मुझे मौका मिलता है, यह वैसा नहीं है जैसा हुआ करता था, जब वह नहीं जानता था कि मेरे बारे में क्या सोचना है। इसके विपरीत, वह तब भी बात कर रहा होता है जब मैं दरवाजे से बाहर जा रही होती हूँ। माँ को मेरा ऊपर जाना पसंद नहीं है। वह हमेशा कहती हैं मैं पीटर को परेशान कर रही हूँ और मुझे उसे अकेला छोड़ देना चाहिए। ईमानदारी से, क्या वह किसी अंतर्ज्ञान से मुझ पर भरोसा नहीं कर सकती हैं?

जब मैं पीटर के कमरे में जाती हूँ, वह हमेशा मुझे बहुत ही अजीब तरह से देखती

हैं। मैं फिर से जब नीचे आती हूँ, तो वह मुझसे पूछती है मैं कहाँ थी। यह भयानक है, लेकिन मैं उनसे नफरत करना शुरू कर रही हूँ!

आपकी, एनी एम फ्रैंक

शनिवार, १९ फरवरी, १९४४

सबसे प्यारी किट्टी,

यह फिर से शनिवार है, और जिसे तुम्हे काफी कुछ बताना चाहिए। आज सुबह सब शांत था। मैंने ऊपर मांस की गोलियां बनाते हुए लगभग एक घंटा बिताया, लेकिन मैंने उससे केवल क्षणिक बात की।

जब दो तीस पर हर कोई या तो पढने या फिर एक झपकी लेने ऊपर गया, मैं कम्बल के साथ नीचे मेज पर बैठने और पढने या लिखने गई। थोड़ी ही देर में, मैं इसे और ज्यादा नहीं कर सकी। मैंने अपना सिर अपनी बांहों में लिया और फूट फूट कर रोई। आंसू मेरे गालों से नीचे बहने लगे और मैंने आशाहीन होकर दुखी महसूस किया। ओह, काश 'वह' मुझे आराम पहुँचाने आया होता।

जब मैं फिर से ऊपर गई तो चार से ज्यादा बज चुके थे। पांच बजे मैं आलू लेने निकली, फिर से आशा करते हुए कि हम मिलेंगे, लेकिन जब मैं स्नानघर में अपने बाल ठीक कर रही थी उसी समय वह बोच से मिलने चला गया था।

मैं श्रीमती वैन दान की मदद करना चाहती थी और मैं अपनी किताब और दूसरी सब चीजें लेकर ऊपर गई, लेकिन अचानक मैंने महसूस किया कि फिर आंसू आ रहे थे। मैं रास्ते में दर्पण लेते हुए, नीचे शौचालय की तरफ दौड़ी। मैं वहां शौच पर पूरे कपडे पहने हुए ही बैठ गई, मेरे समाप्त करने के काफी बाद, मेरे लाल पेटबंद पर मेरे आंसूओं के गहरे धब्बे थे, और मैंने पूरी तरह उदास महसूस किया।

मेरा दिल जो सह रहा था वह यह है: 'ओह, इस तरह से मैं पीटर तक कभी नहीं पहुँच पाऊँगी। कौन जानता है, शायद वह मुझे पसंद तक न करता हो और शायद उसे किसी के भरोसे की जरूरत ही न हो। शायद वह मेरे बारे में सिर्फ एक अनौपचारिक तरीके से ही सोचता हो। मुझे फिर से अकेले रहने वाली स्थिति में जाना होगा, बिना किसी पर भरोसा किये और बिना पीटर, बिना आशा, आराम या किसी और की भी प्रतीक्षा किये बिना। ओह, काश मैं उसके कंधे पर अपना सिर रख पाती और इतनी निराशा से अकेले और सुनसान महसूस नहीं कर पाती! कौन जानता है, हो सकता है वह मेरी बिलकुल परवाह न करता हो और दूसरों को उसी स्नेही तरह से देखता हो। हो सकता है कि मैंने केवल कल्पना की हो यह विशेष रूप से मेरे लिए था। ओह, पीटर, काश तुम मुझे सुन सकते या मुझे देख सकते। यदि सच निराशाजनक है, तो मैं इसे सहन करने में सक्षम नहीं होउंगी।'

थोड़ी देर बाद मैंने फिर से आशापूर्ण और उम्मीद से भरा महसूस किया, हालाँकि – अंदर – मेरे आंसू अभी तक बह रहे थे।

तुम्हारी, ऐनी एम फ्रैंक

रविवार, २० फरवरी, १९४४

सप्ताह के बाकी दिनों में जो दूसरे लोगों के घरों में होता है वही यहाँ उपभवन में रविवार के दिनों में होता है। जहाँ अन्य लोग अपने सबसे अच्छे कपड़े पहन कर धूप में टहलने जाते हैं, हम झाडू पोछा लगाते हैं, और कपड़े धोते हैं।

आठ बजे। हालंकि हम में से बाकी देर तक सोना पसंद करते हैं, डसेल आठ बजे उठ जाते हैं। वह स्नानघर जाते हैं, फिर नीचे, तब फिर से ऊपर, और तब स्नानघर, जहाँ वह खुद को धोने में पूरा एक घंटा समर्पित करते हैं।

साढ़े नौ बजे। चूल्हे जलाए जाते हैं, ढंकने वाले परदे को नीचे उतार लिया जाता है, और श्रीमान वैन दान स्नानघर की ओर जाते हैं। मेरे रविवार सुबह के कटु अनुभवों में से एक बिस्तर में देर तक सोए पड़े रहना और डसेल के प्रार्थना करते समय उनकी पीठ देखना है। मैं जानती हूँ यह सुनने में अजीब लगता है, लेकिन प्रार्थना करते डसेल को निहारना एक भयानक दृश्य है। ऐसा नहीं है कि वह रोते हैं, या भावुक हो जाते हैं, बिलकुल नहीं, लेकिन एक चौथाई घंटे तो वह खर्च करते ही हैं – पूरे पंद्रह मिनट – अपने पंजों से लेकर एडी तक कम्पन करते हुए। आगे पीछे, आगे पीछे। यह हमेशा जारी रहता है, और यदि मैं अपनी आँखें बंद नहीं करती हूँ तो मेरा सिर घूमना शुरू कर देता है।

सवा दस बजे। वैन दान सीटी बजाते हैं; स्नान घर खाली है। फ्रैंक परिवार आवासों में, पहले उनींदे चेहरे अपने तकियों से उभरना शुरू होते हैं। फिर सब कुछ तेज, तेज, तेज होता है। मार्गोट और मैं बारी बारी से कपड़े धोने का काम करती है। चूँकि नीचे काफी ठंड है, हम पतलून और सिर के स्कार्फ डाल लेते हैं। इस बीच, पिता स्नान घर में व्यस्त होते हैं। ग्यारह बजे स्नान घर में या तो मार्गोट की या फिर मेरी बारी होती है, और फिर हम सब साफ हो जाते हैं।

साढ़े ग्यारह बजे। नाश्ता। मैं इस पर नहीं सोचूंगी, क्योंकि मेरे इस विषय की चर्चा किये बिना भी भोजन की पर्याप्त बातें है।

सवा बारह बजे। हम में से प्रत्येक अपने अलग तरीके से चलता है। चौगा पहने पिता, अपने हाथों और घुटनों पर बैठ जाते हैं, और कम्बल को ब्रश से इतनी सख्ती से साफ करते हैं कि कमरा धूल के एक बादल से ढँक जाता है। श्रीमान डसेल बिस्तर तैयार करते हैं (जाहिर है, सब गलत), जैसे ही वह अपना काम शुरू करते हैं, हमेशा एक ही बीथोवेन वायलिन बंदिश पर सीटी बजाते रहते हैं। जैसा कि माँ धुले कपड़े ऊपर टांगती हैं, अटारी के आसपास उसके चलने की आवाज सुनी जा सकती है।

श्रीमान वैन दान अपनी टोपी पहनते हैं और निचले क्षेत्रों में गायब हो जाते हैं, आम तौर पर पीटर और मौश्ची भी उनका अनुसरण करते हैं। श्रीमती वैन दान एक लम्बा पेटबंध पहनती हैं, एक ऊनी जैकेट और ओवर शूज, अपने सिर के चारों ओर लाल ऊनी स्कार्फ लपेटती हैं, धोने के गंदे कपड़ों के बंडल को झट से उठाती हैं और एक अच्छी अभ्यस्त धोबिन की आभा के साथ नीचे बढ़ जाती हैं, मार्गोट और मैं बर्तन और कमरे को साफ करती हैं।

बुधवार, २३ फरवरी, १९४४

मेरी सबसे प्यारी किट्टी,

कल से मौसम अद्‌भुत हो गया है, और मैं थोड़ा बहुत उत्साहित हो गई हूँ। मेरा लेखन, मेरी सबसे अच्छी बात, अच्छी तरह से फल फूल रही है। मैं लगभग हर सुबह अपने फेफड़ों से बासी हवा बाहर फेंकने अटारी पर जाती हूँ। आज सुबह जब मैं वहाँ गई, पीटर सफाई करने में व्यस्त था। उसने जल्दी से समाप्त किया और वहां जहाँ मैं फर्श पर अपनी पसंदीदा जगह पर बैठी हुई थी, आ गया। हम दोनों ने नीले आकाश, ओस से चमकते शाहबलूत के पेड़, समुद्री चिड़िया और हवा में झपट्टा मारते हुए चांदी जैसे चमकते अन्य पक्षियों को देखा, और हम इतने द्रवित और मोहित हो गए कि बोल न सके। वह अपना सिर एक मोटी किरण के विरुद्ध लिए खड़ा हो गया जबकि मैं बैठी रही। हमने हवा में सांस ली, बाहर देखा और दोनों ने महसूस किया कि जादू शब्दों से नहीं टूटना चाहिए। हम एक लंबे समय तक इसी तरह बने रहे और उस समय तक जब उसे मचान पर लकड़ी काटने जाना पड़ा, मैं जानती थी वह एक अच्छा, सभ्य लड़का है। वह मचान पर जाने वाली सीढ़ी पर चढ़ गया, और मैं उसके पीछे गई; उस पंद्रह मिनट के दौरान जब वह लकड़ी काट रहा था, हमने एक शब्द भी नहीं कहा। मैं जहाँ खड़ी थी वहीं से मैंने उसे देखा, और देख सकती थी, वह स्पष्ट रूप से सही तरीके से काटने, और अपनी ताकत दिखाने की अपनी पूरी कोशिश कर रहा था। लेकिन एम्स्टर्डम के एक बड़े भाग पर, छतों पर और क्षितिज पर, नीले रंग की एक पट्टी जो इतनी फीकी थी, कि लगभग अदृश्य थी पर, अपनी आंखों को घूमने देते हुए, मैंने खुली खिड़की से बाहर भी देखा।

'जब तक यह मौजूद है,' मैंने सोचा, 'यह धूप और यह बिना बादल का आकाश, जब तक मैं यह आनंद उठा सकती हूँ, मैं कैसे दुखी हो सकती हूँ?'

अकेले या दुखी, डरे हुए लोगों के लिए सबसे अच्छा उपाय है बाहर जाना, किसी जगह जहाँ वे अकेले रह सकें, आकाश, प्रकृति और ईश्वर के साथ अकेले। तब और सिर्फ तब आप महसूस कर सकते हैं कि हर चीज वैसी ही है जैसा उन्हें होना चाहिए, और कि भगवान चाहता है कि लोग प्रकृति के सौंदर्य और सादगी के बीच खुश रहें।

जब तक यह मौजूद है, और यह हमेशा के लिए होना चाहिए, मैं जानती हूँ कि जो भी परिस्थिति हो, यह हर दु:ख के लिए सांत्वना होगी। मेरा दृढ़ विश्वास है कि प्रकृति उन सभी को राहत पहुंचा सकती है जो पीड़ित हैं।

ओह, कौन जानता है, इससे पहले कि शायद मैं इस अत्यधिक तीव्र अहसास को किसी ऐसे के साथ बाँट सकूँ जो वैसा ही महसूस करता हो जैसा कि मैं यह ज्यादा समय नहीं हुआ होगा।

तुम्हारी, ऐनी

पश्च–लेख। विचार: पीटर को।

हम यहाँ बहुत से सुअवसर खो रहे हैं, बहुत ज्यादा, और बहुत लम्बे समय से। मैं इसे उतना ही याद करती हूँ जितना तुम करते हो। मैं बाहरी चीजों की बात नहीं कर रही हूँ, चूँकि इस अर्थ में हमें सब अच्छी तरह से उपलब्ध कराया जा रहा है, मेरा मतलब है आन्तरिक चीजें। तुम्हारी तरह, मैं स्वतंत्रता और ताजा हवा के लिए तरसती हूँ, लेकिन मुझे लगता है कि हमें उनके नुकसान के लिए पर्याप्त रूप से मुआवजा दे दिया गया है। मेरा मतलब है अंदर की तरफ।

आज सुबह, जब मैं खिड़की के सामने बैठी थी और बाहर भगवान और प्रकृति पर एक लंबी, गहरी दृष्टि डाल रही थी, मैं खुश थी, सिर्फ सामान्य रूप से खुश। पीटर, जब तक लोग स्वयं के भीतर उस प्रकार की खुशी, प्रकृति का आनंद, स्वास्थ्य, इसके अलावा और बहुत कुछ, को महसूस करते रहेंगे वे हमेशा उस खुशी को फिर ग्रहण करने में सक्षम रहेंगे।

धन, प्रतिष्ठा, सब कुछ खो सकता है। लेकिन आपके अपने ही दिल की खुशी केवल मंद हो सकती है; यह आप को फिर से खुश करने के लिए, जब तक आप जीवित रहेंगे, तबतक वह वहां रहेगी।

जब भी आप अकेले या उदास महसूस कर रहे हैं, एक खूबसूरत दिन मचान पर, जाने और बाहर देखने की कोशिश करें। घरों और छतों पर नहीं बल्कि आकाश में। जब तक आप आकाश में निडर होकर देख सकते हैं, आप जान जायेंगे कि आप भीतर से शुद्ध हैं और एक बार फिर से खुशी प्राप्त कर लेंगे।

रविवार, २७ फरवरी, १९४४

मेरी सबसे प्यारी किट्टी,

सुबह की शुरुआत से, रात में देर तक, मैं जो करती हूँ वह है, पीटर के बारे में सोचना। मैं, उसकी छवि अपनी आँखों के सामने रख कर सो जाती हूँ, उसके बारे में सपने देखती हूँ और उसके साथ उठती हूँ उसे मेरी ओर अभी तक देखते हुए।

मेरे पास मजबूत अहसास है कि पीटर और मैं इतने भिन्न नहीं हैं जितने हम सतह पर लग सकते हैं, और मैं समझाती हूँ कि कैसे: न तो पीटर के और न ही मेरे किसी के भी पास माँ नहीं है। उसकी माँ भी, बहुत ही छिछली है, इश्कबाजी पसंद करती हैं और इस बात से कि उसके दिमाग में क्या चलता है, खुद की ज्यादा चिंता नहीं करती। मेरी, मेरे जीवन में सक्रिय रुचि लेती हैं, लेकिन कोई चतुराई, संवेदनशीलता या माँ जैसी समझ नहीं रखती।

पीटर और मैं दोनों ही हमारी अंतरतम भावनाओं के साथ संघर्ष कर रहे हैं। हम अभी भी अपने आप के बारे में अनिश्चित हैं और बेदर्दी से निपटने के लिए भावनात्मक रूप से बहुत ही कमजोर हैं। जब भी ऐसा होता है, मैं बाहर भागना चाहती हूँ या अपनी भावनाओं को छुपाना चाहती हूँ। इसके बजाय, मैं बर्तन पटकती हूँ, पानी बिखेर देती हूँ और आम तौर पर शोर करती हूँ, इसलिए हर कोई चाहता है कि मैं मीलों दूर रहूँ। पीटर की प्रतिक्रिया खुद को चुप कर लेना, बहुत थोड़ा कहना, चुपचाप बैठे रहना और दिन में सपने देखना, यह सब करते हुए सावधानी से अपनी सच्ची आत्मा को छिपा लेना।

लेकिन कैसे और कब अंत में हम एक दूसरे तक पहुंच जायेंगे?

मुझे नहीं पता कि कितने लम्बे समय तक मैं इस तड़प को नियंत्रण के तहत रखे रहना जारी रख सकती हूँ।

तुम्हारी, ऐनी एम फ्रैंक

सोमवार, २८ फरवरी, १९४४

मेरी सबसे प्यारी किट्टी,

यह एक बुरे सपने की तरह है जो मेरे जागने के बाद भी लम्बे समय तक चलता रहता है। मैं उसे दिन के लगभग हर घंटे देख सकती हूँ, और फिर भी मैं उसके साथ नहीं हो सकती, मैं दूसरों को ध्यान नहीं देने दे सकती, और हालाँकि मेरा दिल दुःख रहा है, फिर भी मुझे खुश होने का नाटक करना है।

पीटर स्किफ और पीटर वैन दान, पिघल कर एक पीटर बन चुके हैं, पीटर जो कि अच्छा और दयालु है और जिसके लिए मैं आशाहीन होकर तरसती हूँ। माँ भयानक है और पिता अच्छे हैं जो उन्हें और भी अधिक नागवार बनाता है, और मार्गोट सबसे खराब है, चूँकि जब मैं बस अकेले रहना चाहती हूँ, वह मुझे अपने नुकसान का कारण मान कर, मेरे मुस्कुराते चेहरे का लाभ उठाती है।

पीटर अटारी पर मेरे साथ नहीं आया, लेकिन कुछ बढ़ईगीरी का काम करने के लिए मचान पर चढ़ गया। रगड़ने और पटकने की हर आवाज के साथ मेरी हिम्मत का एक और हिस्सा टूट गया और मैं और अधिक दुखी हो गई। दूर एक घड़ी के घंटे की ध्वनि कह रही थी 'दिल से शुद्ध रहो, दिमाग से शुद्ध रहो!'

मैं भावुक हूँ, मुझे पता है। मै हताश और मूर्ख हूँ, मैं यह भी जानती हूँ। ओह, मेरी मदद करो!

तुम्हारी, ऐनी एम फ्रैंक

बुधवार, १ मार्च, १९४४

सबसे प्यारी किट्टी,

मेरे स्वयं के मामलों को ...... एक सेंधमारी द्वारा पृष्ठभूमि में धकेल दिया गया है। मैं अपने इन सभी 'सेंधमारियों' से तुम्हे ऊबा रही हूँ, लेकिन मैं क्या कर सकती हूँ जब चोर अपनी उपस्थिति से गिएस एंड कंपनी को सम्मान देने में इतनी खुशी महसूस करते हैं? यह घटना, जुलाई ११९४३ में हुई घटना से कहीं अधिक जटिल है।

पिछली रात साढ़े सात बजे श्रीमान वैन दान हमेशा की तरह श्रीमान कग्लर के कार्यालय जा रहे थे जब उन्होंने देखा कि कांच के दरवाजे और कार्यालय के दरवाजे दोनों खुले थे। वह चकित हो गए, लेकिन उन्होंने जारी रखा और यह देखकर और अधिक चकित हो गए कि आला दरवाजे भी खुले थे और सामने के कार्यालय में सब कुछ बुरी तरह से अस्त व्यस्त था।

'चोरी हो गई' उनके दिमाग में सूझा। लेकिन सिर्फ आश्वस्त होने के लिए, वह नीचे सामने के दरवाजे पर गए, ताला जांचा और हर चीज बंद पाई। श्रीमान वैन दान ने अनुमान लगाया, 'बेप और पीटर आज शाम, बहुत लापरवाह रहे होंगे। वह श्रीमान कग्लर के कार्यालय में कुछ समय तक बने रहे, दीपक बुझाया और खुले दरवाजे और अस्त व्यस्त कार्यालय के बारे में बहुत परवाह किये बिना ऊपर चले गए।

आज सुबह पीटर ने हमारे दरवाजे पर दस्तक दी हमें बताने के लिए कि सामने का दरवाजा खुला था और कि प्रक्षेपक और श्री कुग्लर की नई अटैची कोठरी से गायब हो गई थी। पीटर को दरवाजा बंद करने का निर्देश दिया गया था। श्री वैन दान ने इससे पहले की रात की उनकी खोजों के बारे में हमें बताया, और हम बहुत चिंतित थे।

केवल यही स्पष्टीकरण है कि चोर के पास एक नकली चाबी होना चाहिए था, क्योंकि एक जबरदस्ती घुसने के कोई संकेत नहीं थे। वह अपने पीछे दरवाजा बंद कर के शाम को जल्दी ही घुस गया होगा, उसने श्री वैन दान की आहाट सुनकर खुद को छुपा लिया होगा और बाद में जब श्री वैन दान ऊपर चले गए वह लूट के साथ भाग गया, अपनी जल्दी में, उसे दरवाजा बंद करने से कोई मतलब नहीं रहा।

हमारी चाबियाँ किसके पास हो सकती थीं? चोर गोदाम में क्यों गया था? क्या वह हमारे अपने गोदाम के कर्मचारियों में से एक था और क्या उसने हमारे अन्दर होने को जान लिया होगा, अब कि उसने श्री वैन दान को सुन लिया है और शायद उन्हें देखा भी है?

यह वास्तव में डरावना है क्योंकि हम नहीं जानते कि क्या चोर ने इसे अपने दिमाग में बिठा लिया होगा और फिर से कोशिश करेगा। या फिर जब उसने भवन में किसी और की आहट ने उसे इतना चौंका दिया होगा कि वह इससे अब दूर ही रहेगा?

तुम्हारी, ऐनी

पश्च–लेख। हमें खुशी होगी यदि तुम हमारे लिए एक अच्छा जासूस पकड़ सकते हो। जाहिर है, एक शर्त है: उस पर इसका भरोसा किया जाना चाहिए कि भूमिगत में रह रहे लोगों की सूचना किसी को नहीं देगा।

गुरुवार, २ मार्च, १९४४

सबसे प्यारी किट्टी,

मार्गोट और मैं आज एक साथ अटारी में थे। उसके साथ वहाँ होने से मुझे आनंद नहीं मिल सकता मैं जिस तरीके की कल्पना करूंगी वह पीटर (या किसी और) के साथ होगा। मुझे पता है ज्यादातर चीजों के बारे में वह भी मेरे जैसा ही महसूस करती है!

कपड़े धोते समय, बेप कैसे हतोत्साहित हो जाती है के बारे में वह माँ और श्रीमती वैन दान से बात करने लगी। वे दो उसे क्या मदद कर सकती थी? हमारी उद्दंड मां विशेष रूप से, चीजों को केवल बद से बदतर बनाती जाती है। क्या आपको पता है उसकी क्या सलाह थी? उसे इस दुनिया के अन्य सभी लोगों के बारे में सोचना चाहिए जो कि पीड़ित हैं! अगर अपने आप को दुखी कर रहे हैं तो दूसरों के दुख में मदद करने के बारे में आप कैसे सोच सकते हैं? मैंने कहा जितना ज्यादा हो सके। उनका जवाब, बेशक, यह था कि मुझे इस तरह की बातचीत से अलग रहना चाहिए।

पीटर, मार्गोट, बेप और मेरे तरह ही वयस्क लोग भी बेवकूफ हैं! सभी की भावनायें एक जैसी नहीं होतीं। केवल एक चीज है जो कि मदद करती है, वह है एक माँ का प्यार, या उनका एक बहुत, बहुत करीबी दोस्त होना। लेकिन ये दो मातायें हमारे बारे में पहली बात नहीं समझ पातीं! शायद श्रीमती वैन दान माँ की तुलना में थोड़ा अधिक करती हैं। ओह, मैं चाहती हूँ मैं बेचारी बेप को कुछ कहना चाहती हूँ, कुछ है जो कि मुझे मेरे अपने अनुभव से पता है कि मदद कर सकता है। लेकिन पिता मोटे तौर पर मुझे एक तरफ धकेलते हुए हमारे बीच आ गए थे। वे सब इतने बेवकूफ हैं!

पिता और माता के बारे में मैंने मार्गोट से भी इस बारे में बात की, कि अगर वे इतने उत्तेजक नहीं होते तो यह यहां कितना अच्छा हो सकता था। हम अपनी शाम को व्यवस्थित करने में सक्षम होते जिससे हर कोई बारी–बारी से एक विषय पर चर्चा कर सकता। लेकिन हम पहले से ही यह सबी कुछ करते रहे हैं। यहाँ बात करना मेरे लिए असंभव है! श्री वैन दान आक्रामक हो जाते हैं, माँ व्यंग्यात्मक हो जाती हैं और कुछ भी एक सामान्य आवाज में

नहीं कह सकती, पिता हिस्सा लेने की जरूरत महसूस नहीं करते हैं, और न ही श्री डसेल करते हैं, और श्रीमती वैन दान इतना अकसर हमला करती रहती हैं कि वह सिर्फ एक लाल चेहरा लेकर ही वहाँ बैठती हैं, एक लड़ाई से आगे बढ़ने में शायद ही सक्षम हो पाती हैं। और हमारे बारे में क्या? हमें अपनी राय देने की अनुमति नहीं है! मेरी, मेरी, वे प्रगतिशील नहीं हैं! एक राय नहीं है! लोग आप को चुप रहने के लिए कह सकते हैं, लेकिन वे एक राय रखने से नहीं रोक सकते। आप किसी को एक राय बनाने से मना नहीं कर सकते है, इससे कोई फर्क नहीं पड़ता कि वह कितने छोटे हैं! केवल एक चीज जिससे बेप, मार्गोट, पीटर और मुझे मदद मिलेगी महान प्रेम और भक्ति होगी, जो हमें यहाँ नहीं मिलता है। और कोई भी नहीं, विशेष रूप से यहाँ आसपास के मूर्खतापूर्ण संत लोग, हमें समझने में सक्षम नहीं हैं, क्योंकि उनमें से कोई भी कभी जितना संदेह कर सकता है हम अपनी सोच में उससे बहुत अधिक संवेदनशील और बहुत अधिक उन्नत हैं!

प्यार, प्यार क्या है? मुझे नहीं लगता है कि आप वास्तव में इसे शब्दों में व्यक्त कर सकते हैं। प्यार, किसी को समझना, उसकी देखभाल, अपने सुख और दुख बांटना है। इसमें अंततः शारीरिक प्यार भी शामिल होता है। आप कुछ साझा करते हैं, कुछ चीजें देते हैं और बदले में कुछ प्राप्त करते हैं, चाहे आप शादी करें या न करें, चाहे आप को एक बच्चा हो या न हो। आपके पुण्य प्रताप के खोने से कोई फर्क नहीं पड़ता, जब तक आप जानते हैं कि जब तक आप जीवित हैं कोई आपकी तरफ रहेगा, जो आप को समझता है, और जो किसी और के साथ साझा नहीं करेगा!

तुम्हारी, ऐनी एम फ्रैंक

इस समय, माँ मुझ पर फिर से बड़बड़ा रही है; उसे स्पष्ट रूप से जलन हो रही है क्योंकि मैं उससे अधिक श्रीमती वैन दान के साथ बात कर रही हूँ। मैं परवाह क्यों करूँ!

मैं इस दोपहर को पीटर को पकड़ पाने में कामयाब रही, और हमने कम से कम पैंतालीस मिनट तक बात की थी। वह मुझसे अपने बारे में कुछ कहना चाहता था, लेकिन यह आसान नहीं था। उसने अंत में इसे कर ही लिया, हालाँकि इसमें एक लंबा समय लगा। ईमानदारी पूर्वक मुझे पता नहीं है कि मेरे लिए बेहतर क्या था रहना या जाना। लेकिन मैं उसकी बहुत मदद करना चाहती थी! मैंने उसे बेप के बारे में और हमारी मां कितनी उद्दंड हैं इसके बारे में बताया। उसने मुझे बताया कि उसके माता–पिता राजनीति और सिगरेट और सभी प्रकार की बातों के बारे में लगातार लड़ते रहते हैं। जैसा कि मैंने तुम्हें पहले ही कहा था कि, पीटर बहुत शर्मीला है, लेकिन इतना भी अधिक शर्मीला नहीं है कि यह स्वीकार न कर सके कि अगर वह अपने माता पिता को एक या दो साल तक न देखे तो उसे पूरी खुशी होगी। 'मेरे पिता जैसे दिखते हैं वह उस रूप में अच्छे नहीं हैं' उसने कहा। 'लेकिन सिगरेट के मामले में, माँ बिल्कुल सही है।'

मैंने उसे अपनी माँ के बारे में भी बताया। लेकिन वह पिता की रक्षा में आ गया था। वह सोचता था कि वे एक 'कमाल के आदमी' थे।

आज रात जब मैं अपने एप्रन धोने के बाद ऊपर लटका रही थी, उसने मुझे पास बुलाया और एक और तर्क वितर्क और वाद विवाद नहीं होने देने के लिए मुझसे अपने माता–पिता के बारे में नीचे कुछ भी नहीं कहने के लिए कहा। मैंने वादा किया, हालांकि मैं इससे पहले ही मार्गोट को बता चुकी थी। लेकिन मुझे यकीन है कि मार्गोट इसे फैलने नहीं देगी।

'अरे नहीं, पीटर,' मैंने कहा, 'तुम्हें मेरे बारे में चिंता करने की जरूरत नहीं है। मैंने जो सुना है वह सब कुछ बकना नहीं सीखा है। तुम मुझे जो बताओगे मैं उसे कभी नहीं दोहराउंगी।'

वह इसे सुन कर खुश था। मैंने उसे अपनी कमाल की गपशप भी सुनाई, और कहा, 'मार्गोट जब कहती है कि मैं ईमानदार नहीं हूँ, तो वह बेशक काफी हद तक सही है, क्योंकि जितना मैं गपशप बंद करना चाहती हूँ, श्री डसेल पर चर्चा से बेहतर मेरी पसंद कुछ भी नहीं है।'

'यह अच्छा है कि आप इसे स्वीकार करती हैं,' उसने कहा। वह शर्मा गया, और उसकी ईमानदार बधाई ने मुझे भी लगभग मोहित कर दिया।

तो फिर हमने 'ऊपर' और 'नीचे' के बारे में कुछ और बातें की थी। पीटर यह सुनकर कि वह अपने माता–पिता की तरह नहीं है, बल्कि वास्तव में हैरान था। 'पीटर,' मैंने कहा, 'आपको पता है मैं हमेशा ईमानदार रहती हूँ, तो मुझे तुम्हें यह भी क्यों नहीं बता देना चाहिए? हम उनकी गलतियों को भी देख सकते हैं।'

मैंने जोड़ा, 'पीटर, मैं वास्तव में आपकी मदद करना चाहती हूँ। क्या आप करने देंगे? आप एक अजीब स्थिति में फंस गए हैं, और मुझे पता है, यहां तक कि हालांकि आप ने कुछ भी कहा नहीं है, इसने आप को विचलित कर दिया है।'

'ओह,` मदद का हमेशा स्वागत है!'

'शायद अपने पिता से बात करना आपके लिए बेहतर होगा। आप उन्हें कुछ भी बता सकते हैं, वे इसे अपने तक ही रखेंगे।'

'मुझे पता है, वह एक असली दोस्त हैं।'

'तुम उन्हें बहुत पसंद करते हो, क्या तुम नहीं करते हो?'

पीटर ने स्वीकार में सिर हिलाया, और मैंने कहना जारी रखा, 'ठीक है, वह भी तुम्हें पसंद करते हैं तुम्हें पता है!'

उसने जल्दी से ऊपर देखा और शरमाने लगा। यह देखना कि इन कुछ शब्दों ने उसे कितना खुश कर दिया था, वास्तव में बहुत मार्मिक था। 'आपको ऐसा लगता है?' उसने पूछा।

'हाँ' मैंने कहा। 'आप उन्हें अब और तब चूक गई छोटी बातों से बता सकते हैं।'

तभी श्री वैन दान कुछ निर्देश देने के लिए आए थे। पीटर ठीक पिता की तरह एक 'कमाल का आदमी' है!

तुम्हारी, ऐनी एम फ्रैंक

शुक्रवार, ३ मार्च, १९४४

मेरी सबसे प्यारी किट्टी,

आज रात जब मैंने मोमबत्ती में देखा, तो मैंने फिर से शांत और खुश महसूस किया। उस मोमबत्ती में दादी की छवि महसूस हो रही थी और यह दादी ही हैं जो मेरी रखवाली करती हैं और मुझे बचाती हैं और मुझे फिर से खुश महसूस कराती हैं। लेकिन ...... वहाँ कोई और भी है जो मेरी मनोदशा को नियंत्रित करता है और वह है ..... पीटर। मैं आज आलू लेने के लिए गई और जब मैं अपने पूरे भरे तसले के साथ सीढ़ी पर खड़ी थी, उसने पूछा, 'दोपहर के भोजन के दौरान आप क्या कर रही हैं?'

मैं सीढ़ियों पर बैठ गई और हम बात करने लगे।

रसोई घर में ५–१५ तक (मैं जब उन्हें लेने गई थी उसके बाद एक घंटे तक) आलू नहीं बनना था। पीटर ने अपने माता–पिता के बारे में कुछ भी अधिक नहीं कहा था; हमने सिर्फ पुस्तकों के बारे में और अतीत के बारे में बात की थी। ओह, उसने मुझ पर अपनी आँखों में इस तरह की गर्मजोशी के साथ टकटकी लगा रखी थी; कि मुझे नहीं लगता कि उसके साथ प्यार में पड़ने में मेरे लिए बहुत समय लगने वाला था।

वह इस शाम तक का विषय ले आया था। आलू छीलने के बाद मैं उसके कमरे में चली गई और आज कितनी गर्मी थी इस पर टिप्पणी की। 'मार्गोट और मुझे देख कर तुम तापमान बता सकते हो, क्योंकि जब ठंड होती है तब हम सफेद और जब गर्मी होती है तब हम लाल हो जाते हैं', मैंने कहा।

'प्यार में?' उसने पूछा।

'मुझे प्यार में क्यों होना चाहिए?' यह एक बहुत मूर्खतापूर्ण जवाब था (या, बल्कि, सवाल)।

'क्यूँ नहीं?' उसने कहा, और फिर खाने का समय हो गया था।

उसका क्या मतलब था? आज अंत में मैं उससे पूछने में कामयाब हो ही गई कि क्या मेरी बकबक उसे परेशान करती थी। उसने जो कहा वह सब यह था, 'ओह, यह मेरे लिए ठीक है!' मैं नहीं बता सकती कि उसका जवाब कितना शर्म के कारण था।

किट्टी, मैं किसी प्यार में पड़े हुए की तरह बात करती हूँ और किसी से भी उसके सबसे प्रिय व्यक्ति की तरह बात कर सकती हूँ। और पीटर एक प्रिय है। क्या मैं कभी भी उसे बताने में सक्षम हो पाउंगी? केवल अगर वह भी मेरे बारे में यही सोचता है, लेकिन मैं उस व्यक्ति की तरह हूँ जिसके साथ आप बच्चे के दस्ताने जैसा व्यवहार कर सकते हैं, मुझे वह सब बहुत अच्छी तरह पता है।

और वह अकेला छोड़ दिया जाना पसंद करता है, इसलिए मैं नहीं जानती कि वह मुझे कितना पसंद करता है। किसी भी स्थिति में, हम एक दूसरे को थोड़ा सा बेहतर जान पा रहे थे। मैं चाहती हूँ कि हम और अधिक कहने की हिम्मत करें। लेकिन कौन जानता

है, हो सकता है कि मुझे जैसा लगता है उसकी तुलना में वह समय जल्दी ही आ जाएगा! दिन में एक या दो बार वह मुझे एक जानी पहचानी झलक दिखाता है, मैं वापस पलक झपकाती हूँ और हम दोनों खुश हैं। उसके खुश होने के बारे में बात करना पागलपन लगता है, और अभी तक मुझे भारी लग रहा है कि वह उसी तरह से सोचता है जैसा मैं सोचती हूँ।

तुम्हारी, ऐनी एम फ्रैंक

शनिवार, ४ मार्च, १९४४

प्रिय किट्टी,

यह महीनों में पहला शनिवार है जो कि थकाऊ, सुनसान और उबाऊ नहीं है। कारण पीटर है। आज सुबह जैसे ही मैं अपना मेरे एप्रन फैलाने अटारी पर जाने के अपने रास्ते पर बढ़ी थी, पिता से पूछा कि क्या मैं अपना फ्रेंच अभ्यास करने आना चाहती थी और मैंने कहा हाँ। कुछ समय तक हमने एक दूसरे के साथ फ्रेंच में बात की और मैंने पीटर को कुछ समझाया, और फिर हमने अपनी अंग्रेजी पर काम किया। पिता ने डिकेंस से पाठ जोर से पढ़े और मैं सातवें आसमान में थी क्योंकि मैं पिता की कुर्सी पर पीटर के करीब बैठी हुई थी।

मैं पौने ग्यारह पर नीचे चली गई। जब ग्यारह तीस पर मैं वापस आई, पीटर सीढ़ियों पर पहले से ही मेरा इंतजार कर रहा था। हमने पौने एक बजे तक बात की थी। जब भी मैं कमरे से बाहर जाती, उदाहरण के लिए भोजन के बाद, और पीटर को एक मौका मिल जाता और कोई भी सुन नहीं सकता, वह कहता, 'राम–राम, ऐनी, बाद में मिलते हैं।'

ओह, मैं बहुत खुश हूं! मैं आश्चर्यचकित हूं क्या वह आखिरकार मेरे साथ प्यार में पड़ने जा रहा है? किसी भी स्थिति में, वह एक अच्छा लड़का है, और तुम्हें पता नहीं है उससे बात करना कितना अच्छा लगता है!

श्रीमती वैन दान पीटर से मेरा बात करना उचित समझती रही हैं, लेकिन आज उन्होंने शरारत के साथ मुझसे पूछा 'क्या मैं वहाँ आप दोनों पर भरोसा कर सकती हूँ?'

'बेशक,' मैंने विरोध किया। 'मैं इसे एक अपमान के रूप में लूंगी!'

सुबह, दोपहर और रात, मैं पीटर को देखने के लिए तत्पर।

तुम्हारी, ऐनी एम फ्रैंक

पश्च–लेख। मेरे भूलने से पहले, कल रात को सब कुछ बर्फ से ढंक गया था। अब यह पिघल रही है और लगभग कुछ भी नहीं बचा है।

सोमवार ६ मार्च, १९४४

सबसे प्यारी किट्टी,

पीटर ने जबसे मुझे अपने माता–पिता के बारे मे बताया था, तब से मैंने उसके प्रति जिम्मेदारी की एक अजीब सी भावना महसूस की है, तुम्हे नहीं लगता यह अजीब है? यह ऐसा है मानो उनके झगड़ों से जितना उसका मतलब है उतना ही मेरा है, तब भी मैं इसे अब और बढ़ने की हिम्मत नहीं करती, क्योंकि मैं डरती हूँ यह उसे परेशान करता है। मैं हस्तक्षेप नहीं करना चाहूंगी, दुनिया के सारे पैसे के लिए भी नहीं। मैं पीटर का चेहरा देखकर बता सकती हूँ कि वह चीजों को उतनी ही गहराई से सोचता है जितना कि मैं। पिछली रात मैं गुस्सा हो गई जब श्रीमती वैन दान, ने मजाक उड़ाया 'विचारक!' पीटर उत्तेजित और शर्मिंदा दिखा, और मैं लगभग अपने आपे से बाहर हो गई।

ये लोग अपने मुंह बंद क्यों नहीं रखते हैं?

तुम कल्पना नहीं कर सकती हो, कुछ भी नहीं कर पाने में असमर्थ होकर किनारे खड़े रहना और देखना कि वह कितना अकेला है, कैसा लगता है। मैं कल्पना कर सकती हूँ, मानो मैं उसकी जगह हूँ, कि कभी कभी झगड़ों के समय वह कितना निराश महसूस करता होगा। और प्यार के बारे में। बेचारा पीटर, उसे प्यार किये जाने की बहुत जरूरत है!

बहुत ही भावशून्य लगा जब उसने कहा उसे किसी भी मित्र की जरूरत नहीं है। ओह, वह बहुत गलत है! मुझे नहीं लगता उसका यही मतलब है। वह अपनी मर्दानगी, अपने एकांत और अपनी झूठी उदासीनता से चिपका रहता है ताकि वह अपनी भूमिका बनाए रख सके, ताकि उसे कभी भी अपनी भावनाएं दिखानी ना पड़े। बेचारा पीटर, वह कितनी देर तक इसे बनाये रख सकता है? क्या वह इस अलौकिक प्रयास से फूट नहीं जायेगा?

ओह पीटर, काश मैं तुम्हारी मदद कर पाती, काश तुम मुझे करने देते! एक साथ मिल कर हम अपना अकेलापन दूर कर सकते थे, तुम्हारा और मेरा!

मैं ज्यादा न कहते हुए, लेकिन बहुत अधिक सोचने का कार्य कर रही हूँ। जब मैं उसे देखती हूँ, मैं खुश हो जाती हूँ और जब हम साथ होते हैं तो सूरज की चमक से भी अधिक खुश होती हूँ। मैंने कल अपने बाल धोए, और क्योंकि मैं जानती थी कि वह पास ही है, मैं बहुत हुल्लड़ बाज हो गई थी। मैं इसमें कुछ नहीं कर सकती; जितनी शांत और गंभीर मैं अंदर से हूँ, बाहर उतना ही अधिक शोर करने वाली हो जाती हूँ!

मेरे कमजोर क्षेत्र को सबसे पहले कौन खोजेगा?

यह उचित है कि वैन दान की कोई बेटी नहीं है। समान लिंग के व्यक्ति के साथ मेरी विजय कभी भी इतनी चुनौतीपूर्ण, इतनी सुंदर और इतनी अच्छी नहीं हो सकती थी!

तुम्हारी, ऐनी एम फ्रैंक

पश्च–लेख। तुम्हें पता है मैं तुम्हारे साथ हमेशा ईमानदार रही हूँ, इसलिए मुझे लगता है मुझे तुम्हे बताना चाहिए कि एक आकस्मिक भेंट से दूसरी आकस्मिक भेंट तक ही जीती हूँ। मैं यह खोजने की आशा करती रहती हूँ कि वह मुझसे मिलने के लिए तड़प रहा है, जब मैं उसके संकोची प्रयासों पर ध्यान देती हूँ, मैं हर्ष उन्माद से भर जाती हूँ। मुझे लगता है वह खुद को उतनी ही आसानी से अभिव्यक्त करने में सक्षम होना चाहेगा जितना कि मैं; वह नही जानता कि यह उसका बेढंगापन ही है जिसे मैं बहुत मार्मिक पाती हूँ।

मंगलवार, ७ मार्च, १९४४

सबसे प्यारी किट्टी,

जब मैं वापस अपनी १९४२ की जिन्दगी के बारे में सोचती हूँ, सब कुछ बहुत अवास्तविक लगता है। ऐनी फ्रैंक जिसने उस दिव्य अस्तित्व का आनंद लिया, पूरी तरह से उस एक से भिन्न थी जो इन दीवारों के भीतर बुद्धिमान हो गई है। हाँ, यह दिव्य था। हर सड़क के कोने पर पांच प्रशंसक, बीस या तो कुछ और दोस्त, मेरे अधिकांश शिक्षकों की पसंदीदा, पिता और माता के लाड प्यार से बिगड़ी, मिठाईयों से भरे बैग और जेब खर्च का भार। कोई और क्या मांग सकता है?

तुम शायद आश्चर्य कर रही हो, मैं उन सभी लोगों को मंत्रमुग्ध कैसे कर सकती थी। पीटर कहता है यह इसलिए क्योंकि मैं 'आकर्षक' हूँ, लेकिन यह पूरी तरह से नहीं है। शिक्षक मेरे चतुर जवाब, मेरी मजाकिया टिप्पणी, मेरा मुस्कुराता चेहरा और मेरे समीक्षात्मक दिमाग से खुशी और मनोरंजन पाते थे। यही सब थी मैं: घोर इश्कबाज, मोहित करने वाली, और मनोरंजक। मेरे पास कुछ मुख्य लाभ थे जिन्होंने मुझे हर किसी की कृपा में रखा: मैं मेहनती, ईमानदार और उदार थी। मैं कभी भी किसी ऐसे को मना नहीं कर सकती थी जो मेरे जवाबों में झांकना चाहता था, मैं अपनी मिठाईयों के साथ बहुत उदार थी, और मैं घमंडी नहीं थी।

क्या उन सब प्रशंसाओं ने अंततः मुझे अति आत्मविश्वासी बना दिया होता? यह अच्छी बात है कि मेरी महिमा की ऊंचाई पर, मुझे अचानक वास्तविकता में डुबा दिया गया। प्रशंसा के बिना रहते हुए मुझे एक वर्ष से अधिक का समय लगा हो गया है।

वे मुझे स्कूल में कैसे देखते थे? कक्षा की हास्य अभिनेता के रूप में, कभी भी खराब मनोदशा में नहीं, अनन्त सरगना, कभी रिरियाने वाली नहीं। क्या कोई आश्चर्य की बात थी कि हर कोई मेरे साथ स्कूल तक साईकिल चला कर आना चाहता था, या थोडा साथ देना चाहता था?

मैं उस ऐनी को एक सुखद, मनोरंजक, लेकिन सतही लड़की के रूप में देखती हूँ, जिसका मुझसे कोई लेना देना नहीं है। पीटर ने मेरे बारे में क्या कहा? 'जब भी मैंने तुम्हें

देखा, तुम लड़कियों के झुण्ड, और कम से कम दो लड़कों से घिरी हुई थी और हमेशा हंसती रहती थी, और तुम हमेशा ध्यान का केंद्र थीं!' वह सही था।

उस ऐनी फ्रैंक का क्या रह गया है? ओह, मैं हंसना या टिप्पणी उछालना नहीं भूली हूँ, लोगों को जोरदार डांट लगाने में, मैं उतनी ही अच्छी हूँ, अगर बेहतर नहीं हूँ तो, और मैं इश्कबाजी कर सकती हूँ और मनोरंजक हो सकती हूँ, यदि मैं होना चाहूं तो .....

लेकिन वह एक धोखा है। मैं एक शाम, सप्ताह में कुछ दिन, एक सप्ताह के लिए वह लापरवाह और सुखी प्रतीत होने वाला जीवन जीना चाहूंगी। उस सप्ताह के अंत में मैं थकी हुई होउंगी, और मुझसे कुछ अर्थपूर्ण के बारे में बात करने वाले पहले व्यक्ति की आभारी रहूंगी। मुझे दोस्त चाहियें, प्रशंसक नहीं। ऐसे लोग जो मेरे चरित्र और मेरे कामों को सम्मान दें न कि मेरी चापलूसी वाली मुस्कान को। मेरे चारों ओर का घेरा बहुत छोटा होगा, लेकिन जब तक वे ईमानदार हैं, उससे क्या फर्क पड़ता है?

हर चीज के बावजूद, मैं १९४२ में पूरी तरह से खुश नहीं थी; मैंने अक्सर महसूस किया, मैं उजड़ रही हूँ, लेकिन क्योंकि मैं पूरे दिन व्यस्त रहती थी, मैंने इसके बारे में सोचा नहीं है। मैंने जानबूझ कर या अनजाने में रिक्त स्थान को मजाक से भरने की कोशिश करते हुए, जितना मैं कर सकती थी उतना आनंद लिया।

पीछे देखते हुए मैंने अहसास किया कि मेरे जीवन की यह अवधि अपरिवर्तनीय रूप से समाप्त हो गई है; मेरे चिंतामुक्त, लापरवाह स्कूल के दिन हमेशा के लिए जा चुके हैं। मैं भी उन्हें याद नहीं करती हूँ। मैं उन्हें पीछे छोड़ चुकी हूँ। चूँकि मेरा गंभीर पक्ष हमेशा मौजूद होता है, मैं बस अब और यहाँ वहां मजाक नहीं कर सकती।

मैं साल १९४४ तक के अपने जीवन को ऐसे देखती हूँ मानो एक शक्तिशाली आवर्धक कांच के माध्यम से देख रही हूँ। मैं जब घर पर थी, मेरा जीवन धूप से भरा हुआ था। फिर, १९४२ के मध्य में, सब कुछ रातों–रात बदल गया।

झगड़े, आरोप – मैं यह सब नहीं समझ सकी, मैं बिना तैयारी के पकड़ी गई, और अपना आचरण रखने के लिए मैं जो रास्ता जानती थी वह था जबान चलाना।

साल १९४३ की पहली छमाही रोने का दौर, अकेलापन और मेरी गलतियों और कमियों का क्रमिक अहसास ले कर आई, जो कई थीं, और उससे भी ज्यादा प्रतीत हुई। मैंने बकबक से दिन भर दिया, पिम को अपनी ओर आकर्षित करने की कोशिश की और विफल रही। खुद को सुधारने के मुश्किल काम का सामना करने के लिए इसने मुझे अकेला छोड़ दिया ताकि मुझे उनके धिक्कार न सुनने पड़ें, क्योंकि उन्होंने मुझे बहुत ही आशाहीन बना दिया है।

साल की दूसरी छमाही थोड़ी बेहतर थी। मैं एक किशोरी बन गई, और सयानों सा व्यवहार किया जाने लगा। आखिरकार इस निष्कर्ष पर पहुँचते हुए कि दूसरों को अब और मुझसे कुछ लेना देना नहीं है, मैंने चीजों के बारे में सोचना और कहानियां लिखना शुरू कर दिया। उनके पास मुझे घड़ी के पेंडुलम की तरह आगे पीछे झुलाने का कोई अधिकार नहीं

था। मैं खुद को अपने तरीके से बदलना चाहती थी। मैंने महसूस किया मैं माँ के बिना भी पूर्ण रूप से और पूरी तरह से सफल हो सकती थी और वह बात दिल में लगी। लेकिन जिस चीज ने मुझे और भी अधिक प्रभावित किया वह यह बोध था कि मैं कभी भी पिता में विश्वास करने में सक्षम नहीं होने वाली हूँ। मुझे खुद के सिवाय किसी पर भरोसा नहीं था।

नए साल के बाद दूसरा बड़ा परिवर्तन हुआरू मेरा सपना जिसके जरिये मैंने अपनी ... .. एक लड़के की इच्छा को खोजा; एक प्रेमिका की नहीं, बल्कि एक प्रेमी की। मैंने अपनी सतही और हंसमुख बाहरी रूप के नीचे एक आंतरिक खुशी की खोज भी की। समय–समय पर मैं चुप रहती थी। अब मैं सिर्फ पीटर के लिए जीती हूँ, चूँकि मेरे साथ भविष्य में क्या होता है, यह उस पर काफी हद तक निर्भर करता है!

मैं इन शब्दों, 'मैं सभी अच्छे और प्यार और सुंदर के लिए धन्यवाद करती हूँ'[२२] के साथ अपनी प्रार्थना खत्म करने के बाद अपने बिस्तर में लेट जाती हूँ, और मैं आनंद से भरी हुई होती हूँ। मैं छिपने के स्थान में जाने, मेरे स्वास्थ्य और मेरे पूर्ण अस्तित्व के बारे में *दास गेते* की तरह सोचती हूँ; पीटर के प्यार (जो कि अभी बहुत नया और नाजुक है और जिसे हम में से कोई भी जोर से कहने की हिम्मत नहीं करता), भविष्य, खुशी और प्यार के बारे में *दास लिएबे* की तरह; दुनिया, प्रकृति और हर चीज की जबरदस्त सुंदरता, उस सब वैभव के बारे में *दास स्वोंने* की तरह सोचती हूँ।

ऐसे क्षणों में मैं सारे दुखों के बारे में नहीं, बल्कि सुंदरता के बारे में सोचती हूँ जो अभी तक बनी हुई है। यहीं पर माँ और मैं काफी भिन्न होते हैं, उदासी की अवस्था में उनकी सलाह होती है 'दुनिया में सभी पीड़ा के बारे में सोचो और आभार करो कि आप इसका हिस्सा नहीं हो।' मेरी सलाह होती है: 'बाहर खुले देहात में जाओ, धूप और प्रकृति के पास जो भी देने के लिए है, उसका आनंद लो। बाहर जाओ और अपने भीतर की खुशी फिर से ग्रहण करने की कोशिश करो; अपने आप में और आप के आसपास हर चीज में सौंदर्य, के बारे में सोचो और खुश रहो।'

मुझे नही लगता माँ की सलाह सही हो सकती है, क्योंकि यदि आप दुख का हिस्सा बन जाते हैं, तो आप से क्या करने की उम्मीद की जाती है? आप पूरी तरह से खो जाएँगे। इसके विपरीत, सुंदरता, विपत्ति में भी बनी रहती है। यदि आप सिर्फ इसे देखते हैं, तो आप अधिक से अधिक खुशी की खोज करते हैं और अपना संतुलन फिर से हासिल कर लेते हैं। एक व्यक्ति जो खुश है, दूसरों को खुश करेगा; एक व्यक्ति जिसके पास साहस और विश्वास है, दुख से कभी नहीं मरेगा!

तुम्हारी, ऐनी एम फ्रैंक

---

[२२]धन्यवाद, परमेश्वर, उस सब के लिए जो अच्छा और प्यारा और सुंदर है।

बुधवार, ८ मार्च, १९४४

मार्गोट और मैं, निश्चित रूप से, सिर्फ मनोरंजन के लिए, एक–दूसरे को नोट लिख रहे हैं।

ऐनी: यह अजीब बात है, लेकिन मैं उस दिन के बाद केवल पिछली रात जो हुआ है वही याद कर सकती हूँ। उदाहरण के लिए, मुझे अचानक याद आया कि पिछली रात श्रीमान डसेल जोर से खर्राटे ले रहे थे। (अभी बुधवार की दोपहर के पौने तीन बजे हैं और श्रीमान डसेल फिर से खर्राटें ले रहे हैं, इसीलिए, बेशक, यह मेरे दिमाग में कौंधा।) जब मुझे पॉटी का इस्तेमाल करना पड़ा, मैंने सोच समझ कर, खर्राटों को रोकने के लिए ज्यादा शोर किया।

मार्गोट: खर्राटें भरना या हवा के लिए हांफना, कौन सा बेहतर है?

ऐनी: खर्राटें बेहतर हैं, क्योंकि प्रश्नगत व्यक्ति को जगाये बिना, जब मैं शोर करती हूँ ये रुक जाते हैं।

जो मैंने मार्गोट को नहीं लिखा, लेकिन जो मैं तुमसे कबूल करुँगी, प्रिय किट्टी, वह ये है कि मैं बार बार पीटर के सपने देख रही हूँ। पिछली रात से पहले की रात मैंने देखा मैं अपोलो आइस स्केटिंग रिंक के उस छोटे लड़के के साथ यहीं बैठक कक्ष में स्केटिंग कर रही थी; वह अपनी बहन के साथ था, पतली टांगों वाली वह लड़की जो हमेशा नीले रंग की एक ही पोशाक पहनती थी। थोडा ज्यादा पेश करते हुए मैंने खुद को परिचित कराया, और उसका नाम पूछा। यह पीटर था। मेरे सपनों में, मुझे आश्चर्य हुआ कि मैं वास्तव में कितने पीटरों को जानती थीं!

फिर मैंने सपना देखा हम सीढ़ियों के बगल में एक दूसरे के सामने, पीटर के कमरे में खड़े थे। मैंने उससे कुछ कहा; उसने मुझे एक चुंबन दिया, लेकिन उत्तर दिया कि वह मुझसे प्यार नहीं करता है और मुझे इश्कबाज नहीं होना चाहिए। एक हताश और सफाई पेश करती आवाज में मैंने कहा 'मैं इश्कबाजी नहीं कर रही हूँ, पीटर!'

जब मैं जागी, मैं खुश थी कि पीटर ने आखिरकार यह सब नहीं कहा है। कल रात मैंने सपना देखा हम एक दूसरे को चूम रहे थे, लेकिन पीटर के गाल बहुत ही निराशाजनक थे: वे उतने मुलायम नहीं थे, जितने दिखे थे। वे पिता के गालों जैसे ज्यादा थे – उस आदमी के गाल जो पहले ही से दाढ़ी बना चुका है।

शुक्रवार, १० मार्च, १९४४

मेरी सबसे प्यारी किट्टी,

यह कहावत 'दुर्भाग्य कभी अकेले नहीं आता' निश्चित रूप से आज के समय पर लागू होती है। पीटर ने ऐसा ही कहा। मैं तुम्हें वे सभी भयानक बातें बता दूं, जो हो चुकी हैं और अभी भी हमारे सिरों के ऊपर लटक रही हैं।

सबसे पहले, मिएप, कल हुई हेंक और आग्जे की शादी की वजह से बीमार है। उसे

वेस्टरकर्क में, जहाँ सेवा का आयोजन किया गया था, सर्दी हो गई। दूसरा, श्रीमान क्लिमन तब से काम पर नहीं लौटे हैं, जब से आखिरी बार उनके पेट से खून बहा था, इसलिए, किले को सम्हाले रखने के लिए बेप अकेली रह गई है। तीसरा, पुलिस ने एक व्यक्ति को (जिसका नाम मैं लिखित रूप में नहीं दूँगी) गिरफ्तार किया है। यह ना केवल उसके लिए भयानक है, बल्कि हमारे लिए भी, चूँकि वह हमें आलू, मक्खन और जैम की आपूर्ति कर रहा है। श्रीमान एम, जैसा कि मैं उसे कहूँगी, के, तेरह वर्ष से नीचे की आयु के पांच बच्चे हैं और एक और आने को है।

कल रात हम थोड़ा और डर गए थे: जब हम रात के खाने के बीच में थे, अचानक किसी ने पास की दीवार पर दस्तक दी। बाकी शाम हम परेशान और उदास थे। हाल ही में, यहाँ पर क्या चल रहा है, मैं बिलकुल भी लिखने की मनोदशा में नहीं हूँ। मैं अपने आप में अधिक लिपटी हुई हूँ। मुझे गलत मत समझो, मैं, नेक, बेचारे श्रीमान एम के साथ जो हुआ उसके लिए बहुत परेशान हूँ, लेकिन मेरी डायरी में उसके लिए ज्यादा जगह नहीं है।

मंगलवार, बुधवार और गुरुवार को मैं चार तीस से लेकर सवा पांच बजे तक पीटर के कमरे में थी। हमने अपनी फ्रेंच पर काम किया और अन्य बातों के बारे में बातचीत की। मैं सचमुच दोपहर में उस एक घंटे या ऐसा कुछ के लिए प्रतीक्षा करती हूँ, लेकिन सबसे अच्छा है कि मुझे लगता है उसी समय पीटर, मुझे देख कर खुश होता है।

तुम्हारी, ऐनी एम फ्रैंक

शनिवार, ११ मार्च, १९४४

सबसे प्यारी किट्टी,

मैं हाल ही में मैं स्थिर बैठने में सक्षम नहीं रही हूँ। मैं ऊपर और नीचे और फिर वापस घूमती रहती हूँ। मैं पीटर से बात करना पसंद करती हूँ, लेकिन एक उपद्रवी होने से हमेशा डरती हूँ। उसने मुझे थोडा अपने अतीत, अपने माता पिता और खुद के बारे में, बताया है, लेकिन यह पर्याप्त नहीं है, और मुझे आश्चर्य है कि हर पांच मिनट में, मैं क्यों खुद को और जानने की इच्छा करती पाती हूँ। वह सोचा करता था, मैं सचमुच खिजाऊ हूँ, और यह पारस्परिक अहसास था। मैंने अपना इरादा बदल दिया है, लेकिन मैं कैसे जानूं की उसने भी अपना बदल लिया है? मुझे लगता है उसने बदल लिया है, लेकिन इसका आवश्यक रूप से यह अर्थ नहीं कि हमें सबसे अच्छे दोस्त बनना है, हालाँकि जहाँ तक मेरा सवाल है, यह यहाँ, हमारे समय को और अधिक सहने योग्य बनाएगा। लेकिन मैं इसे, मुझको पागल नहीं करने दूँगी। मैं उसके बारे में सोचकर काफी समय खर्च करती हूँ, और ऐसे ही क्योंकि मैं बहुत दुखी हूँ, मुझे तुम्हे भी उत्तेजित नहीं करवाना है!

रविवार, १२ मार्च, १९४४

सबसे प्यारी किट्टी,

दिनों के गुजरने के साथ यहाँ चीजें ज्यादा झक्की होती जा रही हैं।

पीटर ने कल से मुझे देखा नहीं है। वह मेरे साथ ऐसा व्यवहार कर रहा है मानो वह मुझसे नाराज हो। मैं उसके पीछे न जाने की, और जितना संभव हो उससे उतना कम बात करने की पूरी कोशिश कर रही हूँ, लेकिन यह आसान नहीं है! क्या हो रहा है, क्या बात उसे मुझसे एक पल में दूर रखवा रही है, और दूसरे पल उसे मेरी ओर दौड़ा रही है? शायद मैं यह कल्पना कर रही हूँ, यह जो वास्तव में है, उससे भी बदतर है। शायद वह मेरी तरह सिर्फ मूडी है, और कल सब कुछ फिर से ठीक हो जाएगा!

जब मैं बहुत दयनीय और दुखी महसूस करती हूँ, सामान्य होने का दिखावा करने की कोशिश में, मेरा सबसे कठिन समय चल रहा होता है। मुझे बात करनी पड़ती है, घर में चारों ओर मदद करनी पड़ती है, दूसरों के साथ बैठना और सबसे ऊपर, हंसमुख होने का अभिनय करना पड़ता है! सबसे ज्यादा मुझे बाहर की याद आती है और एक ऐसी जगह होने की जहां मैं जब तक चाहूं तब तक अकेली रह पाऊँ! किट्टी, मुझे लगता है कि मुझे सब चीज मिश्रित मिल रही है, लेकिन तब, मैं पूरे भ्रम में होती हूँ: एक तरफ, मैं उसकी इच्छा किये, आधी पागल हूँ, मुश्किल से एक ही कमरे में उसे देखे बिना रह सकती हूँ, और दूसरी तरफ मैं आश्चर्य करती हूँ, क्यों उससे मुझे इतना फर्क पड़ता है, और मैं क्यों फिर से शांत नहीं हो सकती हूँ!

दिन और रात, जागे रहने के हर घंटे के दौरान, मैं अपने आप से पूछने के सिवाय और कुछ नहीं करती, 'क्या तुमने उसे अकेले रहने का पर्याप्त मौका दिया है? क्या तुम ऊपर बहुत अधिक समय बिता रही हो? क्या तुम उन गंभीर विषयों के बारे में बहुत ज्यादा बात करती हो जिनके बारे में वह अभी तक बात करने के लिए तैयार नहीं है? शायद वह तुम्हे पसंद तक नहीं करता? क्या यह सब तुम्हारी कल्पना रही है? लेकिन फिर उसने तुम्हे अपने बारे में इतना सब कुछ क्यों बताया है? क्या उसे अफसोस है उसने बता दिया?' और भी बहुत सारी चीजें।

कल दोपहर मैं बाहर से आई दुखद खबर से इतनी टूटी हुई थी कि अपने दीवान पर एक झपकी लेने लेट गई। मैं बस सोना चाहती थी और सोचना नहीं चाहती थी। मैं चार बजे तक सोई, लेकिन फिर, मुझे पास के कमरे मैं जाना था। माँ के सब सवालों का जवाब देना और पिता को अपनी झपकी के बारे में समझाने का एक बहाना खोजना, आसान नहीं था। मैंने सिर दर्द का बहाना किया, जो कि झूठ नहीं था, चूँकि मुझे था ..... अंदर!

साधारण लोग, साधारण लड़कियां, मेरी तरह के किशोर, यह सब आत्म दया को थोडा झक्की समझेंगे। लेकिन यह न्यायसंगत है। मैं तुमसे दिल की बातें खुले आम कहती हूँ, और बाकी समय, प्रश्नों से बचने और अपने आप को दूसरों के गुस्से से दूर रखने का, जितना संभव होता है, मैं उतनी इतनी दिलेर, हंसमुख और आत्मविश्वासी बनी रहती हूँ।

मार्गोट बहुत दयालु है और मुझसे चाहेगी कि मैं उस पर विश्वास करूँ, लेकिन मैं उसे सब कुछ बता नहीं सकती। वह मुझे बहुत गंभीरता से लेती है, बहुत ही अधिक गंभीरता से, और बहुत समय अपनी पागल बहन के बारे में सोचने में बिताती है, जब भी मैं अपना मुंह खोलती हूँ, मुझे ध्यान से देखते हुए और आश्चर्य करते हुए कि 'क्या वह अभिनय कर रही है, या वास्तव में इसके मायने रखती है?'

यह इसलिए क्योंकि हम हमेशा साथ रहे हैं। मैं ऐसे व्यक्ति को हर समय अपने आस पास नहीं रखना चाहती जिस पर मैं भरोसा करती हूँ। मैं अपने अव्यवस्थित विचारों को कब सुलझाउंगी? मुझे फिर से मन की शांति कब मिलेगी?

तुम्हारी, ऐनी एम फ्रैंक

मंगलवार, १४ मार्च, १९४४

सबसे प्यारी किट्टी,

यह सुनना कि हम आज क्या खाने जा रहे हैं, आप के लिए मनोरंजक हो सकता है (हालांकि, मेरे लिए नहीं है)। सफाई वाली महिला नीचे काम कर रही है, इसलिए इस समय मैं वैन दान के 'मोमजामा से ढके मेज' पर एक सुगंधित युद्ध पूर्व इत्र छिड़का रूमाल से अपनी नाक और मुंह दबा कर बैठी हुई हूँ। तुम्हें शायद जरा भी पता नहीं होगा कि मैं किस चीज के बारे में बात कर रही हूँ, इसलिए मुझे 'शुरुआत से शुरू' करने दें। वह आदमी जो हमें खाद्यान्न कूपन की आपूर्ति करता था गिरफ्तार कर लिया गया है, तो हमारे पास सिर्फ हमारे पांच काले बाजार की राशन की किताबें हैं – कूपन, वसा और तेल नहीं है। चूँकि मिएप और श्री क्लेइमन, फिर बीमार हैं बेप खरीदारी का प्रबंधन नहीं कर सकती हैं। भोजन संकट में है, और इसलिए हम भी संकट में हैं। जैसा कि कल के लिए, हमारे पास रत्ती भर भी वसा, मक्खन या मार्जरीन नहीं है। हम नाश्ते में तले हुए आलू नहीं खा सकते (जो, हम रोटी बचाने के लिए करते रहे हैं), इसलिए हम इसकी बजाय दलिया खा रहे हैं और क्योंकि श्रीमती वैन दान सोचती हैं हम भूख से मर रहे हैं, हमने थोड़ा दूध और कुछ क्रीम खरीदा है। दोपहर के भोजन में आज मसले हुए आलू और मसालेदार गोभी है। यह रूमाल से किये जाने वाले एहतियाती उपाय बताता है। आप विश्वास नहीं कर सकते कि गोभी जब कुछ साल पुरानी हो तो कितना ज्यादा बदबू कर सकती है! रसोई से बेर, सड़े अंडे और नमकीन के एक खराब मिश्रण की तरह की बदबू आ रही है। ऊह, सिर्फ इस सोच से ही कि यह खाना गंदगी से बना खाना है मैं इसे फेंक देना चाहती हूँ! इसके अलावा, हमारा आलू एक ऐसे अजीब रोग से ग्रसित हो गया है कि हर दो में से एक बाल्टी *आलू* कचरे में हवा हो जाता है। हमने यह पता लगाने की कोशिश के द्वारा अपने आप का मनोरंजन किया कि उन्हें कौन सी बीमारी लग गई है, और हम इस निष्कर्ष पर पहुँच गए हैं कि वे

कैंसर, चेचक और खसरा से पीड़ित हैं। ईमानदारी से, युद्ध के चौथे वर्ष के दौरान भूमिगत रहना कोई पिकनिक नहीं है। अगर हर जगह केवल बदबूदार गंदगी फैली हुई थी!

तुमसे सच कहती हूं, अगर यहाँ जीवन अन्य मायनों में और अधिक सुखद होता तो मेरे लिए भोजन से बहुत फर्क नहीं पड़ता। लेकिन यहाँ विषय सिर्फ यह है कि: यह थकाऊ अस्तित्व हम सभी को अप्रिय बनाना शुरू कर रहा है। वर्तमान स्थिति के बारे में यहाँ पाँच वयस्कों की राय दे रही हूँ (बच्चों को राय देने की अनुमति नहीं है, और एक बार के लिए मैं नियमों से चिपक रही हूँ):

श्रीमती वैन दान: 'मैं काफी समय पहले ही रसोई की रानी होना चाहना बंद कर दिया था। लेकिन बिना कुछ किये किसी प्रयोजन के बिना खाली बैठे रहना उबाऊ था, इसलिए मैं खाना पकाने वापस आ गई थी। फिर भी, मैं शिकायत की मदद नहीं कर सकती हूँ: तेल के बिना पकाना संभव नहीं है, और उन सभी से इतनी घृणित बदबू आ रही है की मुझे उबकाई जैसा महसूस होता है। इसके अलावा, मेरे प्रयासों के बदले में मुझे क्या मिलता है? कृतघ्न और कठोर टिप्पणियां। मैं हमेशा काली भेड़ हूँ; मैं हर चीज के लिए दोषी ठहरायी जाती हूँ। इससे आगे, यह मेरी राय है कि युद्ध में प्रगति बहुत कम हो रही है। अंत में जर्मनी जीत जाएगा। मैं घबरा रही हूँ कि हम भूखे मरने जा रहे हैं और जब मैं एक बुरे मनोदशा में होती हूँ, मैं उस हर किसी को जो पास आता है गुस्से से काट खाने दौड़ती हूँ।'

श्री वैन दान: 'मैं तो बस धूम्रपान और धूम्रपान और धूम्रपान करूँगा। फिर भोजन, राजनीतिक हालात और केरली की मनोदशा इतनी बुरी नहीं लगती है। केरली बहुत प्यारी है। अगर मुझे धूम्रपान करने को नहीं मिला तो, मैं बीमार हो जाऊंगा, फिर मुझे मांस खाने की जरूरत होती है, जीवन असहनीय हो जाता है, कुछ भी पर्याप्त रूप से अच्छा नहीं है, और एक ज्वलंत पंक्ति होने की बाध्यता है। मेरी केरली एक मूर्ख है।'

श्रीमती फ्रैंक: 'खाद्य पदार्थ बहुत महत्वपूर्ण नहीं है लेकिन मुझे इस समय राई की रोटी का एक टुकड़ा पसंद आएगा क्योंकि मुझे बहुत भूख लगी है। अगर मैं श्रीमती वैन दान होती, तो मैंने बहुत पहले ही श्री वैन दान के धूम्रपान पर रोक लगा दिया होता। लेकिन मुझे अभी एक सिगरेट की सख्त जरूरत है, क्योंकि मेरे सिर में चक्कर जैसा महसूस हो रहा है। वैन दान बहुत खराब लोग हैं; ब्रिटिश बहुत सी गलतियां कर सकते हैं, लेकिन युद्ध प्रगति कर रहा है। मुझे अपना मुँह बंद रखना और मैं पोलैंड में नहीं हूँ इसके लिए आभारी होना चाहिए।'

श्री फ्रैंक: 'सब कुछ ठीक है, मुझे किसी चीज की जरूरत नहीं है। शांत रहें, हमारे पास बहुत समय है। बस मुझे आलू दे दें, और मैं चुप हो जाऊंगा। मेरे राशन में से कुछ हिस्सा बेप के लिए अलग से निर्धारित करना बेहतर होगा। राजनीतिक स्थिति सुधर रही है मैं बहुत आशावादी हूं।'

श्री डसेल: 'मुझे खुद के लिए निर्धारित किये गए काम को पूरा करना चाहिए, सब

कुछ समय पर पूरा किया जाना चाहिए। राजनीतिक स्थिति ''मनोनुकूल'' लग रही है, हमारे लिए पकड़े जाना ''कठिन'' है। मुझे मुझे मुझे ....!'

तुम्हारी, ऐनी

गुरुवार, १६ मार्च, १९४४

सबसे प्यारी किट्टी,

वाह! उदासी से निकला और कुछ क्षणों के लिए कयामत! मैं आज जो सब सुन रही हूँ वह है: 'अगर यह और वह होता है, तो हम परेशानी में पड़ जायेंगे, और यदि अमुक बीमार हो जाता है तो, हमें खुद का बचाव करने के लिए छोड़ दिया जाएगा और अगर ....'

खैर, बाकी आपको पता है, या किसी हद तक मैं मानती हूँ कि यह अनुमान लगाने के लिए कि वे किस चीज के बारे में बात करेंगे आप उपभवन के निवासियों से काफी परिचित हैं।

सभी 'अगर' का कारण यह है कि श्री कुग्लर को एक छह दिन के काम विस्तार के लिए बुला लिया गया है, बेप बुरी तरह के जुकाम के कारण सुस्त पड़ी हुई है, और शायद कल घर पर ही रहेगी, मिएप का फ्लू खत्म नहीं हुआ है, और श्री क्लेइमन के पेट में इतना खून बहा है कि उन्होंने होश खो दिया है। क्या शोकभरी कहानी है!

हम सोचते हैं कि श्री कुग्लर को खराब सेहत के एक चिकित्सा प्रमाण पत्र के लिए सीधे एक विश्वसनीय डॉक्टर के पास जाना चाहिए, जो वे हिलवर्सम के सिटी हॉल में पेश कर सकते हैं। गोदाम के कर्मचारियों को कल एक दिन का अवकाश दे दिया गया है, इसलिए बेप कार्यालय में अकेली होगी। अगर (यह एक और 'अगर') बेप को घर पर रहना पड़ा, तो दरवाजा बंद रहेगा और हम सभी को चूहों की तरह शांत रहना होगा ताकि पीपा कंपनी में हमारी आवाज न सुनाई दे। एक बजे एक चिड़ियाघर के रखवाले की तरह जान हम बेचारे पूर्ण परित्यक्त आत्माओं की जांच करने आधे घंटे के लिए आ जाएगा।

इस दोपहर, उम्र में पहली बार, जान ने हमें बाहर की दुनिया की कुछ खबर दी। आप को हमें उसके पास इकट्ठे हुए देखा होना चाहिए; यह वास्तव में एक छपे हुए की तरह दिखता है: 'दादी के घुटने में'।

वह अपने आभारी श्रोताओं को – और क्या? –खाना बोल कर दावत देता है। मिएप की एक दोस्त, श्रीमती पी, उसका भोजन पका रही है। पिछले दिन के पहले जान ने हरी मटर के साथ गाजर खाया था पिछले दिन उसने बचा हुआ खा लिया था आज वह सूखी हरी मटर पका रही है, और आने वाले कल के लिए वह आलू के साथ शेष गाजर मसलने की योजना बना रही है।

हमने मिएप के डॉक्टर के बारे में पूछा।

'डॉक्टर?' जान ने कहा 'क्या डॉक्टर? मैंने आज सुबह उसे फोन किया और लाइन पर उसकी रिसेप्शनिस्ट मिली। मैंने एक फ्लू के पर्चे के लिए कहा और मुझे बताया गया था कि कल सुबह आठ और नौ के बीच मैं उसे लेने के लिए आ सकता हूँ। अगर आप को फ्लू का एक विशेष रूप से बुरा मामले हो गया होता है, तो डॉक्टर खुद फोन पर आते हैं और कहते हैं, ''अपनी जीभ बाहर रखो और 'आह' बोलो कहते हैं। ओह, मैं इसे सुन सकता हूं, आपका गला संक्रमित है। मैं दवा का एक पर्चा लिख दूंगा और आप फार्मेसी से उसे ला सकते हैं। दिन शुभ हो।'' और बस वही है। उसे एक आसान काम मिल गया है, फोन द्वारा निदान। लेकिन मुझे लगता है कि डॉक्टरों को दोष नहीं देना चाहिए। आखिरकार, एक व्यक्ति के पास केवल दो ही हाथ होते हैं और इन दिनों रोगी बहुत सारे हैं और डॉक्टर बहुत थोड़े से।'

फिर भी, हम सभी जान के फोन कॉल पर एक अच्छा खासा हँसते थे। एक डॉक्टर का प्रतीक्षालय इन दिनों कैसा लग रहा होगा इसकी मैं सिर्फ कल्पना कर सकती हूँ। डॉक्टर इस समय मामूली बीमारियों से ग्रसित उन बेचारे रोगियों की ओर, नजर भी नहीं घुमाते। 'अरे, तुम यहां क्या कर रहे हो?' वे सोचते हैं। 'पंक्ति के अंत में जाओ; वास्तविक रोगियों को प्राथमिकता दी जाती है!'

तुम्हारी, ऐनी

गुरुवार, १६ मार्च, १९४४

सबसे प्यारी किट्टी,

मौसम वर्णनातीत रूप से सुंदर, बहुत खूबसूरत है; मैं एक पल में ऊपर अटारी पर जा रही हूँ।

मुझे अब पता है कि मैं पीटर की तुलना में अधिक बेचैन क्यों रहती हूँ। उसका अपना कमरा है जहां वह काम कर सकता है, सोच सकता है, सपना देख सकता है और नींद ले सकता है। मुझे लगातार एक से दूसरे कोने में खदेड़ा जाता रहता है। मैं कमरे में कभी अकेले नहीं रहती मैं उसे डसेल के साथ साझा करती हूँ, यद्यपि मैं इसके लिए तरसती रहती हूँ। एक दूसरा कारण भी है कि मैं अटारी में शरण लेती हूँ। जब मैं वहाँ या तुम्हारे साथ होती हूँ, कम से कम तब कुछ पल के लिए, मैं मैं बन सकती हूँ। फिर भी, मैं कराहना नहीं चाहती हूँ। इसके विपरीत, मैं बहादुर बनना चाहती हूँ!

भगवान का शुक्र है दूसरे मेरी आतंरिक भावनाओं का कुछ भी संज्ञान नहीं लेते, सिवाय इसके कि मैं हर दिन अधिक से अधिक शांत और माँ के प्रति अधिक तिरस्कारपूर्ण, पिता के प्रति कम स्नेही और मार्गोट के साथ एक भी विचार साझा करने के प्रति कम इच्छुक होती जा रही हूँ; मैं एक ड्रम से भी अधिक कस कर बंद होती जा रही हूँ। सबसे ऊपर, मैंने अपनी आत्मविश्वास की हवा बनाए रखी है। किसी को भी पता नहीं होना चाहिए कि मेरे दिल और

दिमाग लगातार एक दूसरे के साथ युद्ध की स्थिति में रहते हैं। अब तक कारण ने हमेशा लड़ाई जीत ली है, लेकिन क्या मेरी भावनायें मजबूत स्थिति में होंगी? कभी कभी मुझे डर लगता है कि वे होंगी, लेकिन अधिकांश बार मैं वास्तव में उम्मीद करती हूँ की वे करेंगे!

ओह, पीटर से इन चीजों के बारे में बात न करना बहुत ही कठिन है, लेकिन मुझे पता है उसे मुझे ही शुरू करना है; दिन के दौरान यह करना बहुत कठिन है मानो सब कुछ जो मैंने कहा है और अपने सपनों में किया है वह कभी भी स्थापित नहीं हुआ था! किट्टी, ऐनी, पागल है परन्तु फिर यह पागलपन का ही समय है और परिस्थितियां भी पागलपन की हैं।

सबसे अच्छा हिस्सा मेरा अपने सारे विचारों और भावनाओं को लिखने में सक्षम होना है; अन्यथा, पूरी तरह से मेरा दम घुटता था। मैं आश्चर्यचकित हूं कि इन सब बातों के बारे में पीटर क्या सोचता है? मैं सोचती रहती हूँ मैं उनके बारे में एक दिन उससे बात करने में सक्षम हो जाउंगी। उसने मेरे भीतरी के बारे में कुछ अनुमान लगाया होगा क्योंकि वह संभवतः उसे अब तक ज्ञात बाहरी ऐनी से प्यार नहीं कर सकता है! पीटर की तरह कोई कैसे कर सकता है, जो, शांति और चुप्पी से प्यार करता है शायद मेरी हलचल और शोर के साथ खड़ा है? मेरी ग्रेनाइट नकाब के नीचे देखने वाला क्या वह पहला और एकमात्र व्यक्ति होगा? क्या यह उसे दूर तक ले जाएगा? क्या अफसोस के सदृश प्यार के बारे में कुछ पुरानी कहावतें नहीं है? क्या वह वैसा ही नहीं है जो यहाँ भी हो रहा है? क्योंकि अक्सर मुझे उसपर उतनी ही दया आती है जितना मुझे अपने आप पर आती है!

ईमानदारी से मुझे शुरू करने के बारे में पता नहीं है, मैं वास्तव में नहीं जानती हूँ, पीटर के लिए जब बात करना इतना कठिन है तो मैं उससे उम्मीद कैसे कर सकती हूँ? यदि मैं उसे केवल लिख सकती, तो कम से कम वह जानता होता कि मैं क्या कहने की कोशिश कर रही थी, क्योंकि इसे जोर से कहना बहुत मुश्किल है!

तुम्हारी, ऐनी एम फ्रैंक

शुक्रवार, १७ मार्च, १९४४

मेरी सबसे प्यारी प्रिय,

आखिरकार सब कुछ सही हो गया; बेप को फ्लू नहीं सिर्फ गले में एक खराश भर थी, और श्री कुग्लर ने अपने आप को काम विस्तार से बचाने के लिए एक चिकित्सा प्रमाण पत्र प्राप्त कर लिया। पूरे उपभवन ने राहत की एक बड़ी आह भरी सांस ली। यहाँ सब कुछ ठीक है! सिवाय इसके कि मार्गोट और मैं हमारे माता–पिता की बजाय थक गए हैं।

मुझे गलत मत समझना। मैं अभी भी पिता से पहले कभी जितना ही प्यार करती हूँ और मार्गोट पिता और माता दोनों ही को प्यार करती है, लेकिन जब आप हमारे जितने ही पुराने हैं, आप खुद के लिए उनके अंगूठे के नीचे से बाहर निकलने का कुछ निर्णय लेना

चाहेंगे। मैं जब भी ऊपर जाती हूँ, वे पूछते हैं मैं क्या करने वाली हूँ, वे मुझे मेरे भोजन में नमक तक नहीं होने देंगे, माँ हर शाम आठ पंद्रह पर मुझसे पूछती है क्या यह मेरे लिए मेरी नाईटी बदलने का समय नहीं है, मैं और मेरी पढी जाने वाली हर किताब का उन्हें अनुमोदन करना है। मैं मानती हूँ, वे उस सब के बारे में उतने सख्त नहीं हैं, और, मुझे लगभग सब कुछ पढ़ने देते हैं लेकिन मार्गोट और मैं दिन भर उनकी टिप्पणियों और प्रश्नों को सुन कर बीमार और थक गए हैं।

वहाँ कुछ और है जो कि उन्हें अप्रसन्न करता है: मैं अब उन्हें सुबह, दोपहर और रात थोड़ा चुंबन देने जैसा नहीं महसूस करती हूँ। वे सभी प्यारे उपनाम बहुत प्रभावित लगते हैं, और अधोवायु और शौचालय जाने के बारे में बात करने का पिता का स्नेह घृणित है। संक्षेप में, थोड़ी देर के लिए उनके साथ के बिना ऐसा करने की तुलना में बेहतर मैं कुछ भी नहीं चाहूँगी, और उन्हें वह समझ में नहीं आता। मार्गोट और मैंने कभी भी उनसे ऐसी कोई बात नहीं कहा है। किसका उल्लेख होगा? वे किसी भी तरह नहीं समझेंगे।

मार्गोट ने कल रात कहा, 'मुझे वास्तव में जो परेशान करता है वह यह है की अगर आप अपने सिर को अपने हाथों में रखे हुए होते हैं और, एक बार या दो बार आहें भरते हैं तो वे तुरंत पूछते हैं कि क्या आप को सिरदर्द है या कुछ अच्छा नहीं लग रहा है।'

करीबी और सामंजस्यपूर्ण परिवार का जरा सा अवशेष जिसमें हम घर पर रहते थे, के बने रहने का अचानक एहसास होना हम दोनों के लिए, काफी बड़ा झटका हो गया है! यह ज्यादातर इस वजह से है क्योंकि यहां सब कुछ तरतीब से बाहर है। उस से मेरा मतलब यह है कि बाहरी मामलों में हमारे साथ बच्चों की तरह व्यवहार किया जाता है, जबकि, भीतर, हमारी उम्र की अन्य लड़कियों की तुलना में हम बहुत बड़े हो गए हैं। भले ही मैं केवल चौदह वर्ष की हूँ मुझे मालूम है कि मुझे क्या चाहिए, मुझे पता है कौन सही है और कौन गलत है, मेरे अपने राय, विचार और सिद्धांत हैं, और यद्यपि यह एक किशोरी से आ रही विचित्रता लग सकती है, मुझे मैं एक बच्चे की तुलना में एक व्यक्ति अधिक लगती हूँ – मुझे लगता है मैं दूसरों से पूरी तरह से स्वतंत्र हूँ। मुझे पता है बहस में या एक चर्चा में भाग लेने में मैं माँ से बेहतर हूँ, मुझे लगता है मैं अधिक उद्देश्यपरक हूँ, मैं इतनी ज्यादा अतिशयोक्ति नहीं कर रही हूँ, मैं अपने हाथों से बहुत ठीक ठाक और बेहतर हूँ, और उसके कारण मुझे लगता है (इस पर आप हंस सकते हैं) कि मैं कई मायनों में उससे बेहतर हूँ। किसी से प्यार करने के लिए, मुझे व्यक्ति का सम्मान और प्रशंसा करनी होती है, लेकिन मां के लिए मैं न तो सम्मान महसूस करती हूँ और न ही प्रशंसा!

अगर मेरे पास केवल पीटर होता तो सब कुछ ठीक हो जाता, क्योंकि मैं कई मायनों में उसकी प्रशंसा करती हूँ। वह बहुत सभ्य और चालाक है!

तुम्हारी, ऐनी एम फ्रैंक

शनिवार, १८ मार्च, १९४४

सबसे प्यारी किट्टी,

मैंने एक जीवित आत्मा के बारे में कभी भी बताया है की तुलना में मैंने आपको खुद और मेरी भावनाओं के बारे में काफी अधिक बता दिया है तो उसमें सेक्स को क्यों नहीं शामिल करना चाहिए?

जब सेक्स की बात आती है तो माता–पिता, और आम लोग, बहुत अजीब होते हैं। अपने बेटे और बेटियों को बारह साल की उम्र में सब कुछ बताने की बजाय, यह विषय उठने पर वे बच्चों को कमरे के बाहर भेज कर सब कुछ उन्हें अपने दम पर पता लगाने के लिए छोड़ देते हैं। बाद में, जब माता–पिता ध्यान देते हैं कि उनके बच्चों को, किसी तरह, उनकी जानकारी मिल गयी है, तो वे मान लेते हैं कि वास्तव में वे जितना जानते हैं उसकी तुलना में वे अधिक (या कम) जानते हैं। तो क्यों उनसे यह पूछ कर कि वह क्या है, वे उसमें संशोधन करने की कोशिश नहीं करते?

वयस्कों की एक बड़ी बाधा – मेरी राय में, हालांकि यह एक कंकड़ से अधिक नहीं है – उनका यह डर है कि एक बार वे महसूस कर लेंगे कि ज्यादातर मामलों में, यह पवित्रता मात्र एक बकवास है तो उनके बच्चे शादी को पवित्र और शुद्ध रूप में नहीं देखेंगे। जहाँ तक मेरा सवाल है, एक आदमी के लिए एक शादी का थोड़ा सा अनुभव प्राप्त करना गलत नहीं है। आखिरकार, शादी करना अपने आप में कुछ भी नहीं है, क्या यह है?

मेरे ग्यारह साल की हो जाने के तुरंत बाद ही उन्होंने मुझे मासिक धर्म के बारे में बताया था। किंतु इसके बावजूद, मुझे पता नहीं था कि खून कहाँ से आया या यह किस लिए हुआ था। जब मैं साढ़े बारह साल की हो गई थी, मैंने जैक्स से कुछ अधिक सीखा जो मेरी तरह अनजान नहीं थी। मेरे अपने अंतर्ज्ञान ने मुझे बताया था कि एक आदमी और एक औरत जब एक साथ होते हैं तो वे क्या करते हैं; पहली बार में यह एक पागलपन के विचार की तरह लग रहा था लेकिन जब जैक्स ने इसकी पुष्टि की तो, मुझे समझ से बाहर की चीज को जानने पर अपने आप पर गर्व हुआ था!

यह भी जैक्स ही थी जिसने मुझे बताया था कि बच्चे अपने माँ के पेट से बाहर नहीं आते थे। उसने इस बात को रखा, कि 'अवयव अन्दर कहाँ जाते हैं जहाँ उत्पाद तैयार होकर बाहर आता है!' जैक्स और मुझे हाईमन और काफी कुछ अन्य विवरण के बारे में यौन शिक्षा पर एक किताब से पता चला। मैं यह भी जानती थी कि आप बच्चों के होने से बच सकते हैं, लेकिन आपके शरीर के अंदर यह काम कैसे होता है यह एक रहस्य बना रहा। मैं जब यहाँ आई थी, पिता ने वेश्याओं आदि के बारे में बताया लेकिन इन सब के बाद भी सवाल अभी भी अनुत्तरित हैं।

यदि मां अपने बच्चों को यह सब कुछ नहीं बताती है, तो वे इसे टुकड़ों में सुनेंगे, और यह सही नहीं हो सकता।

भले ही आज शनिवार है, मैं ऊबी नहीं हूं! ऐसा इसलिए है क्योंकि मैं पीटर के साथ अटारी में हूँ। मैं वहाँ अपनी आँखें बंद कर के बैठे हुए सपना देख रही थी, और यह अद्‌भुत था।

तुम्हारी, ऐनी एम फ्रैंक

रविवार, १९ मार्च, १९४४

सबसे प्यारी किट्टी,

कल मेरे लिए बहुत ही महत्वपूर्ण दिन था। दोपहर के खाने के बाद सब कुछ सामान्य था। पाँच बजे मैंने आलू रख दिए, और माँ ने मुझे पीटर के पास ले जाने के ले लिए कुछ लाल सॉसेज दी। पहले मैं नहीं करना चाहती थी, लेकिन अंत में चली गई। उसने सॉसेज स्वीकार नहीं किया, और मुझे यह डरावना अहसास हुआ कि, अविश्वास के बारे में हुई हमारी बहस के कारण ही यह हुआ था। अचानक, मैं इसे एक पल भी और अधिक नहीं सह सकी और मेरी आँखें आंसुओं से भर गई। बिना एक और शब्द के, मैंने थाली माँ को लौटा दी और अच्छे से रोने के लिए शौचालय चली गई। बाद में मैंने पीटर के साथ चीजों पर बहस करने का फैसला किया। रात के खाने से पहले हम में से चार एक वर्ग पहेली में उसकी मदद कर रहे थे, इसलिए मैं कुछ भी कह नहीं सकती थी। लेकिन जैसे ही हम खाने बैठ रहे थे, मैंने फुसफुसा कर उससे कहा, 'क्या आज रात तुम अपनी आशुलिपि का अभ्यास करने वाले हो?'

'नहीं,' उसका जवाब था।

'मैं बाद में तुमसे से बात करना चाहूंगी।'

वह सहमत हो गया।

बर्तन धोने के बाद, मैं उसके कमरे में गई और पूछा कि क्या उसने, हमारे पिछले झगड़े के कारण सॉसेज लेने से इनकार कर दिया था। सौभाग्य से, कारण वह नहीं था; उसने सिर्फ यह सोचा था कि, इतना उत्सुक दिखाई पड़ना बुरी बात है। नीचे बहुत गर्मी थी और मेरा चेहरा एक समुद्री झींगे जितना लाल हो गया था। तो मार्गोट को थोड़ा पानी देने के बाद, मैं कुछ ताजा हवा लेने ऊपर वापस आ गई। दिखावे की खातिर, पीटर के कमरे में जाने से पहले, मैं पहले वैन दान की खिड़की के पास जाकर खड़ी हो गई। वह खुली खिड़की के बाईं ओर खड़ा था, तो मैं दायीं तरफ चली गई। अर्द्ध अंधेरे में एक खुली खिड़की के बगल में बात करना, दिन के उजाले में बात करने से बहुत अधिक आसान है, और मुझे लगता है पीटर भी उसी तरह महसूस करता था।

हमने एक दूसरे को बहुत कुछ बताया, बहुत बहुत कुछ, कि मैं सब कुछ नहीं दोहरा सकती हूँ। लेकिन यह अच्छा लगा; यह उपभवन में होने वाली मेरी आज तक की सबसे

अद्‌भुत शाम थी। मैं तुम्हे, हमारे द्वारा चर्चा किये गए विभिन्न विषयों का एक संक्षिप्त विवरण दूँगी। पहले हमने झगड़ों के बारे में बात की, और मैं इन दिनों उन्हें कैसे एक बिलकुल अलग दृष्टिकोण से देखती हूँ, और फिर हम कैसे अपने माता–पिता से दूर हो गए हैं। मैंने पीटर को माँ और पिताजी और मार्गोट और खुद के बारे में बताया। एक बिंदु पर उसने पूछा 'क्या तुम हमेशा एक दूसरे को एक शुभ रात्रि चुम्बन देते हो, नहीं देते हो?'

'एक? दर्जनों। क्या तुम करते हो?'

'नहीं, मैंने सच में कभी किसी को नहीं चूमा है।'

'क्या अपने जन्मदिन तक पर भी नहीं?'

'हाँ, अपने जन्मदिन पर किया है।'

हमने, कैसे हम में से कोई भी अपने माता पिता पर विश्वास नहीं करता है, के बारे में बात की, और इस बारे में कि कैसे उसके माता पिता एक दूसरे से बहुत प्यार करते हैं, और इच्छा करते हैं कि वह उनमें भरोसा रखे, लेकिन वह, ये नहीं चाहता है। कैसे मैं बिस्तर में फूट फूर कर रोती हूँ और वह मचान पर जाकर गाली बकता है। कैसे मार्गोट और मैं, हाल ही में एक दूसरे को जान पायें हैं और फिर भी अभी तक, एक दूसरे को बहुत थोड़ा बताते हैं, चूँकि हम हमेशा साथ होते हैं। हमने सभी कल्पनीय चीजों, विश्वास, भावनाओं और खुद के बारे में, बात की थी। ओह, किट्टी, वह बिलकुल ऐसा था, जैसा मैंने सोचा था वह होगा।

फिर हमने वर्ष १९४२ के बारे में बात की, और तब हम कितने अलग थेय हम उस अवधि में अपने आप को पहचान भी नहीं पाते हैं। कैसे हम पहली बार में एक दूसरे को बर्दाश्त नहीं कर सके थे। उसने सोचा था मैं एक शोर मचाने वाली कीट हूँ और मैंने तुरंत यह निष्कर्ष निकाला था कि वह कुछ खास नहीं है। मैं समझी नहीं थी उसने मेरे साथ इश्कबाजी क्यों नहीं की थी, लेकिन अब मैं खुश हूँ। यह भी उल्लेख किया कि कैसे वह अक्सर अपने कमरे में वापस चला जाया करता था। मैंने कहा था कि मेरा शोर और उत्साह और उसकी चुप्पी, एक ही सिक्के के को पहलू थे, और यह कि मैं भी शांति और चुप्पी पसंद करती थी लेकिन मेरे पास कुछ भी मेरे अकेले के लिए नहीं है, सिवाय मेरी डायरी के, और कि हर कोई मेरी पीठ देखेगा, श्रीमान डसेल से शुरू करते हुए, और कि मैं हमेशा अपने माता पिता के साथ बैठना नहीं चाहती हूँ। हमने चर्चा की, वह कितना खुश है कि मेरे माता पिता के बच्चे हैं, और मैं कितनी खुश हूँ कि, वह यहाँ है। कैसे, अब मैं उसकी हट जाने की जरूरत को समझती हूँ, और उसके माता पिता से उसके रिश्ते को, और जब वे बहस करेंगे, मैं उसकी कितनी मदद करना चाहूंगी।

'लेकिन तुम मेरे लिए हमेशा मददगार रही हो!' उसने कहा।

'कैसे?' मैंने बहुत हैरान होकर पूछा।

'हंसमुख रहकर।'

पूरी शाम में उसकी कही हुई वह सबसे अच्छी बात थी। उसने यह भी कहा कि उसने मेरा उसके कमरे में आने का बुरा नहीं माना जैसा वह माना करता था; वास्तव में, वह उसे

पसंद है। मैंने भी उसे बताया कि माता पिता के प्यार के नाम सब अर्थहीन थे, कि इधर उधर एक चुम्बन स्वतः भरोसे तक नहीं ले गया था। हमने, चीजों को आपके अपने तरीके से करने, डायरी, अकेलापन, हर किसी के आन्तरिक और बाहरी स्वयं, मेरे नकाब आदि के बारे में भी बात की।

यह अद्‌भुत था। वह अवश्य ही मुझे एक दोस्त की तरह प्यार करने आया होगा, और, कुछ समय के लिए, यह पर्याप्त है। मुझे शब्द नहीं मिल रहे हैं, मैं बहुत आभारी और खुश हूँ। किट्टी, मेरी शैली मेरे हमेशा के मानक के हिसाब से नहीं है, इसके लिए मुझे अवश्य ही माफी मांगनी चाहिए। मैंने बस वही लिखा है जो कुछ भी मेरे दिमाग में आया था!

मुझे एक अहसास है कि पीटर और मैं एक गुप्त बात साझा करते हैं। जब कभी भी वह, उन दो आँखों, उस मुस्कान और उस पलक झपकने के साथ, मुझे देखता है, ऐसा होता है मानो मेरे अंदर एक रौशनी हो जाती है। मैं आशा करती हूँ चीजें ऐसे ही रहेंगी और कि हमारे पास खुशी के बहुत अधिक घंटे एक साथ होंगे।

तुम्हारी आभारी और खुश ऐनी

सोमवार, २० मार्च, १९४४

सबसे प्यारी किट्टी,

आज सुबह पीटर ने मुझसे पूछा कि क्या मैं एक शाम फिर से आउंगी। उसने कसम खाई, मैं उसको परेशान नहीं करुँगी, और कहा कि जहाँ एक के लिए जगह थी, वहां दो के लिए जगह है। मैंने कहा मैं हर शाम उससे नहीं मिल सकती, क्योंकि मेरे माता पिता नहीं सोचते थे कि यह अच्छा विचार है, लेकिन उसने सोचा मुझे, उस चीज को खुद को परेशान नहीं करने देना चाहिए। इसलिए मैंने उसे बताया, मैं किसी शनिवार की शाम को आना चाहूंगी और यह भी पूछा कि जब तुम चाँद देख सकोगे तो क्या मुझे बता दोगे।

'उसने कहा 'निश्चित रूप से,' शायद हम नीचे जा पायें और और वहां से चाँद को देख पायें, मैं सहमत हूँ; मुझे वास्तव में चोरों का डर नहीं है।

इस बीच, मेरी खुशियों पर एक अँधेरा गिर गया है। एक लंबे समय से मुझे यह बोध रहा है कि मैं मार्गोट पीटर को पसंद करती है। बस कितना मैं नहीं जानती, लेकिन पूरी स्थिति बहुत ही अप्रिय है। अब मैं हर बार जब पीटर से मिलने जाती हूँ, मैं उसे दुःख दे रही हूँ, देने के अर्थ के बिना। मजेदार बात यह है कि वह शायद ही इसे देखने देती है। मैं जानती हूँ, मैं पागलपन की हद तक जल रही होउंगी, लेकिन मार्गोट सिर्फ यह कहती है, मुझे उसके लिए खेद महसूस नहीं होना चाहिए।

'मुझे लगता है, यह बहुत भयानक है कि तुम गपशप बन गई हो,' मैंने जोड़ा।

'मैं इसकी आदी हूँ,' कुछ कुछ कड़ुवाहट के साथ उसने उत्तर दिया।

मेरी पीटर को बताने की हिम्मत नहीं है। हो सकता है कि बाद में, लेकिन उसे और मुझे पहले कई और चीजों की चर्चा करनी जरूरी है।

माँ ने पिछली रात मुझे आखिरी चेतावनी भरी थपकी दी, जिसके मैं लायक थी। मुझे उसके प्रति अपनी उदासीनता और अवमानना को बहुत दूर नहीं ले जाना चाहिए। सब कुछ के बावजूद, मुझे एक बार फिर से दोस्ताना होने और मेरी टिप्पणियाँ खुद तक रखने की कोशिश करनी चाहिए!

यहाँ तक कि पिम भी उतने अच्छे नहीं रहे जैसा वह हुआ करते थे। वह मुझे बच्ची समझ कर बर्ताव करने की कोशिश नहीं कर रहे हैं, बल्कि अब वह बहुत ही भाव शून्य हैं। हम देखेंगे इससे क्या निकलता है! उन्होंने मुझे चेतावनी दी है कि यदि मैं अपना बीजगणित नहीं करती हूँ, तो युद्ध के बाद मुझे अतिरिक्त ट्यूशन नहीं मिलेगा। मैं बस इंतजार करके देख सकती थी कि क्या होता है, लेकिन मैं फिर से शुरू करना चाहूंगी बशर्ते मुझे नयी किताब मिले।

अभी के लिए इतना काफी है। मैं और कुछ नहीं बस पीटर को टकटकी लगाये देखती रहती हूँ, और मैं लेकिन छलकने की हद तक भारी हुई हूँ! तुम्हारी, ऐनी एम फ्रैंक

मार्गोट की अच्छाई का सबूत। मैंने इसे आज, २० मार्च १९४४ को प्राप्त किया:

ऐनी, कल जब मैंने कहा कि मैं तुमसे नहीं जलती हूँ, मैं पूरी तरह से ईमानदार नहीं थी। स्थिति यह है: मैं न तो तुमसे और न ही पीटर से जलती हूँ। मुझे माफ करना मुझे कोई भी नहीं मिला जिसके साथ मैं अपने विचारों और भावनाओं को साझा करती, और निकट भविष्य में भी सम्भावना नहीं है। लेकिन इसीलिए मैं अपने दिल की गहराइयों से कामना करती हूँ कि तुम दोनों एक दूसरे में अपना विश्वास बनाये रखने में सक्षम हों। तुम पहले से ही यहाँ उन काफी कुछ चीजों की कमी महसूस कर रही हो, अन्य लोग जिनका महत्त्व नहीं समझते हैं।

दूसरी ओर, मैं निश्चित हूँ मैं कभी भी पीटर के साथ यहाँ तक नहीं आई होती, क्योंकि मुझे लगता है कि किसी के साथ अपने विचारों को साझा कर सकने से पहले मुझे उस व्यक्ति के बहुत करीब आने की जरूरत होती। मैं उस भावना को पाना चाहूंगी कि यदि मैंने ज्यादा कुछ कहा भी नहीं तो भी वह मुझे पूरी तरह से समझ गया। इस कारण से, किसी को तो होना था जो मुझे, बौद्धिक रूप मुझसे बेहतर महसूस होता, लेकिन पीटर के साथ ऐसा नहीं है। लेकिन मैं उसके करीब तुम्हारी भावना की कल्पना कर सकती हूँ।

तुम्हे खुद को इसलिए धिक्कारने की जरूरत नहीं है, क्योंकि तुम्हे लगता है तुम कुछ ऐसा ले रही हो जिसकी हकदार मैं थी; सच से आगे और कुछ भी नहीं हो सकता। तुम्हारे और पीटर के पास अपनी दोस्ती से हासिल करने के लिए सब कुछ है।

मेरा जवाब:

प्यारी मार्गोट,

तुम्हारा पत्र अत्यंत नम्र था, लेकिन मैं अभी भी स्थिति के बारे में पूरी तरह से खुश महसूस नहीं करती हूँ और मुझे लगता है कि मैं कभी करूँगी भी नहीं।

फिलहाल, पीटर और मैं ज्यादा एक दूसरे पर विश्वास नहीं करते हैं, जितना तुम सोचती दिखाई देती हो। यह बस ऐसा है कि जब आप गोधूलि में एक खुली खिड़की के बगल में खड़े होते हैं, तो आप चमकदार धूप में कहने की तुलना में, वहां एक दूसरे से अधिक कह सकते हैं। अपनी भावनाओं को घरों की छत से चिल्लाने की तुलना में फुसफुसा कर कहना ज्यादा आसान होता है। मुझे लगता है, तुमने पीटर के लिए बहन जैसा स्नेह महसूस करना शुरू कर दिया है और उसकी मदद करना चाहोगी, बिलकुल जितना मैं करती। शायद तुम किसी दिन वह करने में सक्षम होगी, हालाँकि यह उस तरह की विश्वास नहीं है जैसा हमारे दिमाग में होता है। मैं विश्वास करती हूँ कि भरोसा दोनों तरफ होना होता है; मैं यह भी सोचती हूँ कि यही कारण है कि पिता और मैं वास्तव में बहुत करीब नहीं हो पाए। लेकिन अब इस बारे और में बात नहीं करते हैं। यदि कुछ है जिस पर तुम अभी भी चर्चा करना चाहती हो, कृपया मुझे लिखना, क्योंकि मेरा क्या मतलब है उसे आमने सामने बात करने की बजाय, कागज पर कहना, मेरे लिए, ज्यादा आसान होता है। तुम जानती हो न मैं तुम्हारी कितनी प्रशंसा करती हूँ, और बस आशा करती हूँ कि तुम्हारी और पिता की कुछ अच्छाइयों का प्रभाव मुझ पर पड़ेगा, क्योंकि उस अर्थ में आप दोनों बहुत एक जैसे हैं।

तुम्हारी, ऐनी

बुधवार, २२ मार्च, १९४४

सबसे प्यारी किट्टी,

मैंने कल रात मार्गोट से यह पत्र प्राप्त किया:

प्रिय ऐनी,

कल के तुम्हारे पत्र के बाद, मुझे यह अप्रिय अहसास होता है कि जब भी तुम पीटर के पास किसी काम से या बात करने जाती हो तुम्हारी अंतरात्मा तुम्हे परेशान करती है; उसका वास्तव में कोई कारण नहीं है। मेरे दिल में, मैं जानती हूँ कोई है जो मेरे भरोसे के लायक है (जैसे मैं उसके हूँ), और मैं उसके स्थान पर पीटर को सहन करने में सक्षम नहीं होउंगी।

तो भी, जैसा कि तुमने लिखा, मैं पीटर को भाई जैसा सोचती हूँ .....एक छोटा भाई; हम स्पर्शक भेज रहे हैं, और भाई और बहन जैसा स्नेह बाद की तारीख में शायद विकसित हो या शायद ना हो, लेकिन अभी तक यह उस अवस्था तक निश्चित तौर पर नहीं पहुंचा है। तो मेरे लिए तुम्हे खेद महसूस करने की कोई जरूरत नहीं है। अब जबकि तुम साहचर्य पा चुकी हो, इसका जितना आनंद ले सकती हो उतना लो।

इस बीच, यहाँ चीजें अधिक से अधिक अद्‌भुत हो रही है। मैं सोचती हूँ, किट्टी, कि उपभवन में शायद सच्चा प्यार विकसित हो रहा है। पीटर से शादी करने के बारे में सभी

चुटकुले, यदि हम यहाँ पर्याप्त लम्बे समय तक रुके तो आखिरकार नासमझी भरे नहीं साबित होंगे। ऐसा नहीं कि मैं उससे शादी करने की सोच रही हूँ, तुम देखना। मैं यह भी नहीं जानती, जब वह बड़ा होगा, तो वह कैसा होगा। या कि हम शादी करने के लिए एक दूसरे से पर्याप्त प्यार करेंगे भी।

मैं अब निश्चित हूँ कि पीटर भी मुझे प्यार करता है; मैं नहीं जानती किस तरह से। मैं समझ नहीं सकती की क्या उसे सिर्फ एक अच्छी दोस्त चाहिए, या वह मेरी ओर एक लड़की के रूप में या एक बहन के रूप में आकर्षित है। मैं बहुत खुश हुई जब उसने कहा कि मैंने हमेशा उसकी मदद की है, जब उसके माता पिता बहस करते थे; यह उसकी दोस्ती में मेरे विश्वास रखने की ओर एक कदम था। मैंने कल उससे पूछा कि वह क्या करता यदि एक दर्जन ऐनी होतीं, जो उसे देखने के लिए मिलती रहती। उसका जवाब था: 'यदि सारी तुम्हारी जैसी होती तो यह इतना बुरा नहीं होता।' वह बहुत ही मेहमाननवाज है, और मुझे लगता है वह वास्तव में मुझे देखना पसंद करता है। इस बीच, वह फ्रेंच सीखने पर कड़ी मेहनत कर रहा है, यहाँ तक कि सवा दस तक बिस्तर में भी अध्ययन करता रहता है।

जब मैं पीछे शनिवार की रात, हमारे शब्दों, हमारी आवाजों के बारे में सोचती हूँ, तो पहली बार मैं अपने आप से संतुष्ट महसूस करती हूँ; मेरा जो मतलब है, मैं अभी भी ऐसा ही कहूँगी और एक भी चीज बदलना नहीं चाहूंगी, जैसा मैं आमतौर पर करती हूँ। वह बहुत ही सुंदर है,चाहे वह मुस्कुरा रहा हो या बस शांत बैठा हो। वह बहुत ही प्यारा, अच्छा, और सुंदर है। मुझे लगता है वह मेरे बारे में सबसे अधिक चकित इस बात से हुआ, जब उसने पाया कि मैं बिलकुल भी सतही, सांसारिक ऐनी नहीं हूँ जैसी दिखती हूँ, लेकिन उसकी तरह, मुश्किलों के साथ एक सपना देखने वाली हूँ!

कल रात बर्तन धोने के बाद, मुझसे ऊपर ठहरने को कहने के लिए मैं उसका इंतजार कर रही थी। लेकिन कुछ नहीं हुआ; मैं चली गई। वह नीचे श्रीमान डसेल को बताने आया कि रेडियो सुनने का समय है और थोड़ी देर तक बाथरूम के आसपास घूमता रहा, लेकिन जब डसेल ने बहुत अधिक समय लिया तो वह वापस ऊपर चला गया। वह दौड़ कर अपने कमरे में चला गया और जल्दी ही सोने लग गया।

पूरी शाम मैं बहुत बेचौन थी मैं अपने चेहरे पर ठंडे पानी का छिड़काव करने बाथरूम जाती रही। मैं थोडा पढ़ी, कुछ और दिन में सपने देखे, घडी देखा और इंतजार किया, इंतजार किया, और पूरे समय उसके कदमों की आहट सुनते हुए इंतजार किया। थकी हुई, मैं बिस्तर पर जल्दी चली गई।

आज की रात मुझे नहाना है, और कल? कल बहुत दूर है!

तुम्हारी, ऐनी एम फ्रैंक

मेरा जवाब:

प्यारी मार्गोट,

मुझे लगता है बस इंतजार करना और देखना कि क्या होता है सबसे अच्छी बात है।

इसमें ज्यादा समय नहीं लग सकता जब पीटर और मुझे निर्णय लेना पड़ेगा कि हम वैसे ही वापस हो जायें जैसे पहले थे या कुछ और करें। मुझे नहीं पता यह कैसे होगा; मैं अपने बारे में सोचती हूँ और मुझे नहीं पता मेरे लिए क्या अच्छा है।

लेकिन मैं एक बात के लिए निश्चित हूँ: यदि पीटर और मैं दोस्त बन जाते हैं, मैं उससे कहने वाली हूँ तुम भी उसे पसंद करती हो और उसकी मदद करने के लिए तैयार हो यदि उसे तुम्हारी जरूरत हो तो। मुझे यकीन है, तुम मुझे नहीं करने देना चाहोगी, लेकिन मुझे परवाह नहीं है; मुझे नहीं पता पीटर तुम्हारे बारे में क्या सोचता है, लेकिन जब समय आएगा मैं उससे पूछूंगी। इसके विपरीत – यह निश्चित रूप से कुछ बुरा नहीं है! अटारी में, या जहाँ भी हम हैं, हम में शामिल होने के लिए तुम्हारा स्वागत है। तुम हमें परेशान नहीं करोगी, क्योंकि सिर्फ शाम को जब अंधेरा होता है, हमारा बात करने का एक मूक अनुबंध है।

अपने उत्साह को बनाये रखो! मैं अपनी पूरी कोशिश कर रही हूँ, हालाँकि यह हमेशा आसान नहीं होता। तुम्हारा समय, जितना तुम सोचती हो, उससे और जल्दी आ सकता है।

तुम्हारी, ऐनी

गुरुवार, २३ मार्च, १९४४

सबसे प्यारी किट्टी,

यहाँ चीजें फिर से करीब करीब सामान्य हो गई हैं। भगवान का शुक्र है, हमारे कूपन वाले पुरुष को जेल से रिहा कर दिया गया है!

मिएप कल से वापस आ गई है, लेकिन बिस्तर लेने की आज उसके पति की बारी थी – कंपकंपी और बुखार, फ्लू के सामान्य लक्षण। बेप बेहतर है, हालाँकि उसे अभी भी खाँसी है, और श्रीमान क्लिमन को एक लंबे समय तक घर पर ही रहना होगा।

कल आस पास एक विमान दुर्घटनाग्रस्त हो गया। चालक दल समय पर बाहर पैराशूट करने में सक्षम हुआ। यह एक स्कूल की चोटी पर दुर्घटनाग्रस्त हो गया, लेकिन सौभाग्य से अंदर बच्चे नहीं थे। छोटी सी आग लग गई थी और कुछेक लोग मारे गए। जैसे ही विमान चालकों ने अपने वंश बताये, जर्मन लोगों ने उनपर गोलियों की बौछार कर दी। एम्स्टर्डम के लोग जिन्होंने यह देखा, इस तरह के नृशंस विलेख पर गुस्से से उबलने लगे। हम – जिससे मेरा मतलब महिलाओं से है – भी अपने विवेक से डरी हुई थी, बर्रर्र, मुझे गोलियों की आवाज से नफरत है।

अब मेरे खुद के बारे में।

मैं कल पीटर के साथ थी और, किसी भी तरह, ईमानदारी से, मैं नहीं जानती कैसे, हम बात करते हुए सेक्स पर पहुँच गए। उससे कुछ चीजें पूछने का एक लंबे समय पहले

ही मैंने अपना मन बना लिया था। उसे सब कुछ पता है; जब मैंने कहा कि मार्गोट और मुझे बहुत अच्छी तरह से सूचित नहीं किया गया था, तो वह चकित हो गया। मैंने उससे मार्गोट और मेरे और माँ और पिता के बारे में बहुत कुछ बताया और कहा कि हाल ही तक, मैं उनसे कुछ भी पूछने की हिम्मत नहीं करती रही हूँ।

उसने मुझे जानकारी देने की पेशकश की, और मैंने कृतज्ञता से स्वीकार कर ली: उसने वर्णित किया कि गर्भ निरोधक कैसे काम करते हैं, और मैंने बहुत हिम्मत से उससे पूछा कि लड़के कैसे बता सकते हैं कि वे बड़े हो गए हैं। उस एक के बारे में उसे सोचना पड़ा; उसने कहा कि वह मुझे आज रात को बताएगा। मैंने उसे बताया कि जैक्स को क्या हुआ था, और कहा कि मजबूत लड़कों के खिलाफ लड़कियां असहाय होती हैं। 'अच्छा, उसने कहा, तुम्हे मुझसे डरने की जरूरत नहीं है।'

उस शाम जब मैं वापस आई, उसने मुझे बताया लड़कों के साथ कैसे होता है। थोड़ा शर्मनाक है, लेकिन उसके साथ 'इस' पर चर्चा करने में सक्षम होना, बहुत अच्छा है। न तो उसने और ना ही मैंने कभी यह कल्पना की थी कि हम किसी लड़के या लड़की से इतना खुले तरीके से, ऐसे अन्तरंग मामलों के बारे में बात करने में सक्षम होंगे। मुझे लगता है, मैं अब सब जानती हूँ। उसने मुझे, जर्मन में 'प्रसेंतिव्मित्तेलं'[२३] कहे जाने वाले के बारे में बहुत कुछ बताया।

बाथरूम में उस रात मार्गोट और मैं ब्रैम और पेड़, उसकी दो दोस्तों के बारे में बात कर रहे थे।

आज सुबह मैं एक बुरे आश्चर्य में पड़ गई थी: नाश्ते के बाद पीटर ने इशारे से मुझे ऊपर बुलाया। उसने कहा 'यह एक गन्दी चाल थी जो तुमने मुझ पर चली,'। 'मैंने सुना जो तुम और मार्गोट कल रात बाथरूम में कह रहे थे। मुझे लगता है तुम बस यह पता लगाना चाहती थी कि पीटर कितना जानता है और फिर खूब हँसना चाहती थी!'

मैं दंग रह गई थी! मैंने सब कुछ किया उस अपमानजनक विचार से अलग मैं उससे बात कर सकती हूँ; मैं समझ सकती हूं उसे कैसा लगा होगा, लेकिन यह सच नहीं था!

'अरे नहीं, पीटर,' मैंने कहा। 'मेरा वह मतलब कभी नहीं था। मैंने तुमसे कहा था तुम मुझसे जो कुछ भी कहोगे मैं उसे किसी पर जाहिर नहीं करूंगी और मैं नहीं करूंगी। उस तरह का एक नाटक खेलना और फिर जानबूझ कर तो मतलब.......ही नहीं, पीटर, वह मेरा किसी मजाक का इरादा कतई नहीं है। यह उचित नहीं होगा। ईमानदारी से, मैंने कुछ भी नहीं कहा। क्या आप को मुझ पर विश्वास नहीं?' उसने मुझे आश्वासन दिया उसने किया था, लेकिन मैं सोचती हूँ कि इस बारे में हम फिर कभी बात करेंगे। मैंने सारा दिन कुछ भी नहीं किया है लेकिन इसके बारे में मुझे चिंता है। भगवान का शुक्र है वह ठीक ठाक बाहर निकल आया और जो उनके मन में था कहा। कल्पना कीजिए अगर वह सोच के अनुसार चलता रहता तो, मेरा मतलब है कि हो सकता था। वह बहुत प्यारा है!

---

[२३]सुरक्षात्मक होना चाहिए: प्रतिरक्षी।

अब मुझे उसे सब कुछ बताना होगा!

तुम्हारी, ऐनी

शुक्रवार, २४ मार्च, १९४४

प्रिय किट्टी,

आजकल रात के खाने के बाद मैं अक्सर शाम की ताजी हवा में साँस लेने के लिए ऊपर पीटर के कमरे में जाती हूँ। आपके चेहरे पर गुदगुदी करती सूरज की रोशनी की तुलना में अंधेरे में आप अधिक तेजी से सार्थक बातचीत कर सकते हैं। एक कुर्सी पर उसके बगल में बैठना और बाहर की और देखते रहना बहुत आरामदायक और सुखद होता है। जब मैं वैन दान और डसेल के कमरे से गायब हो जाती हूँ वे मूर्खतापूर्ण टिप्पणी करते हैं। वे कहते हैं 'एनी का दूसरा घर',[२४] या 'क्या एक सज्जन के लिए युवा लड़कियों को अपने कमरे में रात में बत्तियां बुझा कर बुलाना उचित है?' पीटर के चेहरे पर इन तथाकथित चुटकुलों का अद्‌भुत हाजिर दिमाग है। संयोग से, मेरी माँ भी जिज्ञासा के साथ फटी पड़ रही है और यह पूछने के लिए मर रही है कि हम किस बारे में बात करते हैं, वह चुपके से केवल डरती है मैंने जवाब देने से मना कर दिया। पीटर कहता है वयस्कों को सिर्फ ईर्ष्या हो रही है क्योंकि हम युवा हैं और हमें उनकी अप्रिय टिप्पड़ियों को दिल पर नहीं लेना चाहिए।

कभी कभी वह मुझसे मिलने नीचे आता है, लेकिन वह अजीब भी है, क्योंकि उसकी सभी सावधानियों के बावजूद, उसका चेहरा लाल चमकदार हो जाता है और वह अपने मुंह से कोई शब्द शायद ही निकाल पाता है। मैं खुश हूँ मैं शरमाती नहीं हूँ; इसे अत्यंत अप्रिय होना चाहिए।

इसके अलावा, यह मुझे परेशान करता है कि मार्गोट को नीचे अकेले बैठना पड़ता है जबकि मैं ऊपर पीटर के साथ का आनंद ले रही होती हूँ। लेकिन मैं इस बारे में क्या कर सकती हूँ? मैं बुरा नही मानूंगी यदि वह आये, लेकिन वहां एक ढेले की तरह बैठे हुए, वह बेमेल होगी।

मुझे हमारी अचानक हुई दोस्ती के बारे में अनगिनत टिप्पणियाँ सुनने को मिली हैं। मैं तुम्हे बंता नहीं सकती खाने पर कितनी बार, 'उपभवन की शादी' और 'क्या युद्ध पांच साल और चलना चाहिए' पर बातचीत हो चुकी है। क्या हम कभी इस अभिभावकीय गपशप को ध्यान में लेते हैं? शायद ही, क्योंकि यह सब इतनी नासमझ है। क्या मेरे माता–पिता भूल गए हैं कि वे एक बार युवा थे? जाहिर है वे भूल गए हैं। हर हाल में, वे हम पर हँसते हैं यदि हम गंभीर हो, और वे गंभीर होते हैं जब हम मजाक कर रहे हों।

---

[२४]ऐनी का दूसरा घर।

मुझे नहीं पता आगे क्या होने वाला है, या कि हमारे पास कहने के लिए बातों की कमी पड़ जाये। लेकिन यदि यह इसी तरह चलता रहा, तो हम अंततः बिना बात किये साथ रहने में सक्षम हो जायेंगे। काश उसके माता पिता इतने अजीब तरह से अभिनय करना बंद कर दें। यह शायद इसलिए क्योंकि वे मुझे इतनी बार देखना पसंद नहीं करते; पीटर और मैं निश्चित रूप से उन्हें कभी नहीं बताते कि हम किस बारे में बात करते हैं। कल्पना करो कि वे जानते होते कि हम इस तरह की अंतरंग बातों की चर्चा कर रहे हैं।

मैं पीटर से पूछना चाहूंगी कि क्या वह जानता है, लड़कियां वहां नीचे किस तरह दिखती हैं। मुझे नहीं लगता लड़के उतने जटिल होते हैं जितनी लड़कियां। आप आसानी से लड़कों के नग्न छायाचित्रों या तस्वीरों से देख सकती है कि वे कैसे दिखते हैं, लेकिन महिलाओं के साथ यह भिन्न है। महिलाओं में, जननांग, या जो कुछ भी आप कहते हैं, उनके पैरों के बीच छिपे होते हैं। पीटर ने शायद एक लड़की को करीब से कभी नहीं देखा है। सच कहूँ तो, मैंने भी नहीं। लड़के बहुत ज्यादा आसान होते हैं। मैं एक लड़की के भागों के बारे में न जाने कैसे वर्णन करुँगी? मैं उससे बता सकती हूँ, जैसा कि उसने कहा कि वह सही सही नहीं जानता कैसे यह सब एक साथ अनुरूप होता है। वह *'मटरमुंड'*[२५] के बारे में बात कर रहा था, लेकिन वह अंदर की तरफ होता है, जहाँ आप उसे देख नही सकते हो। हम महिलाओं में सब कुछ बहुत अच्छी तरह से व्यवस्थित होता है। जब तक मैं ग्यारह या बारह की नहीं थी, मुझे यह बोध नहीं था कि अंदर लेबिया की एक दूसरी परत होती है, चूँकि आप उन्हें देख नहीं सकते। और भी मजेदार यह है कि मैं सोचती थी मूत्र भगनासा से बाहर आता है। मैंने माँ से एक बार पुछा, वह छोटा उभार क्या है, और उन्होंने कहा वह नहीं जानती हैं। वह जब चाहे मूक बन सकती हैं!

लेकिन विषय पर वापस आने के लिए। न जाने कैसे आप यह सब किसी भी मॉडल के बिना समझायेंगे कि यह किस तरह दिखता है?

क्या मैं फिर भी कोशिश करूँ? ठीक है, ये गई!

जब आप खड़े हुए हैं, सामने से जो देख पाते हैं वो हैं बाल। आपके पैरों के बीच, दो नरम गद्दीदार चीजे हैं, वे भी बालों से ढंकी हुई, जो जब आप खड़े होते हैं साथ में दब जाती हैं, तो आप देख नहीं सकते अंदर क्या है। जब आप बैठते हैं, वे अलग हो जाती हैं, और वे अंदर से बहुत लाल और काफी मांसल होती हैं। ऊपरी भाग में, बाहरी लेबिया के बीच, त्वचा की फेंट होती हैं, जो दूसरी पर, दिखने में एक छाला लगती है। यही भगशेफ है। फिर आते हैं आन्तरिक लेबिया, जिन्हें भी एक प्रकार की सलवटों में दबाया जाता है। जब वे खुलते हैं, आप छोटा मांसल टीला देख सकते हैं, जो मेरे अंगूठे के शीर्ष से बड़ा नहीं होता है। ऊपरी भाग में एक जोड़े छोटे छेद होते हैं और जहाँ से मूत्र बाहर आता है। निचला हिस्सा ऐसा दिखता है मानो यह सिर्फ त्वचा हो, और फिर भी यही है जहाँ योनि

---

[२५]गर्भाशय ग्रीवा।

होती है। आप इसे मुश्किल से ढूंढ पाते है, क्योंकि त्वचा की परतें मुख को छिपाती हैं। छेद इतना छोटा होता है कि मैं मुश्किल से कल्पना कर पाती हूँ, कि कैसे एक आदमी वहां प्रवेश कर सकता है, यह बात तो दूर, एक बच्चा बाहर कैसे आ सकता है। इसके अंदर अपनी तर्जनी डालने की कोशिश भी काफी मुश्किल है। यही सब है, और फिर भी यह इस तरह की एक महत्वपूर्ण भूमिका निभाता है!

आपकी, एनी एम फ्रैंक

शनिवार, २५ मार्च, १९४४

सबसे प्यारी किट्टी,

आप कितना बदल चुके हो आप तब तक अहसास नहीं करते, जब तक यह हो न चुका हो। मैं काफी तेजी से बदल चुकी हूं, मेरे बारे में सब कुछ अलग है: मेरी राय, विचार, महत्वपूर्ण दृष्टिकोण। अंदर, बाहर, कुछ भी वैसा नहीं रहा। और, मैं सुरक्षित रूप से जोड़ सकती हूँ, चूँकि यह सच है, मैं अच्छे के लिए बदल चुकी हूँ। मैंने एक बार तुमको बताया था, सालों प्यार किये जाने के बाद, वयस्कों और फटकार की कठोर वास्तविकता के साथ समायोजन करना मेरे लिए मुश्किल था। लेकिन, मेरे इस सब को सहन करने के लिए, पिता और माँ व्यापक रूप से दोषी हैं। घर में वे चाहते थे मैं जीवन का आनंद लूं, लेकिन यहाँ उन्हें मुझे, उनकी बातों से सहमत होने के लिए प्रोत्साहित करना और सिर्फ अपने झगडे और गपशप नहीं दिखाने चाहिए थे। मेरे यह खोजने से पहले कि गलती आधी आधी थी, लंबा समय हो गया था। अब मैं जानती हूँ, यहाँ जवान और बूढ़े लोगों से एक जैसी कई बड़ी भूलें हुई हैं। वैन दानों से निपटने में पिता और माता की सबसे बड़ी गलती यह है कि वे कभी भी स्पष्ट और मैत्रीपूर्ण (सच में, मित्रता को झूठा होना पड़ सकता है) नहीं रहे हैं। इन सबसे ऊपर, मैं शांति बनाए रखना चाहती हूँ और न झगड़ा न ही गपशप करना चाहती हूँ। पिता और मार्गोट के साथ यह मुश्किल नहीं है, लेकिन माँ के साथ है, इसीलिए मुझे खुशी है कि वह मुझे जोड़ों पर कभी कभी एक थपकी देती रहती हैं। आप श्रीमान वैन दान को, उनके साथ सहमत होकर, चुपचाप सुनकर, ज्यादा कुछ ना कहकर, और सबसे अधिक ...... उनके चिढ़ाने का और आपके खुद के मजाक के साथ, उनके बकवास चुटकुले का जवाब देकर, उन्हें अपने पक्ष में जीत सकते हैं। श्रीमती वैन दान को उनसे खुलकर बात करके और जब आप गलत हो तो स्वीकार करके, जीता जा सकता है। अपनी गलती वह भी स्पष्ट रूप से स्वीकार करती हैं जो कि कई होती हैं। मैं सब बहुत अच्छी तरह से जानती हूँ कि वह मेरे बारे में उतनी बुरी तरह नहीं सोचती जितनी कि शुरू में सोचा करती थी। और यह केवल इसलिए क्योंकि मैं ईमानदार हूँ और लोगों को तुरंत उनके मुंह पर बता देती हूँ मैं क्या सोचती हूँ, यहाँ तक कि जब यह बहुत प्रशंसा करने योग्य न हो तो भी। मैं

ईमानदार रहना चाहती हूँ; मुझे लगता है यह आपको आगे ले जाता है और आपको अपने बारे बेहतर महसूस भी कराता है।

कल श्रीमती वैन दान, श्रीमान क्लेइमन को दिए गए चावलों के बारे में बात कर रही थीं। 'जो सब कुछ हम करते हैं वो है, देना, देना, देना। लेकिन एक निश्चित बिंदु पर मुझे लगता है कि अब बहुत हो गया है। यदि वह बस मुसीबत लेते, तो श्रीमान क्लिमन को अपने खुद के चावल मिल सकते थे। हमें क्यों अपनी सारी आपूर्ति बांटनी चाहिए? हमें भी उनकी उतनी ही बुरी तरह जरूरत है।'

'नहीं, श्रीमती वैन दान,' मैंने जवाब दिया। 'मैं आप से सहमत नहीं हूँ। श्रीमान क्लिमन थोड़े से चावल प्राप्त करने में बहुत अच्छी तरह से सक्षम हो सकते हैं, लेकिन उन्हें इसकी चिंता करना पसंद नहीं है। उन लोगों की आलोचना करना जो हमारी मदद कर रहे हैं, हमारा क्षेत्र नहीं है। यदि हम संभवत: छोड़ सकते हैं, तो हमें उन्हें देना चाहिए जो भी उन्हें जरूरत है। एक सप्ताह में एक प्लेट कम चावल से कोई ज्यादा फर्क नहीं पड़ेगा; हम सेम हमेशा खा सकते हैं।'

श्रीमती वैन दान ने इसे मेरे तरीके से नहीं देखा, लेकिन उन्होंने जोड़ा, भले ही वह असहमत थी, वह पीछे हटने को तैयार थीं, और यह एक बिल्कुल अलग बात थी।

खैर, मैं काफी कह चुकी हूँ। कभी–कभी मैं जानती हूँ मेरी जगह क्या है और कभी–कभी मेरे अपने संदेह होते है, लेकिन अंत में मैं वहां पहुँच जाउंगी जहाँ मैं होना चाहती हूँ! मैं जानती हूँ मैं कर लूंगी! विशेष रूप से अब जबकि मेरे पास मदद है, पीटर परेशानी के और कठिन समय में मेरी मदद करता है!

ईमानदारी से मैं नहीं जानती कि वह मुझे कितना प्यार करता है और हम कभी भी एक चुम्बन तक पहुँच पाएंगे या नहीं; हर हालत में, मैं इस मुद्दे पर जोर नहीं डालना चाहती हूँ! मैंने पिता को बताया मैं अक्सर पीटर से मिलने जाती हूँ और पूछा कि क्या वह मंजूरी देंगे और बेशक, उन्होंने दे दी!

अब पीटर को वे बातें बताना बहुत आसान है, जो आमतौर पर मैं अपने तक ही रखती हूँ; उदाहरण के लिए, मैंने उससे कहा यदि मैं एक लेखक नहीं बन सकती, तो अपने काम के अतिरिक्त लिखने के लिए मैं बाद में, लिखना चाहती हूँ।

मेरे पास पैसे या सांसारिक संपत्ति के रास्ते में ज्यादा कुछ नहीं है, मैं सुंदर, बुद्धिमान या चालाक नहीं हूँ, लेकिन मैं खुश हूँ, और मुझे लगता है कि मेरा इसी तरह से रहने का इरादा है! मैं पैदाईशी खुश हूँ, मैं लोगों से प्यार करती हूँ, मेरी भरोसे वाली प्रकृति है, और मैं हर किसी को खुश चाहूंगी।

तुम्हारी समर्पित दोस्त, ऐनी एम फ्रैंक

एक खाली दिन, हालांकि स्पष्ट और चमकदार,
क्या यह किसी रात की तरह अंधकारमय है।

(मैंने इसे कुछेक हफ्तों पहले लिखा था और अब इसमें कोई सच्चाई नहीं है, लेकिन मैंने इसे शामिल किया क्योंकि मेरी कविताएं बहुत कम हैं।)

सोमवार, २७ मार्च, १९४४

सबसे प्यारी किट्टी,

छिपने की जगह में हमारे जीवन पर कम से कम एक लम्बा अध्याय राजनीति के बारे में होना चाहिए, लेकिन चूँकि यह मुझे इतना दिलचस्प नहीं लगता है, मैं इस विषय को टाल रही हूँ। तो भी, आज, मैं राजनीति को एक पूरा पत्र समर्पित करूँगी।

बेशक, इस विषय पर कई अलग अलग राय है, और अक्सर युद्ध के समय इसकी चर्चा सुनना कोई आश्चर्य की बात नहीं है, लेकिन ..... राजनीति के बारे में इतनी बहस करना सिर्फ सादी बेवकूफी है! उन्हें हंसने दो, कसमें खाने दो, शर्तें लगाने दो, शिकायत करने दो, और जो वे करना चाहें उन्हें करने दो जब तक कि वे खुद की निराशा और गुस्सा झेलने के लिए अकेले ना रह जायें। लेकिन उन्हें बहस मत करने दो, चूँकि वह चीजों को केवल बदतर बनाता है। बाहर से आने वाले लोग, हमारे लिए बहुत सी खबरें लाते हैं, जो बाद में झूठी साबित होती हैं; हालांकि, अब तक हमारे रेडियो ने कभी झूठ नहीं बोला है। जेन, मिएप, श्रीमान क्लिमन, बेप और श्रीमान कग्लर, अपने राजनीतिक मूड में ऊपर नीचे जाते हैं, हालाँकि जेन सबसे कम।

यहां उपभवन में मूड बदलता रहता है। आक्रमण, हवाई हमलों, भाषण, आदि, आदि पर अंतहीन बहसों को, 'ईम्पोस्सिब्ल!' '*उम गोत्तेस विल्लेन*'[२६] जैसे अनगिनत विस्मयादिबोधकों द्वारा साथ दिया जाता है। यदि वे बस अब शुरू हो रहे हैं, यह कब तक यह कब तक रहने वाला है! यह शानदार तरह से, *गत*, बहुत बढ़िया जा रहा है!'

आशावादी और निराशावादी – यथार्थवादियों का उल्लेख नहीं है – लगातार ऊर्जा के साथ अपनी राय व्यक्त करते हैं, और बाकि सब के साथ के रूप में, वे सब निश्चित हैं कि सत्य पर उनका एकाधिकार है। यह किसी महिला को गुस्सा दिलाता है कि उसके पति का ब्रिटिश में इस तरह का सर्वोच्च विश्वास है, और पति अपनी पत्नी पर, उसके प्यारे राष्ट्र के बारे में चिढ़ाने और अपमानजनक टिप्पणी करने के कारण हमला करता है!

और इसलिए यह सुबह में जल्दी से देर रात तक चलता है; हास्यास्पद बात यह है कि वे इससे कभी थकते नहीं हैं। मैंने एक चाल की खोज की है, और प्रभाव जबरदस्त है, बिलकुल किसी को पिन चुभाने और उन्हें कूदते हुए देखने जैसा। यह कुछ ऐसे काम करता है: मैं राजनीति के बारे में बात करना शुरू करती हूँ। इसमें बस एक सवाल लगता है, एक शब्द या एक वाक्य, और इससे पहले कि आप इसे जान पायें, पूरा परिवार शामिल हो जाता है!

---

[२६]ओह भगवान के लिए।

मानो जर्मन 'वेर्ह्मच्त खबरें' और अंग्रेजी बीबीसी पर्याप्त नहीं थे, उन्होंने अब विशेष हवाई हमला घोषणाओं को जोड़ दिया है। एक शब्द में, शानदार। लेकिन सिक्के का दूसरा पहलू यह है कि ब्रिटिश वायु सेना दिन रात लगातार काम कर रही है। जर्मन प्रचार मशीन, के विपरीत नहीं जो एक दिन में चौबीस घंटे नीरस तरह से झूठ बोलती है!

तो रेडियो हर सुबह आठ बजे चालू हो जाता है (पहले नहीं तो) और हर घंटे, नौ, दस या रात ग्यारह बजे तक भी सुना जाता है। यह अभी तक का सबसे अच्छा सबूत है कि वयस्कों में अनंत धैर्य है, लेकिन यह भी कि उनके दिमाग साफ साफ और समझदारी से नही सोच पा रहे हैं (मेरा मतलब है, उनमें में से कुछ, चूँकि मैं किसी का भी अपमान नहीं करना चाहूंगी)। एक प्रसारण, ज्यादा से ज्यादा दो, पूरे दिन चलते रहने के लिए पर्याप्त होने चाहिए। लेकिन नहीं, वे बूढ़े मूर्ख ...... कोई बात नहीं, मैं पहले ही यह सब कह चुकी हूँ! काम करते समय संगीत, इंग्लैंड से डच प्रसारण, फ्रैंक फिलिप्स या रानी विल्हेल्मिना, प्रत्येक को एक बारी मिलती है और वे एक इच्छुक श्रोता पाते हैं। यदि वयस्क खाना नहीं खा रहे हैं या सो नहीं रहे हैं, तो वे खाने, सोने, और राजनीति के बारे में बात करते हुए रेडियो के आसपास एकत्रित हो जाते हैं। वाह! यह ऊबाने वाला हो रहा है, और यही सब है जो मैं खुद को एक नीरस बूढी चुड़ैल बनने से दूर रखने के लिए कर सकती हूँ! हालाँकि मेरे चारों ओर सब पुराने लोगों के साथ, शायद यह ऐसा बुरा विचार नहीं होगा!

यहाँ एक शानदार उदाहरण है, हमारे प्यारे विंस्टन चर्चिल द्वारा दिया गया एक भाषण।

रविवार की शाम नौ बजे। एक चायदानी, अपनी टोपी के अंदर, मेज पर है, और मेहमान कमरे में प्रवेश करते हैं। डसेल रेडियो के बायीं ओर बैठते हैं, श्रीमान वैन दान इसके सामने और पीटर एक तरफ बैठता है। माँ, श्रीमान वैन दान के बगल में, उनके पीछे श्रीमती वैन दान के साथ। मार्गोट और मैं अंतिम पंक्ति में बैठे हैं और पिम मेज पर बैठे हैं। मैं अहसास करती हूँ, हमारे बैठने की व्यवस्था का यह एक बहुत स्पष्ट वर्णन नहीं है, लेकिन इससे कोई फर्क नहीं पड़ता। पुरुष धूम्रपान करते हैं, सुनने के तनाव से पीटर की आँखें बंद हैं, मम्मी ने लम्बा, काला चोगा पहना हुआ है, श्रीमती वैन दान विमानों के कारण कांप रही हैं, जो भाषण पर कोई ध्यान नहीं देते, बल्कि एसेन की ओर प्रसन्नतापूर्वक उड़ान भरते हैं, पिता अपनी चाय सुड़कते हुए पी रहे हैं, और मार्गोट और मैं, सोती हुई मौश्ची द्वारा बहनों जैसी शैली में एकजुट हैं, जिसने हमारे दोनों के घुटनों पर अधिकार जमा लिया है। मार्गोट के बालों में बाल घुंघराले बनाने वाली नलियां है और मेरा रात्रि लिबास बहुत छोटा, बहुत तंग और बहुत थोड़े भी हैं। यह सब इतनी आत्मीय, आरामदायक और शांत लग रहा है, और यह वास्तव में एक बार तो है। फिर भी मुझे भय से भाषण के अंत का इंतजार है। वे एक और बहस शुरू करने के लिए अधीर हो रहे हैं! पुनश्च, एक बिल्ली की तरह, एक चूहे को अपने बिल से बुलाने जैसा, वे एक दूसरे को झगड़े और असहमति के लिए उकसाते हैं।

तुम्हारी, ऐनी

मंगलवार, २८ मार्च, १९४४,

सबसे प्यारी किट्टी

मैं राजनीति के बारे में अधिक से अधिक लिखना चाहूंगी, मेरे पास सूचित करने के लिए बहुत सी अन्य खबरें भी हैं। पहले, माँ ने मुझे पीटर के पास जाने से लगभग मना कर दिया, चूँकि उनके अनुसार, श्रीमती वैन दान को जलन हो रही है। दूसरा, पीटर ने मार्गोट को ऊपर हमारे साथ शामिल होने के लिए आमंत्रित किया है। मैं नहीं जानती वह वास्तव में ऐसा चाहता है या सिर्फ विनम्रता के चलते यह कह रहा है। तीसरा, मैंने पिता से पूछा कि क्या मुझे श्रीमती वैन दान की ईर्ष्या को ध्यान में लेना चाहिए, उन्होंने कहा कि मुझे ऐसा नहीं करना चाहिए।

अब मैं क्या करूं? माँ गुस्से में हैं, मुझे ऊपर नहीं जाने देना चाहती, वह चाहती हैं कि मैं डसेल के साथ साझा कमरे में अपना गृहकार्य करने जाऊं। वह शायद खुद से ईर्ष्या करती होगी। पिताजी हमें वे कुछ घंटे देने में संकोच नहीं करते हैं और मानते हैं कि यह अच्छा है कि हम इतनी अच्छी तरह से घुल मिल गएँ हैं। मार्गोट भी पीटर को पसंद करती है, लेकिन उसे लगता है तीन लोग एक ही चीज के बारे में बात नहीं कर सकते जैसा दो लोग कर सकते हैं।

इसके अलावा, माँ सोचती हैं पीटर मुझसे प्यार करता है। सच कहूँ तो, काश कि वह करता होता। तो फिर हम एक जैसे होते और एक दूसरे को जान पाना बहुत आसान हो जाता। उन्होंने यह भी दावा किया कि वह हमेशा मुझे देखता रहता है। खैर, मुझे लगता है हम एक दूसरे की ओर कभी कभी सामयिक रूप से पलक झपकाते रहते हैं। लेकिन यदि वह मेरे गालों के गड्ढों की प्रशंसा करता रहता है तो मैं इसमें कुछ भी नहीं कर सकती, क्या मैं कर सकती हूँ?

मैं एक बहुत ही मुश्किल स्थिति में हूँ। माँ मेरे खिलाफ है और मैं उसके खिलाफ हूँ। पिताजी माँ और मेरे बीच मूक संघर्ष पर ध्यान ही नहीं देते। माँ दुखी है क्योंकि वह अभी भी मुझे प्यार करती है, लेकिन मैं बिल्कुल भी दुखी नहीं हूँ, वह अब मेरे लिए कुछ भी नहीं हैं।

जहाँ तक पीटर की बात है ...... मैं उसे छोड़ना नही चाहती। वह बहुत प्यारा है और मैं उसकी बहुत प्रशंसा करती हूँ। वास्तव में उसका और मेरा एक बहुत ही खूबसूरत रिश्ता हो सकता है, तो क्यों बूढ़े लोग फिर से हमारे मामले में टांग अड़ा रहे हैं? सौभाग्य से, मैं अपनी भावनाओं को छुपाने की आदी हूँ, तो मैं यह छिपाने में सफल हो जाती हूँ कि मैं उसके लिए कितनी पागल हूँ। क्या वह कभी कुछ कहने भी जा रहा है? क्या मैं कभी उसके गाल पर अपने गाल महसूस करने वाली हूँ, जैसा कि मैंने सपने में पीटल के गाल महसूस किये थे? ओह, पीटर और पीटल, तुम एक ही व्यक्ति हो! वे हमें नहीं समझते; वे कभी नहीं समझेंगे कि हम एक भी शब्द बोले बिना सिर्फ एक दूसरे के बगल में बैठने से ही संतुष्ट हैं। उन्हें कोई अंदाजा नहीं है क्या चीज हमें साथ खींचती है! ओह, हम कब इन सभी कठिनाइयों पर काबू पाएंगे? और तब भी यह अच्छा है कि हमें इनको पार करना है,

चूँकि यह अंत बनाता है जो बहुत अधिक सुंदर है। जब वह अपना सिर अपनी बाहों पर रखता है और अपनी आँखें बंद करता है, वह एक बच्चा जैसा लगता है; जब वह मौश्ची के साथ खेलता है या उसके बारे में बात करता है, वह प्यारा लगता है; वह आलू या अन्य भारी सामान उठाता है, वह मजबूत लगता है; जब वह बंदूक की गोलियों को देखने चला जाता है या चोरों को तलाशने अंधेरे घर में चलता है, वह बहादुर लगता है; और जब वह बहुत अजीब और बेढंगा होता है, तो वह निराशाजनक रूप से प्यारा होता है। जब मुझे उसको पढ़ाना होता है, उस समय की बजाय, जब वह मुझे कुछ समझाता है, तब वह ज्यादा अच्छा होता है। काश वह मुझसे लगभग हर तरह से बेहतर होता!

हम अपनी दो माओं के बारे में क्या परवाह करते हैं? ओह, काश वह कुछ कहता।

पिता हमेशा कहते हैं मैं अभिमानी हूँ, लेकिन मैं नहीं हूँ, मुझे लगता है मैं केवल व्यर्थ हूँ! मेरे पास ऐसा कहने वाले बहुत लोग नहीं थे कि मैं सुंदर हूँ, सिवाय स्कूल में एक लड़के के, जो कहता था, जब मैं मुस्कुराती हूँ तो बहुत प्यारी लगती हूँ। कल पीटर ने मेरी एक सच्ची तारीफ की, और सिर्फ मनोरंजन के लिए मैं तुम्हे अपनी बातचीत का एक मोटा मोटा विवरण दूँगी।

पीटर अक्सर मुझसे कहता है 'मुस्कुराओ!' मुझे लगा यह अजीब है, इसलिए कल मैंने उससे पूछा, 'तुम मुझे हमेशा मुस्कुराते हुए क्यों देखना चाहते हो?'

'क्योंकि तुम्हारे गालों में गड्ढे पड़ते हैं। तुम यह कैसे करती हो?'

'मैं उनके साथ ही पैदा हुई थी। मेरी ठोड़ी में भी एक है। मेरे पास सुंदरता का यही एकमात्र निशान है।'

'नहीं, नहीं, यह सच नहीं है!'

'हाँ यही है। मैंने जानती हूँ कि मैं सुंदर नहीं हूँ। मैं कभी नहीं रही हूँ, और कभी नहीं होउंगी!'

'मैं इस बात से सहमत नहीं हूँ। मुझे लगता है तुम सुंदर हो।'

'मैं नहीं हूँ।'

'मैं कहता हूँ तुम हो, और तुम्हे मेरी बात को सच मानना ही होगा।'

तो जाहिर है मैंने भी उसे उसके बारे में वैसा ही कहा।

तुम्हारी, एनी एम फ्रैंक

बुधवार, २९ मार्च, १९४४

सबसे प्यारी किट्टी,

कैबिनेट मंत्री, श्रीमान बोल्केस्टीन, ने लंदन से डच प्रसारण पर बोलते हुए कहा कि युद्ध के बाद, युद्ध से सम्बंधित डायरी और पत्रों का एक संग्रह बनाया जायेगा। बेशक, हर कोई मेरी डायरी पर

झपटा। कल्पना करो यह कितना दिलचस्प होता यदि मुझे गुप्त उपभवन के बारे में एक उपन्यास प्रकाशित करना होता। अकेले, शीर्षक से ही लोग सोचते कि यह एक जासूसी कहानी है।

सच में, यद्यपि, युद्ध के दस साल के बाद लोगों को यह पढ़ना बहुत मनोरंजक लगेगा कि हम कैसे रहते थे, हम क्या खाते थे और भूमिगत रहने वाले यहूदियों के रूप में हम किस चीज के बारे में बात करते थे। हालांकि मैं आप को हमारे जीवन के बारे में बहुत कुछ बता चुकी हूँ, लेकिन हमारे बारे में आप को अभी भी बहुत कम पता है। हवाई हमलों के दौरान महिलायें कैसे भयभीत हो जाती हैं; उदाहरण के लिए, पिछले रविवार, जब ३५० ब्रिटिश विमानों ने इजमुईदेन पर ५५० टन बम गिराए, जिससे घर हवा में घास के पत्तों की तरह कांप उठे। या कितनी सारी महामारियां यहां फैली हुई हैं।

इन मामलों में आप को कुछ भी नहीं पता होता, और सब कुछ का अंत तक विस्तार से वर्णन करने में मेरा पूरा दिन लग जायेगा। सब्जियों और सभी प्रकार की वस्तुएं खरीदने के लिए लोगों को लाइन में खड़े रहना पड़ता है; डॉक्टर, अपने मरीजों को देखने उनके पास नहीं जा सकते क्योंकि उनकी कारें और बाइक उनके पीठ फेरते ही क्षण भर में चोरी हो जा रही हैं; सेंधमारी और चोरी तो इतने आम हो गए हैं कि आप खुद से पूछते हैं डच लोगों को इतना कुशल बनाने के लिए उनको अचानक क्या मिल गया है। आठ और ग्यारह साल के छोटे बच्चे, लोगों के घरों की खिड़कियां तोड़ कर जो कुछ भी उनके हाथ आता है चोरी कर सकते हैं। लोग यहां तक कि पांच मिनट के लिए भी अपना घर छोड़ने की हिम्मत नहीं कर सकते हैं, क्योंकि जब वे वापस आते हैं, तो पाते हैं कि उनके सभी सामान जा चुके हैं। हर दिन अखबारों में चोरी गए टाइपराइटरों, फारसी आसनों, बिजली की घड़ियां, कपड़े, आदि की वापसी के लिए इनाम के नोटिस भरे पड़े रहते हैं, सड़क के कोनों की बिजली की घड़ियां ध्वस्त कर दी गई हैं, सार्वजनिक फोन तारों के अंतिम टुकड़े तक चुरा लिए गए हैं।

डच लोगों में मनोबल अच्छा नहीं हो सकता। कृत्रिम कॉफी के अलावा, हर कोई भूखा है; एक सप्ताह के खाद्य पदार्थों का राशन दो दिन तक भी नहीं चलता है। आक्रमण को आने वाले लम्बे समय तक चलना है, पुरुषों को जर्मनी रवाना किया जा रहा है, बच्चे बीमार या कुपोषित हैं, हर कोई फटे पुराने कपड़े और घिस चुके जूते पहने हुए है। काले बाजार में एक नये सोल की लागत ७.५० गिल्डर है। इसके अलावा, कुछ मोची मरम्मत करेंगे, या अगर वे करते हैं, तो आप को अपने जूते का चार महीने इंतजार करना पड़ सकता है, जो हो सकता है इस बीच गायब हो गए हों।

इससे एक अच्छी बात निकल कर बाहर आई है: भोजन जैसे जैसे खराब होता जाता है और तोड़फोड़ के अधिक गंभीर कृत्यों के खिलाफ अधिकारियों के फरमान, बढ़ रहे हैं। खाद्य कार्यालय, पुलिस, अधिकारी – वे सभी या तो अपने साथी नागरिकों की मदद या उनकी निंदा कर रहे हैं और उन्हें जेल भेज रहे हैं। सौभाग्य से, डच लोगों का केवल एक छोटा सा प्रतिशत गलत साइड पर है।

तुम्हारी, ऐनी

शुक्रवार, ३१ मार्च, १९४४

सबसे प्यारी किट्टी,

जरा कल्पना करें, अभी भी काफी ठंड है और ज्यादातर लोग अभी तक लगभग एक महीने से कोयले के बिना हैं। यह भयानक लगता है न? रूसी मोर्चे के बारे में आशावाद की एक सामान्य मनोदशा होती है, क्योंकि उनकी बंदूकें बहुत अच्छी हैं! मैं अक्सर राजनीतिक स्थिति के बारे में नहीं लिखती हूँ, लेकिन मैं आपको बता दूं कि रूसी इस समय कहां हैं। वे पोलिश सीमा और रोमानिया में प्रुट नदी तक पहुँच गए हैं। वे ओडेसा के बेहद करीब हैं और उन्होंने टेरनोपूल का घेरा डाला हुआ है। हर रात हम स्टालिन से एक अतिरिक्त विज्ञप्ति की उम्मीद करते हैं।

वे मास्को में इतने सारे सैल्यूट ठोकते रहते हैं, शहर को दिन भर गड़गड़ाते और कांपते रहना होना चाहिए। या तो चाहे वे आस पास लड़ने का नाटक करते हो सकते हैं या फिर अपनी खुशी व्यक्त करने का उनके पास कोई भी अन्य रास्ता नहीं है, मुझे नहीं पता!

हंगरी पर जर्मन सैनिकों द्वारा कब्जा किया जा चुका है। वहाँ अभी भी लाखों यहूदी रह रहे हैं; वे भी बर्बाद हो रहे हैं।

यहाँ कुछ खास नहीं हो रहा है। आज श्री वैन दान का जन्मदिन है। उन्होंने तंबाकू के दो पैकेट, एक कॉफी सेवा प्राप्त की, जो उनकी पत्नी बचाने में कामयाब रही थीं, श्री कुग्लर से नींबू पंच, मिएप से सार्डिन, हम से यू डे कोलोन, लाइलक्स, ट्यूलिप और, अंतिम रास्पबेरी भरा एक केक, आटे की खराब गुणवत्ता और मक्खन की कमी के कारण थोड़ा चिपचिपा, लेकिन फिर भी स्वादिष्ट।

पीटर और मेरे बारे में सभी बातें थोड़ा कम हो गई हैं। वह आज रात मुझे लेने आ रहा है। यह उसके बारे में बहुत अच्छी बात है, जो आप सोच नहीं सकते, क्योंकि वह इसे करने से नफरत करता रहा है! हम बहुत अच्छे दोस्त हैं। हम बहुत सा समय एक साथ खर्च करते हैं और हर कल्पनीय विषय के बारे में बात करते हैं। जब हम एक नाजुक विषय पर आते हैं, जिस तरह से मुझे अन्य लड़कों के साथ रहना होगा वापस पकड़ नहीं होना बहुत अच्छा होता है। उदाहरण के लिए, हम खून के बारे में बात कर रहे थे और बातचीत किसी तरह मासिक धर्म पर बदल गई, आदि। वह सोचता है हम महिलायें खून की कमी का सामना करने में सक्षम होने में काफी मुश्किल होती हैं, और कि मैं भी हूँ। मुझे पता नहीं क्यों?

यहाँ मेरा जीवन बेहतर, ज्यादा बेहतर है। भगवान ने मेरा त्याग नहीं किया है, और वह कभी नहीं करेगा।

तुम्हारी, एनी एम फ्रैंक

शनिवार, १ अप्रैल, १९४४

मेरी सबसे प्यारी किट्टी,

और फिर भी सब कुछ अभी भी बहुत कठिन है। तुम जानते हो क्या तुम नहीं जानते मेरा क्या मतलब है? उसके मुझे चुंबन करने के लिए मैं तरसती हूँ, लेकिन वह चुंबन अपना मीठा समय ले रहा है। क्या वह मुझे अभी भी एक दोस्त के रूप में ही मानता है? मेरा इससे अधिक कुछ भी मतलब नहीं है?

तुम और मैं दोनों जानते हैं कि मैं मजबूत हूँ सारे बोझ मैं अकेले उठा सकती हूँ। मैं अपनी चिंताओं को कभी किसी के साथ साझा नहीं किया है, और मैं कभी मां से चिपकी नहीं रही हूँ लेकिन मैं उसके कंधे पर अपना सिर रख कर और बस चुपचाप बैठे रहना पसंद करती हूँ।

मैं नहीं कर सकती, जब सब कुछ बहुत अच्छा था, मैं बस पीटर के गालों का सपना नहीं भूल सकती हूँ! क्या उसकी भी मेरे समान ही लालसा है? क्या वह मुझे प्यार करता है कहने के लिए अभी भी बहुत शर्मा रहा है? वह मुझे अपने इतने पास क्यों चाहता है? ओह, वह कुछ कहता क्यों नहीं है?

मुझे रुकना होगा, मुझे शांत होना होगा। मुझे फिर से मजबूत होने की कोशिश करना होगा, और यदि मैं धैर्यवान हूँ, तो बाकी चीजों का भी पालन करना होगा। लेकिन – और यह सबसे बुरा हिस्सा है – मैं उसका पीछा करती हुयी सी लगती हूँ। एक केवल हमेशा मैं ही हूँ जो ऊपर जाती है; *वह* कभी भी *मेरे* पास नहीं आया है। लेकिन वह कमरे की वजह से है और वह समझता है मैं आपत्ति क्यों करती हूँ। ओह, मुझे यकीन है कि मुझे जितना लगता है वह उससे भी अधिक समझता है।

आपकी, एनी एम फ्रैंक

सोमवार, ३ अप्रैल, १९४४

मेरी सबसे प्यारी किट्टी,

मेरे हमेशा की तरह के व्यवहार के विपरीत, मैं तुम्हे भोजन की स्थिति का विस्तृत विवरण लिखने जा रही हूँ, चूँकि यह कुछ कठिनाई और महत्व का विषय बन गया है, न केवल यहां उपभवन में, बल्कि पूरे हॉलैंड में, पूरे यूरोप में, और यहाँ तक कि इससे भी परे।

इक्कीस महीनों में, जो हम यहाँ रहे, हम यहाँ कई अच्छे भोजन चक्रों से गुजरे हैं – तुम एक पल में समझ जाओगी उसका क्या महत्त्व है। एक 'भोजन चक्र' एक अवधि है जिसमें हमें एक समय में खाने के लिए केवल एक विशेष भोजन या कोई सब्जी मिलती है। एक लंबे समय से हमने कासनी के अलावा कुछ नहीं खाया। रेत वाली कासनी, बिना रेत

की कासनी, दले हुए आलुओं के साथ कासनी, दले हुए आलू हाड़ी और कासनी। फिर था पालक, और उसके बाद, बंद गोभी, विलायती कचालू, खीरे, टमाटर, गोभी, आदि, आदि।

यह बहुत मजेदार नहीं है जब आपको हर दिन दोपहर के भोजन और रात के भोजन के लिए, गोभी खाने को मिले लेकिन अगर आपको काफी भूख लगी हो, तो आप बहुत सी चीजे करते हैं। अब, तथापि, हम अब तक के सबसे आनंदप्रद समय से गुजर रहे हैं, क्योंकि सब्जियां बिलकुल भी नहीं हैं।

हमारे साप्ताहिक दोपहर के भोजन की व्यंजन सूची में, भूरे सेम, छिले मटर का सूप, पकोडियों के साथ आलू, आलू कुगेल, भगवान की दया से, शलजम या गाजर, और फिर वापस भूरी सेम। क्योंकि रोटी की कमी के कारण, हम नाश्ते के साथ शुरू होने वाले हर भोजन में आलू खाते हैं, लेकिन फिर हम उन्हें थोड़ा तल लेते हैं। सूप बनाने के लिए हम भूरी सेम, सफेद सेम, आलू, सब्जी के सूप के पैकेट, चिकन सूप के पैकेट और सेम सूप के पैकेट का उपयोग करते हैं। रोटी सहित हर चीज में भूरी सेम है। रात के खाने के लिए हम हमेशा नकली रसे के साथ आलू खाते हैं – भगवान का शुक्र है अभी भी हमारे पास है – चुकंदर का सलाद। मुझे तुम्हे पकोड़ियों के बारे में जरूर बताना चाहिए। हम उन्हें सरकार द्वारा जारी किये आटे, पानी और खमीर से बनाते हैं। वे इतने चिपचिपे और कड़े होते हैं कि ऐसा महसूस होता है मानो आपके पेट में पत्थर हैं, लेकिन ओह ठीक है!

जिगर के सॉसेज का साप्ताहिक टुकड़ा और हमारी बिना मक्खन वाली रोटी पर जैम, हमारा सुनहरा क्षण होता है। लेकिन हम अभी भी जीवित हैं, और अधिकतर समय, यह अभी तक बहुत अच्छा स्वाद भी देता है!

आपकी, एनी एम फ्रैंक

बुधवार, ५ अप्रैल, १९४४

मेरी सबसे प्यारी किट्टी,

एक लंबे अरसे से अब तक, मैं नहीं जानती थी कि मैं स्कूल का कोई भी काम करने के लिए परेशान क्यों हो रही थी। युद्ध का अंत अभी भी एक परी कथा की तरह बहुत दूर, बहुत अवास्तविक लग रहा था। यदि युद्ध सितंबर तक खत्म नहीं हुआ, तो मैं वापस स्कूल नहीं जाउंगी, चूँकि मैं दो साल पीछे नहीं होना चाहती।

शनिवार की रात तक, जब मुझे बहुत दुख महसूस हो रहा था, और किसी ने नहीं बल्कि पीटर, पीटर के सपने और विचार ने मेरे दिन के खालीपन को भरा; ओह, यह भयानक था। जब मैं पीटर के साथ थी, मैंने अपने आंसू रोक लिए, जैसे ही हमने नींबू पंच पिया वैन दान के साथ बहुत ही हंसी ठठा किया और हंसमुख और उत्साहित हो गई थी, लेकिन जिस छण मैं अकेली हुई मैं जानती थी में फूट फूट कर रोने वाली हूँ। मैं अपनी नाईटी में

फर्श पर ढेर हो गई और बहुत उत्साह से अपनी प्रार्थना कहना शुरू कर दिया। तब मैंने अपने घुटनों को अपने सीने की ओर खींचा, अपना सिर अपनी बांहों पर रखा और नंगे फर्श पर सिकुड़कर बैठे हुए रोई। एक जोर की सिसकी ने मुझे स्मरण दिलाया, और चूँकि मैं नहीं चाहती थी कि पास में कोई भी मुझे सुने, मैंने अपने आंसू पी लिए। फिर बार बार यह कहते हुए कि, मुझे करना चाहिए, मुझे अवश्य करना चाहिए, मैंने खुद को समेटने की कोशिश की ......' ऐसी एक असामान्य स्थिति में बैठने से मैं अकड़ गई, मैं बिस्तर के एक किनारे लुढ़क गई और दस – तीस से थोड़ा पहले, जब मैं बिस्तर में वापस गई, तब तक संघर्ष करती रही। फिर यह खत्म हो गया!

और अब यह वास्तव में खत्म हो चुका है। अंतत: मुझे अहसास हुआ कि अनभिज्ञ बनने से दूर रहने के लिए, जीवन में प्रगति करने के लिए, एक पत्रकार बनने के लिए, क्योंकि वही मैं चाहती हूँ, मुझे अपना स्कूल कार्य जरूर करना चाहिए! मैं *जानती हूँ* मैं लिख सकती हूँ। मेरी कुछ कहानियां अच्छी हैं, गुप्त उपभवन का मेरा वर्णन विनोदी हैं, मेरी डायरी बहुत उज्ज्वल और जीवंत है, लेकिन ...... यह देखना बाकी है कि मुझमें वास्तव में प्रतिभा है भी।

'ईवा का ख्वाब' मेरी सबसे अच्छी परी कहानी है, और अजीब बात यह है कि मेरे पास धुंधला विचार भी नहीं है कि यह कहाँ से आई। 'कैडी का जीवन' के कुछ हिस्से भी अच्छे हैं, लेकिन पूर्ण रूप में यह कुछ खास नहीं है। मैं अपनी सर्वश्रेष्ठ और सख्त से सख्त आलोचक हूँ। मैं जानती हूँ कि क्या अच्छा है और क्या नहीं है। जब तक आप खुद नहीं लिखते हैं, आप जान नहीं सकते कि यह कितना अद्भुत है; मैं हमेशा इस तथ्य पर दुःख प्रकट करती थी कि मैं वर्णन नहीं कर पाती, लेकिन अब मैं बहुत खुश हूँ कि कम से कम मैं लिख सकती हूँ। और यदि मुझमें किताबें या अखबारों में लेख लिखने की प्रतिभा नहीं है, तो मैं हमेशा अपने आप के लिए लिख सकती हूँ। लेकिन मैं उससे अधिक हासिल करना चाहती हूँ। मैं माँ, श्रीमती वैन दान और सभी महिलाओं, जो अपने काम में लगी रहती हैं और फिर भुला दी जाती हैं, की तरह जीते जाने की कल्पना नहीं कर सकती हूँ। मुझे एक पति और बच्चों के अलावा, खुद को समर्पित करने के लिए, किसी और चीज की भी जरूरत है! मैं ज्यादातर लोगों की तरह व्यर्थ में बिताई हुई 'जिंदगी' नहीं चाहती हूँ। मैं उपयोगी बनना चाहती हूँ या सभी लोगों के लिए आनंद लाना चाहती हूँ, उनके लिए भी जिनसे मैं कभी नहीं मिली। मैं अपनी मृत्यु के बाद भी जिए जाना चाहती हूँ! और इसीलिए मैं ईश्वर की बहुत आभारी हूँ कि उन्होंने मुझे यह उपहार दिया है, जिसे मैं अपने आप को विकसित करने के लिए, और जो कुछ भी मेरे अंदर है उसे व्यक्त करने के लिए उपयोग कर सकती हूँ!

जब मैं लिखती हूँ, मैं अपनी सभी चिंताओं से पीछा छुड़ा सकती हूँ। मेरे दुख, गायब हो जाते हैं, मेरा जोश पुनर्जीवित हो जाता है! लेकिन, और यह एक बड़ा सवाल है, कि क्या मैं कभी भी एक पत्रकार या एक लेखक बन पाउंगी, क्या मैं कभी कुछ बहुत अच्छा लिखने में सक्षम हो पाउंगी?

मैं उम्मीद करती हूँ और मैं बहुत उम्मीद करती हूँ, लेखन मुझे सब कुछ, मेरे सभी विचारों, आदर्शों और कल्पनाओं को दर्ज करने की अनुमति देता है।

मैंने लम्बे समय से 'कैडी का जीवन' पर काम नहीं किया है। अपने दिमाग में मैंने बिलकुल वैसे विस्तार किया है जैसा आगे होता है, लेकिन कहानी बहुत अच्छी तरह फलती फूलती नजर नहीं आती है। मैं शायद इसे कभी खत्म नहीं कर सकती, और यह रद्दी की टोकरी या आग में जाकर खत्म होगी। यह एक भयानक विचार है, लेकिन फिर मैं अपने आप से कहती हूँ, 'चौदह साल की उम्र में और इतने कम अनुभव के साथ, आप दर्शन के बारे में नहीं लिख सकते हैं।'

तो आगे और ऊपर, नए सिरे से उत्साह के साथ। यह सब हल हो जायेगा, क्योंकि मैं लिखने के लिए दृढ हूँ!

आपकी, एनी एम फ्रैंक

गुरुवार, ६ अप्रैल, १९४४

सबसे प्यारी किट्टी,

तुमने मेरे शौक और रूचियों के बारे में पूछा था, और मैं जवाब देना चाहूंगी, लेकिन मेरा तुम्हे चेतावनी देना सही रहेगा कि मेरे बहुत से हैं, तो आश्चर्य मत करना।

सब से पहला: लेखन, लेकिन मैं वास्तव में इसके बारे में एक शौक के रूप में नहीं सोचती हूँ।

दूसरा: वंशावली चार्ट। मैं हर समाचार पत्र, किताब, और दस्तावेज में देख रही हूँ, जिसे मैं फ्रेंच, जर्मन, स्पेनिश, अंग्रेजी, ऑस्ट्रिया, रूस, नार्वे और डच शाही परिवारों के वंशवृक्ष ढूंढ सकती हूँ। मैंने उनमें से बहुतों के साथ प्रगति की है, क्योंकि एक लम्बे समय से, जीवनियाँ या इतिहास की किताबें पढ़ते हुए मैं नोट्स बना रही हूँ। मैंने इतिहास पर कई लेखांशों की नकल भी की है।

तो मेरा तीसरा शौक इतिहास है, और पिता ने पहले से ही मुझे कई किताबें खरीद दी हैं। मैं शायद ही उस दिन का इंतजार कर सकती हूँ जब मैं सार्वजनिक पुस्तकालय जाने और अपनी जरूरत की जानकारी खोजने में सक्षम हो जाउंगी।

चौथा, ग्रीक और रोमन पौराणिक कथाएं हैं। मेरे पास इस विषय पर विभिन्न किताबें भी हैं। मैं नौ ग्रीक कला की देविओं और जीउस के सात प्यार के नाम बता सकती हूँ। मैं, हर्कुलस की पत्नियों, आदि आदि को एकदम सही से समझ गई हूँ।

मेरे अन्य शौक, फिल्मी सितारों और परिवार की तस्वीरें हैं। मैं पढ़ने और पुस्तकों के लिए पागल हूँ। मैं कला के इतिहास को बहुत पसंद करती हूँ खासकर जब इसका सरोकार लेखकों, कवियों और चित्रकारों से होय संगीतकार बाद में आ सकते हैं। मैं बीजगणित,

ज्यामिति और अंकगणित से घृणा करती हूँ। मैं अपने स्कूल के सभी अन्य विषयों का आनंद लेती हूँ, लेकिन इतिहास मेरा पसंदीदा विषय है!

आपकी, एनी एम फ्रैंक

मंगलवार, ११ अप्रैल, १९४४

मेरी सबसे प्यारी किट्टी,

मेरा सिर एक उथल पुथल में है, मैं सचमुच नहीं जानती कहाँ से शुरू करूँ। गुरुवार (पिछली बार जब मैंने तुम्हे लिखा था) सब कुछ हमेशा की तरह था। शुक्रवार की दोपहर (गुड फ्राइडे) हमने एकाधिकार खेला; शनिवार की दोपहर भी। दिन बहुत जल्दी गुजर गए। पुरुषों के अनुसार, शनिवार को २:०० बजे के आसपास, मशीनगनों से भारी गोलीबारी शुरू हुई। बाकी, सब कुछ शांत था।

रविवार की दोपहर, पीटर मेरे निमंत्रण पर, साढ़े चार बजे मुझे मिलने आया। सवा पांच पर हम सामने की अटारी पे गए जहाँ हम छह बजे तक रहे। छह से सवा सात बजे तक रेडियो मोजार्ट का एक सुंदर संगीत कार्यक्रम था; मैंने विशेष रूप से *क्लेइन नाच्त्मुशिक* का आनंद लिया। मैं रसोई घर में शायद ही सुनना सहन कर सकती हूँ, क्योंकि सुंदर संगीत मेरी आत्मा में बहुत गहराई तक मुझे हिला देता है। रविवार शाम पीटर नहा नहीं सका क्योंकि नीचे कार्यालय के रसोई घर का टब, गंदे कपड़ों से भरा हुआ था। हम दोनों एक साथ सामने अटारी पर गए, और आराम से बैठने में सक्षम होने के लिए, मैं अपने कमरे से जो एकमात्र तकिया ढूंढ पाई, वो ले आई। हम एक सामान बांधने वाले टोकरे पर बैठ गए। चूँकि टोकरा और तकिया दोनों बहुत ही छोटे थे, दूसरे टोकरों के खिलाफ झुके हुए, हम दोनों काफी करीब बैठे थे; मौश्ची ने भी हमारा साथ दिया, तो हम बिना संरक्षक के नहीं थे। अचानक, पौने नौ बजे, श्रीमान वैन दान ने सीटी बजाई और पूछा कि क्या श्रीमान डसेल हमारे साथ हैं। हम कूद कर, तकिये, बिल्ली और श्रीमान वैन दान के साथ नीचे चले गए। यह तकिया बहुत दुख का स्रोत था। डसेल गुस्से में थे क्योंकि मैंने वो ले लिया था जिसे वह तकिये की तरह प्रयोग करते हैं, और उन्हें डर था कि यह पिस्सुओं से भर सकता है; उन्होंने इस वजह से पूरे घर में कोलाहल मचा दिया। इसका बदला लेने के लिए, पीटर और मैंने उनके बिस्तर में दो कड़े ब्रश अटका दिए, लेकिन फिर से निकालने पड़े जब डसेल ने अप्रत्याशित रूप से अपने कमरे में जाकर बैठने का फैसला किया। हम इस छोटे से नाटक पे बहुत हंसे थे।

लेकिन हमारा मजा थोड़े ही समय का था। साढ़े नौ पर पीटर ने दरवाजे पर धीरे से दस्तक दी और पिता से ऊपर आने और अंग्रेजी के मुश्किल वाक्यों में उसकी मदद करने के लिए पूछा।

'यह गड़बड़ लगता है,' मैंने मार्गोट से कहा। 'यह स्पष्ट रूप से एक बहाना है। आप

पुरुषों के बात करने के तरीके से बता सकते हैं कि कोई ताला तोड़ कर घुसा है! 'मैं सही थी। गोदाम में उस पल जबरदस्ती घुसा जा रहा था। पिता, श्रीमान वैन दान और पीटर एक क्षण में नीचे थे। मार्गोट, माँ, श्रीमती वैन दान और मैंने इंतजार किया। चार भयभीत महिलाओं को बात करने की जरूरत होती है तो हमने वही किया जब तक कि हमने नीचे एक धमाका नहीं सुना। उसके बाद सब शांत था। घड़ी ने पौने दस बजाये। हमारे चेहरे का रंग सूख गया था, लेकिन हम शांत बने रहे, हालाँकि हम डर रहे थे।

आदमी कहाँ थे? वो धमाका क्या था? क्या वे चोरों के साथ लड़ रहे थे? हम सोच सोच कर बहुत डर गए थे; हम सब बस इंतजार कर सकते थे।

दस बजे, सीढ़ियों पर कदमों की आहट। मुरझाये और बेचौन, पिता अंदर आये, उनके पीछे श्रीमान वैन दान। तुरंत निकलते हैं, दबे पांव ऊपर जाते हैं, हम पुलिस की उम्मीद कर रहे हैं!' डरने का समय नहीं था। बत्तियां बंद थीं, मैंने एक जैकेट पकड़ा, और हम ऊपर बैठ गए।

'क्या हुआ? हमें जल्दी से बताओ!'

हमें बताने के लिए वहां कोई मौजूद नहीं था; पुरुष वापस नीचे चले गए थे। उनमें से चार लोग दस – दस तक वापस नहीं आये। उनमें से दो,पीटर की खुली खिड़की पर नजर रखे हुए थे। लैंडिंग का दरवाजा बंद था, किताबों की अलमारी बंद थी। हमने अपनी रात की रोशनी में एक स्वेटर ओढ़ा, और फिर उन्होंने बताया क्या हुआ था:

जब उसने दो जोरदार धमाके सुने वह लैंडिंग पर था। वह नीचे चला गया और देखा कि गोदाम के दरवाजे के बाईं भाग से एक बड़ा फलक गायब था। वह तेजी से ऊपर गया, रक्षा दल को सतर्क किया, और उनमें से चार नीचे गए। जब उन्होंने गोदाम में प्रवेश किया, चोर अपने काम में लगे हुए थे। बिना सोचे, श्रीमान वैन दान चिल्लाये 'पुलिस!' बाहर तेज कदमों की आहट; चोर भाग गए थे। फलक को वापस दरवाजे में लगा दिया गया ताकि पुलिस का ध्यान खाली जगह पर ना जाये, लेकिन फिर बाहर से एक तेज लात ने इसे उड़ाकर फर्श पर गिरा दिया। पुरुष चोरों के 'दुस्साहस' पर हैरान थे। पीटर और श्रीमान वैन दान दोनों ने अपने ऊपर एक जानलेवा क्रोध आता महसूस किया। श्रीमान वैन दान ने फर्श पर एक कुल्हाड़ी पटकी, और फिर सब शांत था। एक बार और फलक बदल दिया गया था, और एक बार फिर प्रयास को नाकाम कर दिया गया था। बाहर, एक आदमी और एक औरत, पूरे गोदाम में प्रकाश करते हुए, खुली जगह से चमकीली टॉर्च चमकाई। 'क्या ..... उनमें से एक पुरुष बुदबुदाया, लेकिन अब उनकी भूमिकाएं बदल गई हैं। पुलिसकर्मियों के बजाय वे अब चोर थे। वे सभी चारों ऊपर की और दौड़े। डसेल और श्रीमान वैन दान ने डसेल की किताबें छीन लीं, पीटर ने, रसोई घर और निजी कार्यालय में दरवाजे और खिड़कियां खोल दीं, फोन जमीन पर फेंका, और वे चारों अंत में किताबों की अलमारी के पीछे पहुंचे।

भाग एक का अंत

सभी संभावनाओं में आदमी और औरत ने टॉर्च से पुलिस को सतर्क कर दिया था। रविवार की रात थी, ईस्टर रविवार था। अगले दिन, ईस्टर सोमवार, कार्यालय बंद होने वाला था, जिसका मतलब था हम मंगलवार सुबह तक कहें आने जाने में सक्षम नहीं होंगे। इसके बारे में सोचो, एक दिन और दो रातों तक ऐसे आतंक में बैठे रहना! हम कुछ भी सोच नहीं रहे थे, बल्कि बस घोर अंधेरे में बैठे रहे – अपने डर में, श्रीमती वैन दान ने बत्ती बंद कर दी थी। हम फुसफुसाए, और हर बार जब हमने एक चरमराहट सुनी, किसी ने कहा, 'श, श।'

साढ़े दस बजे थे फिर ग्यारह। जरा भी आवाज नहीं हुई। पिता और श्रीमान वैन दान बारी बारी से हमारे पास ऊपर आये। फिर, ग्यारह पंद्रह पर, नीचे एक शोर हुआ। वहां ऊपर आप पूरे परिवार का सांस लेना सुन सकते थे। बाकी के लिए, हर कोई पूरी तरह से स्थिर बैठा रहा। घर में, निजी कार्यालय, रसोई, फिर .... सीढ़ी पर पैरों की आहट। साँस लेने की सभी ध्वनियां बंद हो गई, आठ दिल धड़के। सीढ़ियों पर पैरों की आहट, फिर किताबों की अलमारी पर बहुत तेज खड़ खड़ की आवाज। यह पल अवर्णनीय है।

मैंने कहा, 'अब हम बरबाद हो गए हैं', और मेरी दृष्टि थी कि उसी रात, गेस्टापो द्वारा हम पन्द्रहों को घसीट कर ले जाया जा रहा था।

किताबों की अलमारी पर और अधिक खड़ खड़ की आवाज। फिर हमने एक कैन गिरने की आवाज सुनी, और पैरों की आहट कम हो गई। हम अब तक, खतरे से बाहर थे! एक कंपकंपी, हर किसी के शरीर से गुजर गई, मैंने दांतों के कई समूहों को किटकिटाते सुना, किसी ने एक शब्द भी नहीं कहा। हम साढ़े ग्यारह तक इसी तरह रहे।

घर में कोई ध्वनि नहीं थी, लेकिन हमारी लैंडिंग पर, किताबों की अलमारी के ठीक सामने एक रौशनी चमक रही थी। क्या यह इसलिए था क्योंकि पुलिस ने इसे इतना संदिग्ध सोचा या वे बस भूल गए थे? क्या कोई वापस आकर इसे बंद करने वाला था? हमें फिर से हमारी बोली मिल गई। इमारत के अंदर अब और कोई भी लोग नहीं थे, लेकिन शायद बाहर कोई पहरेदारी कर रहा था। हमने फिर तीन चीजें कीं: क्या चल रहा था जानने की कोशिश की, भय से कांप कर शौचालय गए। चूँकि बाल्टियाँ अटारी में थीं, हमारे पास अब बस पीटर की धातु वाली कचरे की टोकरी थी। पहले श्रीमान वैन दान गए, फिर पिता, लेकिन माँ बहुत शर्मिंदा थी। पिता, बाल्टी को अगले कमरे में ले आये, जहाँ मार्गोट, श्रीमती वैन दान और मैंने कृतज्ञता से इसका उपयोग किया। माँ अंत में हार मान गई। कागज की बहुत मांग थी, और सौभाग्य से मेरी जेब में कुछ थे।

कचरे की टोकरी से दुर्गन्ध आने लगी, सब कुछ कानाफूसी में चला, और हम थक गए थे। आधी रात थी।

'फर्श पर लेट जाओ और सो जाओ!' मार्गोट और मुझे, हर एक को एक तकिया और एक कंबल दिया गया। मार्गोट भोजन अलमारी के पास लेट गई, और मैंने अपना बिस्तर मेज के पैरों के बीच में बनाया। गंध इतनी बुरी नहीं होती जब आप फर्श पर लेट रहे हों,

लेकिन श्रीमती वैन दान चुपचाप गईं और कुछ ब्लीच पाउडर लाईं और एहतियात के रूप में पॉटी पर एक चाय–तौलिया लपेट दिया।

बातें, फुसफुसाहट, भय, बदबू, पाद और लगातार बाथरूम में जाते लोग; उस के माध्यम से सोने की कोशिश! ढाई बजे तक, हालांकि मैं बहुत थकी हुई थी, मेरी आँख लग गई और तीन – तीस तक एक बात भी नहीं सुनी। जब श्रीमती वैन दान ने मेरे पैरों पर अपना सिर रख दिया, मैं उठ गई।

'भगवान के लिए, मैंने कहा, मुझे पहनने के लिए कुछ दे दो!' मुझे कुछ कपड़े सौंप दिए गए, लेकिन ये मत पूछो क्याः मेरे पजामे के ऊपर ढीली ऊनी पतलून की एक जोड़ी, एक लाल स्वेटर और एक काले रंग की स्कर्ट, सफेद मोजे और फटे हुए घुटने के मोजे।

श्रीमती वैन दान वापस नीचे कुर्सी पर बैठ गई, और श्रीमान वैन दान अपने सिर को मेरे पैरों पर रख कर लेट गए। साढ़े तीन के बाद मैं सोच में तल्लीन थी, और अभी भी इतनी कांप रही थी कि श्रीमान वैन दान सो नहीं सके। मैं पुलिस की वापसी के लिए अपने आप को तैयार कर रही थी। हम उन्हें बता देंगे हम छिपने की जगह में थे; यदि वे अच्छे लोग हुए, तो हम सुरक्षित होते, और यदि वे नाजी समर्थक होते, तो हम उन्हें रिश्वत देने की कोशिश कर सकते थे!

'हमें वायरलेस सेट छिपा देना चाहिए!' श्रीमती वैन दान कराही।

'ठीक है, चूल्हे में,' श्रीमान वैन दान ने जवाब दिया, 'यदि वे हमें ढूंढ लेते हैं, तो वे वायरलेस भी ढूंढ सकते हैं!' जवाब

'तो वे ऐनी की डायरी भी ढूंढ लेंगे,' पिता ने जोड़ा।

'तो इसे जला दो,' समूह के सबसे डरे हुए ने सुझाव दिया।

यह और किताबों की अलमारी पर शोभायमान पुलिस, यही वे क्षण थे, जब मैं सबसे ज्यादा डर गई थी। ओह, मेरी डायरी नहीं; यदि मेरी डायरी गई तो मैं भी गई! भगवान का शुक्र है, पिता ने और अधिक कुछ नहीं कहा।

इतना कुछ कहा गया कि सभी वार्तालापों को सुनाने का कोई मतलब नहीं है। मैंने श्रीमती वैन दान जो बहुत डरी हुई थी को आश्वासन दिया। हमने, गेस्टापो द्वारा पूछताछ की जाने के बारे में, बचने, श्रीमान क्लिमन को फोन करने, और साहसी बनने के बारे में बातें कीं।

'हमें सैनिकों की तरह व्यवहार करना चाहिए, श्रीमती वैन दान। यदि हमारा समय आ गया है, तो तब, यह रानी और देश के लिए, सत्य और न्याय के लिए होगा, जैसा कि वे हमेशा रेडियो पर हमें बताते रहते हैं। बुरी बात केवल यह है कि हम अपने साथ – साथ दूसरों को भी नीचे खींच लेंगे!'

एक घंटे के बाद श्रीमान वैन दान ने फिर से अपनी पत्नी के साथ स्थान बदल लिए, और पिता मेरे पास आकर बैठ गए। पुरुषों ने एक के बाद एक सिगरेट पी, एक सामयिक

आह सुनाई दी, कोई एक और बार पॉटी करने के लिए गया और फिर सब कुछ, एक बार फिर से शुरू हो गया।

चार बजे, पांच बजे, पांच तीस बजे। मैं जाकर पीटर के साथ उसकी खिड़की के पास बैठ गयी और सुनने लगी थी, हम इतने करीब बैठे थे कि एक दूसरे के कांपते शरीर को महसूस कर सकते थे; समय–समय पर हम एक या दो शब्द ही बोलते थे और आशयपूर्वक सुनते थे। अगले दरवाजे का उन्होंने अंधकार स्क्रीन नीचे खींच लिया था। उन्होंने सब कुछ की एक सूची बनाई वे श्री क्लेइमन को फोन पर बताने की योजना बना रहे थे क्योंकि उनका इरादा उन्हें सात बजे बुलाने और उनसे किसी और को भेजने के लिए पूछने का था। वे एक बहुत बड़ा खतरा उठाने जा रहे थे, क्योंकि दरवाजे पर या गोदाम में मौजूद पुलिस गार्ड फोन पर बोलते हुए उन्हें सुन सकता है, लेकिन वहाँ एक उससे भी बड़ा खतरा था पुलिस वापस आ सकती थी। मैं उनके सूची संलग्न कर रही हूँ लेकिन स्पष्टता के लिए, मैं यहाँ उसको कॉपी कर दूंगी।

चोरी: इमारत में पुलिस, *किताबों की अलमारी* तक, लेकिन आगे नहीं। चोरों ने जाहिरा तौर पर बलपूर्वक गोदाम के दरवाजे को तोड़ दिया, और उद्यान से हो कर भाग गए। मुख्य प्रवेश द्वार बंद था; कुग्लर को दूसरे दरवाजे से होकर चले जाना होगा।

टाइपराइटर और जोड़ने की मशीन निजी कार्यालय में काली तिजोरी में सुरक्षित है।

मिएप की या बेप की रसोई घर में धुलाई।

दूसरे दरवाजे की कुंजी केवल बेप या कुग्लर के पास है; ताला टूटा हो सकता है।

जान को चेतावनी देने और चाबी लेने की कोशिश करें, कार्यालय के चारों ओर देखें; इसके अलावा बिल्ली को खिलाएं।

बाकी सब कुछ योजना के अनुसार हुआ। श्री क्लेइमन को फोन किया गया था, दरवाजे से डंडे हटा दिए गए थे, टाइपराइटर वापस तिजोरी में डाल दिया गया था। उसके बाद हम सब फिर से मेज के चारों ओर बैठे थे और या तो जान या पुलिस का इंतजार कर रहे थे।

पीटर सोने चला गया था और श्री वैन दान और मैं फर्श पर लेटे हुए थे जब हमने नीचे कदमों की भारी आवाज सुनी। मैं चुपचाप उठ गई। 'यह जान है!'

'नहीं, नहीं, यह पुलिस है!' उन सभी ने कहा।

हमारी किताबों की अलमारी पर एक दस्तक हुई थी। मिएप ने सीटी बजाई। श्रीमती वैन दान जो अपनी कुर्सी में शिथिलता से धसी हुयी थी, के लिए यह बहुत ज्यादा था वह एक कागज की तरह सफेद पड़ गयीं। अगर तनाव एक मिनट तक और बना रहा होता, तो वह बेहोश हो गई होती।

जान और मिएप अन्दर आये और एक रमणीक दृश्य के साथ मिले थे। अकेले मेज एक तस्वीर खींचने के लायक हो गया था: नाचती लड़कियों के खुले एक पेज और जाम और पेक्टिन से गंदा, *सिनेमा और थियेटर* की एक प्रति, जिसे हम दस्त का मुकाबला करने के लिए ले जा रहे थे, जाम के दो जार, एक आधा ब्रेड रोल, एक चौथाई ब्रेड रोल, पेक्टिन,

एक दर्पण, एक कंघी, माचिस, राख, सिगरेट, तंबाकू, एक ऐशट्रे, किताबें, एक जोड़ी पैंट, एक टॉर्च, श्रीमती वैन दान की कंघी, टॉयलेट पेपर, आदि।

जान और मिएप का निश्चित रूप से चीख और आँसू के साथ स्वागत किया गया। जान ने दरवाजे में बने सेंध पर एक पाइनवुड बोर्ड जड़ दिया और मिएप के साथ पुलिस को सेंधमारी के बारे में फिर से सूचित करने के लिए चला गया। इसके अलावा मिएप को गोदाम के दरवाजे के नीचे रात के चौकीदार स्लेजर का एक नोट भी मिला था, जिसने सेंध देखा और पुलिस को सतर्क कर दिया था। इसके अलावा जान स्लेजर से मिलने की भी योजना बना रहा था।

तो हमारे पास आधे घंटे का समय था जिसमें हम घर और अपने आप को सही स्थिति में ला सकते थे। मैंने तीस मिनट के भीतर इस तरह का एक परिवर्तन कभी नहीं देखा था। मार्गोट और मैंने नीचे बेड तैयार किया, बाथरूम गए, अपने दांत में ब्रश किये अपने हाथ धोये और बाल में कंघी किये। फिर मैंने कमरे को ठीक किया और वापस ऊपर चली गई। मेज पहले से ही साफ किया जा चुका था, इसलिए हमने कुछ पानी लिया, कॉफी और चाय बनाया, दूध उबाला और मेज सेट किया। पिता और पीटर ने हमारी तात्कालिक पोटी खाली किया और गर्म पानी से उसे धुला और पाउडर ब्लीच लगाया। सबसे बड़ा वाला सीमा से ऊपर तक भरा हुआ था और इतना भारी हो गया था की उनके लिए इसे उठाना बहुत कठिन जान पड़ता था। चीजों को बदतर बनाने के लिए, यह लीक कर रहा था, इसलिए उन्होंने इसे एक बाल्टी में डाल दिया था।

ग्यारह बजे जान वापस आ गए थे और मेज पर हमारे साथ शामिल हो गए, और धीरे–धीरे हर कोई तनाव मुक्त होना शुरू हो गया। जान के पास हमें बताने के लिए निम्नलिखित कहानी थी:

श्री स्लेजर्स सो रहे थे, लेकिन उनकी पत्नी ने जान को बताया कि उनके पति ने अपने दौरे के समय दरवाजे में सेंध देखी थी। उन्होंने एक पुलिसकर्मी को बुलाया, और उन दोनों ने इमारत की तलाशी ली। श्री स्लेजर्स, चौकीदार के रूप में अपनी क्षमता में, अपनी बाइक पर हर रात अपने दो कुत्तों के साथ क्षेत्र में गश्त करते हैं। उसकी पत्नी ने कहा कि वह मंगलवार को आएगा और श्री कुगलर को बाकी बात बताएगा। पुलिस थाने में किसी को भी सेंधमारी के बारे में कुछ भी जानकारी का पता होना नहीं लग रहा था, लेकिन उन्होंने मंगलवार की सुबह चीजों पर पहले एक नजर डालने आने के लिए एक नोट बना लिया है।

वापस आते हुए रास्ते पर जान श्री वैन होएवेन के पास चले गए, वह आदमी जो हमें आलू की आपूर्ति करते थे, और उन्हें सेंध मारी के बारे में बताया था। 'मुझे पता है,' श्री वैन होएवेन ने शांति से उत्तर दिया। 'कल रात जब मेरी पत्नी और मैं आपके भवन से गुजर रहे थे, मैंने दरवाजे में एक सुराख देखा था। मेरी पत्नी वहां से चले जाना चाहती थी लेकिन मैं एक टॉर्च लेकर अंदर दाखिल हो गया, और उसी समय चोर भाग गया होगा। सुरक्षित होने के लिए, मैंने पुलिस को नहीं बुलाया। मैंने सोचा था कि आपके मामले में यह

बुद्धिमानी नहीं होगी। मुझे कुछ भी पता नहीं है, लेकिन मुझे अपना संदेह है।' जान ने उसे धन्यवाद दिया और चला गया। जाहिर है कि श्री वैन होएवेन को संदेह है कि हम यहाँ रह रहे हैं, क्योंकि वह खाने के समय हमेशा आलू की आपूर्ति करता है। एक सभ्य आदमी!

यह एक बजे का समय हो गया था समय बीतने के साथ जान चले गए और हमने हाथ मुह धोया। हम में से सभी आठ बिस्तर पर चले गये। मैं २:४५ पर जाग गई और देखा कि श्री डसेल पहले से ही उठ गये थे। मेरा चेहरा, नींद के साथ उनीदा बना हुआ था, जैसे ही पीटर नीचे आया था मैं बाथरूम में उसके पास दौड़ गई। हम कार्यालय में मिलने पर सहमत हुए। मुझमें थोड़ी ताजगी आयी और नीचे चली गई।

'इस सब के बाद, आप अभी भी सामने अटारी में जाना चाहती हैं?' उसने पूछा। मैंने इनकार में सिर हिलाया, अपने तकिये को इसके चारों ओर लिपटे एक कपड़े के साथ पकड़ा, और हम एक साथ चले गये। मौसम, बहुत खूबसूरत था और भले ही हवाई हमले के सायरन ने जल्द ही विलाप करना शुरू कर दिया हम जहां थे वहीं रुके रहे थे। पीटर ने अपने हाथ मेरे कंधे के आसपास डाल रखे थे, मैं अपने हाथ उसके चारों ओर डाल दिया, और हम इस तरह चुपचाप ४:०० बजे तक बैठे रहे, जब मार्गोट हमें कॉफी के लिए बुलाने आई।

हमने अपनी रोटी खाई, अपना नींबू पानी पिया और मजाक किया (हम अंत में फिर से करने में सक्षम थे) और बाकी के लिए सब कुछ वापस सामान्य हो गया था। उस शाम मैंने पीटर को धन्यवाद दिया क्योंकि वह हम सब में से सबसे बहादुर था।

हममें से कोई भी उस रात की तरह कभी भी ऐसे खतरे में नहीं पड़ा था। भगवान वास्तव में हम पर दया दिखा रहा था। जरा सोचो – पुलिस ठीक किताबों की अलमारी के सामने थी, बत्ती जल रही थी, और किसी को अभी भी हमारे छिपने की जगह की कोई भी जानकारी नहीं हो सकी थी! 'अब हमारी जानकारी है!' उस पल में मैं फुसफुसाई थी, लेकिन एक बार फिर हमें बख्श दिया गया था। जब आक्रमण होता है और बम गिरने शुरू होते हैं, हर आदमी खुद तक सीमित हो जाएगा, लेकिन इस बार हम उन अच्छे निर्दोष ईसाइयों के लिए डर रहे हैं जो हमारी मदद कर रहे हैं।

'हम बच गए हैं, हमारी रक्षा करते रहो!' यही सब हम कह सकते हैं।

इस घटना ने बहुत से आमूलचूल परिवर्तनों को जन्म दिया। जैसे अभी, डसेल अपने काम बाथरूम में करेंगे, और पीटर ८–३० और ९–३० के बीच घर में गश्त करेगा। पीटर को अब अपनी खिड़की खोलने की अनुमति नहीं है, क्योंकि केग कंपनी के लोगों में से एक ने ध्यान दिया था कि यह खुला था। हम अब रात में ९–३० के बाद शौचालय फ्लश नहीं कर सकते हैं। श्री स्लेजर्स को रात में चौकीदार नियुक्त किया गया है, और आज रात हमारे सफेद फ्रैंकफर्ट शैया के बाहर एक बाड़ा बनाने के लिए तहखाने से एक बढ़ई आ रहा है। उपभवन में दायें और बाएं कार्यवाहियां जारी हैं। श्री कुग्लर ने लापरवाही के लिए हमारी निन्दा की है। इसके अलावा जान ने कहा हमें नीचे कभी नहीं जाना चाहिए। हमें अब करना यह है कि यह पता लगाना है कि क्या स्लेजर्स पर भरोसा किया जा सकता है, क्या

अगर कुत्तों को दरवाजे के पीछे किसी की आहट सुनाई देती है तो वे भौंकेंगे या नहीं, बाड़ कैसे बनाई जाय, हर तरह की बातें।

हमें दृढ़ता से इस तथ्य की याद दिलाया गया है कि हम जंजीरों में बधे यहूदी हैं, एक स्थान से बंधे, बिना किसी अधिकार के, लेकिन एक हजार दायित्वों के साथ। हमें अपनी भावनाओं को एक तरफ रख देना चाहिए; हमें बहादुर और मजबूत बनना चाहिए, किसी शिकायत के बिना असुविधाओं को सहन करना चाहिए, अपनी शक्ति में जो भी हो करो और भगवान में विश्वास रखो। एक दिन यह भयानक युद्ध खत्म हो जाएगा। वह समय भी आएगा जब हम फिर से इन्सान समझे जायेंगे और न कि सिर्फ यहूदी!

इसे हमारे ऊपर किसने लागू किया है? बाकियों से हमें अलग किसने निर्धारित किया है? हमें इतनी पीड़ा में किसने डाल रखा है? यह भगवान है जिसने हमारे लिए यह रास्ता बनाया है जिससे हम गुजर रहे हैं, लेकिन इसके अलावा यह भगवान ही है जो हमें फिर से मुसीबत से निकाल लेंगे। दुनिया की आँखों में, हम बर्बाद हो गए हैं लेकिन अगर, इतने सब दुखों के बाद, अभी भी यहूदी बचे हुए हैं, यहूदी लोगों को एक उदाहरण के रूप में प्रस्तुत किया जाएगा। कौन जानता है, शायद हमारा धर्म दुनिया को और उसमें रहने वाले सभी लोगों को अच्छाई के बारे में सिखाएगा, और उसी कारण से, एक उसी कारण से, हम पीड़ित हो रहे हैं। हम कभी सिर्फ डच, या सिर्फ अंग्रेज, या जो कुछ भी नहीं हो सकते, हम हमेशा यहूदी भी बने रहेंगे। और हम सभी को यहूदी बने रहना होगा, लेकिन फिर, हम बने रहना चाहते हैं।

बहादुर बनो! अपने कर्तव्य याद करें और बिना किसी शिकायत के उसे पूरा करें। यही एक तरीका होगा। भगवान हमारे लोगों को कभी अकेला नहीं छोड़ेगा। उम्र के साथ साथ यहूदियों को भुगतना पड़ा है, लेकिन उम्र के साथ साथ वे जीवित रहते रहे और दुख की सदियों ने उन्हें केवल मजबूत ही बनाया है। कमजोर मारे जाएंगे और मजबूत बचे रहेंगे और उन्हें हराया नहीं जा सकेगा!

उस रात मैंने वास्तव में सोचा था कि मैं मरने जा रही थी। युद्ध के मैदान में एक सैनिक की तरह, मैं मौत के लिए तैयार हो गई थी और मैं पुलिस का इंतजार कर रही थी। मैं अपने जीवन को अपने देश के लिए खुशी से न्योछावर कर दूंगी। लेकिन अब, अब जबकि मुझे बख्श दिया गया है, युद्ध के बाद मेरी पहली इच्छा एक डच नागरिक बनने की है। मैं डच से प्यार करती हूँ, मुझे इस देश से प्यार है, मुझे इस भाषा से प्यार है, और मैं यहाँ काम करना चाहती हूँ। और जबकि यदि मुझे खुद रानी को लिखने का मौका मिलेगा, मैं उसे जाने नहीं दूंगी जब तक की मैं अपने लक्ष्य तक पहुँच न चुकी हूँ!

मैं अपने माता–पिता से अधिक से अधिक स्वतंत्र होती जा रही हूँ। मैं जैसी युवा हूं, मैं और अधिक साहस के साथ जीवन का सामना कर रही हूँ और माँ की तुलना में न्याय की एक बेहतर और सच्ची भावना रखती हूँ। मैं जानती हूँ कि मैं क्या चाहती हूँ, मेरा एक लक्ष्य है, मेरी अपनी एक राय, एक धर्म और प्यार है। यदि केवल मैं आत्म निर्भर हो सकती

हूँ, तो मैं संतुष्ट हो जाउंगी। मुझे पता है कि मैं एक औरत हूँ, एक औरत जो आंतरिक रूप से शक्तिशाली और काफी साहसी है!

यदि भगवान मुझे जीवित रहने देता है, तो माँ ने कभी किया था उसकी तुलना में मैं अधिक हासिल करूंगी, मैं अपनी आवाज सुना दूंगी, मुझे दुनिया में बाहर जाना होगा और मानव जाति के लिए काम करना होगा!

अब मुझे पता है कि साहस और खुशी पहली जरूरत है!

आपकी, एनी एम फ्रैंक

शुक्रवार, १४ अप्रैल, १९४४

प्रिय किट्टी,

यहाँ हर कोई अभी भी बहुत तनाव में है। पिम गुस्से के लगभग चरम बिंदु पर पहुँच गए हैं; श्रीमती वैन दान जुकाम से ग्रस्त होकर बड़बड़ाते हुए अपने बिस्तर में पड़ी हैं; श्रीमान वैन दान अपनी सिगरेट के बिना मुरझाए हुए हैं; डसेल जिन्हें अपने कई आराम त्यागने पड़ रहे हैं, हर किसी में मीन मेख निकाल रहे हैं; आदि, आदि। हाल ही में ऐसा प्रतीत होता है, मानो हमारा भाग्य खत्म हो गया है। शौचालय में रिसाव हो रहा है, और नल अटक गया है। शुक्र है कि हमारे कई संपर्क हैं, हम जल्द ही इनकी मरम्मत करवाने में सक्षम हो जायेंगे।

जैसा कि तुम जानती हो मैं कभी कभी भावुक हो जाती हूँ, लेकिन समय–समय पर ऐसा होने के मेरे पास कारण होते हैं: पीटर और मैं कबाड़ और धूल के बीच एक कठोर लकड़ी के टोकरे पर एक साथ करीब बैठे हैं, हमारी बांहें एक दूसरे के कन्धों पर हैं, पीटर मेरे बालों की एक लट से खेल रहा है; जब पक्षी बाहर कम्पित ध्वनि में अपने गीत गा रहे होते हैं, पेड़ों में कलियाँ निकल रही होती हैं, जब सूरज इशारा कर रहा होता है, और आकाश बहुत नीला होता है – ओह ऐसे में ही मैं बहुत कुछ की इच्छा करती हूँ!

मैं अपने चारों ओर असंतुष्ट और क्रोधी चेहरे ही देखती हूँ, मैं बस आहें और दबी हुई शिकायतें सुनती हूँ तुम सोचोगी हमारे जीवन ने अचानक एक बदतर मोड़ ले लिया था। ईमानदारी से, चीजे सिर्फ उतनी ही बुरी होती हैं जितना आप उन्हें बनाते हैं। यहां उपभवन में कोई भी एक अच्छा उदाहरण स्थापित करने के लिए परेशान नहीं होता है। हममें से प्रत्येक को पता लगाना है कि अपनी मनोदशा को बेहतर कैसे बनाएं!

हर दिन तुम सुनती हो, 'काश यह सब खत्म हो जाता'।

'काम, प्यार, साहस और उम्मीद,
मुझे अच्छा बनाते हैं और सामना करने में मेरी मदद करते हैं!

वास्तव में किट, मेरा मानना है कि मैं आज थोड़ी पागल हो गई हूँ, और मुझे पता नही है कि क्यों। मेरा लेखन उलझ गया है, मैं एक चीज से दूसरी चीज पर कूद रही हूँ, और कभी कभी मैं गंभीरता से शंकित हो जाती हूँ, कि कोई कभी इस बेहूदा बात में दिलचस्पी लेगा भी। वे शायद इसे 'एक बदसूरत बतख के बच्चे का चिंतन' के नाम से पुकारेंगे। मेरी डायरी निश्चित रूप से श्रीमान बोल्केसटीन या श्रीमान गरब्रैंडी[२७] के लिए बहुत काम की नहीं होगी।

आपकी, एनी एम फ्रैंक

शनिवार, १५ अप्रैल, १९४४

सबसे प्यारी किट्टी,

'बस एक के बाद एक बुरी बात हो रही है। यह सब कब खत्म होगा?' निस्संदेह तुम यह फिर से कह सकती हो। अनुमान लगाओ अब क्या हुआ था? पीटर सामने का दरवाजा खोलना भूल गया। नतीजतन, श्रीमान कग्लर और गोदाम के कर्मचारी अंदर नहीं आ सके। वह पीपा कंपनी में गये, हमारे कार्यालय के रसोई की खिड़की तोड़ी और उस रास्ते अंदर आये। उपभवन की खिड़कियां खुली थीं, और पीपा कंपनी के लोगों ने भी देखा था। वे क्या सोच रहे होंगे? और वैन मारन? श्रीमान कग्लर उग्र थे। हम उनपर दरवाजे मजबूत करने के लिए कुछ भी न करने का आरोप लगाते हैं, और फिर हम इस तरह की एक बेवकूफी की बात करते हैं! पीटर बेहद परेशान है। मेज पर, माँ, ने कहा कि उन्होंने किसी और की तुलना में पीटर के लिए अधिक खेद महसूस किया, और उसने लगभग रोना शुरू कर दिया। हम भी उतने ही जिम्मेदार हैं, चूँकि आमतौर हम उससे हर दिन पूछते हैं कि उसने दरवाजा खोल दिया है या नहीं, और ऐसा ही श्रीमान वैन दान भी करते हैं। हो सकता है कि मैं बाद में उसे आश्वासन देने जाऊं। मैं उसकी बहुत मदद करना चाहती हूँ!

यहाँ गुप्त उपभवन के पिछले कुछ हफ्तों के जीवन के बारे में नवीनतम समाचार बुलेटिन हैं:

एक हफ्ते पहले, शनिवार को, बोच अचानक बीमार हो गया। वह चुपचाप शांत बैठ गया और लार टपकाने लगा। मिएप ने तुरंत उसे उठाया, एक तौलिये में उसे लपेटा, अपने खरीदारी थैले में डाला और कुत्ते और बिल्ली के क्लिनिक में ले गई। बोच को आंतों की कोई समस्या थी, इसलिए पशु चिकित्सक ने उसे दवा दे दी। पीटर ने उसे कुछेक बार दी, लेकिन बोच ने जल्द ही खाना पीना छोड़ दिया। मैं शर्त लगा सकती हूँ कि वह अपनी

---

[२७]गेरिट बोल्केस्टीन शिक्षा मंत्री और पीटर गेरब्रांडी लंदन में निर्वासित डच सरकार के प्रधानमंत्री थे। ऐनी का २९ मार्च १९४४ का पत्र देखें।

प्रेयसी से प्रेम निवेदन करते हुए पराजित हो गया था। लेकिन अब उसकी नाक में सूजन है और जब आप उसे उठाते हैं तो म्याऊँ करता है – शायद वह भोजन चुराने की कोशिश कर रहा था और किसी ने उसे थप्पड़ मार दिया। मौश्ची ने कुछ दिनों के लिए अपनी आवाज खो दी थी। बस जैसे ही हमने फैसला किया कि उसे भी पशु डॉक्टर के पास ले जाना है, उसने ठीक होना शुरू कर दिया।

अब हम हर रात अटारी की खिड़की में एक दरार खुली छोड़ देते हैं। पीटर और मैं अक्सर शाम को वहाँ बैठते हैं।

रबर सीमेंट और तेल के रंग का धन्यवाद, हमारे शौचालय जल्दी से ठीक किये जा सके। टूटा नल बदल दिया गया है।

सौभाग्य से, श्रीमान क्लिमन बेहतर महसूस कर रहे हैं। वह जल्द ही एक विशेषज्ञ से मिलने जा रहे हैं। हम केवल उम्मीद कर सकते हैं कि उन्हें एक ऑपरेशन की जरूरत न हो।

इस महीने हमने आठ राशन किताबें प्राप्त की। दुर्भाग्य से, अगले दो सप्ताह के लिए सेम को, जई का आटा या दलिया से प्रतिस्थापित कर दिया गया है। हमारा नवीनतम स्वाद सब्जियों का अचार है। यदि आप की किस्मत अच्छी नहीं है तो आपको मिलता है, ककड़ी और सरसों की चटनी से भरा एक जार।

सब्जियां मिलनी मुश्किल हैं। केवल सलाद, सलाद, और सलाद है। हमारे भोजन में आलू और कृत्रिम सोरबा शामिल है।

रूसियों ने आधे से अधिक क्रीमिया पर कब्जा कर लिया है। ब्रिटिश, कसिनो से आगे नहीं बढ़ रहे हैं। हमें पश्चिमी दीवार पर भरोसा करना होगा। अविश्वसनीय रूप से भारी हवाई हमले किये गए हैं। हेग स्थित केन्द्रीय पंजियन कार्यालय उड़ा दिया गया है। सभी डच लोगों को नए राशन पंजीकरण कार्ड जारी किए जाएंगे।

आज के लिए इतना ही पर्याप्त है।

आपकी, एनी एम फ्रैंक

रविवार, १६ अप्रैल, १९४४

मेरी सबसे प्यारी किट्टी

कल की तारीख याद रखना, यह मेरे लिए एक चिरस्मरणीय मंगल दिवस था। क्या हर लड़की के लिए यह एक महत्वपूर्ण दिन नहीं होता है, जब वह अपना पहला चुम्बन पाती है? तो ठीक है, यह मेरे लिए भी कोई कम महत्वपूर्ण नहीं है। उस समय जब ब्रैम ने मेरे दाहिने गाल पर, या श्रीमान वुद्स्त्रा ने मेरे दाहिने हाथ पर मुझे चूमा था वह गिनती में नहीं आता। मुझे अचानक यह चुंबन कैसे मिला? मैं तुम्हें बताउंगी।

पिछली रात आठ बजे मैं पीटर के साथ उसके दीवान पर बैठी हुई थी और ज्यादा समय नहीं गुजरा था जब उसने मुझे बाँहों में घेर लिया। (यह शनिवार था, इसलिए वह अपना चौगा नहीं पहने हुए था।) मैंने कहा, 'हम थोडा खिसकते क्यों नहीं,' ताकि मेरा सर अलमारी से न टकराये।'

वह इतनी दूर खिसक गया कि व्यावहारिक रूप से कोने में पहुँच गया था। मैंने उसके पीछे, उसकी बांह के नीचे अपनी बांह फिसला दी, और उसने अपना हाथ मेरे कंधे के आसपास डाल दिया ताकि मैं लगभग उसके द्वारा घिर जाऊं। हम अन्य अवसरों की तरह बैठ गए, लेकिन इतने करीब नहीं जितने हम कल रात थे। उसने मुझे अपने खिलाफ मजबूती से पकड़ लिया, मेरा बांया भाग उसकी छाती पर था; मेरा दिल पहले से ही तेजी से धड़कना शुरू कर चुका था, लेकिन और बहुत कुछ होना बाकी था। जब तक मैंने अपना सिर उसके कंधे पर नहीं रखा और उसने मेरे सिर पर, वह संतुष्ट नहीं था।

लगभग पाँच मिनट के बाद मैं फिर से बैठ गई, लेकिन थोड़ी देर बाद ही उसने मेरा सिर अपने हाथों में ले लिया और अपने सिर के पीछे कर दिया। ओह, यह बहुत अच्छा था। मैं शायद ही बात कर सकती थी, मेरी खुशी बहुत तीव्र थी; उसने अनाड़ीपन से मेरे गालों और हाथ को सहलाया, और मेरे बालों के साथ खेला। समय के अधिकांश भाग में हमारे सिर छू रहे थे।

किट्टी, मैं तुम्हे बता नहीं सकती, वह अहसास जो मुझसे होकर गुजर गया। शब्दों में कहें तो मैं बहुत खुश थी, और मुझे लगता है वह भी।

साढ़े नौ बजे हम खड़े हो गए। पीटर ने अपने टेनिस जूते डाल लिए ताकि वह इमारत के उसके रात्रि दौरे पर ज्यादा शोर न करें, और मैं उसके बगल में खड़ी थी। सही झुकाव मैंने कैसे बानाया मैं नहीं जानती, लेकिन इससे पहले कि हम नीचे जाते, उसने मुझे बालों में चुम्बन दिया, आधा मेरे बाएं गाल पर और आधा मेरे कान पर। मैं पीछे देखे बिना तेजी से वापस नीचे भागी और आज मुझे बहुत कुछ की इच्छा हो रही है।

रविवार की सुबह, ग्यारह बजे से ठीक पहले।

आपकी, एनी एम फ्रैंक

सोमवार, १७ अप्रैल, १९४४

सबसे प्यारी किट्टी,

क्या तुम्हे लगता है कि पिता और माँ, दीवान पर बैठी एक मेरी उम्र की लड़की का, एक साढ़े सत्रह वर्षीय लड़के को चूमने की मंजूरी देंगे? मुझे शक है कि वे ऐसा करेंगे, लेकिन इस मामले में मुझे अपने निर्णय पर भरोसा करना होगा। उसकी बांहों में पड़े रहना और ख्वाब देखना, बहुत शांतिपूर्ण और सुरक्षित होता है, उसके गालों को अपने गालों पर महसूस करना बहुत रोमांचक होता है, यह जानना कितना अद्भुत है कि कोई मेरा इंतजार कर रहा

है। लेकिन, और यह एक अन्य 'लेकिन' है, क्या पीटर इसे, उस पर छोड़ना चाहेगा? मैं उसका वादा नहीं भूली हूँ, लेकिन .... वह एक लड़का है!

मुझे पता है मैं एक बहुत ही कम उम्र में शुरू कर रही हूँ। पंद्रह भी नहीं और पहले से ही इतनी स्वतंत्र – अन्य लोगों के लिए इसे समझना थोड़ा मुश्किल है। मुझे काफी यकीन है कि मार्गोट कभी भी, शादी या सगाई की कुछ बात होने से पहले, किसी लड़के को नही चूमेगी। न तो पीटर और न ही मेरी ऐसी कोई योजना नहीं है। मुझे यह भी यकीन है कि माँ ने, पिता से मुलाकात से पहले, किसी आदमी को कभी नहीं छुआ है। मेरी सहेली या जैक्स क्या कहते यदि वे जानते, मैं अपना दिल उसकी छाती पर टिकाये, मेरा सिर उसके कंधे पर और उसका सिर और चेहरा मेरे चेहरे के सामने, पीटर की बांहों में लेटी थी!

ओह, ऐनी, कितना चौंकाने वाला! लेकिन गंभीरता से, मुझे नहीं लगता यह सब बिलकुल भी चौंकाने वाला है; हम यहाँ दुनिया से कटे हुए कैद हैं, चिंतित और भयभीत हैं, विशेषकर हाल ही में। हम अलग क्यों रहें जब हम एक दूसरे से प्यार करते हैं? क्यों हम ऐसे समय में एक दूसरे को चुंबन न दें? हम एक उपयुक्त उम्र में पहुँचने तक इंतजार क्यों करें? हमें किसी की अनुमति क्यों लेनी चाहिए?

मैंने अपने हितों के प्रति स्वयं सावधान रहने का फैसला किया है। वह मुझे कभी भी चोट पहुँचाना या नाखुश करना नहीं चाहेगा। मुझे वह क्यों नहीं करना चाहिए जो मेरा दिल कहता है, और हम दोनों को खुश करता है?

फिर भी मुझे यह अहसास है किट्टी, कि तुम मेरे संदेह का अनुभव कर सकती हो। यह अवश्य ही चारो ओर चोरी छुपे देखने के खिलाफ, विद्रोह की ओर बढ़ती मेरी ईमानदारी है। क्या तुम्हे लगता है पिता को बताना मेरा कर्तव्य है, मैं क्या करने वाली हूँ?

क्या तुम्हे लगता है हमारी गुप्त बातें किसी तीसरे व्यक्ति के साथ साझा की जानी चाहियें? अधिकतर सुंदरता खो जाएगी, लेकिन क्या यह मुझे अंदर से बेहतर महसूस करवाएगा? मैं उसके साथ इसकी चर्चा करुँगी।

ओह, हाँ, मेरे पास उसके साथ चर्चा करने के लिए अब भी बहुत कुछ है, सिर्फ आलिंगन करने का मुझे कोई मतलब नजर नहीं आता। एक दूसरे के साथ अपने विचार साझा करने के लिए विश्वास अत्यधिक विश्वास की आवश्यकता होती है, लेकिन इसकी वजह से हम दोनों मजबूत हो जायेंगे!

आपकी, एनी एम फ्रैंक

पश्च–लेख। हम कल सुबह छह बजे जाग गए थे, क्योंकि पूरे परिवार ने फिर से ताला तोड़ कर घुसने की आवाज सुनी थी। यह जरूर हमारे पड़ोसियों में से एक रहा होगा, जो कि इस बार पीड़ित था। जब सात बजे हमने जाँच की, तो भगवान का शुक्र है, हमारे दरवाजे अब भी मजबूती से बंद थे!

मंगलवार, १८ अप्रैल, १९४४

सबसे प्यारी किट्टी,

यहां सब कुछ ठीक है। कल रात बढ़ई दरवाजों के फलकों के ऊपर लोहे की कुछ चादरें लगाने फिर से आया था। पिता बस अभी अभी इस कथन पर पहुंचे कि बीस मई से पहले, निश्चित रूप से, रूस और इटली और पश्चिम में भी, में बड़े पैमाने पर अभियान की उन्हें उम्मीद है; जितने अधिक समय तक युद्ध रहता है, इस जगह से मुक्त होने की कल्पना करना, उतनी ही अधिक मुश्किल होती जायेगी।

आखिरकार कल पीटर और मैंने अपनी, पिछले दस दिनों से स्थगित की जा रही बात से छुटकारा पा लिया। मैंने सबसे अंतरंग मामलों पर बिना झिझक चर्चा करते हुए, उसे लड़कियों के बारे में सब कुछ बताया। मुझे यह अधिक मजेदार लगा कि उसने सोचा था, एक महिला के शरीर में खुली जगह को उदाहरणों में छोड़ दिया जाता है। वह कल्पना नहीं कर सका था कि यह वास्तव में एक महिला के पैरों के बीच में स्थित है। वह शाम, मुंह के पास, एक आपसी चुंबन के साथ समाप्त हुई। यह वास्तव में एक प्यारा अहसास था!

मैं किसी समय अपनी 'पसंदीदा उद्धरण नोटबुक' ले जा सकती हूँ ताकि पीटर और मैं, मामलों में और अधिक गहराई तक जा सकें। मुझे नहीं लगता प्रतिदिन लगातार एक दूसरे की बाहों में पड़े रहना बहुत संतोषजनक है, और मुझे उम्मीद है वह भी ऐसा ही महसूस करता है।

हमारी हलकी सर्दियों के बाद, हमें एक सुंदर वसंत मिल रही है। कभी कभार हल्की बारिश के साथ, अप्रैल सुहावना है, न ज्यादा गर्म और न ज्यादा ठंडा। हमारे शाहबलूत के पेड़ पर पत्ते आ रहे हैं, और आप यहाँ और वहां कुछ छोटे छोटे फूल देख सकते हैं।

बेप ने हमें शनिवार को फूलों के गुलदस्तें भेंट किये: मेरे लिए, तीन गुलदस्ते पीले नर्गिस के और अंगूर हायसिंथ का एक गुलदस्ता। श्रीमान कग्लर हमें अधिक से अधिक समाचार पत्रों की आपूर्ति कर रहें हैं।

यह मेरा बीजगणित करने का समय है, किट्टी। शुभ विदा।

आपकी, एनी एम फ्रैंक

बुधवार, १९ अप्रैल, १९४४

सबसे प्यारे प्रिय

(यह डोरित क्रेयस्लेर, इडा वुस्ट, और हेराल्ड पौल्सेन की एक फिल्म का शीर्षक है!)

एक खुली खिड़की के सामने, प्रकृति का आनंद लेते हुए, पक्षियों को गाते हुए सुनना, अपने गालों पर धूप को महसूस करना और अपनी बांहों में एक प्यारे लड़के को जकड़ने से ज्यादा अच्छा क्या हो सकता था? उसकी बांहों में मुझे बहुत शांति और सुरक्षित महसूस

होता है, यह जानते हुए कि वह पास है, फिर भी कुछ न कहना; जब यह मुझे इतना फायदा देता है, यह बुरा कैसे हो सकता है? ओह, काश, हम कभी भी फिर से परेशान न होते, यहाँ तक कि मौश्ची के द्वारा भी नहीं।

आपकी, एनी एम फ्रैंक

शुक्रवार, २१ अप्रैल, १९४४,

मेरी सबसे प्यारी किट्टी

मैं कल दुखते गले के कारण बिस्तर में रही, लेकिन चूँकि मैं पहले से ही पहले दोपहर में ऊबी थी, और मुझे बुखार नहीं था, मैं आज उठ गई। मेरे गले का दर्द लगभग 'गायब' हो गया है।[२८]

कल, जैसा कि तुम्हे शायद पहले से ही पता चल गया है, हमारे फुहरर का पचपनवां जन्मदिन था। आज यॉर्क की मालकिन राजकुमारी एलिजाबेथ का अठारहवां जन्मदिन है। बीबीसी ने सूचना दी कि उनकी उम्र की घोषणा अभी तक नही हुई, हालाँकि आमतौर पर शाही बच्चों की होती है। हम आश्चर्य कर रहे हैं कि वे किस राजकुमार से इस सुंदर स्त्री की शादी करेंगे, लेकिन एक उपयुक्त उम्मीदवार के बारे में सोच नहीं पा रहे हैं; शायद उनकी बहन, राजकुमारी मार्गरेट रोज को, बेल्जियम के क्राउन प्रिंस बौदोइन मिल सकते हैं!

यहाँ हम एक आपदा से अगली आपदा पर जा रहे हैं। जैसे ही बाहर के दरवाजे मजबूत बनाये गए, वैन मारन ने फिर से अपना सिर उठा लिया। सभी संभावनाओं में वही एक है, जिसने आलू का आटा चुराया, और अब वह बेप पर दोष जड़ने की कोशिश कर रहा है। आश्चर्य नहीं कि उपभवन एक बार फिर से एक कोलाहल में है। बेप बहुत गुस्से में है। शायद श्रीमान कग्लर को अंत में यह कुत्सित चरित्र एक पुछल्ला ही मिलेगा।

बीथोवेनस्ट्राट का मूल्य निरूपक आज सुबह यहीं था। उसने हमें हमारे बड़े संदूक के लिए ४०० गिल्दर्स की पेशकश की; हमारी राय में, अन्य मूल्यांकन बहुत ही कम हैं।

मैं '*राजकुमार*' पत्रिका से पूछना चाहती हूँ कि क्या वे, मेरी परी कथाओं में से एक बेशक, एक छद्म नाम के तहत, लेंगे। लेकिन अब तक की मेरी सब परी कथाएं बहुत लंबी हो गई हैं, इसलिए मुझे लगता है कि मेरे पास ज्यादा मौका नहीं है।

अगली बार तक, प्यार।

आपकी, एनी एम फ्रैंक

---

[२८]तिरोहित

मंगलवार, २५ अप्रैल, १९४४

सबसे प्यारी किट्टी,

सिर्फ ताला तोड़ कर अंदर घुसने की घटना की वजह से लागू सभी नए सुरक्षा उपायों के कारण पिछले दस दिनों से डसेल और श्रीमान वैन दान की बोलचाल बंद है। इनमें से एक यह था कि उन्हें अब शाम को नीचे जाने की अनुमति नहीं दी गयी है। पीटर और श्रीमान वैन दान हर रात साढ़े नौ पर आखिरी चक्कर लगाते हैं, और उसके बाद कोई भी नीचे नहीं जा सकता। हम सुबह या रात में आठ बजे के बाद शौचालय में पानी नहीं बहा सकते। खिड़कियां केवल सुबह खुल सकती हैं जब श्रीमान कग्लर के कार्यालय में रोशनी चालू होती है, और अब रात में एक छड़ी के सहारे उन्हें खोला नहीं जा सकता। यह आखिरी उपाय डसेल के नाराज होने का कारण है। उन्होंने दावा किया कि श्रीमान वैन दान उन्हें डांटते हैं, लेकिन इसके लिए केवल वह खुद जिम्मेदार हैं। उन्होंने कहा कि वह हवा के बिना रहने की बजाय भोजन के बिना रहना पसंद करेंगे, और उन्हें बस खिड़कियां खुली रखने का जरूर कोई उपाय निकालना चाहिए।

'मुझे इस बारे में श्रीमान कग्लर से बात करनी पड़ेगी,' उन्होंने मुझ से कहा।

मैंने जवाब दिया कि इस तरह के मामलों पर केवल समूह के भीतर ही चर्चा होती है, हमने कभी भी श्रीमान कग्लर से इसकी चर्चा नहीं की है।

'हमेशा सब कुछ मेरी पीठ पीछे हो रहा है। मुझे इस बारे में तुम्हारे पिता से बात करनी होगी।'

उन्हें भी शनिवार दोपहर या रविवार को श्रीमान कग्लर के कार्यालय में बैठने की अब और अनुमति नहीं है, क्योंकि पीपा कंपनी के प्रबंधक पास हों तो, उन्हें सुन सकते हैं। फिर भी डसेल तुरंत वहां जाकर बैठ गए। श्रीमान वैन दान बहुत गुस्से में थे, और पिता डसेल से बात करने नीचे चले गए, जिन्हें कुछ झीना बहाना सूझा, लेकिन पिता ने भी इस बार उनपर आंख मूँद कर विश्वास नहीं किया। अब पिता डसेल के साथ अपना व्यवहार कम से कम रख रहे हैं क्योंकि डसेल ने उनका अपमान किया था। हम में से कोई नहीं जानता की उन्होंने क्या कहा था, लेकिन वह बहुत ही खराब रहा होगा।

और सोचने के लिए कि उस अतिदुखी आदमी का जन्मदिन अगले सप्ताह है। जब आप रूठे हुए हों तो आप अपने जन्मदिन का जशन कैसे मना सकते हैं, आप उन लोगों से उपहार कैसे स्वीकार कर सकते हैं जिनसे आप बात भी नहीं करेंगे?

श्री वोस्कुइज्ल तेजी से ढलान पर लुढ़कते जा रहे हैं। दस से अधिक दिनों से उनके शरीर का तापमान एक सौ चार के लगभग बना हुआ है। डॉ ने उनकी हालत निराशाजनक बताई है, वे सोचते हैं कैंसर उनके फेफड़ों में फैल गया है। बेचारे आदमी, हम उनकी मदद करना चाहते हैं, लेकिन उनकी मदद अब केवल भगवान ही कर सकते हैं!

मैंने 'धुँधली तलास' नाम से एक मनोरंजक कहानी लिखी है जो मेरे तीन श्रोताओं के बीच एक बड़ी हिट हुई थी।

मुझे भी एक बुरा जुकाम हो गया है और मैंने इसे मार्गोट तथा माँ और पिताजी को भी बाँट दिया है। केवल पीटर को यह नहीं मिला है। उसने एक चुंबन पर जोर दिया और मुझे अपना एल डोराडो बुलाया। आप एक व्यक्ति को यह नहीं बुला सकते, मूर्ख लड़के! लेकिन वैसे भी वह प्यारा है!

आपकी, एनी एम फ्रैंक

गुरुवार, २७ अप्रैल, १९४४

सबसे प्यारी किट्टी,

श्रीमती वैन दान आज सुबह एक बुरी मनोदसा में थीं। उन्होंने शिकायतों का ढेर लगा दिया, पहली शिकायत उनके जुकाम, कफ ड्रॉप मिलने में सक्षम नहीं होने और उनकी हर समय बहती नाक की पीड़ा में बीतने के बारे में थी। उनकी अगली शिकायत थी कि सूरज चमक नहीं रहा था, आक्रमण शुरू नहीं हुआ था, हमें खिड़कियों से बाहर देखने की अनुमति नहीं थी, आदि, आदि। हम उनकी मदद नहीं कर सकते थे बल्कि उन पर हंस सकते थे, और यह उतना बुरा भी नहीं था क्योंकि जल्द ही वह भी इसमें शामिल हो गईं।

आलू कुगेल का हमारी पाकविधि, प्याज की कमी के कारण संशोधित की गई:

छिलका उतरा महीन कद्दूकश किये हुए आलू लें और थोडा सा सूखा सरकारी आपूर्ति का आटा और नमक मिलाएं। पैराफिन मोम या स्टियेरिन से एक सांचे या ओवन प्रूफ डिश में चिकनाई लगायें और ढाई घंटे तक सेंकें। गले हुये स्ट्रॉबेरी के मुरब्बे के साथ परोसें। (प्याज उपलब्ध नहीं है। न ही सांचे के लिए तेल या आटा!)

फिलहाल मैं गौटिंगेन विश्वविद्यालय के एक प्रोफेसर द्वारा लिखित *सम्राट चार्ल्स पांचवां* पढ़ रही हूँ; उन्होंने इस किताब पर काम करते हुए चालीस साल बिताए हैं। इसके पचास पन्नों को पढ़ने में मुझे पांच दिन लग गए। मैं इससे अधिक कुछ नहीं कर सकती। चूँकि पुस्तक ५९८ पृष्ठों की है, आप अंदाजा लगा सकते हैं इसे पूरा करने में मुझे कितना समय लगेगा। और उसमें दूसरे खंड की गिनती भी नहीं है। लेकिन .... बहुत ही रोचक है!

एक छात्रा को एक दिन के पाठ्यक्रम में जो चीजें करनी होती हैं! उसके उदाहरण के रूप में मुझे ले सकते हैं। सबसे पहले, मैंने नेल्सन के अंतिम लड़ाई पर लिखे एक अनुच्छेद का डच से अंग्रेजी में अनुवाद किया। फिर, मैंने पीटर महान, चार्ल्स बारहवें, सशक्त ऑगस्टस, स्टेनिसलौस लेक्जिनास्की, माजेपा, वॉन गोर्ज, ब्रांडेनबर्ग, पश्चिमी पोमेरानिया, पूर्वी पोमेरानिया और डेनमार्क, को शामिल करते उत्तरी युद्ध (१७००–१७२१) तथा सामान्य तिथियों के बारे में और अधिक पढ़ा। इसके बाद, मैं ब्राजील में उतरी जहाँ मैंने बाहिया तंबाकू, कॉफी की बहुतायत, रियो डी जनेरियो, पेरनाम्बुको और साओ पाउलो और, अंतिम

लेकिन न्यूनतम नहीं, अमेजन नदी के डेढ़ लाख निवासियों के बारे में पढ़ा। फिर हबशियों, मुलाटोज, मेसतिजोस, गोरे लोगों, निरक्षरता दर – ५० प्रतिशत से अधिक – और मलेरिया के बारे में। चूँकि मेरे पास कुछ समय बचा हुआ था, मैंने एक वंशावली चार्ट पर नजर डाली: बूढ़े जॉन, विलियम लुइस, अर्नेस्ट कासिमीर प्रथम, हेनरी कासिमीर प्रथम, ठीक छोटी मार्गरिट फ्रांसिस्का (ओटावा में १९४३ में पैदा हुए) तक।

बारह बजे: मैंने अटारी में अपनी पढ़ाई फिर से शुरू कर दी डीन, पुजारियों, मंत्रियों, पोप और .... के बारे में पढ़ना अरे, एक बज गए!

दो बजे बेचारा बच्चा (अहम) काम पर वापस चला गया था। अगले पुरानी दुनिया और नई दुनिया के बंदर थे। किट्टी, मुझे जल्दी से बताओ, एक दरियाई घोड़े के पैर में कितनी अंगुलियां होती हैं?

फिर, बाइबिल, नूह के सन्दूक, सेम, हाम और येपेत आया। उसके बाद, चार्ल्स पंचम। फिर, पीटर के साथ, अंग्रेजी में कर्नल के बारे में ठाकरे की किताब। एक फ्रेंच परीक्षण, और फिर मिसिसिपी और मिसौरी के बीच एक तुलना!

आज के लिए पर्याप्त। विदा!

आपकी, एनी एम फ्रैंक

शुक्रवार, २८ अप्रैल, १९४४

सबसे प्यारी किट्टी,

मैं पीटर स्चिफ्फ का अपना सपना कभी नहीं भूली (जनवरी की शुरुआत देखें)। यहां तक कि अभी भी मैं अपने गालों पर उसके गाल, और वह अद्‌भुत चमक जो बाकी सब के लिए बना हुआ है, महसूस कर सकती हूँ। एक बार मुझे इस पीटर के साथ भी ...... पिछली रात तक वही भावना महसूस होती थी लेकिन कभी इतनी तीव्रता से नहीं। हमेशा की तरह, एक दूसरे की बाहों में हम दीवान पर बैठे थे। अचानक ऐनी हर रोज फिसलती चली गई और दूसरी ऐनी उसकी जगह लेती गई। दूसरी ऐनी, जो कभी अति आत्मविश्वासी या मनोरंजक नहीं रही है, बल्कि केवल प्यार करना और नम्र होना चाहती है।

मैं उसके साथ चिपकी बैठी थी और अपने ऊपर भावना की एक लहर महसूस कर रही थी। मेरी आँखों में आँसू बह रहे थे; उनकी कुछ बूँदें उसके कपड़ों पर गिर गईं, जबकि वे ठीक मेरी नाक से हो कर हवा में टपक रही थी और पहले बगल में टपकी। क्या उसने ध्यान दिया? उसने इसे दिखाने की कोई हरकत नहीं की कि उसने इसपर ध्यान दिया है। क्या उसने भी वही महसूस किया जैसा मैंने किया था? उसने मुश्किल से एक शब्द कहा। क्या उसने महसूस किया था कि उसके बगल में दो ऐनी थी? मेरा सवाल अनुत्तरित ही रह गया।

आठ तीस पर मैं उठ खड़ी हुई और खिड़की के पास गई जहाँ हम हमेशा अलविदा कहते

हैं। मैं अब भी कांप रही थी, मैं अभी भी दूसरी ऐनी थी। वह मेरे पास आया, और मैंने उसकी गर्दन के चारों ओर अपने हाथ लिपटा दिये और उसके बाएं गाल पर चूम लिया। मैं दूसरे गाल को चूमने ही वाली थी जब मेरा मुंह उसके मुह से मिल गया, और हमने अपने होंठ एक साथ दबाये। मदहोशी की हालत में, हम बार बार गले लगते रहे, कभी भी न रुकने के लिए, ओह!

पीटर को कोमलता की जरूरत है। अपने जीवन में पहली बार उसने एक लड़की पाई है; पहली बार उसने देखा है कि सबसे बड़े कीट में भी एक आंतरिक स्व और एक दिल होता है, और जैसे ही वे तुम्हारे साथ अकेले होते हैं, खुद को पूरी तरह से बदल लेते हैं। अपने जीवन में पहली उसने खुद को और अपनी दोस्ती को, किसी अन्य व्यक्ति को दिया है। इससे पहले उसका, लड़का या लड़की, कोई दोस्त नहीं था। अब हमने एक–दूसरे को पा लिया है। मैं, उस बात के लिए, उसे जानती भी नहीं थी, मेरे पास कभी कोई नहीं था जिस पर मैं भरोसा कर सकूँ, और यह यहाँ तक ले आया ....

एक ही सवाल मुझे सताता रहता है: 'क्या यह सही है?' 'क्या मेरा इतनी जल्दी टूट जाना, बहुत जुनूनी होना, पीटर के जितना जूनून और इच्छा से भरा होना मेरे लिए सही है? क्या मैं, एक लड़की, अपने आप को इस हद तक जाने की अनुमति दे सकती है?

केवल एक ही संभावित जवाब है: 'मैं बहुत ललकती रही हूँ .... और इस तरह के एक लंबे समय से। मैं बहुत अकेली हूँ और अब मैंने आराम पाया है!'

सुबह हम सामान्य रूप से काम करते हैं, और फिर समय समय पर छोड़कर दोपहर में भी। लेकिन शाम में पूरे दिन की दबी लालसा, खुशी और पहले वाले हर समय का आनंद, तीव्रता से धरातल पर आ जाता है, और हम सिर्फ एक दूसरे के बारे में ही सोच सकते हैं। हर रात, हमारे आखिरी चुंबन के बाद, मेरा मन करता है कि भाग जाऊं और फिर से उसकी आँखों में कभी न देखूं। दूर, बहुत दूर अंधेरे में और अकेले!

और उन चौदह सीढ़ियों से नीचे कौन मेरा इंतजार कर रहा है? चमकदार रोशनी, सवाल और हँसी। मुझे सामान्य रूप से व्यवहार करना है और आशा करनी है कि कुछ भी उनके ध्यान में ना आये।

मेरा दिल अब भी इतना कमजोर है कि इतनी जल्दी, इस तरह के झटके से, जैसा मुझे कल रात लगा, उबरने में सक्षम हो जाये। कोमल ऐनी निराले दिखावे करती है, और पहुँचने के बाद, वह इतनी जल्दी खुद को दरवाजे के बाहर नहीं धकेलने वाली है। पीटर मेरे एक हिस्से तक पहुँच गया है, जहाँ पहले कोई और, कभी नही पहुंचा है, मेरे सपने में छोड़कर! उसने मुझे पकड़ लिया है और मुझे अंदर से बाहर उलट दिया है। क्या हर किसी को, खुद को ठीक हालत में रखने के लिए, थोड़े शांत समय की जरूरत नहीं होती? ओह, पीटर, तुमने मेरे साथ यह क्या किया है? तुम मुझसे क्या चाहते हो?

यह कहाँ ले जायेगा? ओह, अब मैं बेप को समझती हूँ। अब, अब जबकि मैं इससे खुद गुजर रही हूँ, मैं उसके संदेह समझती हूँ; यदि मैं बड़ी होती और वह मुझसे शादी करना चाहता, मेरा जवाब क्या होता? ऐनी, ईमानदार रहो! तुम उससे शादी करने में सक्षम नहीं

होती। लेकिन इसे जाने देना बहुत मुश्किल है। पीटर में अभी भी बहुत कम चरित्र है, बहुत कम इच्छा शक्ति, बहुत कम साहस और ताकत है। वह अभी भी एक बच्चा है, भावनात्मक रूप से मुझसे बड़ा नहीं है; वह सिर्फ खुशी और मन की शांति चाहता है। क्या मैं वास्तव में केवल चौदह साल की हूँ? क्या मैं वास्तव में बस एक मूर्ख छात्रा हूँ? क्या मैं हर चीज में, सच में बहुत अनुभवहीन हूँ? मेरे पास अधिकतर से ज्यादा अनुभव है; मैंने कुछ ऐसा अनुभव किया है जो मेरी उम्र के किसी ने कभी नही किया है।

मैं खुद से डरी हुई हूँ, मेरी इच्छाएं मुझे जल्दी हार मान लेने वाला बना रही हैं। बाद में यह कैसे कभी अन्य लड़कों के साथ सही हो सकता है? ओह, दिल और दिमाग के बीच यह शाश्वत संघर्ष, बहुत मुश्किल है। दोनों के लिए एक समय और स्थान होता है, लेकिन मैं कैसे सुनिश्चित हो सकती हूँ कि मैंने सही समय चुन लिया है?

आपकी, एनी एम फ्रैंक

मंगलवार, २ मई, १९४४

सबसे प्यारी किट्टी,

शनिवार की रात को मैंने पीटर से पूछा कि क्या वह सोचता है, मुझे पिता को हमारे बारे में बता देना चाहिए। हमारे, इसकी चर्चा करने के बाद, उसने कहा कि उसे लगता है कि मुझे बताना चाहिए। मैं खुश थी; यह दिखाता है कि वह समझदार और संवेदनशील है।

जैसे ही मैं नीचे आई, मैं पिता के साथ पानी लेने गई। जब हम सीढ़ियों पर थे, मैंने कहा, मुझे विश्वास है कि आप समझ गए हैं, कि जब मैं और पीटर एक साथ होते हैं, हम एक ही कमरे के विपरीत छोरों पर नहीं बैठते हैं। क्या आपको लगता है कि यह गलत है?'

पिता जवाब देने से पहले थोड़ा रुके: 'नहीं, मुझे यह गलत नहीं लगता है। लेकिन ऐनी, जब आप एक साथ इतने करीब रह रहे हों, जैसे हम रहते हैं, आपको सावधान रहना होता है। 'उन्होंने उस उद्देश्य से, कुछ अन्य शब्द कहे, और फिर हम ऊपर चले गए।

रविवार की सुबह उन्होंने मुझे अपने पास बुलाया और कहा, 'ऐनी, तुमने जो कहा था, मैं उसके बारे में सोच रहा हूँ।' (ओह, ओह, मैं जानती थी क्या आ रहा था!) 'यहां उपभवन में यह कोई इतना अच्छा विचार नहीं है। मुझे लगा था तुम सिर्फ दोस्त हो। क्या पीटर तुमसे प्यार करता है?'

'बिल्कुल नहीं,' मैंने जवाब दिया।

'ठीक है, तुम जानती हो मैं तुम दोनों को समझता हूँ। लेकिन 'तुम्हे' संयम दिखाने वाली होना चाहिए; इतनी बार ऊपर मत जाया करो, जितनी तुम उसे मदद कर सकती हो, उससे ज्यादा उसे प्रोत्साहित मत करो। इस तरह के मामलों में, हमेशा आदमी ही होता है जो सक्रिय भूमिका निभाता है, और उसकी सीमा तय करना औरत के ऊपर निर्भर करता है।

बाहर जहाँ तुम मुक्त होते हो, चीजें काफी अलग होती हैं। तुम अन्य लड़के और लड़कियों को देखती हो, तुम बाहर जा सकती हो, खेलों और अन्य प्रकार की गतिविधियों में भाग ले सकती हो लेकिन यहाँ, अगर आप बहुत ज्यादा एक साथ रह रहे हो, और भाग जाना चाहते हो, आप नही कर सकते। आप दिन के हर घंटे एक दूसरे को देखते हो – वास्तव में, हर समय। ऐनी, सावधान रहो, और इसे बहुत गंभीरता से मत लो!'

'मैं, नहीं लेती पिताजी, लेकिन पीटर एक सभ्य लड़का है, एक अच्छा लड़का है।'

'हाँ, लेकिन उसमें चरित्र की ज्यादा ताकत नहीं है। उसे अच्छा करने के लिए आसानी से प्रभावित किया जा सकता है, लेकिन बुरा करने के लिए भी। मैं उसके लिए आशा करता हूँ कि वह अच्छा रहे, क्योंकि मूल रूप से वह एक अच्छा इंसान है।'

हमने थोड़ी और बात की और सहमत हुए कि पिता भी उससे बात करेंगे।

रविवार की दोपहर जब हम सामने की अटारी में थे, पीटर ने पूछा, 'क्या तुमने अभी तक अपने पिता से बात की है ऐनी?'

'हाँ,' मैंने जवाब दिया, मैं तुम्हे इसके बारे में सब बता दूँगी। उन्हें नहीं लगता कि यह गलत है, लेकिन वह कहते हैं यहाँ, जहाँ हम इस तरह पास पास के कमरों में रह रहे हैं, यह लड़ाई तक ले जा सकता है।'

'हम पहले से ही झगड़ा न करने के लिए सहमत हैं, और मेरा अपना वादा पूरा करने की योजना है।'

'मेरी भी पीटर'। लेकिन पिता को नहीं लगता था हम गंभीर हैं, उन्हें लगता था हम सिर्फ दोस्त हैं। क्या तुम्हे लगता है हम अभी भी हो सकते हैं?'

'हां, मुझे लगता है। तुम्हे क्या लगता है?'

'मुझे भी लगता है। मैंने पिता को भी बताया था मैं तुम पर भरोसा करती हूँ। मैं तुम पर भरोसा तो करती ही हूँ, पीटर, जितना मैं पिता पर करती हूँ। और मुझे लगता है तुम मेरे विश्वास के योग्य हो। तुम हो, क्या, नहीं हो?'

'मैं आशा करता हूँ।' (वह बहुत शरमा रहा था, और लाल हो रहा था।)

'मैं तुम पर विश्वास करती हूँ पीटर,' मैंने जारी रखा। 'मैं विश्वास करती हूँ, तुम्हारे पास एक अच्छा चरित्र है और कि तुम इस दुनिया में आगे जाओगे।'

उसके बाद हमने अन्य चीजों के बारे में बात की। बाद में मैंने कहा यदि 'हम कभी भी यहाँ से बाहर गए, तो तुम मेरी और परवाह नहीं करोगे।'

वह एक दम जोश में आ गया। 'ऐनी, यह सच नहीं है। अरे नहीं, मैं तुम्हें अपने बारे में ऐसा सोचने भी नहीं दूंगा!'

बस तभी किसी ने हमें बुलाया।

पिता ने उससे बात की, उसने मुझे सोमवार को बताया। उसने कहा, 'तुम्हारे पिता ने सोचा, हमारी दोस्ती प्यार में बदल सकती है,'। 'लेकिन मैंने उन्हें बताया, हम खुद को नियंत्रण में रखेंगे।'

पिता मुझे इतनी बार ऊपर जाने से रोकना चाहते हैं, लेकिन मैं नहीं चाहती। सिर्फ इसलिए नहीं कि पीटर के साथ रहना पसंद करती हूँ, बल्कि इसलिए कि मैंने कहा था, मैं उस पर विश्वास करती हूँ। मैं उस पर विश्वास करती तो हूँ, और मैं उसे यह साबित करना चाहती हूँ, लेकिन यदि मैं अविश्वास से नीचे रहूंगी, तो मैं इसमें कभी सक्षम नहीं होउंगी।

नहीं, मैं जा रही हूँ!

इस बीच, डसेल का नाटक हल कर दिया गया है। शनिवार की शाम, रात के खाने पर उन्होंने सुंदर डच में माफी मांगी। श्रीमान वैन दान का तुरंत मेल मिलाप कराया गया। डसेल ने अपने भाषण का अभ्यास करने में जरूर सारा दिन व्यतीत किया होगा।

रविवार, उनका जन्मदिन, बिना किसी प्रसंग के गुजर गया। हमने उन्हें १९१९ की बनी, अच्छी शराब की एक बोतल दी, वैन दान, (जो आखिरकार अब तो अपने तोहफे दे सकते हैं) ने उन्हें, पिकालिली का एक जार और रेजर ब्लेडों का एक पैकेज उपहार में दिया, और श्रीमान कग्लर ने उन्हें निम्बू सिरप (नींबू पानी बनाने के लिए) का जार दिया, मिएप ने एक किताब *'लिटिल मार्टिन'* और बेप ने एक पौधा। उन्होंने हर एक को एक अंडे की दावत दी।

आपकी, एनी एम फ्रैंक

बुधवार, ३ मई, १९४४

सबसे प्यारी किट्टी,

पहली साप्ताहिक खबर! हमने राजनीति से छुट्टियाँ ली हुई हैं। कुछ नहीं है, और मेरा मतलब है खबर देने के लिए कुछ भी नहीं है। मैं भी धीरे–धीरे विश्वास करना शुरू कर रही हूँ, कि आक्रमण होगा। आखिरकार, वे रूसियों को सारे गंदे काम करने नहीं दे सकते; वास्तव में, रूस इस समय पर कुछ कर भी नहीं रहा है।

श्रीमान क्लिमन अब हर सुबह कार्यालय आते हैं। वह पीटर के दीवान के लिए नए स्प्रिंग्स का एक सेट लाये हैं, इसलिए अब पीटर को गद्दी लगाकर, काम करने आना होगा। आश्चर्य नहीं कि वह बिलकुल भी मूड में नहीं है। श्रीमान क्लिमन बिल्लियों के लिए कुछ पिस्सू पाउडर भी लायें हैं।

क्या मैंने तुम्हे कभी बताया कि हमारी बोच गायब हो गई है? हमने पिछले गुरुवार से उसका कोई निशान नहीं देखा है। जबकि किसी पशु प्रेमी ने उसे एक स्वादिष्ट पकवान में बदल दिया है, तो शायद वह पहले से ही बिल्लियों के स्वर्ग में हो। शायद कोई लड़की जो वहन कर सकती हो, बोच के फर से टोपी पहन रही होगी। पीटर का दिल टूट गया है।

पिछले दो हफ्तों से हम शनिवार को ११:३० बजे, दोपहर का भोजन कर रहे हैं; सुबह हमें दलिये के एक कप से काम चलाना पड़ता है। कल से शुरू करते हुए, हर दिन इसी तरह होगा; इससे हमारे एक भोजन की बचत होगी। सब्जियां अभी भी बहुत मुश्किल से

मिल रही हैं। आज दोपहर हमने बहुत बेकार उबला सलाद खाया। साधारण सलाद पत्ता, पालक और उबला हुआ सलाद, यही सब है यहाँ। इसके अतिरिक्त बहुत बेकार आलू, और आपके पास है, एक राजा के लायक भोजन!

दो महीने से अधिक से मेरे मासिक नहीं आयें हैं, लेकिन अंततः ये पिछले रविवार को शुरू हो गए। परेशानी और गंदगी के बावजूद, मैं खुश हूँ कि इसने मुझे उजाड़ा नहीं।

जैसा कि, बेशक आप कल्पना कर सकते हैं, हम अक्सर निराशा में कहते हैं, 'युद्ध का क्या मतलब है? क्यों, ओह, क्यों लोग एक साथ शांति से नहीं रह सकते हैं? यह सब विनाश क्यों?'

सवाल समझने योग्य है, लेकिन अभी तक किसी को भी संतोषजनक जवाब नहीं सूझा है। क्यों इंग्लैंड बड़े और बेहतर हवाई जहाज़ और बमों का निर्माण कर रहा है और उसी समय में पुनर्निर्माण के लिए नए घरों का निर्माण क्यों कर रहा है? क्यों युद्ध पर प्रत्येक दिन लाखों खर्च किये जाते हैं, जबकि चिकित्सा विज्ञान, कलाकारों या गरीबों के लिए एक पैसा भी उपलब्ध नहीं है?

लोगों को भोजन के लिए भूखे क्यों रहना पड़ता है जबकि दुनिया के अन्य भागों में भोजन के पहाड़ सड़ रहे हैं? ओह, लोग इतने पागल क्यों हैं?

मैं इस बात में विश्वास नहीं करती कि युद्ध बस राजनीतिज्ञों और पूंजीपतियों का काम है। अरे नहीं, आम आदमी भी हर तरह से उतना ही दोषी हैं; अन्यथा, लोग और राष्ट्र बहुत पहले ही विद्रोह कर चुके होते! लोगों में क्रोध करने, हत्या करने और मारने का एक विनाशकारी आग्रह होता है। और जब तक सारी मानवता, बिना किसी अपवाद के, एक कायापलट से होकर नहीं गुजरती, युद्ध छिड़ने ज़ारी रहेंगे, और हर चीज जो सावधानी से बनाई गई, विकसित की गई, और बढाई गई, सब, केवल फिर से शुरू करने के लिए, काटकर गिरा दी जाएगी या नष्ट कर दी जाएगी!

मैं अक्सर हताश रहती हूँ, लेकिन आशाहीन कभी नहीं। मैं छिपने की जगह में अपने जीवन को खतरे और रोमांस से भरे, एक दिलचस्प साहसिक कार्य, की तरह देखती हूँ और हर अभाव को मेरी डायरी के लिए एक अतिरिक्त मनोरंजक के रूप में। मैंने अन्य लड़कियों से अलग तरह का जीवन व्यतीत करने और बाद में एक साधारण गृहिणी न बनने के लिए के लिए अपना मन बना लिया है। मैं जो यहाँ अनुभव कर रही हूँ, वह एक दिलचस्प जीवन की एक अच्छी शुरुआत है, और यही कारण है – एकमात्र कारण है – कि क्यों मुझे सबसे खतरनाक क्षणों के विनोदी पक्ष पर हँसना पड़ता है।

मैं जवान हूँ और मेरे पास कई छिपे गुण हैं; मैं युवा और मजबूत हूँ और एक बड़े साहसिक कार्य का अनुभव कर रही हूँ; मैं बिलकुल इसके बीच में हूँ और पूरा दिन शिकायत करने में व्यतीत नहीं कर सकती क्योंकि कोई भी मजा करना असंभव है! मुझे कई चीजों का आशीर्वाद है: खुशी, एक हंसमुख स्वभाव और ताकत। मैं खुद हर दिन परिपक्व होती महसूस करती हूँ, मैं आजादी को करीब आता महसूस करती हूँ, मैं प्रकृति

की सुंदरता और अपने चारों ओर लोगों की अच्छाई महसूस करती हूँ। हर दिन मैं सोचती हूँ कि कितना आकर्षक और मनोरंजक साहसिक कार्य है यह! उस सब के साथ, मुझे निराश क्यों होना चाहिए?

आपकी, एनी एम फ्रैंक

शुक्रवार, ५ मई, १९४४

प्रिय किट्टी,

पिता मुझसे दुखी हैं। रविवार को हमारे बात करने के बाद, उन्होंने सोचा था कि मैं हर शाम ऊपर जान बंद कर दूँगी। उन्हें कोई '*क्नुट्सचेरी*'[२९] होता नहीं मिलेगा। मैं उस शब्द को बर्दाश्त नहीं कर सकती। इसके बारे में बात करना काफी बुरा था – वह मुझे भी बुरा क्यों महसूस करवाते हैं! आज मेरी उनसे बातचीत होगी। मार्गोट ने मुझे कुछ अच्छी सलाह दी है।

यह लगभग वही है जो मैं कहना चाहूंगी:

मुझे लगता है पिताजी आप मुझसे एक स्पष्टीकरण की उम्मीद करते हैं, तो मैं आपको एक स्पष्टीकरण दूँगी। आपको मुझसे निराशा हुई है, आपने मुझसे अधिक संयम की उम्मीद की थी, एक चौदह वर्षीय से जिसकी उम्मीद की जाती है, आप निस्संदेह मुझसे उस तरह का व्यवहार चाहते हैं। लेकिन यहीं पर आप गलत हैं!

जबसे हम यहाँ रह रहे हैं, जुलाई १९४२ से कुछ सप्ताह पहले तक, मेरे लिए आसान समय नहीं रहा है। काश आप जानते कि रात को मैं कितना रोया करती थी, मैं कितनी दुखी और हताश थी, कितना अकेला महसूस करती थी, तुम मेरी ऊपर जाने की चाहत को समझोगी! मैं अब उस बिंदु पर पहुँच गई हूँ जहाँ मुझे माँ के या किसी और के समर्थन की जरूरत नहीं है। यह रातोंरात नहीं हुआ। जितनी आत्मनिर्भर मैं आज हूँ, वैसी बनने के लिए मैंने लम्बा और कठिन संघर्ष किया है और बहुत आँसू बहाए हैं।

तुम हंस कर मेरी बात पर विश्वास करने से मना कर सकती हो, लेकिन मुझे परवाह नहीं हैं। मैं जानती हूँ मैं एक आत्मनिर्भर व्यक्ति हूँ, और मुझे नही लगता मुझे अपने कार्यों के लिए तुम्हे कोई स्पष्टीकरण देने की जरूरत है। मैं तुम्हें यह सिर्फ इसलिए बता रही हूँ क्योंकि मैं नहीं चाहती, तुम ऐसा सोचो कि तुम्हारी पीठ पीछे चीजें कर रही हूँ। लेकिन केवल एक ही व्यक्ति है जिसके प्रति मैं जवाबदेह हूँ, और वो मैं हूँ।

जब मैं परेशानी में थी, हर किसी ने – और इसमें तुम भी शामिल हो – अपनी आँखें और कान बंद कर लिए थे और मेरी मदद नहीं की थी।

इसके विपरीत, जो कुछ भी मुझे कभी मिला, वह थी कोलाहलपूर्ण न होने के लिए

---

[२९] गले मिलना।

फटकार। मैं हर समय दुखी होने से अपने आप को दूर रखने के लिए कोलाहलपूर्ण थी। मैं, अपने अंदर की आवाज को सुनने से, खुद को रोकने के लिए, अति आत्मविश्वासी थी। मैं पिछले डेढ़ साल से प्रति दिन लगातार एक नाटक कर रही हूँ, मैंने कभी कोई शिकायत नही की या मुखौटा नही गिराया, उस तरह का कुछ नहीं, और अब ...... अब लड़ाई खत्म हो गई है। मैं जीत गई! मैं शरीर और मन दोनों में स्वतंत्र हूँ। मुझे अब एक मां की जरूरत नहीं है, और मैं संघर्ष से एक मजबूत व्यक्ति के रूप में उभरी हूँ।

चूँकि अब यह खत्म हो चुका है, चूँकि अब मैं जानती हूँ लड़ाई जीत ली गई है, उस मार्ग का अनुसरण करने के लिए, जो मुझे सही लगता है, मैं अपने तरीके से चलना चाहती हूँ। मुझे एक चौदह वर्षीय मत समझो, इन सब परेशानियों ने मुझे बड़ी बना दिया है; मुझे अपने व्यवहार का अफसोस नहीं होगा, मैं वैसा ही व्यवहार करुँगी जैसा मुझे लगता है मुझे करना चाहिए!

कोमल अनुनय मुझे ऊपर जाने से नहीं रोकेंगे। आप या तो इसे मना कर सकते हैं या हर सुख दुःख में मेरा विश्वास कर सकते हैं। तुम कुछ भी करो, बस मुझे अकेला छोड़ दो!

आपकी, एनी एम फ्रैंक

शनिवार, ६ मई, १९४४

सबसे प्यारी किट्टी,

पिछली रात, रात के खाने से पहले मैंने पिता की जेब में वह पत्र डाल दिया जो मैंने लिखा था। मार्गोट के अनुसार, उन्होंने इसे पढ़ा और शेष शाम परेशान रहे। (मैं ऊपर कपडे धो रही थी!) बेचारे पिम, मैं शायद जान सकती थी कि इस तरह के एक पत्र का असर क्या होगा। वह बहुत संवेदनशील है! मैंने तुरंत पीटर को, कोई भी सवाल पूछने या कुछ भी अधिक कहने से मना किया। पिम ने मामले के बारे में मुझे और कुछ नहीं कहा। वह क्या कहने वाले हैं?

यहाँ सब कुछ फिर से लगभग सामान्य हो गया है। हम शायद ही उस पर विश्वास कर सकते हैं जो कीमतों और बाहर के लोगों के बारे में जेन, श्रीमान कग्लर और श्रीमान क्लिमन ने हमें क्या बतायाय आधा पौण्ड चाय ३५०.०० गिल्दर्स, आधा पौण्ड कॉफी ८०.०० गिल्दर्स, एक पौण्ड मक्खन ३५.०० गिल्दर्स, एक अंडा, एक अंडा १.४५ गिल्दर्स में आता है। लोग बल्गेरियाई तंबाकू के लिए, एक औंस के १४.०० गिल्दर्स का भुगतान कर रहे हैं! हर कोई काला बाजार में कारोबार कर रहा है, हर दूतकार्य करने वाले लड़के के पास पेश करने के लिए कुछ है। बेकरी के, सामान पहुँचाने वाले लड़के ने हमें रफू करने वाली ऊन की एक छोटी अंटी की आपूर्ति – ९० सेंट में की है – दूधवाला राशन पुस्तकों को प्राप्त कर सकता हैं, एक जिम्मेदार पनीर पहुंचाता है।

यहां तक कि पुलिस और रात का चौकीदार कार्य में शामिल हो रहे हैं। हर कोई अपने पेट में भोजन रखना चाहता है, और चूँकि वेतन अवरुद्ध कर दिये गए हैं, लोगों को धोखे का सहारा लेना पड़ रहा है। पुलिस के पास उन लड़कियों, जो पंद्रह, सोलह, सत्रह और बड़ी उम्र की, हर दिन लापता बताई जा रही हैं, को खोज निकालने की कोशिश करने के लिए, सिर खुजलाने की भी फुर्सत नही है।

मैं एलेन, परी की अपनी कहानी खत्म करने की कोशिश करना चाहती हूँ। सिर्फ मनोरंजन के लिए, 'यह' मैं सभी कॉपीराइट के साथ में, पिता के जन्मदिन पर उनको को दे सकती हूँ।

बाद में मिलते हैं! (वास्तव में, यह सही वाक्य नहीं है। इंग्लैंड से जर्मन कार्यक्रम प्रसारण में वे '*ऑफ विएदेहोरें*'[३०] से अंत करते हैं। इसलिए मुझे लगता है, मुझे कहना चाहिए 'जब तक हम फिर से न लिखें')

आपकी, एनी एम फ्रैंक

रविवार की सुबह, ७ मई १९४४

सबसे प्यारी किट्टी,

पिताजी और मैंने कल दोपहर को एक लंबी बात चीत की थी। मैं खुल कर रोई और वह भी रोए। आप जानते हो किट्टी उन्होंने मुझ से क्या कहा?

'मैंने अपने जीवन में कई पत्र प्राप्त किये हैं, लेकिन कोई भी इसकी तरह इतना कष्टकारी नहीं था। तुम, जिसे अपने माता–पिता से इतना प्यार मिला था। तुम, जिनके माता पिता तुम्हारी मदद के लिए हमेशा तैयार रहते हैं, जिन्होंने हमेशा हर मामले में, तुम्हारा बचाव किया है। तुम अपने कार्यों में हमारा ख्याल नहीं रखने की बात करती हो! तुम्हें लग रहा है कि तुम्हें अपकृत किया गया है और अपने हाल पर छोड़ दिया गया है। नहीं, ऐनी, तुमने हमारे साथ बहुत बड़ा अन्याय किया है!'

'शायद तुम्हारा मतलब ऐसा नहीं था, लेकिन तुमने जो लिखा है वह यही है। नहीं, ऐनी, हमने इस तरह के तिरस्कार लायक कुछ भी नहीं किया है!'

ओह, मैं बुरी तरह विफल रही हूँ। यह मैंने अपने पूरे जीवन की सबसे खराब बात की है। मैं अपने आँसूओं का दिखावे के लिए, अपने आप को महत्वपूर्ण लगता बनाने के लिए इस्तेमाल किया, जिससे वे मेरा सम्मान करें। मैंने निश्चित रूप से, दुख का अपना हिस्सा लिया है और माँ के बारे में मैंने जो कहा वह सब कुछ सच है। लेकिन, पिम पर आरोप लगाना जो इतने अच्छे हैं और जिन्होंने मेरे लिए सब कुछ किया है – नहीं, वह शब्दों में भी क्रूर था।

---

[३०]जब तक हम फिर से बोलते हैं।

यह अच्छा है कि अंत में किसी ने मुझे नीचा दिखा दिया है, मेरा घमंड तोड़ दिया है, क्योंकि अभी तक मैं बहुत आत्मसंतुष्ट रही हूँ। सब कुछ नहीं मालकिन ऐनी जो करती है अच्छा है! कोई भी जो जान–बूझकर किसी के लिए इस तरह के दर्द का कारण बनता है वे कहते हैं, वे प्यार करते हैं वे सबसे नीचे हैं, नीचे से भी निम्नतर!

मैं सबसे अधिक शर्मिंदा उस बात से हूँ कि जिस तरह से पिता ने मुझे माफ कर दिया है; उन्होंने कहा वह पत्र चूल्हे में फेंकने जा रहे हैं, और वे अब से मेरे लिए और भी अच्छे बनने जा रहे हैं मनो वह एक ऐसे थे जिन्होंने कुछ गलत किया था। खैर, ऐनी, तुम्हें अभी भी बहुत कुछ सीखना है। दूसरों को नीचा दिखाने और उन्हें हमेशा दोष देने की बजाय तुम्हारे लिए यह एक नयी शुरुआत करने का समय आ गया है!

मैंने बहुत सारे दुःखों को जाना है, लेकिन मेरी उम्र में किसे नहीं होता है? मुझे एक कार्यवाही में डाल दिया गया है, लेकिन इसके बारे में शायद ही कोई भी जानकारी थी। मैंने अकेला महसूस किया है लेकिन हताश कभी नहीं! पिता की तरह नहीं जो एक बार चाकू लेकर बाहर गली में भाग रहे थे ताकि वह इस सब का एक अंत कर सकें। उतनी दूर मैं कभी नहीं गई।

मुझे खुद पर गहरी शर्म आनी चाहिए और मैं शर्मिंदा हूँ। जो हो चुका है उसे पूर्ववत नहीं किया जा सकता है, लेकिन आप कम से कम उसे फिर से होने से रोक तो सकते हैं। मैं सब कुछ फिर से शुरू करना चाहती हूँ, और उसमें कोई मुश्किल नहीं होनी चाहिए, क्योंकि अब पीटर मेरे साथ है। उसके द्वारा मेरे समर्थन के साथ, मुझे पता है मैं यह कर सकती हूं! मैं अब अकेली नहीं हूँ। वह मुझसे प्यार करता है, मैं उससे प्यार करती हूं, मेरे पास अपनी किताबें, मेरा लेखन और मेरी डायरी हैं। मैं उतनी बदसूरत या कि बेवकूफ नहीं हूँ, मेरा एक उज्जवल स्वभाव है, और मैं एक अच्छे चरित्र का विकास करना चाहती हूँ!

हाँ, ऐनी, तुम पूरी तरह से जानती थी कि तुम्हारा पत्र निर्दयी और झूठ था लेकिन तुम इसपर वास्तव में गर्व कर रही थी! अपने उदाहरण के रूप में मैं एक बार फिर से अपने पिता को लूंगी, और मैं अपने आप में सुधार करूंगी।

आपकी, एनी एम फ्रैंक

सोमवार, ८ मई, १९४४

सबसे प्यारी किट्टी,

क्या मैंने कभी आप को अपने परिवार के बारे में कुछ भी बताया है? मुझे नहीं लगता कि मैंने बताया है, इसलिए मैं बताना शुरू करती हूँ। पिताजी फ्रैंकफर्ट एएम में एक बहुत प्रतिष्ठित और संपन्न माता पिता के घर में पैदा हुए थे: माइकल फ्रैंक एक बैंक के मालिक थे और एक करोड़पति बन गये थे, और ऐलिस स्टर्न के माता–पिता प्रतिष्ठित और संपन्न

व्यक्ति थे। माइकल फ्रैंक शुरू में अमीर नहीं थे; वह एक स्वयं से बने आदमी थे। अपनी जवानी में पिताजी ने एक अमीर आदमी के बेटे का जीवन जिया। हर हफ्ते भोज, बैले, भोज, सुंदर लड़कियां, वाल्ट्ज, रात्रिभोज, एक बड़ा घर, आदि। दादाजी की मौत के बाद सारा धन गायब हो गया था, और महान युद्ध और मुद्रास्फीति के बाद पास में कुछ भी नहीं बचा था। युद्ध के खत्म होने तक कुछ रिश्तेदार अभी भी काफी अमीर थे। तो पिताजी, लालन पालन बहुत अच्छी तरह से होता रहा और कल वह हंस पड़े थे क्योंकि उनके पचपन साल की उम्र में पहली बार, उन्होंने मेज पर फ्राइंग पैन कबाड़ में हटाया था।

माँ का परिवार उतना अमीर नहीं था लेकिन रहन सहन अभी भी काफी अच्छा था, और हमने २५० मेहमानों के साथ निजी बैले, रात्रिभोज और सगाई भोज की कहानियों को हक्का–बक्का होकर सुना है।

हम अब अमीरी से दूर हैं लेकिन मैंने अपनी सारी उम्मीदें युद्ध के बाद पर टिका दी है। मैं तुम्हें आश्वासन देटी हूं, माँ और मार्गोट की तरह मैं एक बुर्जुआ जीवन नहीं निर्धारित करना चाहती हूँ। भाषाओं को सीखने और कला के इतिहास का अध्ययन करने में मैं पेरिस और लंदन में एक साल बिताना चाहती हूँ। मार्गोट के साथ उसकी तुलना कीजिये, जो फिलिस्तीन में नवजात शिशुओं का लालन पालन करना चाहती है। मैं अभी भी बहुत खूबसूरत कपड़े और आकर्षक लोगों का आभास कर सकती हूँ। जैसा कि मैं तुम्हें पहले भी कई बार कह चुकी हूँ, मैं दुनिया देखना चाहती हूँ और सभी प्रकार की रोमांचक चीजें करना चाहती हूँ, और जरा भी पैसे की चोट नहीं पड़ेगी!

आज सुबह मिएप ने अपनी चचेरी बहन की सगाई की पार्टी के बारे में हमें बताया, जिसमें वह शनिवार को गई थी। चाचा–चाची अमीर हैं, और दूल्हे के माता–पिता भी अमीर हैं। मिएप परोसे गए खाने के बारे में हमें बताकर हमारे मुंह में पानी बना रही है: मांस के कोफ्ते के साथ सब्जी का सूप, पनीर, कटे हुए मांस के साथ रोल, अंडे और भुने हुए मांस से तैयार किए गए क्षुधावर्धक, पनीर रोल, क्रीम और फलों से सजाया गया केक, शराब और सिगरेट, और आप जितनी मर्जी उतना खा सकते थे।

मिएप ने दस श्नैप्स और तीन सिगरेट पिए थे – क्या यह हमारी मद्य वकील बन सकती है? यदि मियेप ने इतना कुछ पिया था, मुझे आश्चर्य होता है कि उसके पति कितना पी गए रहे होंगे? पार्टी में हर कोई बेशक, थोड़े बहुत नशे में था। हत्या दल के दो अधिकारी भी थे, जिन्होंने शादी के जोड़े की तस्वीरें लीं। तुम देख सकती हो कि हम मियेप के विचारों से कभी दूर नहीं रहे हैं, क्योंकि उसने तुरंत उनके नाम और पते को उल्लिखित कर लिया कि यदि मामले में कुछ भी होता है और हमें अच्छे डच लोगों के साथ संपर्कों की जरूरत पड़ती है।

हमारे मुंह में बहुत पानी आ रहा था। हम, जिन्हें नाश्ते में दो चम्मच दलिया के अलावा कुछ भी नहीं मिलता था और बिल्कुल भूखे रह रहे थे; हम, जिन्हें आधा पकाया पालक (विटामिन के लिए!) और हर दिन सड़े आलू के आलावा कुछ भी नहीं मिलता है;

हम, जिनके पास अपने खाली पेट भरने के लिए उबले हुए सलाद, कच्चे सलाद पत्ता, पालक, पालक और अधिक पालक के आलावा और कुछ भी नहीं है। हो सकता है कि हम अंत में पोपाई की तरह मजबूत होकर निकलें, हालांकि अब तक मुझे इसके बारे में कोई संकेत नहीं दिखा है!

यदि मिएप ने पार्टी में हमें भी साथ ले लिया होता, तो अन्य मेहमानों के लिए एक भी रोल नहीं बचता। यदि हम वहाँ गए होते, तो हमने फर्नीचर सहित सब कुछ खुले आम छीन लिया होता। मैं तुम्हें बता रही हूं, हम व्यावहारिक रूप से ठीक उसके मुंह से निकले शब्दों को ही खींच रहे थे। हम उसके चारों ओर इस तरह इकट्ठे हुए थे जैसे हम सबने अपने जीवन में स्वादिष्ट भोजन या सुरुचिपूर्ण लोगों के बारे में कभी नहीं सुना हो! और ये प्रतिष्ठित करोड़पतियों की पोते पोतियां हैं। दुनिया एक उत्साह जनक जगह है!

आपकी, एनी एम फ्रैंक

मंगलवार, ९ मई, १९४४

सबसे प्यारी किट्टी,

मैंने परी एलेन के बारे में अपनी कहानी पूरी कर लिया है। मैंने इसे एक अच्छे नोटपेपर पर नकल कर दी है, लाल स्याही से सजाया है और पृष्ठों को एक साथ सिल दिया है। पूरी चीज बहुत सुंदर लग रही है, लेकिन मुझे नहीं पता कि क्या यह एक जन्मदिन के तोहफे के लिए पर्याप्त है। मार्गोट और माँ दोनों के पास लिखित कवितायें हैं।

इस दोपहर श्री कुग्लर खबर लेकर ऊपर आए कि सोमवार से श्रीमती ब्रोक्स हर दोपहर दो घंटे कार्यालय में खर्च करना चाहती हैं। जरा सोचो! कार्यालय के कर्मचारी ऊपर आने में सक्षम नहीं होंगे, आलू की आपूर्ति नहीं की जा सकेगी, बेप को दोपहर को खाने को नहीं मिलेगा, हम शौचालय का उपयोग नहीं कर सकेंगे, हम चहलकदमी करने में सक्षम नहीं होंगे और अन्य कई प्रकार की असुविधायें होंगी! हमने उनसे छुटकारा पाने के विभिन्न तरीके प्रस्तावित किये। श्री वैन दान सोचते थे कि उनकी कॉफी में एक अच्छा रेचक मिला देना एक अच्छी चाल हो सकती है। 'नहीं,' श्री क्लेइमन ने उत्तर दिया, 'कृपया ऐसा मत करना, नहीं तो हमें उस दलदल से कभी छुटकारा नहीं मिलेगा!'

हँसी की एक दहाड़। 'दलदल'? श्रीमती वैन दान ने पूछा। 'इसका क्या मतलब है?' एक विवरण दिया गया था। 'क्या उस शब्द का उपयोग करना ठीक है?' उसने एकदम सटीक मासूमियत भरे स्वर में पूछा। 'जरा सोचो,' बेप खिलखिला कर हस पड़ी, 'आप वहाँ बिजेंकोर्फ पर खरीदारी कर रहे हैं और आप दलदल जाने का रास्ता पूछते हैं। उन्हें उसका भी पता नहीं होता है आप किस चीज के बारे में बात कर रहे थे!'

अभिव्यक्ति उधार लेने के लिए, डसेल अब हर दिन १२:३० पर 'दलदल' बिंदु पर बैठते हैं। इस दोपहर मैंने साहसपूर्वक गुलाबी कागज का एक टुकड़ा लिया और लिखा:

श्री डसेल की शौचालय समय सारिणी

सुबह ०७:१५ से ७:३० तक

दोपहर १:०० बजे के बाद

अन्यथा, केवल जरूरत के अनुसार!

मैंने इसे हरे बाथरूम के दरवाजे पर उस समय चिपका दिया जब वे अभी भी अंदर ही थे। मैंने शायद अच्छी तरह से जोड़ा 'अपराध कारावास के अधीन होगा!' क्योंकि हमारे शौचालय को अंदर और बाहर दोनों तरफ से बंद किया जा सकता है।

श्री वैन दान का नवीनतम मजाक:

एडम और ईव के बारे में बाइबिल के एक अध्याय के बाद, एक तेरह वर्षीय लड़के ने अपने पिता से पूछा 'पिताजी मुझे बतायें, कि मैं कैसे पैदा हुआ था?'

'ठीक है,' पिता ने कहा, 'सारस तुम्हें सागर से छीन कर बाहर लाया, माँ के बिस्तर में तुम्हें डाल दिया और उसके पैर में जोर से काट लिया। वह इतनी लहूलुहान हो गयी कि उसे एक सप्ताह तक बिस्तर में रहना पड़ा।'

लड़का पूरी तरह से संतुष्ट नहीं हुआ, और अपनी मां के पास गया। 'माँ मुझे बताओ' उसने पूछा, 'कि आप कैसे पैदा हुई थी और मैं कैसे पैदा हुआ था?'

उसकी माँ ने उसे लगभग वही कहानी सुनाई। अंत में, सटीक बिंदु सुनने की उम्मीद में, वह अपने दादा के पास गया। 'दादाजी मुझे बताओ' उसने कहा, 'आप कैसे पैदा हुये थे और आपकी बेटी का जन्म कैसे हुआ है?' और तीसरी बार भी उसे वास्तव में वही कहानी सुनाई गई थी।

उस रात उसने अपनी डायरी में लिखा: 'पूरी सावधानी से जांच के बाद मुझे निष्कर्ष निकालना चाहिए कि हमारे परिवार में पिछली तीन पीढ़ियों से कोई संभोग नहीं किया गया है!'

पहले से ही तीन बज चुके हैं; मुझे अभी भी काम करना है।

आपकी, एनी एम फ्रैंक

पश्च–लेख। चूँकि मुझे लगता है कि मैंने नई सफाई करने वाली महिला का उल्लेख किया है, मैं सिर्फ इतना नोट करना चाहती हूँ कि वह शादीशुदा, साठ वर्ष उम्र की और बहरी है! छिपे हुए आठ लोगों के द्वारा सभी शोर उत्पन्न करने में सक्षम होने के मद्देनजर यह काफी सुविधाजनक है।

ओह, किट, कितना सुहावना मौसम है। यदि केवल मैं बाहर जा सकती!

बुधवार, १० मई, १९४४

सबसे प्यारी किट्टी,

अपने फ्रेंच पर काम करते हुए कल दोपहर हम अटारी में बैठे थे जब अचानक मैंने अपने पीछे पानी के छींटे की आवाज सुनी। मैंने पीटर से पूछा यह क्या हो सकता है। जवाब देने के लिए रुके बिना, उसने मचान के ऊपर धावा बोल दिया – आपदा का दृश्य – और मौश्ची को दिखाया, जो सही जगह के पीछे, उसके गीले कूड़ेदान के बगल में बैठी हुई थी। यह इसके बाद चीख और चिल्लाहट में बदल गया था, और फिर मौश्ची, जिसने उस समय तक पेशाब करना समाप्त कर लिया था, नीचे चली गई। उसके बॉक्स के समान तरह की किसी चीज की खोज में, मौश्ची ने खुद को फर्श में एक दरार के ठीक ऊपर लकड़ी के छीलन के ढेर में पाया था। पेशाब तुरंत अटारी के नीचे रिसने लगी और, जैसा किस्मत चाहेगी, आलू के पीपे में और उसके अगल बगल टपकने लगी। छत टपकती थी, और चूँकि अटारी की फर्श में भी कुछ दरारें बन गई हैं, छोटी पीली बूँदें छत से होकर और खाने की मेज पर, स्टॉकिंग्स और किताबों के ढेर के बीच टपक रही थी।

मैं हँसी से दोहरी हो गई थी, यह एक बहुत मजाकिया नजारा था। मौश्ची एक कुर्सी के नीचे दुबकी हुई थी, पीटर पानी, पाउडर ब्लीच और एक कपड़े के साथ हथियारों से लैस तैयार था, और श्री वैन दान हर किसी को शांत करने की कोशिश कर रहे थे। कमरे में जल्द ही अधिकार स्थापित कर दिया गया था, लेकिन यह एक अच्छी तरह से ज्ञात तथ्य है कि बिल्ली के मल पेशाब में बहुत बदबू आ रही होती है। आलू ने साबित कर दिया कि सभी बहुत अच्छी तरह से लकड़ी का छीलन बन गया था, जिसे पिता ने एक बाल्टी में एकत्र किया और जलाने के लिए नीचे लाए।

बेचारी मौश्ची! तुमको कैसे पता हो सकता था कि तुम्हारे बॉक्स के लिए पीट घास पाना नामुमकिन है?

ऐनी

गुरुवार, ११ मई, १९४४

सबसे प्यारी किट्टी,

आप को हंसाने के लिए एक नया स्केच:

पीटर के बाल काटे जाने थे, और हमेशा की तरह उसकी मां को नाई बनना था। सात पच्चीस पर पीटर अपने कमरे में गायब हो गया, और, ७:३० बजने पर फिर निकल आया उसकी नीली तैराकी के शॉर्ट्स और एक जोड़ी टेनिस जूते को उतरा गया।

'क्या आप आ रही हो?' उसने अपनी मां से पूछा।

'हाँ, मैं एक मिनट में आ रही हूँ, लेकिन मुझे कैंची नहीं मिल रही है!'

पीटर ने उसके सौंदर्य प्रसाधन दराज के आसपास तलाशी करने में उसकी मदद की। 'ऐसी मुसीबत मत पैदा किया करो, पीटर' उसने शिकायत की।

मैं पीटर का उत्तर नहीं पकड़ सकी, लेकिन यह ढीठाई भरा रहा होगा क्योंकि उन्होंने उसे हाथ पर तमाचा मारा। उसने भी पलट कर उसे वापस तमाचा मारा, उसने अपने पूरे पराक्रम के साथ उसे मुक्का मारा और पीटर ने अपने चेहरे पर नकली डर भरी नजर के साथ उसके हाथ को दूर खींच लिया। 'होश में आओ बूढ़ी लड़की!'

श्रीमती वैन दान लगी रहीं। पीटर ने उन्हें कलाई से पकड़ लिया और कमरे में चारों ओर उसे खींचा। वह हँसी, रोई, डांटा और लात मारी लेकिन किसी भी चीज ने उनकी मदद नहीं की। पीटर अपने कैदी को अटारी की सीढ़ियों तक खींचता ले गया, जहां वह उसे ले जाने के लिए बाध्य करना चाहता था। श्रीमती वैन दान कमरे में वापस आईं और जोर जोर से सांस लेती हुई एक कुर्सी में ढह गई।

'*मां का अपहरण,*'[३१] मैंने मजाक में कहा।

'हाँ, लेकिन उसने मुझे चोट लगा दी है।'

मैं एक नजर देखने और उनके गर्म, लाल कलाई को पानी से ठंडा करने चली गई। पीटर, अभी भी सीढ़ियों से लगा खड़ा था और उसकी अधीरता फिर से बढ़ रही है, एक शेर के प्रशिक्षक की तरह अपने हाथ में अपनी बेल्ट लिए हुए, कमरे में लम्बे कदमों से चहलकदमी कर रहा था। श्रीमती वैन दान जरा भी नहीं हिलीं थीं, बल्कि अपनी लिखने की मेज पर टेक ले कर खड़ी होकर, एक रूमाल देखती रहीं। 'तुमको पहले माफी माँगनी होगी।'

'ठीक है, मैं अपनी माफी की पेशकश करती हूँ, लेकिन केवल इस वजह से क्योंकि अगर मैं नहीं करती, तो हम आधी रात तक यहीं रह जायेंगे।'

श्रीमती वैन दान खुद के बावजूद हंस पड़ीं। वो उठ गई और दरवाजे की ओर चली गई, जहां उन्होंने अपने को हमें एक स्पष्टीकरण देने के लिए बाध्य महसूस किया। (हमें द्वारा मेरा मतलब पिता, माता और मुझे है; हम जहाँ धुलाई में व्यस्त थे।) 'उन्होंने कहा, वह घर पर ऐसा नहीं था'। 'मैंने उसे इतना पीटा होता कि वह सीढ़ियों से नीचे लुढ़क गया होता (!)। वह इतना ढीठ कभी नहीं रहा है। यह पहली बार नहीं है वह एक अच्छी पिटाई का हकदार था। एक आधुनिक परवरिश के आधुनिक बच्चों को क्या हो रहा है। मैंने अपनी माँ को कभी भी इस तरह से नहीं पकड़ा होता। क्या आप अपनी माँ के साथ उस तरह से पेश आते थे, श्रीमान फ्रैंक?' वह बहुत परेशान थीं, आगे और पीछे चहलकदमी करते हुए उनके मन में जो कुछ भी आया कहती रहीं और वह अभी भी ऊपर नहीं गई थी। अंत में, आखिरकार, वह बाहर चली गई।

पाँच मिनट से भी कम समय के बाद वह आगबबूला हुई सीढ़ियों से नीचे वापस आई,

---

[३१]माँ का अपहरण, रनिवास से अपहरण मोजार्ट के ओपेरा का एक संभव संदर्भ।

उनका पूरा गाल फूला हुआ था, और एक कुर्सी पर अपना एप्रन फैला दिया। जब मैंने पूछा कि बाहर क्या हुआ है, तो उन्होंने उत्तर दिया कि वह नीचे जा रही थी। एक तूफान की तरह वह सीढ़ियों से नीचे फट पडीं शायद सीधे अपनी पुट्टी की बाहों में।

वह आठ बजे तक फिर नहीं आई थीं इस बार अपने पति के साथ। पीटर को अटारी से घसीट लाया गया था, और अपशब्दों की बौछार के साथ बेरहमी से डांटा गया था: अशिष्ट किसी काम का नहीं शैतान, खराब उदाहरण, ऐनी ऐसी, मार्गोट वैसी, बाकी मैं नहीं सुन सकी थी।

आज सब कुछ फिर शांत हो गया लगता है!

आपकी, एनी एम फ्रैंक

पश्च–लेख। मंगलवार और बुधवार की शाम हमारी प्रिय रानी ने देश को संबोधित किया। वह एक छुट्टी पर जा रही हैं ताकि वह नीदरलैंड में अपने अच्छे स्वास्थ्य में एक वापसी कर सकें। उन्होंने 'जल्द ही जब मैं हॉलैंड में वापस आउंगी', 'एक तेज मुक्ति', 'वीरता' और 'भारी बोझ' जैसे शब्दों का इस्तेमाल किया।

इसके बाद प्रधानमंत्री गेरब्रान्डी द्वारा एक भाषण दिया गया। उनकी आवाज एक छोटे बच्चे की चीख की आवाज की तरह है माँ ने सहज रूप में कहा, 'ऊह।' एक पादरी, जिसे अपनी आवाज श्री एडेल से उधार ले लेना चाहिए, यातना शिविरों और जेलों में उन सभी यहूदियों और जर्मनी में काम कर रहे हर किसी की देखभाल करने के लिए भगवान से पूछ कर संपन्न करना चाहिए।

गुरुवार, ११ मई, १९४४

सबसे प्यारी किट्टी,

चूँकि मैंने अपना पूरा बेकार वस्तुओं का बक्सा – मेरे फाउंटेन पेन सहित – ऊपर छोड़ चुकी हूँ, और मुझे व्यस्कों को उनके झपकी लेने के समय में (ढाई बजे तक) परेशान करने की अनुमति नहीं है, आपको पेंसिल से पत्र लिखकर काम चलाना पड़ेगा।

मैं इस समय बहुत ज्यादा व्यस्त हूँ, और यह अजीब लग सकता है, मेरे पास अपने ढेर सारे काम पूरा करने का पर्याप्त समय नहीं है। क्या मैं तुम्हे संक्षेप में बताऊँ, मुझे क्या करना है? तो, चूँकि इसे पुस्तकालय को लौटाया जाना है, मुझे कल से पहले गैलीलियो गैलीली की जीवनी का यह पहला खंड पढ़कर खत्म करना है। मैंने इसे कल पढ़ना शुरू किया था और ३२० पन्नों में से, पन्ना संख्या २२० तक पढ़ लिया है, इसलिए मैं इसे संभाल लूंगी। अगले हफ्ते मुझे *चौराहे पर फिलीस्तीन*, और गैलीली का दूसरा खंड पढना है। इसके अलावा, मैंने सम्राट चार्ल्स की जीवनी 'पंचम' का पहला खंड कल समाप्त कर दिया, और मुझे अभी भी, मेरे द्वारा एकत्रित किये हुए कई वंशावली चार्ट और लिए गए

नोट्स को समझना है। अगला, मेरे पास अपनी विभिन्न पुस्तकों से, विदेशी शब्दों के तीन पृष्ठ हैं, जिन सभी को लिखना, कंठस्थ करना और जोर से पढ़ा जाना है। नंबर चार: मेरे फिल्मी सितारे एक भयानक अव्यवस्था में हैं और छांटे जाने के लिए तरस रहे हैं, लेकिन चूँकि ऐसा करने में कई दिन लगेंगे, और प्रोफेसर ऐनी, जैसा कि उन्होंने पहले ही कहा है, काम में बहुत व्यस्त हैं, उन्हें थोड़े और ज्यादा समय तक इस अव्यवस्था को सहन करना पड़ेगा। तब तक थेसयूस, ईडिपस, पेलयूस, ओर्फयूस, जेसन और हरकुलेस, सब सुलझने का इंतजार कर रहे हैं, चूँकि उनके विभिन्न काम, एक पोशाक में बहुरंगी धागे की तरह मेरे मन में एक दूसरे को काटते हुए चल रहे हैं। मीरोन और फिदिअस को भी तत्काल ध्यान की जरूरत है, वरना मै पूरी तरह से भूल जाऊंगी, उनके लिए कैसे भी हो समय निकालना है। और यही लागू होता है, उदाहरण के लिए, सात साल का युद्ध और नौ साल के युद्ध पर। अब मुझे सब कुछ मिश्रित मिल रहा है। ठीक है, तुम मेरी तरह की स्मृति के साथ क्या कर सकते हो! जरा कल्पना करो मैं अस्सी की होने पर कितनी भुलक्कड़ होउंगी!

ओह, एक बात और। बाइबल। नहाती सुसाना की कहानी पर आने से पहले कितना समय लगने वाला है? और सदोम और गमोरा से उनका क्या मतलब है? ओह, अभी पता लगाने के लिए और जानने के लिए बहुत ज्यादा है। और इस बीच, मैंने तालु के शेर्लोट को झटके से छोड़ दिया है।

तुम देख सकती हो किट्टी, नहीं देख सकती क्या, मैं पूरी तरह से भर चुकी हूँ?

और अब कुछ और। तुम बहुत समय से जानती हो मेरी सबसे बड़ी इच्छा एक पत्रकार बनने की है, और बाद में एक प्रसिद्ध लेखिका। हमें प्रतीक्षा करके पता लगाना पड़ेगा कि ये भव्य भ्रम (या धोखा) कभी संच होंगे भी, लेकिन अब तक मुझे विषयों की कोई कमी नहीं हुई है। युद्ध के बाद हर हालत में, मैं *गुप्त एनेक्सी* नामक एक पुस्तक प्रकाशित करवाना चाहूंगी। यह देखना अभी बाकी है कि मैं सफल होउंगी, लेकिन मेरी डायरी आधार के रूप में पूर्ति कर सकती है।

मुझे 'कैडी की जिंदगी' भी खत्म करने की जरूरत है। मैं बाकी कथावस्तु सोच चुकी हूँ। अस्पताल में इलाज करवाने के बाद, कैडी घर वापस जाती है और हंस को लिखती रहती है। यह १९४१ है, और उसे नाजी सहानुभूति खोजने में लम्बा समय नही लगता और कैडी को यहूदियों की दुर्दशा और अपनी दोस्त मैरियन की गहरी चिंता है, वे अलग अलग मोड़ लेना शुरू करते हैं। वे मिलते हैं और वापस एक साथ हो जाते हैं, लेकिन सम्बन्ध तोड़ लेते हैं जब हंस एक और लड़की को अपना लेता है। कैडी टूट गई है, और क्योंकि वह एक अच्छी नौकरी पाना चाहती है, वह नर्सिंग का अध्ययन करती है। स्नातक स्तर की पढ़ाई के बाद, अपने पिता के दोस्तों के आग्रह पर वह स्विट्जरलैंड में एक टीबी अस्पताल में एक नर्स की नौकरी स्वीकार करती है।

अपनी पहली छुट्टी के दौरान वह कोमो झील जाती है, जहाँ वह संयोग से हंस से मिलती है। वह उसे बताता है कि दो साल पहले उसने कैडी के बाद वाली से शादी की थी

कि, लेकिन उसकी पत्नी ने अवसाद के एक दौरे में अपनी जान ले ली। अब जबकि उसने फिर से अपनी छोटी कैडी को देख लिया है, उसे अहसास होता है कि वह उससे कितना प्यार करता है, और एक बार फिर उससे शादी के लिए उसका हाथ मांगता है। हालाँकि इसके बावजूद भी कि वह खुद उससे कभी उतना ही प्यार करती थी, कैडी मना कर देती है। उसका स्वाभिमान उसे पीछे रखता है। हंस दूर चला जाता है, और सालों बाद कैंडी को पता चलता है कि वह इंग्लैंड में है जहां वह घायल हो कर बीमार पड़ा है और स्वास्थ्य के लिए संघर्ष कर रहा है।

जब वह सत्ताईस की होती है, कैडी साइमन नाम के एक धनी आदमी के साथ शादी कर लेती है। उसे उससे प्यार हो जाता है लेकिन हंस के जितना नहीं। उसकी दो बेटियां और एक बेटा, लिलियन, जूडिथ और निको है। वह और साइमन एक साथ खुश हैं, लेकिन हंस, कहीं न कहीं उसके दिमाग में तब तक रहता है जब तक कि एक रात वह उसका सपना देखती है और, उसे विदाई दे देती है।

यह भावुक बकवास नहीं है: यह पिता के जीवन की कहानी पर आधारित है।

आपकी, एनी एम फ्रेंक

शनिवार, १३ मई, १९४४

मेरी सबसे प्यारी किट्टी,

कल पिताजी का जन्मदिन, पिता और माँ की शादी की उन्नीसवीं सालगिरह, सफाई करने वाली महिला के बिना एक दिन ...... और सूरज चमक रहा था जितना यह १९४४ से पहले कभी नहीं चमका था। हमारे शाहबलूत के पेड़ पूर्ण खिले हुए है। यह पत्तियों से ढकें हुए हैं और पिछले साल की तुलना में ज्यादा खूबसूरत हैं।

पिता को, श्रीमान क्लिमन से लेन्नायूस की जीवनी, श्रीमान कग्लर से प्रकृति पर एक पुस्तक, डसेल से एम्स्टर्डम की नहरें, वैन दान से, तीन अंडे, एक बियर की बोतल, दही का एक जार और हरे रंग की टाई से भरा एक बड़ा बक्सा (इतनी खूबसूरती से लपेटा, शायद एक पेशेवर द्वारा किया गया होगा)।

यह हमारे गुड के जार को और मामूली प्रतीत करा रहा है। मेरे गुलाब मिएप और बेप के लाल गुलनारों की तुलना में अद्‌भुत सुगंध आती है। उसे अच्छी तरह से खराब कर दिया गया था। सिएमोंस 'बेकरी से पचास स्वादिष्ट छोटे चौके पहुंचे! पिता ने हमें भी मसाला केक, पुरुषों को बियर, महिलाओं को दही की दावत दी। सब कुछ शानदार था!

आपकी, एनी एम फ्रेंक

मंगलवार, १६ मई, १९४४

सबसे प्यारी किट्टी,

सिर्फ एक बदलाव के लिए (चूँकि इतने लंबे समय में हमें इनमें से कोई भी एक नहीं मिला है) मैं, कल रात, श्रीमान और श्रीमती वैन दान के बीच एक छोटी सी चर्चा का वर्णन करुँगी:

श्रीमती वैन दान: 'जर्मनी के पास, अटलांटिक दीवार को मजबूत करने के लिए बहुत समय पड़ा है, और वे निश्चित रूप से ब्रिटिश को रोकने के लिए, अपनी शक्ति के भीतर सब कुछ करेंगे। यह अद्‌भुत है, जर्मनी कितना ताकतवर है!'

श्रीमान वैन दान: ओह, 'हां, कमाल है!'

श्रीमती वैन दान: 'हाँ' है!'

श्रीमान वैन दान: 'वे इतने मजबूत हैं, अंत में उनका जीतना तय है, क्या आपका यह मतलब है?'

श्रीमती वैन दान: 'हो सकता है, वे जीतें। मैं आश्वस्त नहीं हूँ कि वे नहीं जीतेंगे।'

श्रीमान वैन दान: 'मैं इसका जवाब तक नहीं दूंगा।'

श्रीमती वैन दान: 'आप हमेशा जवाब देने पर पहुँचते हैं। आप अपने आप को हर एक बार, हमेशा, उत्तेजित होने देते हैं।'

श्रीमान वैन दान: 'नहीं, मैं नहीं जानता। मैं हमेशा अपने जवाबों को अगणनीय रखता हूँ।'

श्रीमती वैन दान: 'लेकिन आपके पास हमेशा एक जवाब होता है और आपको हमेशा सही होना होता है! आपको पता है, आपकी भविष्यवाणियां शायद ही कभी पूरी होती हैं!'

श्रीमान वैन दान: अभी तक तो हुई हैं।'

श्रीमती वैन दान: 'नहीं,' वे नहीं हुई हैं। आपने पिछले साल कहा था, आक्रमण शुरू होने वाला है, फिन्स को अब तक युद्ध से बाहर हो जाना चाहिए था, इटली के अभियान को पिछली सर्दियों तक खत्म हो जाना चाहिए था, और रूस को पहले ही लेम्बेर्ग को जीत लेना चाहिए था। ओह नहीं, मै आप की भविष्यवाणियों को अधिक याद नहीं रख सकती।

श्रीमान वैन दान (अपने पैरों को उछालते हुए): 'क्यों आप अपनी चाल में एक बदलाव नहीं करते हैं? मैं आपको दिखा दूंगा कौन सही है; किसी दिन तुम मुझे परेशान करके थक जाओगी। मैं एक मिनट और तुम्हारे रिरियाने को बर्दाश्त नहीं कर सकता। इंतजार करो, एक दिन मैं तुमसे तुम्हारी गलती मनवाऊंगा!'

(पहले भाग का अंत।)

असल में, मैं मंद मंद मुस्काए बिना रह नहीं सकी। माँ भी नहीं और यहां तक कि पीटर भी अपनी हंसी रोकने के लिए अपने होंठ काट रहा था। ओह, वे बेवकूफ वयस्क। युवा पीढ़ी के बारे में इतनी सारी टिप्पणियाँ करने से पहले उन्हें कुछ चीजें सीखने की जरूरत है!

शुक्रवार से रात को हम फिर से खिड़कियाँ खोल कर रख रहे हैं।

आपकी, एनी एम फ्रेंक

हमारा उपभवन परिवार किसमें दिलचस्पी लेता है
(पाठ्यक्रम और पाठ्य सामगी का एक व्यवस्थित सर्वेक्षण)

श्रीमान वैन दान: कोई पाठ्यक्रम नहीं; कनूर के विश्वकोष और शब्दकोश में कई चीजें देखते हैं; रोमांचक या तुच्छ, जासूसी कहानियां, चिकित्सा पुस्तकों और प्रेम कहानियों को पढ़ना पसंद करते हैं।

श्रीमती वैन दान: अंग्रेजी में एक पत्राचार पाठ्यक्रम; जीवनी उपन्यास और कभी कभी उपन्यास के अन्य प्रकार भी पढ़ना पसंद करती हैं।

श्रीमान फ्रैंक: अंग्रेजी (डिकेंस!) और थोड़ी लैटिन सीख रहे हैं; कभी उपन्यास नही पढ़ते हैं, लेकिन लोगों और स्थानों के गंभीर, ज्यादा शुष्क वर्णन पसंद करते हैं।

श्रीमती फ्रैंक: अंग्रेजी में एक पत्राचार पाठ्यक्रमय जासूसी कहानियों के अलावा सब कुछ पढ़ती हैं।

श्रीमान डसेल: बिना किसी उल्लेखनीय परिणाम के साथ अंग्रेजी, स्पेनिश और डच सीख रहे हैं; सब कुछ पढ़ते हैं; बहुमत की राय के साथ साथ चलते जाते हैं।

पीटर वैन दान: अंग्रेजी, फ्रेंच सीख रहे हैं (पत्राचार पाठ्यक्रम), डच, अंग्रेजी और जर्मन में आशुलिपि, अंग्रेजी, बढईगिरी, अर्थशास्त्र और कभी कभी गणित में वाणिज्यिक पत्राचार; भूगोल, शायद ही कभी पढते हैं।

मार्गोट फ्रैंक: अंग्रेजी, फ्रेंच और लैटिन में पत्राचार पाठ्यक्रम, अंग्रेजी, जर्मन और डच में आशुलिपि, त्रिकोणमिति, ठोस ज्यामिति, यांत्रिकी, भौतिक विज्ञान, रसायन विज्ञान, बीजगणित, ज्यामिति, अंग्रेजी साहित्य, फ्रेंच साहित्य, जर्मन साहित्य, डच साहित्य, बहीखाता, भूगोल, आधुनिक इतिहास, जीव विज्ञान, अर्थशास्त्र; अधिमानतः धर्म और दवा पर सब कुछ पढ़ती है।

ऐनी फ्रैंक: फ्रेंच, जर्मन, अंग्रेजी, और डच में आशुलिपि, ज्यामिति, बीजगणित, इतिहास, भूगोल, कला इतिहास, पुराण, जीव विज्ञान, बाइबिल इतिहास, डच साहित्य; सुस्त या रोमांचक जीवनी, और इतिहास की पुस्तकों (कभी कभी उपन्यास और थोड़ा बहुत पढ़ना) को पढ़ना पसंद करती है।

शुक्रवार, १९ मई, १९४४

सबसे प्यारी किट्टी,

मुझे कल बहुत बेकार लगा। लोगो का ध्यान (सभी लोगों का मेरे!) सिर दर्द, पेट दर्द और जिसकी भी तुम कल्पना कर सकती हो, की ओर आकर्षित करके। मैं आज बेहतर महसूस कर रही हूँ। मैं भूखी हूँ, लेकिन मुझे लगता है कि मैं रात के खाने में खाई जाने वाली भूरे रंग की फलियों को छोड़ दूँगी।

पीटर और मेरे बीच में सब कुछ ठीक चल रहा है। बेचारे लड़के को, जितना मैं करती हूँ, उससे और अधिक नरमी की जरूरत है। वह अभी भी हर शाम जब अपना शुभ रात्रि चुम्बन पाता है तो शरमाता है, और फिर दूसरे के लिए आग्रह करता है। क्या मैं केवल बोच का एक बेहतर विकल्प हूँ? मुझे कोई आपत्ति नहीं है। वह यह जानकर बहुत खुश है कि कोई उसे प्यार करता है।

मेरी श्रमसाध्य विजय के बाद, मैंने इस स्थिति से अपने आप को थोड़ा दूर कर दिया है, लेकिन तुम्हे ऐसा बिलकुल नहीं सोचना चाहिए कि मेरा प्यार ठंडा हो गया है। पीटर बहुत प्यारा है, लेकिन मैंने अपने भीतर स्वयं पर दरवाजा बंद कर लिया है; यदि वह कभी फिर से ताले को जबरदस्ती खोलना चाहता है, तो उसे एक और मजबूत लोहदंड का उपयोग करना होगा!

आपकी, एनी एम फ्रैंक

शनिवार, २० मई, १९४४

सबसे प्यारी किट्टी,

पिछली रात जब मैं अटारी से नीचे आई, जैसे ही मैंने कमरे में प्रवेश किया, मैंने ध्यान दिया कि गुलनार का सुंदर कलश गिर गया था। माँ नीचे अपने हाथों और घुटनों पर बैठी, पानी पोंछ रही थी, और मार्गोट मेरे कागजात फर्श से उठा रही थी। क्या हुआ? मैंने उत्सुक पूर्वाभास के साथ पूछा, और इससे पहले कि वे जवाब दे सके, मैंने कमरे में एक से दूसरे सिरे तक क्षति का आकलन किया। मेरी पूरी वंशावली फाइल, मेरी अभ्यास पुस्तकें, मेरी पाठ्यपुस्तकें, सब कुछ तैर रही थीं। मैं लगभग रो पड़ी, और मैं इतनी परेशान थी कि मैंने जर्मन बोलना शुरू कर दिया। मैं एक शब्द भी याद नहीं कर सकती, लेकिन मार्गोट के अनुसार मैंने '*स्चादें उनुबेर्सेह्बरेर, स्च्रेच्क्लीच, एंट्सेत्ज्लीच, एर्सेत्जे*'[३२] और ऐसा बहुत कुछ बड़बड़ाई।

पिता हंसी से फट पड़े और माँ और मार्गोट भी उसमें शामिल हो गईं, लेकिन मेरा रोने का मन कर रहा था, क्योंकि मेरा सारा काम और विस्तृत टिप्पणियाँ खो गईं थी।

सौभाग्य से, मैंने करीब से देखा, तो 'बेहिसाब नुकसान' उतना बुरा नहीं था जितनी मैंने उम्मीद की थी। अटारी में मैंने ध्यान से एक साथ चिपके कागज के पन्नों को एक दूसरों से अलग किया, और फिर उन्हें सूखने के लिए अलगनी पर लटका दिया। यह इतना अजीब नजारा था कि मुझे भी हंसना पड़ा। 'चार्ल्स पंचम, ऑरेंज के विलियम और मेरी अन्तोनिएत्ते के साथ मारिया डे मेडिसी।'

---

[३२]बेहिसाब नुकसान, अपूरणीय, डरावना, भयानक।

'यह *रस्सेंस्चंडे* है,'[३३] श्रीमान वैन दान ने मजाक किया।

पीटर की निगरानी में अपने कागजात सौंपने के बाद, मैं वापस नीचे चली गई।

'कौनसी किताबें बर्बाद हो गई हैं?' मैंने मार्गोट से पूछा, उन्हें कौन पूरा कर रहा है। 'बीजगणित,' मार्गोट ने कहा। लेकिन जैसा किस्मत में था, मेरी बीजगणित की किताब पूरी तरह से बर्बाद नहीं हुई थी। काश यह बिलकुल फूलदान में गिरी होती। मैंने कभी इतनी नफरत किसी और किताब से नहीं की जितनी उस किताब से की है। सामने के कवर के अंदर कम से कम उन बीस लड़कियों के नाम हैं जिनके पास मुझसे पहले यह किताब थी। यह पुरानी, पीली पड़ी हुई, घसीटों से भरी हुई, काटे हुए शब्दों और पुनर्लेखन से भरी है। अगली बार जब मैं एक दुष्ट मूड में होउंगी तो, मैं रफू की गई चीजों को टुकड़ों में फाड़ने वाली हूँ!

आपकी, एनी एम फ्रैंक

सोमवार, २२ मई, १९४४

सबसे प्यारी किट्टी,

२० मई को, पिता अपनी शर्त हार गए और उन्हें श्रीमती वैन दान को दही के पांच जार देने पड़े: आक्रमण अभी भी शुरू नहीं हुआ है। मैं सुरक्षित रूप से कह सकती हूँ कि पूरा एम्स्टर्डम, पूरा हॉलैंड, वास्तव में, यूरोप के पूरे पश्चिमी तट, पूरी तरह से स्पेन तक, दिन और रात आक्रमण के बारे में बात कर रहे हैं, बहस कर रहे हैं, शर्तें लगा रहे हैं और ... ... उम्मीद कर रहे हैं।

असमंजस, उत्तेजना के चरम तक बढ़ रहा है; किसी भी तरह से, हर किसी ने, जिन्हें हम 'अच्छे' डच लोग मानते हैं, ब्रिटिश में अपना विश्वास रखा है, हर कोई नहीं सोचता है, ब्रिटिश रूखापन एक कुशल कूटनीतिक कदम है। ओह नहीं, लोग काम चाहते हैं – महान, नायकों वाले काम।

कोई भी अपने से ज्यादा किसी के बारे में नहीं सोच सकता है, कोई भी इस तथ्य को नहीं सोचता कि ब्रिटिश अपने ही देश और अपने ही लोगों के लिए लड़ रहे हैं; हर कोई सोचता है जितनी जल्दी संभव हो, हॉलैंड को बचाना इंग्लैंड का कर्तव्य है। ब्रिटिश का हमारी ओर क्या दायित्व है? डच ने उदार मदद के लायक क्या किया है जो वे इतने स्पष्ट रूप से उम्मीद करते हैं? अरे नहीं, डच बहुत गलत कर रहे हैं। ब्रिटिश, अपने झांसे के बावजूद, निश्चित रूप से अब जर्मन द्वारा कब्जा किये हुए बड़े और छोटे सभी अन्य देशों की तुलना में युद्ध के लिए दोषी नहीं हैं। ब्रिटिश अपने बहाने पेश नहीं करने वाले हैं; सच है, जर्मनी के खुदके पुर्नशस्त्रीकरण के वर्षों के दौरान वे सो रहे थे, लेकिन अन्य

---

[३३]नस्लीय शुद्धता का अपमान।

सभी देश, विशेष रूप से जर्मनी की सीमा पर, भी सो रहे थे। ब्रिटेन और बाकी दुनिया, ने यह खोज लिया है कि मुसीबतों से आँखें मूँद लेना, काम नहीं करता है, और अब उनमें से प्रत्येक खासकर इंग्लैंड, अपनी शुतुरमुर्ग की नीति की एक भारी कीमत चुका रहा है।

कोई भी देश बिना किसी कारण के अपने आदमियों का बलिदान नहीं देता है, और निश्चित रूप से किसी और के हित में नहीं और ब्रिटेन कोई अपवाद नहीं है। आक्रमण, मुक्ति और स्वतंत्रता किसी दिन आ जाएगीय फिर भी ब्रिटेन, न कि कब्जा किए गए क्षेत्र, गतिविधि का चयन करेगा।

हमने सुना है, हमारे बहुत अधिक दुःख और निराशा से, कई लोगों ने हम यहूदियों के प्रति अपना रवैया बदल लिया है। हमें बताया गया कि सामी विरोधी गुट सामने आये है जहाँ यह एक बार सोचना भी असंभव हो गया होता। इस तथ्य ने हम सभी को बहुत, बहुत गहराई से प्रभावित किया है। नफरत का कारण, समझने योग्य है, यहां तक कि मानवीय, लेकिन वो इसे सही नहीं बनाता है।

ईसाइयों के अनुसार, यहूदी, जर्मनी के लिए अपने रहस्यों के भेद खोल रहे हैं, अपने सहायकों के बारे में सूचना देकर और उनके उस भयानक भाग्य का और दंड का कारण बनकर, जिसे पहले से ही इतने सारे लोगों को दिया जा चुका है। यह सब सच है। लेकिन जैसा सब के साथ है, उन्हें दोनों पक्षों की बात पर ध्यान देना चाहिएः क्या ईसाई अलग ढंग से कार्य करते, यदि वे हमारी जगह होते? क्या कोई, इस बात पर ध्यान दिए बिना कि वे यहूदी या ईसाई हैं, जर्मन दबाव का सामना करने में चुप रह सकता था? हर कोई यह जानता है, यह व्यावहारिक रूप से असंभव है, तो क्यों वे यहूदियों के लिए असंभव पूछते हैं?

भूमिगत हलकों में कहा जा रहा है कि, जर्मन यहूदी, जो युद्ध से पहले हॉलैंड चले गये और अब पोलैंड भेज दिए गए हैं, को यहां लौटने की अनुमति नहीं दी जानी चाहिए। उन्हें हॉलैंड में शरण लेने का अधिकार दिया गया, लेकिन एक बार हिटलर चला गया, तो उन्हें वापस जर्मनी जाना चाहिए।

जब आप यह सुनते हो, आप आश्चर्य करना शुरू करते हो, हम इस लंबे और कठिन युद्ध को पता नहीं क्यों लड़ रहे हैं। हमें हमेशा बताया जा रहा है, हम स्वतंत्रता, सत्य और न्याय के लिए लड़ रहे हैं! युद्ध अभी खत्म तक नहीं हुआ है, और पहले से ही मतभेद है और यहूदियों को तुच्छ प्राणी के रूप में माना जाता है। ओह, यह दुःख की बात है, बहुत दुःख की बात है कि पुरानी कहावत की कई बार पुष्टि हो गई है कि: 'एक ईसाई जो करता है वह उसका अपना दायित्व होता है, जो एक यहूदी करता है, सब यहूदियों पर प्रतिबिंबित होता है,'

ईमानदारी से, मैं नहीं समझ सकती कि हम पर फैसले में डच, अच्छे, ईमानदार, सच्चे लोगों का एक राष्ट्र, उस तरह से कैसे बैठ सकता है। हम – सम्पूर्ण विश्व में सबसे अधिक, दीन, दुर्भाग्यपूर्ण और दयनीय लोगों पर।

मुझे केवल एक ही उम्मीद है: कि यह सेमेटिक विरोधी सिर्फ एक गुजरी हुई बात है,

कि डच अपना असली रंग दिखा देंगे, कि वे अपने दिल से जिसे न्यायपूर्ण जानते हैं से, वे इस अन्याय की वजह से कभी डगमगाएंगे नहीं!

और यदि वे कभी इस भयानक खतरे को उठाते हैं, तो हॉलैंड में बचे हुए थोड़े यहूदियों को अभी भी जाना होगा। हमें भी अपने भार को अपने कंधे पर उठाना होगा और इस खूबसूरत देश से दूर आगे बढ़ना होगा, जिसने एक बार दया करके हमें अपने भीतर ले लिया है और अब हमें अपना वापस करना है।

मुझे हॉलैंड से प्यार है। एक बार मैं आशा व्यक्त करती हूँ कि यह मेरे लिए एक जन्मभूमि बन जाएगा, क्योंकि मैं अपनी खुद की जन्मभूमि खो चुकी थी। और मुझे अभी भी इसकी उम्मीद है!

आपकी, एनी एम फ्रैंक

गुरुवार, २५ मई, १९४४

सबसे प्यारी किट्टी,

बेप की सगाई हो गई! यह खबर कोई आश्चर्य की बात नहीं है, हालांकि हम में से कोई भी विशेष कृपा नहीं कर रहा है। बेर्तुस एक अच्छा, स्थिर, एथलेटिक जवान आदमी हो सकता है, लेकिन बेप उसे प्यार नहीं करती, और मुझे लगता है कि उससे शादी करने के खिलाफ उसे सलाह देने के पर्याप्त कारण है।

बेप दुनिया में चल पाने की कोशिश कर रही है, और बेर्तुस उसे वापस खींच रहा है; वह किसी भी शौक या खुद के बारे में कुछ करने की किसी भी इच्छा के बिना एक मजदूर है, और मुझे नहीं लगता कि बेप को खुश रख पायेगा। मैं समझ सकती हूँ बेप अपने अनिर्णय का अंत करने की इच्छुक है; चार सप्ताह पहले उसने उसे इस बारे में लिखने का फैसला किया था परन्तु फिर उसे बुरा महसूस हुआ। तो उसने उसे एक पत्र लिखा और अब उसकी सगाई हो गई है।

इस सगाई में कई कारक शामिल हैं। सबसे पहला, बेप के बीमार पिता, जो बेर्तुस को बहुत ज्यादा पसंद करते हैं। दूसरा, वह वोस्कुइज्ल की लड़कियों में सबसे बड़ी है और उसकी माँ एक पुरानी नौकरानी होने के बारे में उसका मजाक बनाती है। तीसरा, वह अभी अभी चौबीस वर्ष की हुई है और वह बेप के लिए एक बड़ा मायने रखता है।

मां ने कहा कि अगर बेप का बेर्तुस के साथ चक्कर चल रहा होता तो बेहतर होता। मुझे नहीं पता, बेप के लिए मुझे खेद है और उसके अकेलेपन को मैं समझ सकती हूँ। किसी भी स्थिति में, वे केवल युद्ध के बाद ही शादी कर सकते हैं, क्योंकि बेर्तुस भूमिगत है, या किसी भी कीमत पर भूमिगत हो गया है। इसके अलावा, उनके पास उनके नाम से एक पैसा भी नहीं है और दहेज में भी कुछ मिलने वाला नहीं है। बेप के लिए कितनी खेदजनक संभावनायें है जिनके लिए हम सभी को शुभकामनाएं देते हैं। मैं केवल उम्मीद

कर सकती हूँ कि बेर्तुस उसके प्रभाव में आकर कुछ सुधार करता है, या कि बेप को कोई और आदमी मिल जाता है, जो उसकी सराहना करना जानता हो!

आपकी, एनी एम फ्रैंक

उसी दिन

हर दिन कुछ न कुछ हो रहा है। आज सुबह श्री वैन होवेन को गिरफ्तार कर लिया गया था। उन्होंने अपने घर में दो यहूदियों को छिपाया हुआ था। यह हमारे लिए एक भारी झटका है न केवल इस कारण कि उन बेचारे यहूदियों को एक बार फिर से एक खाई के किनारे पर संतुलन बना रहे हैं, बल्कि इसलिए भी कि यह श्री वैन होएवेन के लिए भयानक है।

दुनिया उलट पुलट कर दी गई है। सबसे सभ्य लोगों को एकाग्रता शिविरों, जेलों और एकान्त कैद में भेजा जा रहा है, जबकि घटिया से घटिया लोग युवा और बूढ़े, अमीर और गरीब पर शासन कर रहे हैं। एक काला बाजारी के लिए पकड़ा जाता है, तो एक अन्य यहूदियों या अन्य दुर्भाग्यपूर्ण आत्माओं को छिपाने के लिए। जब तक कि आप एक नाजी नहीं हैं, आप नहीं जानते कि एक दिन से अगले दिन के बीच आप के साथ क्या होने जा रहा है।

श्री वैन होएवेन हमारे लिए भी एक बड़ी क्षति हैं। बेप संभवत: इतनी बड़ी मात्रा में आलू यहाँ किसी भी तरह इकठ्ठा नहीं कर सकती थी, न ही वह कर सकेगी, इसलिए हमारे पास उनकी खपत कम करना ही एक विकल्प बच रहा है। हमारे मन में क्या है मैं तुम्हें बताती हूँ, लेकिन यह निश्चित रूप से जीवन को यहाँ किसी भी तरह अधिक स्वीकार्य बनाने नहीं जा रहा है। माँ कहती हैं हम सुबह का नाश्ता नहीं करेंगे, दोपहर के भोजन में दलिया और रोटी खाएंगे और रात के खाने में तले हुए आलू, अगर संभव हो तो, एक सप्ताह में एक या दो बार सब्जी या सलाद। यही सब वहाँ है। हम भूखे रहने जा रहे हैं, लेकिन पकड़े जाने से बदतर कुछ भी नहीं है।

आपकी, एनी एम फ्रैंक

शुक्रवार, २६ मई, १९४४

मेरी सबसे प्यारी किट्टी,

अंत में, मैं खिड़की के फ्रेम में दरार के सामने मेज पर बैठ कर तुम्हे सब कुछ लिख सकती हूँ, वह सब कुछ जो मैं कहना चाहती हूँ।

महीने भर में की तुलना में मैं अधिक दुखी महसूस करती हूँ। ताला तोड़ कर अंदर घुसने की वारदात के बाद तक भी मैंने अंदर और बाहर पूरी तरह से टूटा महसूस नहीं किया था। एक तरफ, श्रीमान वैन होवेन, यहूदी सवाल, (घर में हर किसी के द्वारा जिसकी विस्तार से चर्चा की जाती है) आक्रमण, (जो लम्बे समय से चला आ रहा है) बहुत बुरा भोजन, तनाव, दुखी माहौल, पीटर में मेरी निराशा के बारे में खबरें हैं। दूसरी ओर, बेप की सगाई,

विटसन स्वागत, फूल, श्रीमान कग्लर का जन्मदिन, केक और कैबरे, फिल्मों और संगीत के बारे में कहानियां हैं। वह अंतर, वह भारी अंतर हमेशा रहा है। एक दिन हम इस गुप्त जगह में जीवन के हास्यास्पद पक्ष पर हँस रहे हैं, और अगले दिन (और ऐसे कई दिन हैं) हम डर रहे हैं, और भय, तनाव और निराशा हमारे चेहरे पर पढ़ी जा सकती है।

मिएप और श्रीमान कुग्लर हमारे लिए और छिपने की जगह में रहने वाले उन सभी के लिए, सबसे बड़ा बोझ सहन करते हैं, – मिएप हर चीज में, जो भी वह करती है और श्रीमान कग्लर हम आठों के लिए अपनी भारी जिम्मेदारी से, जो कि कभी कभी इतनी ज्यादा होती है कि वह शायद ही दबी हुई थकान और तनाव से बात कर सकते हैं। श्रीमान क्लिमन और बेप भी हमारी बहुत अच्छी तरह से देखभाल करते हैं, लेकिन वे उपभवन को अपने दिमाग से बाहर रखने में सक्षम हैं, भले ही यह केवल कुछ घंटों या कुछ दिनों के लिए ही हो। उनकी अपनी चिंताएं हैं, श्रीमान क्लिमन की अपनी सेहत और बेप की सगाई, जो फिलहाल बहुत आशाजनक नहीं लग रही है। लेकिन उनके अपने बाहर के दौरे हैं, दोस्तों के साथ मिलना, उनका आम लोगों की तरह दैनिक जीवन, इसलिए कभी कभी तनाव से राहत मिल जाती है, काश थोड़े समय के लिए होता, जबकि हमें कभी नहीं मिलती है, कभी नहीं मिली है, जबसे हम यहाँ हैं, उन दो सालों में भी कभी नहीं। और कितने लम्बे समय तक यह बढ़ता हुआ दमनकारी, असहनीय वजन, हमें नीचे दबाता रहेगा?

नालियां फिर से रुक गई हैं। हम पानी नही चला सकते, या यदि हमने चलाया तो बस बहुत कम मात्रा में; हम शौचालय में फ्लश नहीं कर सकते, तो हमें एक शौचालय ब्रश का उपयोग करना पड़ता है; और हम एक बड़े मिट्टी के बने जार में अपना गंदा पानी डाल रहे हैं। हम आज का प्रबंधन कर सकते हैं, लेकिन यदि प्लम्बर अपने आप इसे ठीक नहीं कर सकता तो क्या होगा? वे मंगलवार तक नालियों को चालू करने नहीं आ सकते हैं।

मिएप ने हमें एक किशमिश रोटी भेजी है जिसके शीर्ष पर हैप्पी विटसन लिखा है। यह लगभग ऐसा है मानो वह हमारा मजाक उड़ा रही हो, चूँकि हमारे मूड और ध्यान खुशियों से कोसों दूर हैं।

हम सभी वैन होवेन कारोबार के बाद से अधिक भयभीत हो गए हैं। एक बार फिर से आप सब 'मैं' पक्षों से 'श श' सुनते हैं, और हम हर चीज और चुपचाप कर रहे हैं। पुलिस ने वहां दरवाजे को जबरदस्ती खोला था; वे यहाँ भी उतनी ही आसानी से कर सकते हैं! हम क्या करेंगे यदि कभी .... नहीं, मुझे लगता है, मुझे यह बिलकुल नहीं लिखना चाहिए। लेकिन आज सवाल खुद को दिमाग में पीछे नहीं धकेलने देगा; इसके विपरीत, सभी भय जो मैंने कभी महसूस किये हैं, मेरे सामने, पूरी दहशत के साथ उभर रहे हैं।

मुझे आज शाम शौचालय का उपयोग करने के लिए आठ बजे नीचे अकेले जाना पड़ा। चूँकि वे सभी रेडियो सुन रहे थे, नीचे कोई नहीं था। मैं बहादुर बनना चाहती थी, लेकिन यह मुश्किल था। उस विशाल खामोश घर की तुलना में, मैं हमेशा ऊपर अधिक सुरक्षित महसूस करती हूँ;

जब मैं ऊपर से आने वाली उन रहस्यमय दबी हुई ध्वनियों और सड़क से हॉर्न बजने की आवाज, के साथ अकेली होती हूँ, मुझे कंपकंपी रोकने के लिए खुद को जल्दी से याद दिलाना पड़ता है कि मैं कहाँ हूँ।

मिएप, पिता से बात करने के बाद से, हमारे साथ बहुत अच्छे से व्यवहार कर रही है। लेकिन मैंने तुम्हे अभी तक उस बारे में नहीं बताया है। मिएप एक दोपहर उत्तेजित होकर ऊपर आई और पिता से सीधे पूछा कि क्या हमें लगता है कि वे भी वर्तमान सामी विरोधीवाद से संक्रमित हैं। पिता दंग रह गए और जल्दी से विचार पर बहस की, लेकिन मिएप के कुछ संदेह टिके रहे।

अब वे हमारे लिए और अधिक काम कर रहे हैं, और हमारी परेशानियों में अधिक रुचि दिखा रहे हैं, हालाँकि हमें निश्चित रूप से अपने संकटों से उन्हें परेशान नहीं करना चाहिए। ओह, वे ऐसे अच्छे, नेक लोग हैं!

मैंने अपने आप से बार बार यह सवाल पूछा कि तो क्या यह बेहतर नहीं हुआ होता, यदि हम छिपने की जगह में नहीं गए होते, यदि हम अब तक मर चुके होते और इस दु:ख से नहीं गुजरना पड़ता, खासकर ताकि दूसरों को बोझ से बख्शा जा सके। लेकिन हम सब इस विचार से सहम कर पीछे हट जाते हैं। हम अभी भी जीवन से प्यार करते हैं, हम अभी तक प्रकृति की आवाज भूले नहीं है, और हम उम्मीद करते रहते हैं, ... हर चीज की उम्मीद करते रहते हैं।

जल्दी कुछ होने दो, भले ही एक हवाई हमला ही हो। कुछ भी इस चिंता से अधिक दमित करने वाला नहीं हो सकता। भले ही क्रूर हो, अंत आने दो; कम से कम तब हम यह तो जान पाएंगे कि हम विजेता होने वाले हैं या पराजित।

आपकी, एनी एम फ्रैंक

बुधवार, ३१ मई, १९४४

सबसे प्यारी किट्टी,

शनिवार, रविवार, सोमवार और मंगलवार को, इतनी गर्मी थी कि मैं अपना फाउंटेन पेन भी नही पकड़ सकती थी, इसीलिए मैं तुम्हे लिख नही पाई। शुक्रवार को नालियां रुकी हुई थीं, शनिवार को ठीक कर दी गई। श्रीमती क्लिमन दोपहर में मिलने आईं और जोपी के बारे में हमें बताया, वह और जैक्स वैन मारसेन एक ही हॉकी क्लब में हैं।

रविवार को बेप यह यकीन करने आई है कि ताला तोड़ कर घुसने की कोई घटना नही हुई है और नाश्ते के लिए ठहरी। व्हित सोमवार को (श्रीमान गिएस ने उपभवन के चौकीदार के रूप में सेवा की और आखिरकार मंगलवार को हमें खिड़कियां खोलने की अनुमति दे दी गई। हमें शायद ही कभी इतना व्हित सप्ताहांत मिला होगा जो सुंदर और

गर्म हो। या हो सकता है 'गर्म' इसके लिए बेहतर शब्द है। गर्म मौसम उपभवन में भयानक होता है। तुम्हे कई शिकायतों का बहुत ज्यादा अनुमान देने के लिए, मैं इन तपते दिनों का संक्षेप में वर्णन करुँगी।

शनिवार: 'कमाल है, क्या शानदार मौसम,' सुबह में हम सभी ने कहा। दोपहर में जब हमें खिड़कियाँ बंद करनी पड़ी, हमने कहा, 'काश, यह अत्यंत गर्म नहीं होता'।

रविवार: 'गर्मी असहनीय है, मक्खन पिघल रहा है, घर में कहीं भी एक ठंडी जगह नहीं है, रोटी सूख रही है, दूध खट्टा हो रहा है, खिड़कियों को खोला नहीं जा सकता। हम बहिष्कृत बेचारे घुट कर रहे हैं जबकि बाकी सब उनकी व्हिटसन छुट्टी का आनंद ले रहें हैं।' (श्रीमती वैन दान के अनुसार)

सोमवार: 'मेरे पैर दुखते हैं, मेरे पास पहनने के लिए ठंडा कुछ भी नहीं है, मैं इस गर्मी में कपड़े नहीं धो सकती!' सुबह जल्दी से लेकर देर रात तक बड़बड़ाना। भयानक था।

मैं गर्मी बर्दाश्त नहीं कर सकती। मैं खुश हूँ आज हवा आ गई है, लेकिन वह सूरज अभी भी चमक रहा है।

आपकी, एनी एम फ्रैंक

शुक्रवार, २ जून, १९४४

प्रिय किट्टी,

'यदि आप अटारी पर जा रहे हैं, तो अपने साथ अधिमानत: एक बड़ा सा छाता लें!' यह 'घरेलू बारिश' से आपको बचाने के लिए है। एक डच कहावत है 'उच्च और सूखा, सुरक्षित और स्वस्थ', लेकिन यह स्पष्ट रूप से युद्ध के समय में (बंदूकों!) और छिपने की जगह (कूड़े का डिब्बा) में रह रहे लोगों पर लागू नहीं होती है: वहाँ (कूड़े का डिब्बा!)। मौश्ची को कुछ समाचार पत्रों पर या फर्श बोर्ड में दरार के बीच मल त्यागने की आदत हो गयी है, तो हमारे पास तड़तड़ाकर गिरने का और उससे भी बदतर बदबू के डर का अच्छा कारण है। गोदाम में नए मूर्त्जे की भी यही समस्या है। कोई भी जिसके पास कभी एक बिल्ली रही हो, जो प्रशिक्षित न हो, उस बदबू की कल्पना कर सकता है, जो काली मिर्च और अजवायन के अलावा पूरे घर में फैल जाती है।

मेरे पास गोलीबारी से घबराहट का एकदम नया नुस्खा है: जब गोलीबारी तेज हो जाये, नजदीक की सीढ़ियों की ओर भागो, कम से कम एक बार ठोकर खाना सुनिश्चित करके, कुछेक बार ऊपर नीचे भागो। खरोंच और दौड़ने और गिरने के शोर के कारण, आप गोलियों की आवाज सुनने में भी सक्षम नहीं होंगे, इसकी चिंता की बात तो दूर। तुम्हारी अपनी ने उपयोग करने के लिए जादूई फार्मूला बहुत बड़ी सफलता के साथ सामने रखा!

आपकी, एनी एम फ्रैंक

सोमवार, ५ जून, १९४४

सबसे प्यारी किट्टी,

उपभवन में नई समस्या। मक्खन के विभाजन पर डसेल और फ्रैंक्स के बीच एक झगड़ा। डसेल की ओर से आत्मसमर्पण। दूसरे और श्रीमती वैन दान के बीच दोस्ती, आशिक मिजाजी, चुंबन और छोटी दोस्ताना मुस्कान। डसेल, महिला साहचर्य की इच्छा की शुरुवात कर रहे हैं।

वैन दान नहीं देखते हैं हमें क्यों श्रीमान कग्लर के जन्मदिन के लिए एक मसाला केक सेंकना चाहिए जब कि हम खुद के लिए ही एक नहीं कर सकते। सभी बहुत तुच्छ। ऊपर की मनोदशा: बुरी। श्रीमती वैन दान को जुकाम है। डसेल शराब बनानेवाली खमीर की गोलियों के साथ पकड़े गए, जबकि हमें कोई भी नहीं मिली।

पांचवी सेना ने रोम पर कब्जा कर लिया है। न तो शहर नष्ट किया गया और न ही बमबारी की गई। हिटलर का बहुत बड़ा प्रचार।

बहुत थोड़े आलू और सब्जियां। पाव रोटी की एक खेप फफूंदीदार थी।

स्चार्मिन्केल्त्जे (गोदाम की नयी बिल्ली का नाम) काली मिर्च बर्दाश्त नहीं कर सकती। वह कूड़े के बक्से में सोती है और लकड़ी की छीलन में अपनी गतिविधि करती है। उसे रखना असंभव है।

खराब मौसम। पास डी कलैस और फ्रांस के पश्चिमी तट की सतत बमबारी। कोई भी डॉलर नहीं खरीद रहा है। सोना और भी कम दिलचस्प है। हमारे धन के काले बक्से का तला नजर आ रहा है। अगले महीने हम किस पर निर्वाह करने वाले हैं?

आपकी, एनी एम फ्रैंक

मंगलवार, ६ जून, १९४४

मेरी सबसे प्यारी किट्टी,

'यह डी–डे है,' बीबीसी ने बारह बजे घोषणा की। 'यही दिन है।' आक्रमण शुरू हो गया है!

आज सुबह आठ बजे ब्रिटेन ने कलैस, बौलोग्ने, ली हार्वे और चेरबर्ग, साथ ही साथ पास डी कलैस (हमेशा की तरह) की भारी बमबारी की सूचना दी। इसके अलावा, कब्जा किए गए क्षेत्र में लोगों के लिए एक एहतियाती उपाय के रूप में, तट से बीस मील की दूरी के एक क्षेत्र के भीतर रहने वाले हर किसी को बमबारी के लिए तैयार रहने की चेतावनी दी गई। जहां संभव हो, ब्रिटिश, समय से एक घंटे पहले पर्चे गिरा देंगे।

जर्मन समाचार के अनुसार, ब्रिटिश छतरीधारी सैनिक फ्रांस के तट पर उतर चुके हैं। बीबीसी के अनुसार 'ब्रिटिश सपाट तल वाले नौसैनिक पोत, जर्मन नौसेना इकाइयों के साथ लड़ाई में लगे हुए हैं।'

नौ बजे नाश्ते के समय उपभवन द्वारा निष्कर्ष पहुंचा: दिएप्पे में दो साल पहले की गई, लैंडिंग की तरह ही यह एक तरह की एक परीक्षण लैंडिंग है।

दस बजे, जर्मन डच, फ्रेंच और अन्य भाषाओं में बीबीसी प्रसारण: आक्रमण शुरू हो गया है! तो यह 'असली' आक्रमण है। ग्यारह बजे जर्मन में बीबीसी प्रसारण: सुप्रीम कमांडर जनरल ड्वाइट आइजनहावर का भाषण।

अंग्रेजी में बीबीसी प्रसारण: 'यह डी–डे है'। जनरल आइजनहावर ने फ्रेंच लोगों से कहा: 'अब कड़ी लड़ाई आएगी, लेकिन इस जीत के बाद। साल १९४४ पूरी जीत का वर्ष है। भाग्य तुम्हारे साथ हो!'

एक बजे अंग्रेजी में बीबीसी प्रसारण: ११,००० विमान आगे और पीछे हो रहे हैं या दुश्मन के इलाके में सैनिकों और बमों को गिराने के लिए तैयार खड़े हैं; ४,००० सपाट तल वाले नौसैनिक पोत और छोटी नौकाएं लगातार चेरबर्ग और ली हार्वे के बीच वाले क्षेत्र में पहुँच रही हैं। अंग्रेजी और अमेरिकी सैनिक पहले से ही भारी लड़ाई में लगे हुए हैं। बेल्जियम के प्रधानमंत्री गरब्रांडी, नार्वे के राजा हाकोन, फ्रांस की द गॉल, इंग्लैंड के राजा और अंत में चर्चिल, के भाषण हो रहे हैं।

उपभवन में एक बड़ा हंगामा! क्या यह वास्तव में लंबे समय से प्रतीक्षित मुक्ति की शुरुआत है? मुक्ति जिसके बारे में हम इतनी बात कर चुके हैं, जो अभी भी बहुत अच्छी लगती है, जो एक परी कथा जैसी है, क्या कभी साकार होगी? इस साल, १९४४, हमारे लिए जीत लाएगा? हमें अभी तक पता नहीं है। लेकिन जहाँ आशा है वहां जीवन है। यह हमारे अंदर ताजा साहस भरता है और हमें फिर से मजबूत बना देता है। हमें आने वाले कई डरों, कठिनाइयों और पीड़ा को बर्दाश्त करने के लिए बहादुर होने की आवश्यकता होगी। अब यह शांत और स्थिर रहने, धैर्यवान होने, और अपना दु:ख दर्द जाहिर नहीं होने देने की बात है! फ्रांस, रूस, इटली, और यहां तक कि जर्मनी, दर्द में चिल्ला सकते हैं, लेकिन हमें अभी तक वह अधिकार नहीं है!

ओह, किट्टी, आक्रमण के बारे में सबसे अच्छी बात यह है कि मुझे यह अहसास है कि दोस्त रास्ते में हैं। उस भयानक जर्मनी ने इतने लम्बे समय से हमें दबाया और धमकाया है कि मित्र और मोक्ष, हमारे लिए सब कुछ हैं! अब यह बस यहूदी नहीं हैं, लेकिन हॉलैंड और सभी कब्जे वाला यूरोप भी। हो सकता है, मार्गोट का कहना है, मैं अक्टूबर या सितंबर में स्कूल में वापस जा सकती हूँ।

आपकी, एनी एम फ्रैंक

पश्च–लेख। मैं तुम्हे ताजा खबर के बारे में सूचित करुँगी!

आज सुबह और कल रात, पुआल और रबर की बनी कठपुतलियां, जर्मन लाइनों के पीछे हवा से गिराई गईं, और वे मैदान को छूने के साथ ही फट गईं। बहुत से छतरीधारी

सैनिक भी, अपने चेहरों को काला किये हुए, ताकि वे अंधेरे में देखे ना जा सकें, उतरे थे। रात के दौरान, ५,५०० टन बम के साथ फ्रेंच तट पर बमबारी की गई थी, और उसके बाद, सुबह छह बजे, पहला सपाट तल वाला नौसैनिक पोत तट पर आया था। आज की कार्रवाई में २०,००० हवाई जहाज थे। जर्मन तटीय बैटरी भी उतरने से पहले नष्ट कर दी गई थी; एक छोटी सी मोर्चाबंदी का पहले ही गठन किया गया है। खराब मौसम के बावजूद, सब कुछ ठीक चल रहा है। सेना और लोग 'एक इच्छा और एक उम्मीद है।'

शुक्रवार, ९ जून, १९४४

सबसे प्यारी किट्टी,

आक्रमण की अच्छी खबर है! मित्र राष्ट्रों ने बयेउक्स, फ्रांस के तट पर स्थित एक गांव हथिया लिया है, और अब कान के लिए लड़ रहे हैं। स्पष्ट रूप से, वे प्रायद्वीप को काटना चाह रहे हैं, जहाँ चेरबर्ग स्थित है। हर शाम युद्ध संवाददाता, कठिनाइयों, साहस और सेना की लड़ाई की भावना पर रिपोर्ट देते हैं। अपनी कहानियां पाने के लिए, वे सबसे अद्भुत कारनामों को खींच कर ला रहे हैं।

कुछ घायलों ने जो पहले से ही इंग्लैंड में वापस आ चुके हैं, भी रेडियो पर बात की थी। खराब मौसम के बावजूद, विमान लगन से आगे पीछे उड़ रहे हैं। हमने बीबीसी पर सुना है कि चर्चिल डी–डे पर सैनिकों के साथ उतरना चाहते थे, लेकिन आइजनहावर और अन्य जनरल उन्हें, ऐसा करने के लिए मनाने में कामयाब रहे। जरा सोचो, वह कम से कम सत्तर के हैं, इस तरह के एक बूढ़े आदमी में इतना साहस!

यहाँ उत्साह कुछ हद तक धीरे धीरे थम गया है; फिर भी, हम सभी उम्मीद कर रहे हैं कि युद्ध आखिरकार इस वर्ष के अंत तक खत्म हो जाएगा। यह समय के ऊपर है! श्रीमती वैन दान का लगातार पिनपिनाना असहनीय है; अब वह आक्रमण के साथ हमें पागल नहीं कर सकती हैं, वह सारा दिन खराब मौसम के बारे में शिकायत करती और आह भरती रहती हैं। काश हम उन्हें मचान पर ठंडे पानी की एक बाल्टी में पटक पाते!

श्रीमान वैन दान और पीटर को छोड़कर एनेक्सी में हर किसी ने *हंगरी धुन रचना* त्रयी, संगीतकार, पियानो गुणी और विलक्षण बच्चे, फ्रांज लिस्ज्त की जीवनी पढ़ी हैं। हालाँकि मेरी राय में महिलाओं पर थोड़ा, बहुत ज्यादा जोर है, यह बहुत दिलचस्प है; लिज्त न केवल अपने समय का सबसे बड़ा और सबसे प्रसिद्ध पियानोवादक था, वह सत्तर वर्ष की आयु में भी सबसे बड़ा व्यभिचारी भी था। उनके प्रेम सम्बन्ध काउंटेस मैरी डी श्अगौल्ट, राजकुमारी कैरोलिन सायन विटजेन्सटीन, नर्तकी लोला मोंटेज, पियानोवादक एग्नेस किन्वोर्थ, पियानोवादक सोफी मेंटर, सिकैसियनमैन राजकुमारी ओल्गा जनिना, बैरोनेस ओल्गा मेयेंदोर्फ़्फ, अभिनेत्री लिल्ला क्या नाम है उसका, आदि, आदि, और इसका कोई अंत नहीं है। संगीत और अन्य कला से सम्बंधित हिस्से और अधिक दिलचस्प हैं। उल्लेख

किये गए लोगों में से कुछ शुमान, क्लारा विएक, हेक्टर बर्लियोज, जोहानिस ब्रह्मस, बीथोवेन, जोकिम,रिचर्ड वैगनर, हंस वॉन बुलो, एंटोन रुबिनस्टाइन, फ्रेडेरिक चोपिन, विक्टर ह्यूगो, होनोर डी बाल्जाक, हिलर, हुम्मेल, कजेमी, रोस्सिनी, चेरुबिनी, पगानिनी, मेंडेलस्सोहं, आदि, आदि हैं।

लिज्त एक सभ्य, बहुत उदार और मामूली आदमी, प्रतीत होते हैं, हालाँकि वह असाधारण रूप से खोखले हैं। उन्होंने दूसरों की मदद की, कला को बाकि सबसे ऊपर रखा, शराब और महिलाओं के बेहद शौकीन थे, आँसू देखना सहन नहीं कर सकते थे, एक सज्जन थे, किसी को मना नहीं कर सकते थे, पैसे में कोई दिलचस्पी नहीं थी, और धार्मिक स्वतंत्रता और दुनिया के बारे में परवाह करते थे।

आपकी, एनी एम फ्रैंक

मंगलवार, १३ जून, १९४४

सबसे प्यारी किट,

एक और जन्मदिन बीत गया है इसलिए मैं अब पंद्रह की हो गई हूँ। मैं काफी कुछ उपहार प्राप्त किया: स्प्रिंगर के कला के इतिहास की किताब के पांच खंड, अंडरवियर का एक सेट, दो बेल्ट, एक रूमाल, दही के दो बर्तन, जाम का एक पॉट, दो शहद बिस्कुट (छोटा), पिता और माँ से एक वनस्पति विज्ञान की किताब, मार्गोट से सोने के कंगन, वैन दान से एक स्टीकर एल्बम, डसेल से बायोमाल्ट और मीठे मटर, मिएप से मिठाई, बेप से मिठाई और व्यायाम पर किताबें, और उच्च बिंदु: श्री कुग्लर से पुस्तक *मारिया थेरेसा* और पूर्ण क्रीम पनीर के तीन स्लाइस। पीटर ने मुझे पिओनीज का एक सुंदर गुलदस्ता दिया; बेचारे लड़के ने एक उपहार खोजने का बहुत प्रयास किया था, लेकिन कुछ भी पर्याप्त रूप से काम नहीं किया।

कष्टकारी मौसम – बारिश होने, आंधियों तूफान और गहरे समुद्र – के बावजूद आक्रमण अभी भी शान से चल रहा है।

कल चर्चिल, स्मट्स, आइजनहावर और अर्नोल्ड ने उन फ्रेंच गांवों का दौरा किया जिनपर ब्रिटिश सेनाओं ने कब्जा कर और मुक्त करा लिया है। चर्चिल एक टारपीडो नाव पर थे जो कि तट पर बमबारी कर रहा था। कई लोगों की तरह, वह जानते हुए प्रतीत नहीं होते थे कि डर क्या है – एक गहरी विशेषता!

यहाँ उपभवन किलेबन्दी में हमारी स्थिति से, डच की मनोदशा का आकलन करना मुश्किल है। इसमें कोई शक नहीं कई लोगों को निष्क्रिय खुशी हुई है(!) ब्रिटिश सेनाओं ने अंत में उनकी गुलामी का अंत कर दिया है और काफी सफलता प्राप्त की है। जो लोग यह दावा करते हैं कि वे अंग्रेजों द्वारा कब्जा किया जाना नहीं चाहते हैं उन्हें यह एहसास नहीं है कि वे कितना अनुचित कर रहे हैं। उनकी तर्क की रेखा नीचे की तरह फूटती है: हॉलैंड और

कब्जा किये गए अन्य देशों को आजाद कराने के लिए ब्रिटेन को लड़ना, संघर्ष करना और अपने बेटों को बलिदान करना चाहिए। उसके बाद ब्रिटिश को हॉलैंड में नहीं रहना चाहिए: कब्जा कर लिए गए सभी देशों से उन्हें अपनी सबसे घोर क्षमा याचना की पेशकश करनी चाहिए, डच ईस्ट इंडीज को उसके वास्तविक हकदार को बहाल करना और फिर लौटा देना चाहिए, ब्रिटेन को कमजोर और गरीब बना देना चाहिए। क्या बेवकूफ लोग हैं। और अभी तक, जैसा मैंने पहले ही कहा है, कई डच लोगों को उनके ओहदे में गिना जा सकता है। यदि ब्रिटेन ने जर्मनी के साथ एक शांति संधि पर हस्ताक्षर किए होते, जैसा कि उसके पास यह करने का पर्याप्त अवसर था, तो हॉलैंड और उसके पड़ोसी देशों का क्या हुआ होता? हॉलैंड, जर्मन बन गया होता, और वही इसका अंत हो गया होता!

वे सभी डच लोग जो अभी भी ब्रिटिश पर देखते हैं, ब्रिटेन और उसकी बूढ़े लॉर्ड्स की सरकार का, उन्हें डरपोक कह कर उपहास करते हैं, अभी तक जर्मनों से नफरत करते हैं, जिस प्रकार आप एक तकिये को मोटा करते हैं, उसी प्रकार उन्हें एक अच्छा झटका दिया जाना चाहिए। हो सकता है कि इससे उनके गड़बड़ दिमाग सीधे हो जायेंगे!

शुभकामनाएं, विचार, आरोप और निन्दा मेरे सिर में चारों ओर घूमते रहे हैं। मैं वास्तव में अभिमानी नहीं हूँ जैसा कई लोगों को लगता है; मैं अपने विभिन्न दोष और कमियों को किसी और की तुलना में बेहतर ढंग से जानती हूँ, लेकिन उसमें एक अंतर है: मैं यह भी जानती हूँ कि मुझे बदलाव चाहिए, बदलाव होगा और पहले ही बहुत बदल गया है!

मैं अक्सर अपने आप से पूछती हूँ, ऐसा क्यों है, कि अब भी हर कोई सोचता है कि मैं अति महत्वाकांक्षी और अपने को सर्वज्ञाता समझने वाली हूँ? क्या मैं वास्तव में ऐसी घमंडी हूँ? क्या मैं एक अभिमानी हूँ या फिर वे हैं? मुझे पता है यह मूर्खतापूर्ण लगता है, लेकिन मैं उस अंतिम वाक्य को पार करने नहीं जा रही हूँ, क्योंकि यह उतना बचकाना नहीं है जितना लगता है। श्रीमती वैन दान और डसेल, मेरे दो मुख्य आरोप लगाने वाले, पूरी तरह से मूर्ख होने और, इसके एक बिंदु के सटीक रूप से न रखने के लिए जाने जाते हैं, सिर्फ सादे 'बेवकूफ'! मूर्ख लोग आमतौर पर यह सहन नहीं कर सकते कि दूसरे उनके करने की तुलना में कुछ बेहतर करते हैं; इस का सबसे अच्छे उदाहरण वे दो मूर्ख व्यक्ति, श्रीमती वैन दान और डसेल हैं। श्रीमती वैन दान सोचती हैं मैं मूर्ख हूँ क्योंकि मैं उनकी जितना इस बीमारी से इतना ग्रस्त नहीं हूँ, उन्हें लगता है मैं महत्वाकांक्षी हूँ क्योंकि वह भी अति महत्वाकांक्षी हैं वे सोचती हैं मेरे कपड़े बहुत छोटे हैं क्योंकि उनके भी छोटे हैं, और वह सोचती हैं मैं अपने को सर्वज्ञाता जताती हूँ क्योंकि उन विषयों के बारे में जिनके बारे में वह कुछ भी नहीं जानती हैं, वह मेरी तुलना में दो गुना ज्यादा बार बात करती हैं। यही बात डसेल के लिए भी लागू होती है। लेकिन मेरी पसंदीदा कहावतों में से एक है 'जहाँ धुआँ है वहीं आग है,' और मैं आसानी से स्वीकार करती हूँ कि मुझे सब कुछ पता है।

मेरे व्यक्तित्व के बारे में बहुत मुश्किल चीज यह है कि मैं किसी और की तुलना में अपने आप को बहुत अधिक डाँट और फटकार लगाती हूँ; अगर माँ अपनी सलाह देती हैं,

तो उपदेश की ढेरी काफी मोटी हो जाती है जिससे कि मुझे हमेशा उनसे निराशा ही होती है। तो मैं वापस बात करती हूँ और पुरानी परिचित ऐनी के अनिवार्य रूप से फिर से पैदा होने तक हर किसी का विरोध शुरू कर देती हूँ: 'कोई भी मुझे समझता नहीं है!'

यह वाक्यांश मेरा एक हिस्सा है और इसके जैसा प्रतीत होने की संभावना है, इसमें सच में एक अन्तर्निहित तत्त्व है। कभी कभी मैं आत्म–निन्दा में इतनी गहराई में दफन हो जाती हूँ कि फिर से अपने आप को खोद निकालने में मदद करने के लिए, मैं आराम के एक शब्द के लिए ललकने लगती हूँ। काश केवल कोई एक मेरे पास होता जो मेरी भावनाओं को गंभीरता से लेता। मैं अभी तक उस व्यक्ति से मिली नहीं हूँ इसलिए खोज जारी रहनी चाहिए।

मुझे पता है आप पीटर के बारे में सोच रहे हैं क्या आप नहीं कर रहे हैं, किट? यह सच है, पीटर मुझे प्यार करता है, एक प्रेमिका के रूप में नहीं, बल्कि एक मित्र के रूप में। उसका स्नेह दिन–ब–दिन बढ़ता जा रहा है, लेकिन कुछ रहस्यमय ताकतें हमें पीछे खींच रहीं हैं, और मुझे नहीं पता कि वह क्या है।

कभी कभी मैं सोचती हूँ, उसके लिए मेरी घोर लालसा अतिरंजित थी। लेकिन यह सच नहीं है, क्योंकि यदि मैं एक या दो दिन उसके कमरे में जाने में असमर्थ होती हूँ तो मैं उसके लिए इतनी आशाहीन होकर इच्छा करती हूँ जितनी कभी की है। पीटर दयालु और अच्छा है, फिर भी मैं इस बात से इंकार नही कर सकती कि उसने कई मायनों में मुझे निराश किया है। मैं विशेष रूप से उसकी, धर्म की नापसंदगी, उसकी भोजन सम्बंधित बातें, और उसी तरह की विभिन्न बातों की परवाह नहीं करती हूँ। फिर भी, मैं मजबूती से आश्वस्त हूँ कि हम कभी भी झगड़ा न करने के अनुबंध से चिपके रहेंगे। पीटर शांतिप्रिय, सहिष्णु और बेहद मस्त है। वह मुझे खुद से बहुत सी चीजें कहने देता है, जो वह अपनी मां से कभी स्वीकार नही करता। वह अपनी कॉपीबुक से दाग हटाने के लिए और अपनी वस्तुएं व्यवस्थित रखने का दृढ़ प्रयास कर रहा है। फिर भी अपने अंतरतम को वह स्वयं से क्यों छिपाता है और मुझे वहां पहुँचने की कभी अनुमति नहीं देता है? बेशक, वह मेरी तुलना में बहुत अधिक संकीर्ण है, लेकिन मैं (हालाँकि मुझे लगातार, सिद्धांत में, व्यवहार में नहीं, जो भी जानने के लिए है, का ज्ञान होने के लिए दोषी ठहराया जा रहा है) अनुभव से जानती हूँ कि समय आने पर सबसे अधिक अल्पभाषी प्रकार का व्यक्ति भी, किसी पर भरोसा करने की, काफी, या और भी अधिक इच्छा करेगा।

पीटर और मैंने, दोनों ने उपभवन में अपने मननशील साल बिताए हैं। हम अक्सर भविष्य, अतीत और वर्तमान के बारे में चर्चा करते हैं, लेकिन जैसा कि मैंने तुम्हे पहले ही बता दिया था, मुझे वास्तविक चीज की कमी महसूस होती है और मैं जानती हूँ, यह अभी तक मौजूद है!

क्या यह इसलिए क्योंकि मैं इतने लंबे समय से मैं बाहर नहीं गई हूँ कि मैं प्रकृति के बारे में बहुत पागल हो गई हूँ? मैं एक समय याद करती हूँ जब शानदार नीला आकाश,

चहकते पक्षी, चांदनी और नवोदित फूलों ने मुझे मोहित नहीं किया होता। जबसे मैं यहाँ आई हूँ, हालात बदल गए हैं। उदाहरण के लिए जब एक रात व्हिटसन के दौरान, जब बहुत गर्मी थी, मैंने साढ़े ग्यारह तक अपनी आँखें खुली रखने के लिए संघर्ष किया ताकि मैं एक बार अपने दम पर चाँद को बहुत अच्छे से देख सकूँ। हाय! मेरा बलिदान व्यर्थ गया, चूँकि बहुत ज्यादा चमक थी और मैं खिड़की खोलने का जोखिम नहीं ले सकती थी। एक अन्य समय, कई महीने पहले, एक रात मैं ऊपर थी जब खिड़की खुली हुई थी। जब तक यह फिर से बंद नहीं हुई तब तक मैं वापस नीचे नहीं गई थी। अंधेरा, बरसाती शाम, हवा, दौड़ते बादल, मुझे मंत्रमुग्ध कर गए थे; यह डेढ़ साल में पहली बार था जब मैंने रात को आमने सामने देखा था। उस शाम के बाद, इसे फिर से देखने की मेरी लालसा, मेरे, चोरों, काले चूहों से पीड़ित घर या लूट पाट के डर से ज्यादा बढ़ गई थी। मैं अपने आप नीचे चली गई और रसोई घर और निजी कार्यालय में खिड़कियों को देखा। बहुत से लोग सोचते हैं प्रकृति सुंदर है, बहुत से लोग समय समय पर तारों भरे आकाश के नीचे सोते हैं, और बहुत से लोग अस्पतालों और जेलों में उस दिन की इच्छा करते है जब वे प्रकृति की पेशकश का आनंद लेने के लिए स्वतंत्र हो जायेंगे। लेकिन कुछ लोग इतने अलग और कटे हुए होते हैं जितने हम प्रकृति के आनंद से, जिसे अमीरों और गरीबों द्वारा समान रूप से साझा किया जा सकता है।

यह सिर्फ मेरी कल्पना नहीं है – आकाश, बादल, चाँद और सितारों को देखना मुझे वास्तव में शांत और आशावान बनाता है। यह वेलेरियन या ब्रोमाइड की तुलना में काफी बेहतर दवा है। प्रकृति मुझे विनम्रता और साहस के साथ हर झटके का सामना करने के लिए तैयार करती है!

किस्मत का खेल, मैं केवल सक्षम हूँ – कुछ दुर्लभ अवसरों को छोड़कर – प्रकृति को गंदगी–जमी खिड़कियों पर टांके हुए धूल भरे पर्दों से देखने के लिए; यह देखने में आनंद लेता है। प्रकृति ऐसी चीज है जिसका कोई विकल्प नहीं है!

बहुत से सवालों में से एक सवाल जिसने अक्सर मुझे परेशान किया है वह है कि महिलाएं पहले भी और अभी भी पुरुषों से हीन क्यों समझी जाती हैं। कहना आसान है कि यह अनुचित है, लेकिन यह मेरे लिए पर्याप्त नहीं है; मैं वास्तव में इस महान अन्याय का कारण पता करना चाहूंगी!

शायद पुरुष अपनी अधिक से अधिक शारीरिक शक्ति के कारण शुरू से ही महिलाओं पर हावी रहे; पुरुष हैं, जो जीविका कमाते हैं, बच्चे उत्पन्न करते हैं, और वह करते हैं जो उन्हें पसंद हो ...... हाल ही तक, महिलायें चुपचाप इसके साथ आगे बढती रहीं, जो कि बेवकूफी थी, चूँकि जितना अधिक समय इसे रखा जाता है उतना ही अधिक गहराइ से यह मजबूत स्थिति में बन जाता है। सौभाग्य से, शिक्षा, काम और प्रगति ने महिलाओं की आंखें खोल दी हैं। कई देशों में उन्हें समान अधिकार प्रदान किये गए हैंय कई लोग, खासकर महिलायें, बल्कि पुरुष भी, अब महसूस करते हैं कि इतने लंबे समय तक ऐसे

मामलों को सहन करना कितना गलत था। आधुनिक महिलायें पूरी तरह से स्वतंत्र होने का अधिकार चाहती हैं!

लेकिन वह सब नहीं है। महिलाओं का अच्छी तरह से सम्मान किया जाना चाहिए! सामान्यतया, पुरुष दुनिया के सभी भागों में महान सम्मान रखते हैं, तो महिलाओं को अपना हिस्सा क्यों नहीं मिलना चाहिए? सैनिकों और युद्ध के नायकों को सम्मानित किया और किसी उत्सव द्वारा याद किया जाता है, खोजकर्ताओं को अमर प्रसिद्धि प्रदान की जाती है, शहीदों को आदर दिया जाता है, लेकिन कितने लोग महिलाओं को भी सैनिकों के रूप में देखते हैं?

'मौत के खिलाफ पुरुष' पुस्तक में मुझे इस तथ्य ने बहुत दंग कर दिया कि अकेले बच्चे के जन्म में, महिलायें आमतौर पर किसी भी युद्ध के हीरो की तुलना में अधिक दर्द, बीमारी और कष्ट सहती हैं। और यह सब दर्द को सहने के लिए उसका क्या इनाम है? जन्म देने से विकृत हुए शरीर के चलते उन्हें एक तरफ धकेल दिया जाता है, उसके बच्चे जल्दी ही उसे छोड़ देते हैं, उसकी सुंदरता चली जाती है। संघर्ष और जो महिलाएं मानव जाति की निरंतरता सुनिश्चित करने के लिए दर्द सहती और संघर्ष करती हैं, वे महिलायें, एक साथ उन सभी बड़े मुँह वाले स्वतंत्रता की लड़ाई के नायकों की तुलना में ज्यादा मजबूत और अधिक साहसी सैनिक बनती हैं!

मेरा तात्पर्य यह नहीं है कि महिलाओं को बच्चे पैदा करने बंद कर देना चाहिए; इसके विपरीत, प्रकृति उनसे यही चाहती है, और इसे इसी तरीके से होना चाहिए। मैं जिस बात की निंदा करती हूँ वो है, हमारी, मूल्यों की व्यवस्था और वे पुरुष जो यह स्वीकार नही करते कि समाज में महिलाओं की हिस्सेदारी कितनी महान, मुश्किल, लेकिन अंतत: सुंदर है।

मैं पॉल डी क्रूफ जो इस पुस्तक के लेखक हैं, के साथ पूरी तरह से सहमत हूँ, जब वह कहते हैं कि पुरुषों को यह सीखना चाहिए कि दुनिया के उन हिस्सों में, जिन्हें हम सभ्य मानते हैं, 'जन्म' अब और अनिवार्य और अपरिहार्य विचार नहीं रह गया है। पुरुषों के लिए यह बात करना आसान है – उन्हें न सहना पड़ता है और न ही कभी वह विषाद सहना पड़ेगा जो महिलाओं को सहना पड़ता है!

मुझे विश्वास है कि अगली सदी के पाठ्यक्रम में यह विचार कि बच्चे पैदा करना महिलाओं का कर्तव्य है, बदल जायेगा, और सभी महिलाओं के सम्मान और प्रशंसा के लिए रास्ता बनाएगा, जो बिना शिकायत या गर्वित करने वाले शब्दों के अपने बोझ सहन करती हैं!

आपकी, एनी एम फ्रैंक

शुक्रवार, १६ जून, १९४४

सबसे प्यारी किट्टी,

नई समस्याएं: श्रीमती वैन दान हैरान हैं। वह गोली लगने, जेल में डाले जाने, फांसी पर लटका दिए जाने और आत्महत्या के बारे में बात कर रही हैं। वह ईर्ष्या करती हैं कि पीटर मुझ में विश्वास करता है, उसमें नहीं, नाराज है कि डसेल, उसकी आशिक मिजाजी का पर्याप्त रूप से जवाब नहीं देते और डरते हैं कि उनके पति, फर कोट के सारे पैसे तंबाकू पर गंवाने वाले हैं। वह झगड़तीं हैं, कोसती हैं, रोती हैं, खुद के लिए खेद महसूस करती हैं, हंसती हैं, और सब फिर से शुरू करती हैं।

आप मानवता के ऐसे मूर्खतापूर्ण, रिरियाने वाले नमूने को कैसे बर्दाश्त कर सकते हैं? कोई भी उन्हें गंभीरता से नहीं लेता, उनके पास चरित्र की कोई ताकत नहीं है, वह सभी से शिकायत करती हैं, और तुम्हे देखना चाहिए वह कैसी दिखती हैं: *वॉन हिन्तेंल्य्जुम, वॉन वोरने संग्रहालय।*[३४] इससे भी बुरा, पीटर ढीठ बन रहा है, श्रीमान वैन दान चिड़चिडे और माँ निंदक। हाँ, सब लोग काफी बढ़िया स्थिति में हैं! आपको सिर्फ एक नियम याद रखने की जरूरत है: हर चीज पर हंसिये और हर किसी को भूल जाईये! यह घमंड भरा लगता है, लेकिन यह वास्तव में आत्म दया से पीड़ित लोगों का एकमात्र इलाज है।

श्रीमान कग्लर काम के विस्तार पर अलकमार में चार सप्ताह बिताने वाले हैं। एक डॉक्टर के प्रमाण पत्र और ओपेक्ता से एक पत्र से, वह इससे बाहर निकलने की कोशिश कर रहे हैं। श्रीमान क्लिमन अपने पेट की शल्य चिकित्सा की जल्दी उम्मीद कर रहे हैं। कल रात ग्यारह बजे से शुरू, सभी निजी फोन काट दिए गए।

आपकी, एनी एम फ्रैंक

शुक्रवार, २३ जून, १९४४

सबसे प्यारी किट्टी,

यहाँ कुछ खास नहीं हो रहा है। ब्रिटेन ने चेरबर्ग पर अपना कड़ा हमला शुरू कर दिया है। पिम और श्रीमान वैन दान के अनुसार, हम १० अक्टूबर से पहले मुक्त हो जायेंगे। रूस अभियान में हिस्सा ले रहा है; कल उन्होंने वितेब्स्क के पास अपना आक्रामक, शुरू कर दिया, एकदम उसी दिन से, तीन साल पहले जिस दिन से जर्मनी ने रूस पर आक्रमण किया था।

---

[३४]भेड़ के बच्चे के रूप में तैयार बकरा।

बेप का उत्साह पहले से कहीं ज्यादा कम हो गया है। हमारे पास आलू लगभग नहीं हैं; पर अब से, हम हर किसी के लिए आलू गिन गिन कर निकाल रहे हैं, तब वे उनके साथ जो करना चाहें कर सकते हैं। सोमवार से शुरू, मिएप एक सप्ताह की छुट्टी ले रही है। श्रीमान क्लिमन के डॉक्टरों को एक्स रे में कुछ भी नहीं मिला है। वह एक ऑपरेशन होने और मामले को अपनी कार्यवाही करने देने के बीच में अनिश्चित हो गए हैं।

आपकी, एनी एम फ्रैंक

मंगलवार, २७ जून, १९४४,

सबसे प्यारी किट्टी

मेरा मन बदल गया है, सब कुछ बहुत अच्छी तरह से हो रहा है। चेरबर्ग, वितेब्स्क और ज़्हलोबिं आज परास्त हो गए। वे बहुत से पुरुषों और उपकरणों को कब्जे में कर लेने के बारे में सुनिश्चित हैं। पांच जर्मन जनरल चेरबर्ग के पास मारे गए दो बंदी बना लिए गए। अब जब उन्हें एक बंदरगाह मिल गया है, ब्रिटिश जो किनारे पर चाहते हैं, ला सकते हैं। पूरे कोटेनटिन प्रायद्वीप पर आक्रमण के सिर्फ तीन हफ्तों के बाद कब्जा कर लिया गया है! क्या करतब है!

डी– दिन, से तीन हफ्तों में, न तो यहाँ और न ही फ्रांस में, बारिश और तूफान के बिना एक भी दिन नहीं गया है, लेकिन इस बुरी किस्मत ने ब्रिटिश और अमेरिकियों को उनके पराक्रम, प्रदर्शित करने से नहीं रोका है। और कैसे! बेशक, जर्मनी ने अपने आश्चर्यजनक हथियार शुरू किये हैं, लेकिन उसके जैसा छोटा पटाखा शायद ही कोई मामूली क्षति पहुंचाएगा, सिवाय इंग्लैंड में किसी छोटे नुकसान और जैरी समाचार पत्रों में चीखती सुर्खियों के। वैसे भी, जब वे जेरीलैंड में अहसास करेंगे कि बोल्शेविक वास्तव में करीब आ रहे हैं, तो वे बहुत डर जायेंगे।

सभी जर्मन महिलाओं को, जो सेना के लिए काम नहीं कर रही हैं, अपने बच्चों के साथ, तटीय क्षेत्रों से, गेल्डरलैंड ग्रोनिंगन, और फ्रीसलैंड के प्रांतों में, ले जाया जा रहा है। मुस्सेर्ट[३५] ने घोषणा की है कि यदि आक्रमण हॉलैंड तक पहुँच जाता है, तो वह सहयोग प्राप्त करेगा। क्या मोटा सूअर लड़ने की योजना बना रहा है? वह उसे अब से बहुत समय पहले रूस में कर सकता था। फिनलैंड ने कुछ समय पहले एक शांति प्रस्ताव को ठुकरा दिया था, और अब वार्ता फिर से टूट गई है। वे बेवकूफ, वे खेद महसूस करेंगे!

तुम्हे क्या लगता है २७ जुलाई को हम कितनी दूर होंगे?

आपकी, एनी एम फ्रैंक

---

[३५]डच नेशनल सोशलिस्ट (नाजी) पार्टी के नेता।

शुक्रवार, ३० जून, १९४४

सबसे प्यारी किट्टी,

एक खण्ड में एक से तीस जून तक खराब मौसम[३६]

क्या मैं उसे अच्छे से नहीं कहती? अरे हाँ, मैं पहले से ही थोड़ी अंग्रेजी जानती हूँ; साबित करने के लिए मैं अभी मैं एक शब्दकोश की मदद से *'एक आदर्श पति'* पढ़ रही हूँ! युद्ध शानदार चल रहा है: बोब्रुय्स्क, मोगीलेव और ओरशा, परास्त हो गए हैं, बहुत सारे कैदी।

यहाँ सब कुछ ठीक है। उत्साह बढ़ रहे हैं, हमारे महा आशावादी विजयी रहे हैं, वैन दान चीनी के साथ गायब होने का कृत्य कर रहे हैं, बेप ने अपने बाल बदल लिए हैं, और मिएप ने एक सप्ताह की छुट्टी ले ली है। यही ताजा खबर है!

मैं अपने सामने के एक दांत में, वास्तव में विकट रूट कनाल का काम करवा रही हूँ। यह बहुत ही दर्दनाक हो गया है। यह इतना बुरा था, डसेल को लगा मैं बेहोश होने वाली हूँ, और मैं लगभग हो गई थी। श्रीमती वैन दान को भी तुरंत एक दांत में दर्द हो गया!

आपकी, एनी एम फ्रैंक

पश्च–लेख। हमने बेसल से सुना है कि बर्न्ड[३७] ने *'मिन्ना वॉन बर्न्हेल्म'* में सराय वाले की भूमिका अदा की है। माँ ने कहा उसमें 'कलात्मक झुकाव' है।

गुरुवार, ६ जुलाई, १९४४

सबसे प्यारी किट्टी,

मेरा खून ठंडा पड़ जाता है जब पीटर एक आपराधी या एक सट्टेबाज बनने के बारे में बात करता है; जाहिर है, वह मजाक कर रहा है, लेकिन मुझे अभी भी अहसास है कि उसे अपनी ही कमजोरी का डर है। मार्गोट और पीटर हमेशा मुझसे कहते रहते है, यदि मुझमें तुम्हारा साहस और ताकत होती, यदि मुझमें तुम्हारी सहज प्रवृति और लगातार ऊर्जा होती, तो मैं सकती ....!'

क्या अपने आप को दूसरों से प्रभावित न हो जाने देना, सचमुच ऐसी सराहनीय विशेषता है? अपने विवेक का अनुसरण करने में, क्या मैं सही हूँ?

ईमानदारी से कहूँ तो, मैं कल्पना नहीं कर सकती कि कोई कैसे कह सकता है, 'मैं कमजोर हूँ' और फिर उसी तरह रहे। यदि आप अपने बारे में यह जानते हो, इससे लड़ते

---

[३६]ऐनी की अंग्रेजी।

[३७]चचेरा बर्नहार्ड (बडी) इलियास

क्यों नहीं, क्यों अपने चरित्र का विकास नहीं करते? उनका जवाब हमेशा रहा है: क्योंकि 'यह न करना बहुत आसान है!' यह जवाब मुझे और हतोत्साहित महसूस करवा के छोड़ता है। आसान है? क्या उसका मतलब है, धोखे और आलस्य का जीवन भी आसान है? अरे नहीं, यह सच नहीं हो सकता। यह सच नहीं हो सकता कि लोग तुरंत 'आसानी' से आकर्षित हो जाते हैं कि .... और पैसे से। मैं बहुत सोच चुकी हूँ कि मेरा जवाब क्या होना चाहिए, मैं पीटर से खुद में विश्वास कैसे करवाऊं, और सबसे अधिक उसे बेहतर करने के लिए उसको कैसे बदलूँ। मुझे नहीं पता कि मैं सही रास्ते पर हूँ या नहीं।

मैंने अक्सर कल्पना की है कि कितना अच्छा होता यदि कोई मुझे अपनी सारी गुप्त बातें बताता। लेकिन अब जब यह उस बिंदु पर पहुंच गया है कि, मैं अहसास करती हूँ कि किसी दूसरे के नजरिए से सोचना और सही जवाब ढूंढना कितना मुश्किल होता है। विशेष रूप से 'आसान' और 'पैसा' मेरे लिए नये और पूरी तरह से विदेशी अवधारणायें हैं।

पीटर मुझपर आश्रित रहने की शुरुआत कर रहा है, और मैं किसी भी परिस्थिति में वह नहीं करना चाहती। अपने ही दो पैरों पर खड़ा होना काफी मुश्किल होता है, लेकिन जब आपको अपने चरित्र और आत्मा से सच्चा भी रहना होता है फिर भी और अधिक मुश्किल होता है।

मैं समुद्र पर चारों ओर घूम फिर रही हूँ, 'आसान', इस भयानक शब्द के लिए एक प्रभावी तनावमुक्ति की खोज में दिन बिताएं हैं। मैं इसे कैसे उसको स्पष्ट कर सकती हूँ कि जबकि यह आसान और अद्‌भुत लग सकता है, यह उसे एक गहराई में नीचे खींच ले जाएगा, जहाँ वह अब और दोस्तों, समर्थन या सौंदर्य नहीं खोज पायेगा, यहाँ तक नीचे कि वह शायद कभी भी सतह पर नहीं आ सके?

'हम सब जिंदा हैं, लेकिन हम क्यों या किस लिए पता नहीं है' हम सब खुशी खोज रहे हैं; हम सब जीवन जी रहे हैं जो अलग अलग है और फिर भी एक ही हैं। हम तीन अच्छे परिवारों में पले बढे हैं, हमारे पास शिक्षा पाने का और खुद को कुछ बनाने का अवसर है। हमारे पास बड़ी खुशी की आशा करने के कई कारण हैं, लेकिन ..... हमें इसे अर्जित करना है। और वो एक ऐसी चीज है कि उसे आप आसान रास्ता लेकर प्राप्त नहीं कर सकते। खुशी कमाने का मतलब है अच्छा करना और काम करना, अटकलें ना लगाना और ना आलसी बनना। आलस्य आमंत्रित करता *लग सकता है*, लेकिन केवल काम आप को *सच्ची* संतुष्टि देता है।

मैं उन लोगों को नहीं समझ सकती जो काम करना पसंद नहीं करते हैं, लेकिन पीटर की समस्या यह भी नहीं है। उसके पास सिर्फ एक लक्ष्य नहीं है, साथ ही वह इतना बेवकूफ और निम्न है कि कभी भी कुछ भी प्राप्त नहीं कर सका। बेचारा लड़का, उसने कभी नहीं जाना कि किसी और को खुश करने में कैसा लगता है, और मुझे डर है मैं उसे कभी नहीं सिखा सकती हूँ। वह धार्मिक नहीं है, यीशु मसीह का मखौल उड़ाता है, और व्यर्थ में प्रभु

का नाम लेता है, और हालाँकि मैं भी रूढ़िवादी नहीं हूँ, मुझे हर बार दर्द होता है जब मैं उसे इतना अकेला, तिरस्कारपूर्ण, अत्यंत दुखी देखती हूँ।

जो लोग धार्मिक हैं उन्हें खुश होना चाहिए, चूँकि हर कोई उस उच्च आदेश में विश्वास करने की क्षमता को पाकर धन्य नहीं होता है। तुम्हे उस अनन्त सजा के डर में भी नहीं जीना है; पाप मोचन स्थान की अवधारणा, स्वर्ग और नरक को स्वीकार करना कई लोगों के लिए मुश्किल हो जाता है, फिर भी स्वयं धर्म, कोई भी धर्म, एक व्यक्ति को सही रास्ते पर रखता है। भगवान का डर नहीं, लेकिन सम्मान की अपनी भावना को कायम रखना और अपने स्वयं के विवेक का पालन करना। प्रत्येक व्यक्ति कितना अच्छा और उत्तम हो सकता था, यदि सब कुछ ध्यान में रखते हुए उन्हें अपने स्वयं के व्यवहार की समीक्षा करनी और सही और गलत को समझाने की कोशिश करनी होती। वे अपने हर नए दिन की शुरुआत में बेहतर करने की कोशिश करते और एक समय के बाद निश्चित रूप से एक बड़ा कार्य पूरा करते। हर किसी का इस नुस्खे में स्वागत है; इसकी कुछ भी लागत नहीं है और यह निश्चित रूप से उपयोगी है। उन्हें, जो नहीं जानते, अनुभव से पता लगाना होगा कि 'एक शांत विवेक आप को शक्ति देता है!'

आपकी, एनी एम फ्रैंक

शनिवार, ८ जुलाई, १९४४

सबसे प्यारी किट्टी,

श्री ब्रूक्स एम्सटर्डम में थे और उपज की नीलामी में स्ट्रॉबेरी पर कब्जा पाने में कामयाब रहे थे। वह यहां मिट्टी और रेत से भरी हुई लेकिन बड़ी मात्रा में पहुंची। कार्यालय और हमारे लिए कुल मिलाकर चौबीस बक्से से कम नहीं थे। उसी शाम को हमने पहले छह जार डिब्बा बंद किये और जाम के आठ जार तैयार कर दिए। अगली सुबह मिएप ने कार्यालय के लिए जाम बनाना शुरू कर दिया।

बारह तीस पर बाहर के दरवाजे बंद कर दिये गये थे, पीटर के साथ, पिता और श्री वैन दान मिलकर ठोकरें खाते हुए, बक्से सीढ़ियों से ऊपर रसोई में घसीट लाए थे। ऐनी ने वॉटर हीटर से गर्म पानी लिया, मार्गोट एक बाल्टी लेने चली गई, थोड़े समय में बहुत अधिक कार्य किया गया! अपने पेट में एक मजेदार भावना के साथ, मैंने भीड़भरे कार्यालय रसोई में प्रवेश किया। मिएप, बेप, श्री क्लेइमन, जान, पिता, पीटर: एनेक्सी दल और आपूर्ति वाहिनी, सभी एक साथ और दिन के बीच में मिल गए! पर्दे और खिड़कियां खुली हुई थी, दरवाजे को पीटने की जोर से आवाज आई, – मैं उत्तेजना से कांप रही थी। मैंने सोचना जारी रखा, 'क्या हम वास्तव में भूमिगत हैं?' यह होना चाहिए कि यह कैसा लगता है जब आप अंत में फिर से दुनिया में बाहर जा सकेंगे। तसला भरा हुआ था इसलिए मैं

ऊपर गिरपड़ी, जहां परिवार के बाकी लोग रसोई घर की मेज के चारों ओर बैठ कर स्ट्रॉबेरी छील रहे थे। कम से कम उन्हें वही करते हुए होना चाहिए था, लेकिन अधिकांश टोकरी की जगह उनके मुंह में जा रहा था। वे जल्द ही एक और बाल्टी की आवश्यकता के लिए बाध्य हो गए। पीटर, वापस नीचे चला गया लेकिन फिर दो बार घंटी बजी। बाल्टी जहां थी वहीं छोड़ कर, पीटर ऊपर की ओर भाग चला और अपने पीछे किताबों की अलमारी बंद कर दिया। हम बेसब्री से अपनी एड़ी पटकते बैठे हुए थे; स्ट्रॉबेरी धुली जाने का इंतजार कर रही थी, लेकिन हम घर के नियमों से बंधे हुए थे: जबतक कोई अजनबी नीचे है, 'पानी नहीं बहाना है – वे नालियों की आवाज सुन सकते हैं'।

उसी समय जान हमें बताने आया कि वह डाकिया था। पीटर फिर जल्दी से नीचे गया। डिंग डोंग ...... दरवाजे की घंटी एक बार फिर बजी। मैंने किताबों की अलमारी से ठीक पहले उसके बाद सबसे ऊपर की सीढ़ी पर खड़े होकर सुनने की कोशिश की कि कोई भी आ तो नहीं रहा है। अंत में पीटर और मैं रेलिंग के सहारे झुके हुए चोरों के एक जोड़े की तरह नीचे से आने वाली आवाज सुनने के लिए अपने कान खड़े किये हुए थे। कोई अपरिचित आवाज नहीं। पीटर पंजे के बल चलता हुआ सीढ़ियों से आधे रास्ते नीचे उतर गया और बुलाया, 'बेप!' एकबार फिर: 'बेप!' रसोई घर से उठे कोलाहल में उसकी आवाज डूब गई थी। तो वह नीचे रसोई घर की ओर भागा जबकि मैं घबराई हुई ऊपर से ही नजर रखे रही। 'पीटर, अभी तुरंत ऊपर जाओ यहाँ लेखाकार है, तुम्हें छुट्टी मिल गई है!' यह श्री कुग्लर की आवाज थी। आहें भरते हुए, पीटर ऊपर आया और किताबों की अलमारी बंद हुई।

अंत में एक तीस पर श्री कुग्लर आए थे। 'अरे बाप रे, पूरी दुनिया स्ट्रॉबेरी में बदल गई है। मुझे नाश्ते में स्ट्रॉबेरी मिली थी, जान को वह दोपहर के भोजन में मिला था, क्लेइमन ने नाश्ते के रूप में उन्हें खाया था, मिएप उन्हें उबाल रही है, बेप उनका छिलका उतार रही है, और जहां भी मैं जाऊं मैं उन्हें सूंघ सकती हूँ। उन सब लाल से दूर जाने के लिए मैं ऊपर आ गई, और मैं क्या देखती हूँ? लोग स्ट्रॉबेरी धो रहे हैं!'

बाकी स्ट्रॉबेरी को डिब्बा बंद कर दिया गया। उस शाम: दो जार खोल दिए गए। पिताजी ने जल्दी से उनका जाम बना दिया। अगली सुबह: दो और ढक्कन; और उसी दोपहर: चार ढक्कन खुल गए। जार जब स्टरलीस किया गया था श्री वैन दान को वह पर्याप्त गर्म नहीं मिला था, इसलिए पिता ने हर शाम जाम बना कर उन्हें समाप्त कर दिया। हमने स्ट्रॉबेरी के साथ दलिया, स्ट्रॉबेरी के साथ छाछ, स्ट्रॉबेरी के साथ रोटी, खाना खाने के बाद स्ट्रॉबेरी, चीनी के साथ स्ट्रॉबेरी, रेत के साथ स्ट्रॉबेरी खाया। दो दिनों तक कुछ भी नहीं बल्कि केवल स्ट्रॉबेरी, स्ट्रॉबेरी, स्ट्रॉबेरी, और फिर या तो हमारी आपूर्ति समाप्त हो गई थी या जार में, सुरक्षित रूप से ताला और चाबी के अन्दर बंद कर दी गई।

'अरे, ऐनी,' मार्गोट ने एक दिन कहा, 'श्रीमती वैन होएवेन ने हमें कुछ २० पौंड मटर दिया है!'

'वह उनकी बहुत अच्छी बात है' मैंने उत्तर दिया। और वह िश्चित रूप से था, लेकिन यह बहुत ज्यादा काम है ..... ऊह!

'शनिवार को, आप सभी को फलीदार मटर मिल गई है,' माँ ने मेज पर घोषणा की।

और आज सुबह नाश्ते के बाद पर्याप्त यकीन हो गया, हमारी सबसे बड़ी तामचीनी पैन मटर से पूरी भरी हुई मेज पर दिखाई दी। यदि आपको मटर छीलना उबाऊ काम लगता है, तो आपको भीतरी अस्तर निकालने का प्रयास करना चाहिए। मुझे नहीं लगता कि कई लोगों को एहसास है कि एक बार जब आप अस्तर बाहर खींच लेते हैं, तो फली नरम, स्वादिष्ट और विटामिन से भरपूर हो जाती है। लेकिन इससे भी अधिक लाभ यह है कि जब आप सिर्फ मटर खाते हैं उसकी तुलना में आप को लगभग तीन गुना मिल रहा होता है।

फली अलग करना एक सटीक और सावधानीपूर्वक किये जाने वाला काम है जो कि पंडिताऊ दंत चिकित्सकों या नकचढ़े मसाला विशेषज्ञों के लिए उपयुक्त हो सकता है, लेकिन यह मेरे जैसे एक अधीर किशोरी के लिए एक डरावना काम है। हमने नौ तीस पर काम शुरू कर दिया; मैं दस तीस पर बैठ गई, ग्यारह बजे फिर से उठ गई, ग्यारह तीस पर फिर से बैठ गई। मेरे कानों में निम्नलिखित टेक से गूँज रहे थे: छोर को काटो, फली छीलो, सूत खींचो, फली पैन में, छोर को काटो, फली छीलो, सूत खींचो, फली पैन में, आदि, आदि. मेरी आँखें तैर रही थीं: हरे, हरे, कृमि, रेशे, सड़ी हुई फली, हरी, हरी। बोरियत से लड़ने और कुछ करने के लिए, मैं पूरी सुबह बकबकाती, जो कुछ भी मेरे दिमाग में आता कहती रहती और हर किसी को हंसाती रहती हूँ। एकरसता मुझे मार रही थी। हर रेशा जो मैं खींचती मुझे कुछ अधिक दृढ़ बनाता कि मैं कभी भी सिर्फ एक गृहिणी बनना नहीं चाहती हूँ!

अंत में बारह बजे हमने नाश्ता किया, लेकिन बारह तीस से एक पंद्रह तक हमें फिर से फली छीलना था। जब मैंने बंद किया, मैं थोड़ा बीमार महसूस कर रही थी और इसलिए दूसरों ने किया। मैं उन नीच मटर की वजह से अभी भी एक विस्मय में, चार बजे तक उंघती रही।

आपकी, एनी एम फ्रैंक

शनिवार, १५ जुलाई, १९४४

सबसे प्यारी किट्टी,

पुस्तकालय से हमें चुनौतीपूर्ण शीर्षक वाली एक किताब मिली है *आधुनिक युवा लड़की पर आप क्या सोचते हैं*? मैं आज इस विषय पर चर्चा करना चाहती हूँ।

लेखिका 'आज के युवाओं की' सर से पाँव तक आलोचना करती है, हालांकि 'निराशाजनक मामलों' के रूप में उन सब को खारिज नहीं करती हैं। इसके विपरीत, उनका मानना है कि उनके भीतर एक बड़ी, बेहतर और अधिक सुंदर दुनिया का निर्माण करने की

शक्ति है, लेकिन वे असली सुंदरता पर विचार किये बिना, खुद पर सतही बातों को कब्जा कर लेने देते हैं। कुछ अंशों में मुझे यह मजबूत अहसास मिला था कि लेखिका मुझ पर अपनी अस्वीकृ : का निर्देशन कर रही थीं, जो यह है कि अंत में मैं अपनी आत्मा को आप पर खाली करना और अपने आप को इस हमले के खिलाफ बचाना क्यों चाहती हूँ।

मेरी एक उत्कृष्ट चारित्रिक विशेषता है जो कि ऐसे किसी को भी स्पष्ट होना चाहिए जो मुझे कितने भी लम्बे समय से जानता है: मेरे पास आत्म ज्ञान का एक बड़ा अंश है। हर चीज में जो मैं करती हूँ, मैं अपने आप को देख सकती हूँ जैसे कि मैं एक अजनबी थी। मैं हर रोज ऐनी में सर्वत्र खड़ी हो सकती हूँ और, पक्षपाती हुए बिना या बहाने बनाए बिना, वह क्या कर रही है देखते हुए, अच्छे और बुरे दोनों को। यह आत्म जागरूकता मुझे कभी नहीं छोड़ती है, और हर बार जब मैं अपना मुंह खोलती हूँ, मैं सोचती हूँ, 'तुम्हें उसे अलग ढंग से कहना चाहिए था' या 'इस रास्ते से यह सही है।' मैं कई सारे मायनों में अपने आप की निंदा करती हूँ कि मैं पिता की इस कहावत की सच्चाई का एहसास करने की शुरुआत कर रही हूँ: 'प्रत्येक बच्चा खुद को आगे बढ़ाता है।' माता पिता अपने बच्चों को सिर्फ सलाह दे सकते हैं या उन्हें सही दिशा में इशारा कर सकते हैं। अंत में, लोगों को अपने चरित्र को खुद ही आकार देना होता है। इसके साथ – साथ, मैं एक असाधारण मात्रा में साहस के साथ जीवन का सामना करती हूँ। मैं बोझ धारण करने में बहुत मजबूत और सक्षम इसलिए युवा और मुक्त महसूस करती हूँ! जब पहली बार मुझे इसका एहसास हुआ, मुझे खुशी हुई थी, क्योंकि इसका मतलब यह है कि जीवन के संचय में प्रवाह का मैं और अधिक आसानी से सामना कर सकती हूँ।

लेकिन मैंने अक्सर इन चीजों के बारे में बात की है। अब मैं 'पिता और माँ मुझे नहीं समझ पाते' अध्याय को चालू करना चाहती हूँ। मेरे माता–पिता ने मुझे हमेशा सड़ा हुआ बेकार बनाया है, मेरे साथ दयालुता का व्यवहार किया, वैन दानों के खिलाफ मेरा बचाव किया और माता–पिता जो कुछ भी कर सकते हैं वह सब कुछ किया। और अभी तक के सबसे लंबे समय तक के लिए मैंने बहुत अकेला, छोड़ दिया गया, उपेक्षित और गलत समझा गया महसूस किया है। पिता ने वह सब कुछ किया जो वह मेरे विद्रोही भावना पर अंकुश लगाने के लिए कर सकते हैं, लेकिन यह किसी काम का नहीं है। अपने व्यवहार को प्रकाश में धारण करके और यह देख कर कि मैं क्या गलत कर रही थी मैं अपने आप ही ठीक हो गई हूँ।

पिता ने मेरे संघर्ष में मुझे समर्थन क्यों नहीं किया था? जब उन्होंने मुझे एक मदद के हाथ की पेशकश करने की कोशिश की वह छोटे क्यों पड़ गए थे? उत्तर है: उन्होंने गलत तरीकों का इस्तेमाल किया। उन्होंने हमेशा मुझसे ऐसे व्यवहार किया मानो मैं एक मुश्किल दौर से गुजर रही एक बच्चा थी। यह बचकानापन लगता है क्योंकि केवल पिता ही एक हैं जिन्होंने मुझे विश्वास की भावना दी है और मुझे खुद को एक समझदार व्यक्ति के रूप में अहसास कराया है। लेकिन उन्होंने एक बात की अनदेखी की: वह यह देखने में विफल

रहे कि इस संघर्ष में मेरी कठिनाइयों पर विजय पाना मेरे लिए किसी भी चीज से ज्यादा महत्वपूर्ण था। 'ठेठ किशोर समस्यायें' या 'अन्य लड़कियों', या 'आप को इससे बाहर निकल जाना होगा' मैं नहीं सुनना चाहती थी। मैं दूसरी सब लड़कियों की तरह व्यवहार किया जाना नहीं चाहती थी, बल्कि ऐनी को उसके खुद के अस्तित्व के रूप में व्यवहार किया जाना चाहती थी, और पिम को वह समझ में नहीं आया। इसके अलावा, मैं किसी पर भी तब तक विश्वास नहीं कर सकती, जब तक कि वे खुद के बारे में मुझे बहुत कुछ बता न दे, और क्योंकि मैं उसके बारे में बहुत कम जानती हूँ मैं एक और अधिक घनिष्ठ स्तर पर नहीं मिल सकती हूँ। पिम हमेशा एक बुजुर्ग पिता की तरह कार्य करते रहे हैं जिनकी एक बार समान क्षणभंगुर आवेग रहे थे, लेकिन जो अब एक दोस्त के रूप में मेरे लिए संबंधित नहीं किये जा सकते हैं, इससे कोई फर्क नहीं पड़ता कि वह इसके लिए कितनी मुश्किल कोशिश करते हैं। नतीजतन, मैंने जीवन पर अपने दृष्टिकोण या मेरे लंबे समय से सोचे सिद्धांतों को अपनी डायरी और एक बार एक समय, मार्गोट के साथ छोड़कर किसी के साथ साझा नहीं किया है। मैंने पिता की ओर से मेरे साथ होने वाले कुछ को भी छिपाया हुआ है, उनके साथ अपने आदर्शों को कभी साझा नहीं किया, जानबूझ कर अपने आप को उनके पास से विमुख कर दिया।

मैं इसे किसी अन्य तरीके से नहीं कर सकती थी। मैं खुद को अपनी भावनाओं से पूरी तरह से निर्देशित होने देती हूँ। यह अहंवादी था, लेकिन मैंने वही किया जो मेरे मन की शांति के लिए सबसे अच्छा था। यदि काम के आधी अवधि में ही मैं आलोचना का विषय बनी होती, तो मैं उसे खो देती, साथ ही अपना आत्मविश्वास जिसे पाने के लिए मैंने बहुत मेहनत की है। यह क्रूरता लग सकती है, लेकिन मैं पिम द्वारा भी आलोचना स्वीकार नहीं कर सकती हूँ, क्योंकि मैंने न केवल, कभी भी उसके साथ अपने अंतरतम विचारों को साझा नहीं किया है, बल्कि मैंने आगे चिड़चिड़ी हो कर उन्हें अपने से बहुत दूर भी धकेल दिया है।

इसी बिंदु पर मैं अक्सर सोचती रहती हूँ: ऐसा क्यों है कि पिम कभी कभी मुझे इतना गुस्सा दिलाते हैं? मैं शायद ही उनके सिखाने को सहन कर सकती हूँ, और उनका स्नेह मजबूरी का लगता है। मैं अकेली रहना चाहती हूँ, और मुझे अच्छा लगेगा यदि वह मुझे थोड़ी देर के लिए अनदेखा करे, जब तक कि मैं उससे बात करते समय और विश्वस्त नहीं हो जाती हूँ! मैं अब भी उस घृणित पत्र के बारे में अपराध बोध से अशांत हूँ, जो मैंने उन्हें अपनी उदासी के समय में लिखा था। ओह, हर तरह से मजबूत और बहादुर होना मुश्किल होता है!

फिर भी, यह मेरी सबसे बड़ी निराशा नहीं रही है। नहीं, मैं पिता की तुलना में पीटर के बारे में बहुत अधिक सोचती हूँ। मैं बहुत अच्छी तरह से जानती हूँ, वह मेरी जीत थी, मेरी हार नहीं। मैने अपने मन में उसके बारे में एक छवि बनाई, उसे एक शांत, प्यारे, संवेदनशील लड़के के ऐसे रूप में चित्रित किया जिसे दोस्ती और प्यार की बुरी तरह से जरूरत थी! मुझे एक जीवित व्यक्ति से अपने दिल की बात खुले आम कहने की जरूरत

थी। मुझे एक दोस्त चाहिए था जो मुझे फिर से मेरे रास्ते खोजने में मेरी मदद करता। मैंने जो करना तय किया था वो पूरा किया और उसे धीरे धीरे लेकिन निश्चित रूप से अपनी ओर आकर्षित किया। जब मैंने अंत में उसे अपने दोस्त के रूप में पा लिया, तो यह स्वयं अंतरंगता में विकसित हो गई कि अब जब मैं इसके बारे में सोचती हूँ, यह चौंका देने वाली लगती है। हमने सबसे ज्यादा निजी चीजों के बारे में बात की, लेकिन हमने अभी तक मेरे दिल के सबसे करीब बातों को छुआ तक नहीं है।

मैं अभी भी पीटर को नही समझ सकती हूँ। क्या वह सतही है, या यह शर्म है, कि वह मेरे साथ भी अपने को रोक के रखता है? लेकिन सब चीज की उपेक्षा करके, मैंने एक गलती की: मैंने उसके पास आने के लिए, अंतरंगता का इस्तेमाल किया, और ऐसा करने में, मैंने दोस्ती के अन्य रूपों को हटा दिया। वह प्यार चाहता है, और मैं देख सकती हूँ, हर गुजरते दिन के साथ वह मुझे और भी पसंद करना शुरू कर रहा है। हमारा साथ साथ समय बिताना उसे संतुष्ट कर देता है, लेकिन मुझे सब फिर से शुरू करने की चाहत देता है। मैं कभी भी उन विषयों की चर्चा नही करती जिन्हें मैं प्रकट करने की इच्छा करती हूँ। मैं पीटर को अपने पास लाने के लिए, उसके अहसास से भी ज्यादा, मजबूर करती हूँ, और अब वह प्रिय जीवन को संभाल कर रखता है। मुझे ईमानदारी से उससे भागने और अपने ही दो पैरों पर उसे वापस लाने का कोई कारगर तरीका नहीं दिख रहा है। मैंने जल्द ही एहसास कर लिया, उसमे एक आत्मीय भावना कभी नहीं हो सकती है, लेकिन तब भी उसे अपनी संकीर्ण दुनिया को तोड़ने और अपने युवा क्षितिजों का विस्तार करने में मदद करने की कोशिश की।

'मन ही मन, जवान लोग, बूढ़े लोगों से ज्यादा अकेले हैं।' मैंने यह कहीं एक किताब में पढ़ा था और यह मेरे दिमाग में अटक गया। जहाँ तक मैं बता सकती हूँ, यह सच है।

तो यदि तुम हैरान हो रही हो की बच्चों की तुलना में यहां वयस्कों के लिए ज्यादा कठिन है, तो इस सवाल का जवाब है, 'नहीं', यह निश्चित रूप से नहीं है। पुराने लोगों के पास हर चीज के बारे में एक राय है और उन्हें अपने ऊपर और अपने कार्यों के बारे यकीन है। हम युवा लोगों के लिए एक समय में अपनी राय को पकडे रहना दुगुना मुश्किल है, जब आदर्श तोड़े और नष्ट किये जा रहे हों, जब मानव प्रकृति का सबसे बुरा पक्ष हावी हो जाता है, और हर कोई सत्य, न्याय और भगवान पर शक करने के लिए आ गया हो।

कोई भी जो यह दावा करता है कि उपभवन में वृद्ध लोगों के लिए ज्यादा मुश्किल समय है, को अहसास नही है कि समस्याओं का हम पर कहीं अधिक प्रभाव है। हम इतने युवा हैं कि इन समस्याओं से निपट नहीं सकते हैं, लेकिन वे हम पर खुद को ठेलते रहते हैं जब तक कि अंत में, हम एक समाधान सोचने के लिए मजबूर नहीं हो जाते, हालाँकि अधिकतर समय हमारे समाधान तथ्यों का सामना करके चूर चूर हो जाते हैं। यह ऐसे समय में मुश्किल है: आदर्श, सपने और संजोईं उम्मीदें, केवल गंभीर वास्तविकता से कुचल जाने के लिए हमारे भीतर उठती हैं। यह एक आश्चर्य है, मैंने अपने सभी आदर्शों नहीं छोड़ा है,

वे बहुत बेतुके और अव्यावहारिक लगते हैं। फिर भी मैं उनसे चिपकी हूँ क्योंकि हर बात के बावजूद, मुझे अब भी विश्वास है, लोग दिल से, वास्तव में अच्छे होते हैं।

अव्यवस्था, दुख और मौत की नींव पर अपने जीवन का निर्माण करना मेरे लिए पूरी तरह से असंभव है। मैं दुनिया को धीरे–धीरे एक जंगल में तब्दील होते देख रही हूँ, मैं आनेवाली उस गडगडाहट को सुनती हूँ जो एक दिन हमें भी नष्ट कर देगी, मैं लाखों लोगों की पीड़ा को महसूस कर रही हूँ। और फिर भी मैं जब आकाश में ऊपर देखती हूँ, पता नही क्यों महसूस करती हूँ कि सब कुछ सुधर जायेगा, यह क्रूरता भी समाप्त हो जाएगी, अमन और शांति एक बार फिर वापस आ जाएगी। इस बीच में, मुझे अपने आदर्शों को संभाल कर रखना चाहिए। शायद वह दिन आएगा जब मैं उनका एहसास करने में सक्षम हो जाउंगी!

तुम्हारी, ऐनी एम फ्रैंक

शुक्रवार, २१ जुलाई, १९४४

सबसे प्यारी किट्टी,

आखिरकार मैं आशावादी हो रही हूँ। अब, अत में, चीजें अच्छी तरह से हो रही हैं! वे वास्तव में हो रही हैं! बहुत अच्छी खबर! हिटलर के जीवन में, एक हत्या का प्रयास हुआ है, और अबकी बार, यहूदी कम्युनिस्टों या अंग्रेजी पूंजीपतियों द्वारा नहीं लेकिन एक जर्मन जनरल द्वारा जो न केवल एक कुलीन जन है बल्कि एक युवा भी है। अन्यायी नेता अपने जीवन के लिए 'पवित्र परमात्मा' के आभारी हैं: वह केवल कुछ मामूली जलन और खरोंच के साथ, दुर्भाग्य से, भाग निकले। आस–पास खड़े हुए कई अधिकारी और जनरल मारे गए या घायल हो गए। साजिशकर्ता को गोली मार दी गई।

यह हमारे सभी प्रमाणों में से सबसे अच्छा प्रमाण है कि बहुत से अधिकारी और जनरल युद्ध से तंग आ चुके हैं और हिटलर को एक अथाह गड्ढे में डूबते देखना चाहेंगे, ताकि वे एक सैन्य तानाशाही स्थापित कर सकें, मित्र राष्ट्रों के साथ शांति बना सकें, खुद को फिर से हथियारबंद कर सकें, और कुछ दशकों के बाद, एक नई जंग शुरू कर सकें। शायद परमात्मा जानबूझ कर छिपने वालों से छुटकारा पाने के लिए सही मौके की तलाश में है, चूँकि मित्र राष्ट्रों के लिए त्रुटिहीन जर्मनी के लोगों को एक–दूसरे को मारने देना बहुत ज्यादा आसान और सस्ता है। यह रूस और ब्रिटिश के लिए कम काम है, और यह उन्हें उतना ही ज्यादा जल्दी उनके अपने शहर के पुनर्निर्माण को शुरू करने की अनुमति देता है। लेकिन हम अभी तक उस बिंदु तक पहंचे हैं, और मैं उस गौरवशाली घटना का पूर्वानुमान करने से नफरत करुँगी। फिर भी, तुमने शायद ध्यान दिया होगा कि मैं सच कह रही हूँ, पूरा सच, और कुछ नहीं बल्कि सच। अबकी बार, मैं उच्च आदर्शों के बारे में बक बक नहीं कर रही हूँ।

इसके अलावा, हिटलर ने आज अपने वफादार, समर्पित लोगों को यह घोषणा करके

दया दिखाई की आज, सभी सैन्य कर्मी गेस्टापो के आदेश के तहत हैं, और कि कोई भी सैनिक जो यह जानता है कि उसका कोई वरिष्ठ अधिकारी, अन्यायी नेता के जीवन पर इस कायरतापूर्ण प्रयास में शामिल था, तो वह सैनिक उसे देखते ही गोली मार सकता है!

वह बहुत मुश्किल हालात होंगे। छोटे जॉनी के पैर एक लम्बे कदमताल के बाद दु:ख रहे हैं और उसका कमांडिंग अधिकारी उस पर चिल्लाता है। जॉनी, अपनी राइफल पकड़ लेता है, चिल्लाता है, 'तुमने फुहरर को मारने की कोशिश की। ये लो!' एक गोली, और घमंडी अधिकारी जिसने उसे फटकारने की हिम्मत की, अनन्त जीवन (या अनन्त मृत्यु का?) का हिस्सा हो जाता है। आखिरकार, हर बार एक अधिकारी जब एक सैनिक को देखता है या आदेश देता है, वह व्यावहारिक रूप से अपनी पैन्ट गीली करेगा, क्योंकि सैनिकों के पास उसकी तुलना में अधिक अनुमति है।

क्या तुम उसका अनुसरण करने में सक्षम रही, या मैं फिर से एक विषय से दूसरे पर भाग रही थी? मैं इसमें कुछ नहीं कर सकती, अक्टूबर में स्कूल वापिस जाने की सम्भावना, तार्किक रूप से, मुझे खुश कर रही है! ओह प्रिय, क्या मैंने तुम्हे अभी बताकर नही समझाया कि मैं घटनाओं का पूर्वानुमान नही करना चाहती थी? मुझे माफ कर दो, किट्टी, वे मुझे विरोधाभासों का एक बंडल ऐसे ही नहीं कहते हैं!

तुम्हारी, ऐनी एम फ्रैंक

मंगलवार, १ अगस्त, १९४४

सबसे प्यारी किट्टी,

'विरोधाभासों का एक बंडल' मेरे पिछले पत्र का अंत था और इस पत्र की शुरुआत है। क्या तुम वास्तव में बता सकती हो कि 'विरोधाभासों का एक बंडल' क्या होता है? 'विरोधाभास' का क्या मतलब है? इसी तरह के और कई शब्दों की, दो तरह से व्याख्या की जा सकती है: बाहर से आरोपित विरोधाभास और भीतर से आरोपित विरोधाभास। पहले वाले का मतलब होता है दूसरों के विचार ना स्वीकारना, हमेशा सबसे अच्छा जानना, अंतिम शब्द लेना; संक्षेप में, वे सभी अप्रिय लक्षण जिनके लिए मैं जानी जाती रही हूँ। बाद वाला, जिसके लिए मैं नहीं जानी जाती हूँ, मेरा अपना राज है।

जैसा मैंने तुम्हे कई बार बताया है, मैं दो में बंटी हुई हूँ। एक पक्ष में सभी मेरे प्रचुर उत्साह, मेरा ओछापन, जीवन में मेरी खुशी और सबसे ऊपर चीजों के हलके पक्ष को सराहने की क्षमता शामिल है। जिससे मेरा मतलब है, आशिक मिजाजी, एक चुंबन, आलिंगन, एक धृष्ट मजाक में कुछ भी गलत नहीं ढूंढना। मेरा यह पक्ष आमतौर पर दूसरे पक्ष पर घात लगाकर आक्रमण करने के लिए इंतजार में पड़ा रहता है, जो कि बहुत शुद्ध, गहरा और महीन है। कोई भी ऐनी के पक्ष को बेहतर नही जानता है, और इसीलिए ज्यादातर लोग मुझे

बर्दाश्त नहीं कर सकते हैं। ओह, मैं एक दोपहर के लिए एक मनोरंजक जोकर हो सकती हूँ, लेकिन उसके बाद हर कोई मुझे पर्याप्त ले चुका होता है कि एक महीने तक चल सकता है।

वास्तव में, मैं वही हूँ, जो एक गहन विचारक के लिए, रोमांटिक फिल्म होती है: एक मात्र मोड़, एक हास्य अन्तराल, कुछ ऐसा जो जल्द ही भुला दिया जाता है – कुछ बुरा नही लेकिन कुछ अच्छा भी नही। मुझे तुम्हे बताना पड़ने से नफरत है, लेकिन मुझे यह क्यों नही स्वीकार करना चाहिए जब मुझे पता है कि यह सच है? मेरा और अधिक सतही हल्का पक्ष, हमेशा मेरे गहरे पक्ष से आगे निकल जाता है, और इसीलिए हमेशा जीतता है। तुम कल्पना नही कर सकती हो मैं इस ऐनी को हटाने के लिए – उसे मार मार के तोड़ देने के लिए, उसे छुपाने के लिए, जो उस ऐनी की आधी है जो ऐनी के रूप में जानी जाती है, मैं कितनी कोशिश करती हूँ। लेकिन यह काम नहीं करता है, और मुझे पता है क्यों।

मुझे डर है कि जो लोग मुझे मेरे आम तौर के रूप में जानतें हैं, वे खोज लेंगे कि मेरा दूसरा पक्ष भी है, एक बेहतर और महीन पक्ष। मुझे डर लगता है वे मेरा मजाक उड़ायेंगे, सोचेंगे मैं हास्यास्पद और भावुक हूँ और मुझे गंभीरता से नहीं लेंगे। मैं गंभीरता से नही लिए जाने की आदी हूँ, लेकिन सिर्फ प्रसन्नचित ऐनी इसकी आदी है और इसे सह सकती है; 'गहरी' ऐनी बहुत कमजोर है। यदि मैं अच्छी ऐनी को पंद्रह मिनट के लिए भी रौशनी के दायरें में आने के लिए मजबूर करती हूँ तो, जिस पल उसे बोलने के लिए बुलाया जाता है, वह बड़ी सीपी की तरह बंद हो जाती है, और ऐनी नंबर एक को बात करने देती है। मेरे जान पाने से पहले, वह गायब हो जाती है।

तो अच्छी ऐनी कभी साथ में नहीं दिखाई देती। उसने कभी एक भी उपस्थिति नही दी है, हालाँकि जब भी मैं अकेली होती हूँ, वह लगभग हमेशा मंच संभाल लेती है। मैं जानती हूँ कि वास्तव में मैं कैसी बनना चाहूंगी .... मैं अंदर से कैसी हूँ। लेकिन दुर्भाग्य से मैं केवल खुद के साथ ऐसी हूँ। और शायद यही वजह है कि – नहीं, मुझे यकीन है, इसीलिए – मैं अंदर से खुश होती हूँ और दूसरे लोगों को लगता है मैं बाहर से खुश हूँ। मैं भीतर की शुद्ध ऐनी द्वारा निर्देशित होती हूँ लेकिन बाहर की दुनिया में मैं और कुछ नहीं, अपनी रस्सी को झटके से खींचने वाली एक जिंदादिल छोटी बकरी हूँ।

जैसा कि मैंने तुम्हे बताया था कि मैं जो कहती हूँ वह वो नहीं होता जो मैं महसूस करती हूँ, इसी कारण मेरी प्रतिष्ठा एक लड़कों का पीछा करने वाली, एक इश्कबाज, एक धृष्ट व्यक्ति और प्रेम कथाओं के पाठक होने की है। खुश ऐनी, हंसती है, छिछोरा जवाब देती है, कंधे उचकाती है, और ऐसा दिखावा करती है कि वह किसी को गलत नही कहती है। शांत ऐनी बस विपरीत तरह से प्रतिक्रिया करती है। यदि मैं पूरी तरह से ईमानदार हो रही हूँ, तो मुझे यह स्वीकारना होगा कि इससे मुझे फर्क पड़ता है, कि मैं अपने आप को बदलने के लिए बहुत कोशिश कर रही हूँ, लेकिन कि मैं एक अधिक शक्तिशाली दुश्मन के हमेशा खिलाफ रही हूँ।

मेरे अंदर एक आवाज रोती है, 'आप समझ सकते हैं, कि आप को क्या हो गया है।

आप नकारात्मक विचारों, निराशाजनक और मजाकिया चेहरों और आप को नापसंद करते हुए लोगों से घिरे हुए हैं, और यह सब इसलिए क्योंकि आप अपने खुद के अर्धांगिनी की सलाह नहीं सुनते हैं।' मेरा विश्वास करो, मैं सुनना चाहूँगी लेकिन यह काम नहीं करता है, क्योंकि मैं शांत और गंभीर हूँ, हर कोई सोचता है मैं एक नया अभिनय कर रही हूँ और मैं एक मजाक से अपने आप को बचाती हूँ, और फिर मैं भी, अपने अपने परिवार के बारे में बात नहीं कर रही हूँ, जो मान लेता है कि मुझे बीमार होना चाहिए, मुझे एस्पिरिन और सिडेटिव वस्तुएं देता है, मेरा तापमान देखने के लिए मेरी गर्दन और माथे को छूता है, मेरे मल त्याग के बारे में पूछता है और एक बुरे मूड में होने के लिए मुझे धमकाता है, जब तक कि मैं अब और सब्र नहीं रख सकती हूँ, क्योंकि जब हर कोई मुझ पर मँडराना शुरू कर देता है, मैं सीमा पार कर जाती हूँ, फिर दुखी हो जाती हूँ, और अंत में मेरा दिल अंतर्मुखी हो जाता है, बुरा हिस्सा बाहर की ओर और अच्छा भाग अंदर की ओर होता है, और मैं क्या बनना चाहती हूँ और मैं क्या बन सकती हूँ वह बनने का एक रास्ता खोजने की कोशिश जारी रखो .... अगर केवल दुनिया में कोई अन्य लोग नहीं थे।

तुम्हारी, ऐनी एम फ्रैंक

(ऐनी की डायरी यहाँ समाप्त होती है।)

अंतभाषण

४ अगस्त १९४४ की सुबह दस और दस तीस के बीच किसी समय, एक कार २६३ प्रिन्सेंग्रात्च पर रुकी। कई आकृतियाँ उभरीं; एक एस एस हवलदार, कार्ल जोसेफ सिल्बेरबौएर, पूर्ण वर्दी में, और सुरक्षा पुलिस के कम से कम तीन डच सदस्य, सशस्त्र लेकिन नागरिक कपड़ों में। किसी ने उन्हें इत्तला दे दी होगी।

उन्होंने उपभवन में छिपे आठ लोगों साथ ही साथ उनके दो सहायकों विक्टर कुग्लर और जोहानिस क्लेइमन को गिरफ्तार कर लिया – हालांकि मिएप गिएस और एलिजाबेथ (बेप) वोस्कुइज्ल को नहीं – और उन्हें उपभवन में मिल सकने वाले सभी कीमती सामान और नकदी ले लिया है।

गिरफ्तारी के बाद कुग्लर और क्लेइमन को एम्स्टर्डम की एक जेल ले जाया गया। ११ सितंबर, १९४४ को, किसी सुनवाई के लाभ के बिना उन्हें आमर्सफॉर्ट (हॉलैंड) में एक शिविर में स्थानांतरित कर दिया गया। क्लेइमन को, उनके खराब स्वास्थ्य की वजह से, १८ सितंबर १९४४ को रिहा कर दिया गया। वह १९५९ में अपनी मृत्यु तक एम्सटर्डम में बने रहे।

कुग्लर, २८ मार्च, १९४५ को अपने कारावास से उस समय भागने में कामयाब रहे, जब उन्हें और उसके साथी कैदियों को जबरन मजदूरों के रूप में जर्मनी भेजा जा रहा था। उन्होंने १९५५ में कनाडा में प्रवास ले लिया और १९८९ में टोरंटो में उनका निधन हो गया।

एलिजाबेथ (बेप) वोस्कुइज्ल विज्क का १९८३ में एम्सटर्डम में निधन हो गया।

मिएप संत्रौस्वित्ज गिएस अभी भी एम्स्टर्डम में रह रही है; उसके पति का जनवरी १९९३ में निधन हो गया।

उपभवन के आठ निवासियों को उनकी गिरफ्तारी के बाद, पहले एम्सटर्डम की एक जेल में लाया गया और फिर वेस्तेर्बोर्क, हॉलैंड के उत्तर में स्थित यहूदियों का पारगमन शिविर में स्थानांतरित कर दिया गया। ३ सितंबर, १९४४ को वेस्तेर्बोर्क छोड़ने के लिए उन्हें अंतिम परिवहन में वापस भेजा गया, और तीन दिन बाद वे ऑस्च्वित्ज (पोलैंड) पहुंचे।

ओटो फ्रैंक की गवाही के अनुसार, हरमन वैन पेल्स (वैन दान) को ऑस्च्वित्ज में, अक्टूबर या नवंबर १९४४ में, गैस कक्षों को ध्वस्त किये जाने से थोड़ा सा पहले ही मार डालने के लिए गैस कक्ष में डाल दिया गया था।

अगस्टे वैन पेल्स (पेट्रोनेला वैन दान) को ऑस्च्वित्ज से बर्गन–बेल्सेन ले जाया गया था, वहां से बुचेंवाल्ड, उसके बाद ९ अप्रैल १९४५ को थेरेसीएंसताड को, और जाहिर है कि उसके बाद एक और यातना शिविर के लिए। यह निश्चित है कि वह जीवित नहीं बची थीं, हालांकि उनकी मौत की तारीख अज्ञात है।

पीटर वैन पेल्स (वैन दान) को १६ जनवरी १९४५ को ऑस्च्वित्ज से मौथौसेन (ऑस्ट्रिया) तक मृत्यु मार्च श्में हिस्सा लेने के लिए मजबूर किया गया था, जहां शिविर को मुक्त कराए जाने से तीन दिनों पहले, ५ मई १९४५ को उसका निधन हो गया।

फ्रिट्ज फ्फेफ्फेर (अल्बर्ट डसेल) का २० दिसंबर, १९४४ को नेउएनगाम्मे यातना शिविर में निधन हो गया, जहां उनका या तो बुचेनवाल्ड या सच्सेन्हौसेन से तबादला कर दिया गया था।

एडिथ फ्रैंक की ६ जनवरी, १९४५ को भूख और थकावट से ऑस्च्वित्ज–बिर्केनाऊ में मृत्यु हो गई।

मार्गोट और ऐनी फ्रैंक को ऑस्च्वित्ज से ले जाया गया था और अक्टूबर के अंत में बर्गन–बेल्सेन, हनोवर (जर्मनी) के पास एक यातना शिविर लाया गया था। सन्निपात महामारी जो कि १९४४–१९४५ की सर्दियों में खराब स्वास्थ्यकर परिस्थितियों के एक परिणाम के रूप में फैल गयी थी, ने मार्गोट और कुछ दिनों बाद, ऐनी सहित हजारों कैदियों की हत्या कर दी थी। वह देर फरवरी या मार्च के प्रारंभ में मर गई रही होगी। दोनों लड़कियों के शव शायद बर्गन–बेल्सेन की सामूहिक कब्र में फेंक दिए गए थे। शिविर को ब्रिटिश सैनिकों द्वारा १२ अप्रैल १९४५ को मुक्त कराया गया था।

आठ में से केवल एक ओटो फ्रैंक ही थे जो यातना शिविरों से जीवित रहते वापस लौट सके। ऑस्च्वित्ज को रूसी सैनिकों द्वारा मुक्त कराये जाने के बाद, ओडेसा और मार्सिले के माध्यम से उन्हें एम्स्टर्डम में प्रत्यावर्तित किया गया था। वह ३ जून, १९४५ को एम्स्टर्डम में पहुंचे और १९५३ तक वहां रुके, जब उन्हें बेसल (स्विट्जरलैंड) ले जाया गया, जहां उनकी बहन और बहन का परिवार, और बाद में उनके भाई रहते थे। उन्होंने एल्फ्रीडे मर्कोविट्स गेइरिन्गेर से शादी कर ली, जो मूल रूप से वियना की रहने वाली थी, ऑस्च्वित्ज से बच गई थी और मौथौसेन में पति और एक बेटे को खो दिया था। १९ अगस्त १९८० को उनकी मृत्यु तक, ओटो फ्रैंक, बाहरी बेसल, बिर्स्फेलदेन में रहते रहे, जहां उन्होंने खुद को अपनी बेटी की डायरी के संदेशों को पूरी दुनिया भर के लोगों के साथ साझा करने के लिए समर्पित कर दिया था।